怪圈

政治周期
—与—
明末困局

吕峥 著

中信出版集团 | 北京

图书在版编目（CIP）数据

怪圈：政治周期与明末困局 / 吕峥著 . -- 北京：中信出版社，2022.11
ISBN 978-7-5217-4762-1

I. ①怪…　II. ①吕…　III. ①中国历史－晚明－通俗读物　IV. ① K248.309

中国版本图书馆 CIP 数据核字 (2022) 第 168646 号

怪圈：政治周期与明末困局
著者：　吕峥
出版发行：中信出版集团股份有限公司
（北京市朝阳区惠新东街甲 4 号富盛大厦 2 座　邮编　100029）
承印者：　天津丰富彩艺印刷有限公司

开本：880mm × 1230mm　1/32　印张：15　字数：412 千字
版次：2022 年 11 月第 1 版　印次：2022 年 11 月第 1 次印刷
书号：ISBN 978-7-5217-4762-1
定价：78.00 元

目　录

第二章　明断自天启

第三章　崇祯重振乎

第四章　舆图换稿兮

自序

人生代代，江月年年

1643 年中秋，落职多年的原礼部侍郎钱谦益收到凤阳总督马士英的一封信，得知李自成军威日盛。

此时，明朝山河破碎，气数只剩半年。

除给马士英回信，以“春明之梦已残，京华之书久绝”表明早无仕宦的雄心外，钱谦益当天还做了三件事。一是替朋友编的一本古人格言集作序；二是给柳如是的“我闻室”供奉一尊观音像；三是作为梨树，压了压海棠，同柳妹在夜间交流感情。

云淡风轻得宛如“一战”爆发当天的卡夫卡。

在那一天的日记里，他写道：“德国向俄国宣战。——下午去游泳学校。”

同史书的记载相比，历史的现场总是少了些戏剧性，多了点烟火气。

以中国之大，华北内忧外患而江南歌舞不休并不奇怪，何况享乐主义在晚明达到前所未有的高峰，无论是采石试茗、寻花品泉，还是摆设书斋、摩挲古玩，均发展成博大精深的学问，以至于恋物癖患者有《长物志》可读，布置园林则非看《园冶》不可，而瓦瓶、火炉、竹器、茶壶等日用品无不有以人名为标志的品牌。

至于文人墨客，就玩得更精致了，用书画鉴赏家冯梦祯的话说便是：除教子弄孙等日常活动外，居家即应在书室待着，做翻书、观画、焚香、鸣琴、听鸟声、赏卉木、识奇字、玩文石、弄笔墨和看池中鱼戏等 13 件事。

与“十里歌楼舞榭，一宵桨声灯影”的南京相比，北京算得上是苦寒单调了。但在万历年间的读书人刘侗看来，京城实在太好了，好到他要写本《帝京景物略》致敬。

书中，他一边描写京师的繁盛，一边对物欲横流的生活流露出无比的钦羡，感慨自己只是个穷书生。

这种情调后来遭到清人的批判，但考虑到明朝的正七品官年俸不过50多两银子，而当时一个马夫一年就能赚40两，这让十年寒窗、一朝成名的读书人情何以堪?

如果不是立志做圣人，摆在他们眼前的路只有两条：一是假装没有物欲，二是大大方方拥抱物欲。

前者往往尊奉程朱理学，后者大多信仰陆王心学。

如果纯粹，倒也罢了，可问题是，在延绵两千多年的秦制之下，任何一种思想，无论激进还是保守，德治还是法治，最后都会沦为权力的工具。

比如“存天理，灭人欲”和“饿死事小，失节事大”原本是讲给皇帝与士大夫听的，到头来却成为戴在老百姓头上的紧箍；比如王阳明主张向内求，认为人人皆可成圣，但前提是要证悟良知。然而在其弟子王艮的发挥下，心学逐渐被曲解为“我即上帝，做你自己”，成为很多官员“不作为，乱作为”，乃至贪渎的借口。

于是，“左”，百姓苦；“右”，百姓苦。

究其原因，在于古代中国只有民本思想而无民主主义。

所谓民本，即孟子之“民贵君轻”。

儒家否定法家的“尊君抑民”论，其实质不是不要君，而是反对暴君，批评昏君，期待明君，在君主专制的框架下劝导帝王重民、恤民，避免杀鸡取卵。

而所谓民主，则蕴含了“民有”“民享”和“民治”，三者缺一不可。

近代以来，西风东渐，闽浙总督徐继畬首次在《瀛寰志略》中介绍英国的议会制，使民主看上去似乎是一件由外铄我的“舶来品”。

事实上，早在明末清初，中国本土便已出现民主萌芽，其标志即《明夷待访录》的写成。

该书作者黄宗羲跳出程朱陆王的窠臼，疾呼“为天下之大害者，君而已矣”。

这就不只是批判桀、纣，而是把秦皇汉武、唐宗宋祖都算在内，来了场“告别帝制”的演说。

不告别不行，因为君主集权已走入死胡同，以至于崇祯在“治民”“驭吏”和“巩己”（韩非认为“帝王之术”的三个方面）上殚精竭虑却越做越错，用张岱的话说便是：

> 先帝焦于求治，刻于理财，渴于用人，骤于行法，以致十七年之天下，三翻四覆，夕改朝更。耳目之前，觉有一番变革，向后思之，讫无一用，不亦枉却此十七年之精励哉？[1]

为从根子上批倒君主制，黄宗羲探讨了君主合法性的来源问题。

上古时代，“人人得而自私，人人得而自利”，但有一人毫不利己，专门利人，是谓“圣人”。圣人被大伙儿推为“君”，用公心为人民服务，此即“公天下”。

可自秦以后，皇帝靠武力上台，将天下当成家产，使每个人都“不得自私，不得自利”，却“以我之大私为天下之大公”，即把一己之私包装成国家大义，命全民遵守。为此，不惜“屠毒天下之肝脑”“敲剥天下之骨髓”“离散天下之子女”。

当然，黄宗羲并没有停留在骂街的层面，而是有破有立。

首先，他确立了让所有人都“敢自私”“敢自利”的私有观。

在黄宗羲看来，一个保障私有制的国家，即便是身无分文的乞丐，也比专制国家的豪商更富有，因为他的权利受到保护，而后者随时可能被不受制约的权力剥夺一切。

其次，他打破了“君父臣子”的旧说，指出父子是先天的血缘关系，而君臣只是后天的契约关系。

当“食君之禄，忠君之事”的人身依附解除后，出仕者便不再是君

1.［清］张岱著:《石匮书后集》卷一《烈皇帝本纪》。

主的奴才而是人民的公仆，“为天下，非为君也；为万民，非为一姓也”。面对崇祯也不用高呼“圣明天纵无过皇上”，而能亲切地叫一声“朱由检同志”。

把这套“君臣同事”论引申开来，黄宗羲主张政府的首脑应是宰相，皇帝只保留有限的决策权。果能实现，清末宪政改革的产物“责任内阁”便可提前二百多年落地。

再者，黄宗羲提出当以“天下之法”取代“一家之法”，因为后者是“利不欲其遗于下，福必欲其敛于上”的“非法之法”，而前者是人人平等的“公法”。

最后，认为权力不代表真理（“天子之所是未必是，天子之所非未必非”）的黄宗羲设想了一套扼制独裁的办法，即“公是非于学校”。

此学校不单单是储才养望的教育机构，更是制衡君权的议政之所，最后“必使治天下之具皆出于学校”，这已有议会的雏形。

由此观之，在商业空前勃兴的背景下，在李贽、汤显祖和“公安三袁”不断反抗传统的观念冲击下，若非明清鼎革，坚信“工商皆本”，甚至呼吁“废金银，通钱钞”的黄宗羲势必在华夏大地上掀起一场解放人性的平权运动。

很多人据此认定，一条通往自由主义的转型通道被入关的清军给打断了。

然而这并不符合历史的真相。

打下北京的是大顺军，逼死崇祯的是李自成，以至于很多史家指出，明政府最大的误判便是把本可用和谈解决（或延缓）的辽东问题当成主要矛盾，而错失扑灭内乱的良机。

因此，明朝之灭，固然有小冰期和后金崛起等外部原因，但病根仍在内部，一言以蔽之，即贫富不均。

太阳底下无新事。

历代王朝的国祚之所以难以逾越三百年的门槛，盖因土地兼并只需二百年左右便可彻底完成。届时，生产资料集于权贵之手，这帮人（比如藩王和有科举功名的士绅）还无须纳税，同不交或少交资产税与资本利得税的食利者阶层有一拼。（与之相对，打工人和自由职业者凭劳动吃饭，个人所得税却避无可避。）

于是，自耕农相继变成给地主交租的佃农，国家税收直线下降。而一遇天灾或外患，政府需要加税时，剩余的自耕农若不想束手待宰，只能卖地或逃亡。

因此，广种薄收的农民并不关心“黄宗羲们”的启蒙运动，只对李自成的“均田免赋”感兴趣。换言之，当知识分子在争自由时，劳动人民要的只是朴素的公平。

而自由和公平，自古就是一对矛盾的概念。

自由度高的社会，政府管得少，责任小，言者无罪，创意无穷，经济充满活力。

不过，人人生而有别，有人生在钟鸣鼎食之家，有人生来便缺胳膊少腿。如果无视先天差异，任由人群优胜劣汰，用不了多久便会出现“赢家躺赢，输家躺平”的局面。最后，本想追求自由的人也可能被资本物化，被技术异化，从个人主义走向利己主义，在冷漠和浇薄中孤苦无依地老去。

既如此，不如试试另一条“公平之路”。

此路在哈耶克看来是“通往奴役之路”，经济学家弗里德曼亦称“一个把平等放在自由之上的社会，最终将既得不到平等，也得不到自由”。可问题是“不患寡而患不均”乃人性深处雷打不动的执念，以至于连自由派鼻祖约翰·洛克都承认：人们心中有先验的、天生的关乎公平的概念。

更何况，自由从来就很沉重，意味着人要承担由他做出的选择所引发的所有可预见和不可预见的后果，是一场强者的游戏。

在鲁迅的小说《伤逝》里，一对进步青年冲决包办婚姻的桎梏，自由恋爱，离家出走，幸福地生活在一起。可惜，枷锁是没了，经济来源却也断绝了，日子过不下去，最后只好分手。女孩在悲愤中死去，男孩还怪她没有生存能力。

总之，自由派肯定“机会公平”，反对“结果公平”，但长期对市场放任自流只会导致阶层固化到既无结果也无机会的境地。

相反，公平派支持政府下场干预，促进分配正义，但姑且不论干涉过深会滋生多少权力寻租，经济活动事实上是无法以绝对的平等为目标精细规划的，因为商品以什么价格成交由供求关系决定，动态平衡，只有交易双方最清楚。比如，唐代名臣卢坦治理宣州时，江淮大旱，米价飞涨。有人劝他出面限价，被卢坦拒绝，理由是宣州本地产米不足，主要靠外地供应，若打压米价，粮商不再运米进来，“价虽贱则无谷奈何”；而若听凭涨价，则可吸引四方粮商前来卖粮，久之价格自然回落到正常水平。

综上所述，国家是一个想象的共同体，而政治无非人心嬗变的外在体现。正因人性深处既有对无拘无束的向往，又有对稳定和公正的热望，世界才会在“左右两极”之间做简谐运动。

古代王朝成立之初，前朝富人的财富经多年战乱基本清零，所有人都回到同一起跑线上。此时，百废待兴，地广人稀，政府会鼓励生育、开垦和创新，而面对巨大的增量蛋糕，人们也会选择容忍不公，投身自由市场，因为未来可期。

而到了王朝末世，荒地已开无可开，人口也膨胀到农业和环境所能承载的极限，既得利益阶层又焊死车门，阻挠底层上车。在这种不讲武德的存量博弈中，绝望的失败者自然渴求公平，哪怕牺牲自我。

揆诸明史，不难发现，良善政治除因时制宜外，要旨在于避免“尺蠖效应”。

尺蠖者，毛毛虫也。当其蠕动时，总是伸长一侧的身体，缩短另一侧的身体。但不管两边长度如何分配，都是为了爬行服务。

当尺蠖向左爬时，意味着政府采取“左倾”政策，以促进平等的名义扩权、加税、控制言论、管制经济；当尺蠖向右爬时，意味着政府采取“右倾”政策，以“尊重个体，放活市场”的名义把上述行为反着来一遍，从打算卸责的领域抽身而去。

人亦如此，乐于享受权利而不愿承担义务，喜欢高福利而厌恶高税收，喜欢低税收而厌恶低福利。

三界唯心，万法唯识，政治的密码蕴藏其间。只有实事求是，勇于自新，才可能破我成佛，跳出轮回。

是为序。

序章

大顺军攻占居庸关时，崇祯正在考选文官。

这是一批准备提拔到中央任职的县令，崇祯问他们扩大饷额和安定人心的办法。

滋阳知县黄国琦的奏对“裕饷不在搜刮，在节慎；安人系于圣心，圣心安，则人亦安矣”平平无奇，却也被当场授予给事中之职。

其实，崇祯早已心不在焉，或凭几而听，或东张西望，坐立难安。

此时，宦官匆匆递进一封密函，崇祯拆阅后大惊失色，立即退入后宫，群臣不知所措。

原来，昌平失陷，祖陵被焚，京师以北已无险可守。

当晚，据手抄本《天翻地覆日记》记载，崇祯终于向周皇后认错：“悔不从汝之言，早令太子南迁。”

崇祯这人冲动易怒，让他低头难于登天。虽然他一生下过五道“罪己诏”，行文也很诚恳，但每次认完错就憋了一口气，窝了一肚子火，必须要找人发泄一通。

翌日，大顺军的东路进至高碑店，西路开到西直门外。

早朝时，君臣面面相觑，束手无策。崇祯悄悄在御案上写下“文武官个个可杀”，示之近侍，随即抹去。

此时，守城总指挥襄城伯李国桢匹马驰至，汗流浃背，伏地哭奏道，士兵不肯抵抗，鞭打一人起，另一人复趴下。

崇祯闻言，大哭回宫，告诉周皇后说：“廷臣惟争义气，全忘忠义。十七年辛苦，仍为若辈误。朕惟一死报祖宗，但苦百姓耳。”

甩锅给党争，倒也是事实。东林党的内阁首辅叶向高曾用一篇《宋论》借古喻今，认为“天下之祸，莫大于人臣之求胜也”，指出北宋的新旧党争是朝廷撕裂、靖康之祸的根源。

然而，正如一家公司因经营不善而倒闭，无论分析人士举出多少客观原因，创始人也责无旁贷。专制政体下的君主既然拥有生杀予夺的绝对权力，就必须为社稷负责到底，除非他有改革制度的智慧和能力。

从这个角度看，因侯景之乱丢掉江山而感叹“自我得之，自我失之，亦复何恨”的梁武帝反倒更加坦率。

末日将至，崇祯仍在诿过，周皇后只好旁敲侧击道：“毛文龙不诛，袁崇焕不杀，卢象升、洪承畴不必勤王，贼犹可灭。天运人事，一至于此。”

崇祯道：“除却数人，竟无人可图大事耶？”

周皇后道：“早年求治太急，朝廷皆不安于位。后来已补救不及。或者永乐爷杀戮忠臣太过耶？”

由此可见，崇祯至死都不承认自己是亡国之君，命运却偏要跟他开一个天大的玩笑。

更荒诞的是，满朝衣冠，无一知己，同情他的反倒是他的对手。

李自成从太原向北京进军时出过一个告示，说：“君非甚暗，孤立而炀蔽恒多；臣尽行私，比党而公忠绝少。”意即你这皇帝还凑合，就是被周围人给坑了。

的确，崇祯至死都没见过农民军，对李自成的恨也比较抽象。相形之下，他更恨自己下面那帮人。

若论私德，夙夜焦劳的崇祯堪称儒家标准里的好皇上。

他不仅恢复每日早朝的祖制（隆庆荒废为每逢三、六、九日上朝，万历更是长期免朝），坚持了十几年，还好学不倦，如饥似渴地参加经筵日讲（御前讲席）。

一次，他听大学士文震孟授课，由于太累，悄悄地跷了个二郎腿。

文震孟讲到《尚书》里“为人上者，奈何不敬”一句时，看了他一眼。

崇祯羞愧难当，赶紧以袖遮掩，慢慢把脚放了下来。

还有一次，崇祯上课时发现自己的袖口破了，不好意思地往里掖了掖。

讲官发现后立刻跪下，说陛下不必如此，衣服破了虽不大体面，却是您俭德的体现。

夫唱妇随的周皇后也力行俭德，曾命宦官到苏州收购纺车二十四具，在宫里教宫女纺纱。

不仅如此，夫妻俩还把后宫储存了几十年的辽东人参拿到市场上去卖，补贴财政。同时，他将日常饮食所需之容器改为锡器和木器。

这样一个克己复礼的圣学信徒，吊死煤山时写在衣襟上的遗言却是：

> 朕凉德藐躬，上干天咎，然皆诸臣误朕。朕死无面目见祖宗，自去冠冕，以发覆面。任贼分裂，无伤百姓一人。[1]

其实，这段话虽见于官修的《明史》，却是小说家雕琢出来的“艺术真实”。

真正可靠的史料是两段标注了信源的记述：一段出自工部员外郎赵士锦，一段出自詹事府左谕德杨士聪。

李自成攻陷北京时，二者均在城中，都曾和到过崇祯自杀现场的宦官交流。

两人的记载均提及陪崇祯共赴九泉的司礼监秉笔太监王承恩，以及上吊的那棵树下有张遗弓。不同的是赵士锦只提到崇祯的左手写有“天子”二字（应为王承恩所书，以提醒收尸人死者的身份），杨士聪则说崇祯的衣袖上有“因失江山，无面目见祖宗，不敢终于正寝”的字样。

同时，杨士聪驳斥了坊间流传的“宁裂朕尸”“尽杀百官，无杀百姓”等遗书内容，斥之为“浅夫愤激之语”。

可惜驳斥很无力，畅销书作家冯梦龙汇总流言，出版了一套人民群众喜闻乐见的报告文学《甲申纪事》，不仅大骂“在朝诸臣不如妇人”，还替崇祯编了一封血书：“朕之骤失天下，皆因贪官污吏平日隳坏，文臣不合心，武臣不用命，文武俱可杀，百姓不可伤。”

---

1. ［清］张廷玉等著：《明史》卷二十四《本纪第二十四 · 庄烈帝二》，中华书局 1974 年版，第 335 页。

一直到康熙初年，计六奇着手写作明清易代史《明季北略》时，崇祯的遗言才有了定稿。

作为有态度的历史学家，计六奇过滤了稗官野史中有损崇祯形象的语句，保留“皆诸臣之误朕也”这种他生前的老生常谈和“任贼分裂朕尸，勿伤百姓一人”这种可以拔高他人格的说辞，把崇祯自尽的始末写得跟普利策奖获奖特稿似的，里头充满了生动的细节。

《明史》里的“崇祯遗言”即来源于此。

从冯梦龙到计六奇，知识分子之所以不约而同地借崇祯之口去抹黑庙堂之上的官员，皆因这帮人在国祚衰竭时的表现一言难尽。

之所以一言难尽，在于他们压根没表现，坐等易代，连危急关头出面签卖国条约的奸臣都找不到。

大厦将倾，国库告罄，崇祯向那些聚敛无厌的高官募捐发饷。然而两个内阁大学士陈演（退休）和魏藻德（在职）很不给面子，前者哭穷，后者象征性地掏了五百两银子，逼急了便开始演“毁家纾难”的主旋律。这还算好的，更奇葩的是那些纷纷在自家大门上书写“此房急卖”的宦官。

而两个大太监，一个现任的司礼监掌印王德化，一个致仕的司礼监秉笔曹化淳，倒是各自捐助了几万两白银。

陈演和魏藻德后来分别被大顺政权斩首与拷掠至死，万贯家财全部充公。魏藻德死状极惨，颅骨都裂了，呼号不止，后悔没向崇祯尽忠。

很多人觉得这是天道好轮回，其实把你放到当时的情境下，你也不想捐，因为连皇亲国戚都袖手旁观。

国丈周奎，爵封嘉定伯，平日没少受赏。为了让他起个带头作用，掏十万两出来，崇祯特意加封其为嘉定侯。

没想到周奎大倒苦水，说年景不好，租子收不上来，死活只肯出一万两。

周皇后听说后，从自己的私房钱里拿出五千两，让传话的宦官告诉周奎：你再贴五千两，无论如何凑个两万两出来。

谁知周奎连女儿的钱都不放过，私吞了两千两，最后交了一万三千两。

此人后来被农民军拷打出五十多万两家财，正应了当初上门劝捐的宦官说的那句话：

> 老皇亲如此鄙吝，大事去矣，广蓄多产何益？[1]

即使无益，也要广蓄，因为在周奎和阁臣看来，崇祯的私帑（皇帝的私有财物）多得很。真正装穷的不是别人，是天子。

从万历末年开始，国家财政就经常亏空，各部门都打内库的主意，伸手要钱。崇祯掏过腰包，却发现升米养恩，斗米养仇，越给钱别人越觉得你不差钱。

与之相对，崇祯五年（1632年）有人揭发凤阳巡抚（辖凤阳、庐州、淮安和扬州四府，以及滁、和、徐三州，常兼漕运总督）半年时间就把十七万两公款搬进了自家的小金库。纪纲颓靡到这种程度，崇祯一个足不出宫的孤家寡人，已无法相信官僚集团可以同舟共济。

然而文官更委屈，对喜怒无常、刚愎自用的崇祯，他们已不是信不信任的问题，而是憎恨和恐惧。

明代被杀的大学士一共四个，崇祯一人处死俩。二品以上大员，崇祯亲手干掉二十多个，实属当之无愧的"人间官屠"。

有一回清军南下，攻入济南，大肆屠戮，疯狂劫掠，还把德王朱由枢给掳走了。崇祯勃然大怒，抓了三十六个文臣武将，还不乏省部级高官，全部拉到西市砍头。

在"雷霆雨露，皆是君恩"的时代，即使受刑也应朝紫禁城的方向叩谢天恩，可当天居然有大臣在刑场上对崇祯破口大骂，一副做鬼也要回来寻仇的样子。

君臣离心，上下相疑，励精图治的崇祯就这么起早贪黑地走上了国破家亡的不归之路。

1.［清］计六奇著，任道斌、魏得良点校：《明季北略》卷二十《初十征戚珰助饷》，中华书局1984年版，第446页。

第一章 实亡于万历

一、被嫌弃的皇帝的一生

穷途末路的项羽曾经感叹“此天亡我，非战之罪也”。千载之下，崇祯应有共鸣。

在他执政的 17 年里，全国各地共发生 14 次特大干旱。其中，崇祯十四年（1641 年）的干旱是自汉代以来最严重的一回，而翌年的那次也属于五百年一遇的级别。

旱灾伴随着饥荒与瘟疫，整个西北和华北地区遍地枯骨，踏之有声。

灾害是由极端气候引发的——太阳辐射减弱，地球温度降低，中国进入“小冰期”。

小冰期的起点可上溯至景泰年间，到万历中期逐渐加剧，到崇祯年间达到顶峰，是人类有文字记载以来最冷的时期，降雨南移，粮食减产。

一些学者认为，此轮浩劫让明朝人口减少了至少一半。

如此看来，崇祯又可以卸责了。但正如欧阳修所说：“盛衰之理，虽曰天命，岂非人事哉！”

明末土地兼并严重，财富高度集中，食利者阶层和贫民的矛盾空前尖锐。再加上因国库空虚，防灾工程年久失修，赈灾工作浮皮潦草——王朝的气数看似系于天命，实则源自人心。

以受灾最重的陕西与河南为例，如果前者尚可赖天灾，那后者便是妥妥的人祸。

河南一省之内有 7 个藩王，相当于 7 座大山，平日阶级矛盾就很严重，灾荒一来，“穷人非死即逋，刁民相率为盗”也就不奇怪了。

崇祯七年（1634 年），面对民穷财尽的社会现实，退居洛阳的原南京兵部尚书吕维祺泣血上疏：

盖数年来，臣乡无岁不苦荒，无月不苦兵，无日不苦挽输……野无青草，十室九空。于是有斗米千钱者，有采草根木叶充饥者；有夫弃其妻、父弃其子者；有自缢空林、甘填沟壑者……村无吠犬，尚敲催追之门；树有啼鹃，尽洒鞭扑之血。黄埃赤地，乡乡几断人烟；白骨青磷，夜夜常闻鬼哭。欲使穷民之不化为盗，不可得也；欲使奸民之不望贼而附，不可得也；欲使富之不率而贫，良之不率而奸，不可得也。[1]

李自成进入河南时手下只有千余人，因为他之前被洪承畴打残了，身边唯余十八人，在山中躲了近两年。

谁知因河南民不聊生，革命氛围浓厚，食不果腹的饥民听说闯军来了，迅速蚁聚，结果李自成闭着眼睛躺赢，一举拿下洛阳。

其实，洛阳的失守跟李自成没什么关系，而是兵变的结果。

驻守洛阳的河南总兵（相当于省军区司令）王绍禹见闯军压境，要求入城协防，引起市民恐慌。

因为此人素来贪鄙，克扣兵饷，所部军心不稳。

为安抚王绍禹，河南首富朱常洵（河南百姓纷传之“先帝耗天下以肥王”的福王）出资三千两白银劳军。

这点钱对富甲天下的朱常洵而言不过九牛一毛，却像要了他的老命。

朱常洵颇有其父之风，惜财如命，面对退休干部吕维祺唇焦舌敝的苦劝，岿然不动，死活不肯出钱救急，振奋士气。直到王绍禹以入城相威胁，才勉强为之。而理学家吕维祺散尽家财，济困扶危，城破后又引颈就戮，不知道的还以为这天下不姓朱，而姓吕。

农民军素以杀皇室为快，只要是朱元璋的后代，无论主动投降还是被动俘虏，昂首挺立还是跪地求饶，慷慨解囊还是一文不予，结果都一样：杀。

1.［清］郑廉著：《豫变纪略》卷二，浙江古籍出版社 1984 年版，第 32—33 页。

革命意识如此彻底，即便朱常洵心存侥幸，也不难推断洛阳失陷后自己的结局。因此，对其守财到死的行为不能从智商而要从心态上找原因。

心态其实早就崩了，从他爹开始。

万历二十多年不临朝，奏章一概“留中”（指将臣子上的奏章留置宫禁之中，不交办），庙祀派人代祭，官位出缺也置若罔闻，同文官集团对抗到底。

试问一个皇帝得受多少刺激，才能像万历一样躲在深宫里抽鸦片。

其实，君主专制的“优越性”主要体现在两个方面：一是君主想干啥就干啥，没人敢阻拦；二是君主想不做什么就不做什么，无人问责。

这种囊括了“积极自由”与“消极自由”的甜头，万历没尝过多少，倒是因“国本之争”跟文官斗得身心俱疲。

国本者，确立太子也。万历属意的人选是皇三子朱常洵，其母乃祸水级别的女人郑贵妃，明媚娇艳，工于心计。

奈何百官坚持“立长”原则，非要万历册封其因一时冲动与宫女所生的长子朱常洛。

君臣为此扯皮十五年，以万历妥协、朱常洵赴洛阳就藩而告终。

不妥协不行，郑贵妃及其父兄天天挨骂，已成为“怀祸藏奸，窥觊储贰（太子位）”的国之巨蠹。还有科道官员在上疏里公然骂街，说郑贵妃望眼欲穿，就等着皇后薨逝，好自立为后，并把朱常洵扶上马。

自此，万历人间失格，“立地成佛”，对东林党的首辅叶向高为补阁、部空缺连上的一百多道奏疏泰然自若地置之不理，使其成为洪武以降罕见的“独相”。

面对放飞自我的皇帝，你就是想辞职都辞不成，因为吏部长期没有尚书，已经瘫痪。

而这，正是万历想要的效果。

但万历又不像他爷爷嘉靖那样动辄以刀锯斧钺整治文官，即使兵科给事中田大益把他与夏桀、商纣、幽厉二王、桓灵二帝，以及唐德宗和宋徽宗这些“杰出”暴君、著名昏君相提并论，说他“贪愚暴乱，专志财利”，以致“天灾地坼，山崩川竭”，万历也未对田大益采取什么措施。

慎刑恤罚的结果就是骂疏纷至沓来，有“夸”万历“四好皇帝”（好逸、好疑、好胜、好货）的，有借题发挥（万历自称“头晕眼黑，力乏不兴”），义正词严地劝皇帝养气宁神，不要贪恋“衽席之娱”（女色）的。

最初，万历也想打压这股“歪风邪气”，以儆效尤，但在“雒于仁事件”后彻底佛系。

这个正七品的大理寺评事（正七品法官）在骂疏中全面细致地探讨了皇帝沉迷酒色财气给国家带来的危害，成功引起万历的愤怒。

但除了将雒于仁革职，万历拿他毫无办法。因为就像时任首辅的申时行所言，陛下如果处置雒于仁，相当于承认他的批评确有其事，外界臣民会信以为真。

长此以往，万历看透了这帮靠“搜扬君过，讪上卖直”来博名的小人，即使面对词锋滔滔的台谏条陈，也能波澜不惊道：“不过欲沽名尔。若重处之，适以成其名。”然后卷而封之。

对此，曾任礼部尚书的于慎行是为数不多持论公允的：

> 近世士大夫以气节相高，不恤生死，往往视廷杖戍遣为登仙之路。一遭斥谪，意气扬扬，目上趾高，傲睨一世，正所谓意气有加也。[1]

1.［明］张萱著，周骏富辑：《西园闻见录》卷九十八《遣谪前》，哈佛燕京学社 1940 年版，第 124–294 页。

二、明朝经济变革得失

一方面，抛开君臣失和，万历的事功堪称璀璨，是古代除唐高宗外唯一战胜过日本的中国最高统帅，以至于迟至乾隆中叶，出使北京的朝鲜使臣洪大容依然动情地回忆万历为抗日援朝“勤天下之兵，费天下之财”的义举，说朝鲜“生民之乐利，皆神皇之赐也”。

另一方面，相比于热衷听人报祥瑞的雍正，万历务实求真的科学精神在当时显得难能可贵。

一次，文华殿（天子常御之便殿，紧挨内阁的办公室文渊阁）角门的石础上莫名其妙出现“天下太平”的字样，大臣多以为天降祥瑞，钢铁直男朱翊钧却当场戳穿：这是造假。

从圣明烛照蜕变为圣心荒怠，一个重要原因在于万历逐渐意识到自己只是制度的囚徒，什么都改变不了，还要整日提防打内帑主意的户部。

其实，朝廷原本不缺钱。

“隆庆议和”后，北患消除，政府不用买马了，靠卖马场赚了上千万两白银。再加上张居正的税制改革，财政收入其实一直稳步增长。

奈何“三大征”（用兵宁夏、平乱苗疆、远征朝鲜）太费钱，不事生产的宗室又呈几何级数增长，同北方兵虏与黄河水患并称“国之三大害”，吸干了国库。

屋漏偏逢连夜雨。后金在万历末年崛起，努尔哈赤誓师讨明，辽东需饷浩繁。

此时万历已神隐多年，政荒业废，百官跪求其视朝一日都不可得，遑论让他捐资助军？可前线告急，库银告罄，无奈的户部尚书李汝华只好截留一笔广东进解给皇室内库的款项，充作辽饷。

谁知悄无声息的万历突然现身，怒斥李汝华，勒令其立即还钱，并罚俸一个月，以使百官知晓“朕一直注视着你们”。

可悲的是，为开辟财源，万历大派矿监、税使，任由宦官将地方搞得民怨沸腾，可人死了钱没花完，聚敛的财富在他驾崩后三日内就被急充边饷，内阁还打着他的旗号颁布自黑的遗诏，列出他们想干的事。

你说图个啥。

置气当然是原因之一——即使已遂百官之愿，立朱常洛为太子，一帮下了班就能回家抱孙子的大臣仍喋喋不休地催朱常洵离京赴洛，似乎阻止万历享受天伦之乐是他们的光荣使命，或者说因为找到了新的表演“面折廷争”的题材而兴奋，争先恐后地上疏。

但这仍未触及君臣矛盾的核心。

立场的背后是利益，万历之所以搞出一场长达十年、神憎鬼厌的“矿税之祸”，以至于史家论断“明之亡，实亡于万历”，主要动机在于与官商争利。

而争利的动因，是万历觉得社会经济明明蓬勃发展，可他就是收不到税。

首先，农业税就不指望了。明代的农业税税率始终在3%上下浮动，跟历代相比，堪称良心。而且，朱元璋早就划过红线，以洪武十八年（1385年）为节点，规定此后新垦荒地“永不起科”。

其次，偷税漏税的现象很严重。

由于“士绅不当差、不纳粮”（有科举功名的人可以不服徭役，免征田赋）的祖制，“诡寄”（将自己的田地伪报在他人名下）、“飞洒”（地主勾结官府，将田税化整为零，分洒到其他农户的田亩上）等门道令人眼花缭乱，使人直呼“学无止境”。

最后，商业税税率也很低（3.5%左右），且征收困难。

一方面，明帝国幅员辽阔，与欧洲各国相比，君主离一线税源太远，对工商业的掌控太弱。

另一方面，地方政府在收税这件事情上态度消极，导致缓交、少交，乃至不交的情况比比皆是。之所以如此，一是文官在长期的斗争实践中找到一套比跟皇帝吵架更有效的限制皇权的办法，即不让皇帝有钱；二是商人为了逃税，普遍向官员行贿。

于是，无论政府怎么加税，都只能加到自耕农头上，有钱的绅商完全“免疫”，直至清军入关。

对这种不健康的政商关系，清政府的应对方案是将完税作为考核地方官的头等指标，还在“奏销案”中把拖欠钱粮的官绅士子全部革除功名。

结果，在税率基本不变的前提下，清初的全国岁入达到七千多万两白银，是明末的十余倍。

当然，明廷也不是啥都不做，至少它禁止四品以上官员经商。

此外，朱元璋的反腐力度也算前无古人，但他忽视了“围师必阙”的策略，没给官员留活路，以至于《明史》写道：“自古官俸之薄，未有若此者。”

于是，首辅李东阳，冬天烧不起煤；海瑞吃个肉，瞬间上热搜。

这还是中晚明，早些年“大明宝钞”没崩溃，俸禄的一部分要折算成纸钞发放，而钞票的购买力从投放之日起就在缩水，到了成化二年（1466年）已是“积之市肆，过者不顾”。

更严重的问题在于，培养一个进士往往需要整个家族漫长的锱铢积累和亲属的自我牺牲，荣誉绝不只属于“朝为田舍郎，暮登天子堂”的幸运儿。

为了还恩，很多官员是反哺宗族的“凤凰男”，他们宦囊如洗，担子不轻。

散文家归有光在《项脊轩志》中追忆亲人，笔端情真意笃，览者无不坠泪。可鲜为人知的是，当过知县的归有光曾向好友诉苦说自己根本无法迁官，因为一离任就得带着成群结队的族人同行。

在此背景下，历代官员经商之盛，以明为最。

严嵩之子严世藩评过一版嘉靖朝的“福布斯排行榜”，17个“首等富豪”里10个是体制内的，分属土司、军阀、太监、宗室和内阁。

据吴晗考证，“从亲王到勋爵、官僚士大夫都经营商业，而且官愈大，做买卖愈多愈大。16 世纪中期的这种现象，是过去所没有过的”。

比如徐阶，一边在北京当内阁首辅，一边在家乡华亭（松江府下辖县）开办规模宏大的织场，生意做得烈火烹油，名下有良田几十万亩。

再比如长宁伯周彧和寿宁侯张鹤龄。俩外戚门徒众多，店铺林立，欺行霸市，扰乱商贾，终于有一天互掐起来，搞出一场震骇京师的群殴。

当然，踏踏实实经商的也有，比如晋商的代表王家和张家。但细考其家族成员不难发现，本质上还是毫无新意的“官商”——王家子弟王崇古官至兵部尚书，张家子弟张四维更是入阁拜相。

晋商的崛起源于“开中法”，该盐政规定：商人若想贩盐，必须把粮食或军需运到北方边疆，换取盐引，再凭盐引到指定盐场支取食盐，最后到指定地区销售。

“以盐养兵”的政策让毗邻边镇且境内有“河东盐场”的山西占尽地利，直到北患渐除，“开中法”被“折色制”取代。

该制由淮安籍户部尚书叶淇在弘治五年（1492 年）推行，打破了“开中法”形成的利益格局。自此，盐商不必北上“供边”，在内地的盐运司即可纳粮换引。太原、大同逐渐失色，徽州、扬州一飞冲天，徽商登上历史舞台。

为加强垄断，防止竞争，政府又出台了“纲盐政策”，把所有盐商分为十个纲，登记造册，特许经营。

这种行业准入制给官商勾结提供了肥沃的土壤，顾炎武在《日知录》中指出：“天下水利、碾硙（石磨）、场渡、市集无不属之豪绅，相沿以为常事矣。”

这就是“渡口经济”，即国营或权贵资本不直接进入生产领域，而以行政手段管制流通环节中的交易节点，用“牌照”“资质”等名目加以寻租。

占据这些宛如渡口的节点，就能雁过拔毛。因此，官商经济并不创造财富，而是通过增加交易成本来坐享其成。

摊上这样的官僚集团，万历遇缺不补也就可以理解了——既然用谁都是贪，那我不如信宦官。

三、拔鹅毛，听鹅叫

早在正德元年（1506 年），明朝君臣就因钱的问题大吵过一架。

彼时，太监崔杲被派往江南督造龙袍，以筹措经费为名向长芦盐场奏讨往年支剩的一万二千张盐引，遭到户部尚书韩文的拒绝，理由是两条祖制：

一、食盐专卖的收入必须用于边防军饷，不得移为他用；

二、内廷织造的费用向由内库承担，即便事急从权，由户部筹款，那也是专款专用，绝无挪用盐课之理。

正德皇帝朱厚照否定了韩文的意见，与群臣顶牛。谏疏连绵不绝，一致认为崔杲"假公售私，贪求无厌。利归于己，怨归于上"。

为打破僵局，内阁提出折中方案：一万二千引盐，一半拨给盐引，一半支付价银。

朱厚照不干，诘问为何不能全给盐引。内阁首辅刘健索性挑破潜规则：盐引多有夹带，有时一张甚至可以夹带数十引。长此以往，必致私盐热销，官盐衰颓。

此役虽以朱厚照的妥协而告终，但自力更生的他从此迷上了开"皇店"，让宦官在京师内外经营寺院、田庄甚至妓院。

不仅如此，朱厚照还扮作商人到皇店练习砍价，折腾累了就在长廊下稍事休息，焚膏继晷的程度堪比带货网红。

联想到朱元璋当年在"忆苦思甜"报告《御制皇陵碑记》里声泪俱下地说昔日祖父、父亲死了连棺材都买不起，席子一包就埋了——"自己动手，丰衣足食"的观念也许早就写在朱家子孙的基因里，一旦掌权，整天担心没钱花。

到 1596 年，紫禁城失火，皇极殿（太和殿）、建极殿（保和殿）、中极殿（中和殿）、乾清宫和坤宁宫严重损毁，万历惊慌失措，结果便是手握皇令的太监倾巢而出，奔走于五湖四海，开矿征税。

所谓开矿，即风闻某地有矿，便强令富户或地方政府承包开采，摊派指标。至于能挖出多少，就不是矿监所关心的了，反正不达标你得自掏腰包补足；而征税，则是在原有钞关之外广设税卡，把走南闯北的行商吓得不敢出门。

矿监、税使专挑经济发达的地区收割，指某人曰“彼有矿”，则其家立破；指某人曰“彼漏税”，则其橐（口袋）立罄。一番吸髓饮血下来，所经之处“贫富尽倾，农商交困”。

如此明索暗取，上缴给万历的却不过十分之一，剩下的钱全被宦官中饱私囊，乃至不少大太监家“金银珠宝堆积如山，玲珑异物充塞其门”。

搜刮无度的结果就是民变四起，连国际友人利玛窦都留意并记录了一场发生在临清的暴乱——由于冲击税监衙门并打死太监马堂的家奴，为首的商贩王朝佐被公开处斩。

临刑前，王朝佐神色不变。观者如潮，无不叹息泣下。

临清知府李士登在王朝佐死后亲赴王家，抚恤其母与其妻。不久，市民集资建立了祭祀王朝佐的祠堂。

两年后，声势更大的“织佣之变”于苏州爆发，破产织户和失业染工在丝贩葛成的率领下暴动三日，殴毙多名税官，提出罢税要求。

苏州经济富庶，与其他城市相比，税负向来不轻。

若在平时，倒也没什么，因为苏州不仅是江南丝织业的中心，丝织品加工业（如染色）也很发达，“凡有饮水处，皆闻织机声”。

然而，除少量官营织机外，大部分织机在寻常百姓家。这种家庭作坊的抗风险能力很差，利润不稳定，导致受其雇用的织工也过着朝不保夕的生活。

“织佣之变”的起因是太监孙隆就任苏州织造，奉命“带收税课”。

收税是官府的事，织造局作为央企，本职工作是替宫廷采办丝织品，却因万历的任性揽起了税官的活儿。

不久，苏州发生水灾，粮食和蚕丝同时减产，而为完成当年的敛财额度，孙隆不顾民生之艰，对织户加税，还派人到基层查税，以至于进出苏州城的一只鸡、一捆菜都得交税。

彼时，由于“榷网之设，密如秋荼”，外地商人已不来苏州采购。织户的产品卖不出去，只能停产，从而连带着染坊也没有生意，纷纷歇业。

在此背景下，孙隆还要加征，织户便只剩“杜门罢织”一条路可走了。

于是，苏州的织工和染工皆成无业游民，在葛成的振臂一呼下决定“杀棍逐孙”。

所谓“杀棍”，就是干掉帮孙隆查税的爪牙税棍，比如黄建节。

方起事时，葛成便撞见黄建节在其掌管的税卡敲诈一个卖瓜者。此人入城时已缴纳瓜税，卖掉瓜后在城内买了四升米，没想到出城时又被要求留下一升充当米税。

葛成手下的两千多名工人路见不平，群殴黄建节，将之打死。

随后，除孙隆在地方官的掩护下逃往杭州外，其所派出的收税恶霸均被葛成的队伍一一铲除。

事后，葛成投案自首，入狱时“哭泣送之者万人”，还被苏州知府朱燮元尊称为“葛贤”。

朱燮元有此反应并不奇怪。

在抗税者包围织造局的紧急时刻，孙隆曾要求朱燮元派兵镇压，结果遭到婉拒，还被他绵里藏针地教育了一通，说士兵是用来抵御外寇的，本官不能锄奸，以至于召乱，再发兵击之，就是错上加错了。而且众怒难犯，这么做何异于抱薪救火？

十年后，六十三岁的葛成遇赦出狱，被百姓冠以“葛将军”之名，画像挂满民宅，以求辟邪挡灾。

事实上，朝中反对矿税之声一直不绝于耳，以东林党领袖顾宪成、高攀龙和叶向高为代表。

但若论执行力，三者加起来也不如凤阳巡抚兼漕运总督李三才——此人打击税监陈增的操作堪称吊诡。

话说陈增盘剥民脂民膏的方法简单粗暴：令手下诬陷富户私藏违禁物品，然后破门而入，尽掠其财。

御史和地方官交章弹劾，万历一概不睬。

李三才按兵不动，暗中收买中书舍人（内阁文秘）程守训（陈增党羽）家一个受了酷刑的奴才，让他向陈增告密，说程守训不仅贪墨了四十万两税银，还私藏龙衣。

陈增出宫前只是御马监的一个六品奉御，没见过世面，一着急便去找李三才请教。

李三才建议他向皇上汇报，这样不仅可以撇清干系，表明忠心，还能显示自己大公无私，办事勤谨。

于是陈增向万历告发程守训，使其获罪，供出贪污税款之事。万历始知税监舞弊，触目惊心，对陈增的信任大打折扣。

而陈增的党羽目睹程守训的下场，心灰意冷，敛财的动力每况愈下，导致陈增进奉的税额减少，这进一步印证了万历的猜测：竖宦果然不干净。

即便如此，陈增依旧稳如泰山，继续肆恶。

由此可见，万历并不糊涂，反而明知故犯。

针对怨谤日腾、中外离心的局面，他曾多次下诏，承诺修好宫殿就停派太监。

最后的结果却是自踞炉火，恋恋不舍，何也？

厌恶东林自然是首要原因。这股主张“政事归于六部，公论付之言官”的清流是反对他立朱常洵为太子的中坚力量，并且不缺钱。

东林八君子之一高攀龙的爷爷当过县令，父亲是放高利贷的；顾宪成他爹作为一个小商人，虽因家里男丁多而手头不太宽裕，但祖上也是江南望族，社会关系很广。

有此饶益之家境，方能豪情万丈地喊出“风声雨声读书声，声声入耳；家事国事天下事，事事关心”。

顾宪成对司马迁的《货殖列传》推崇备至，认为是“千古绝调”。在他看来，“义”与“利”相辅相成，并无高下之分，这一改儒家“君子喻于义，小人喻于利”的成见。

而且，论出旁人倒也罢了，可偏偏来自“正其义不谋其利”的东林党创始人顾宪成之口，时代风气不难想见。

其实，此前有个叫汪道昆的福建巡抚已替商人群体代言。

这位戏曲名家、抗倭名将曾说，古时儒优于商，可我的家乡却是商优于儒；求儒不得，就去经商，反之亦然。二者各有功用，各随所愿。

徽商出身的汪道昆与张居正以及文坛盟主、“后七子”领袖王世贞是铁哥们儿。汪道昆对二者的大力投资让他官至兵部侍郎，也使名满天下的王世贞公然将其与自己并称。

身份的界限越发模糊，追根溯源，首开风气者当属王阳明。

他以一代宗师的身份给一个名不见经传的商人撰写墓志铭，提出“四民异业而同道”，应给予工、商与士、农同等的地位，甚至颠覆性地认为：诚信的商人比利欲熏心的士人更值得尊重。

观念是时代的产物。

建政之初，朱元璋颁布了史上最严户籍制，规定凡出门逾百里者，必须到官府办理“路引”，否则抓住即打八十棍，遣送原籍。若有人不知下落而邻居竟不告发的，一律充军。同时，医生和占卜先生也只能在本地行业，不许远游。

厌恶自由职业的朱元璋还不遗余力地打击“斜杠青年”，将全体国民划分为军户、民户和匠户等若干种类，代代世袭，不能转职。

即使你点错了技能，比如你爹是裁缝，那你就算天生没手，也必须子承父业。

这么搞看上去是因为朱元璋出身盲流，为防止流氓无产者在神州大地上东奔西走，复制他的成功经验，其实是锁死每种产品的供需关系，让全国人民都直接向他交租，使交易活动降到最低水平。

这套严格的计划经济有一个好处，即对货币的需求量很小。

古代中国，银矿稀少，流通货币主要是铜钱。

可问题是铜矿也不丰富，故历史上的“灭佛运动”除因和尚不事生产，侵占民田外，一个重要目的便是把佛像熔了制作铜币。

当然，短缺严重时政府也会发行铁钱，但由于其易于私铸，造假成风，所以始终未能撼动铜钱的地位。

货币紧缺，生产力却在发展，结果便是通货紧缩（商品供大于求，货币供给不足）。

“通缩”的周期里，东西会越来越便宜，甚至低于成本价。

那还生产它干吗？越卖越亏。

于是交易减少，百业萧条。

宋朝的应对之道是发行纸币“交子”，朱元璋照猫画虎，设计了一套“大明宝钞”，但因缺乏“准备金”的概念（有多少贵金属就发行多少纸钞），肆意滥发，故宝钞从面世之日起便开始贬值。

发行 15 年后，钞值贬到官方定价的四分之一。发行 60 年后更是贬值千倍，形同废纸。

户部经调查发现，即使有“禁止银铜流通”的祖制（朱元璋颁布）在，坊间交易还是只用碎银和铜钱，宝钞根本没人用。

虽如此，因祖宗之法不可违，明廷始终没有废除宝钞，即便它只剩下象征意义，沦为逢年过节皇帝赐予大臣的赠礼。

随着市场回归“铜银本位”，储量不足的老问题再次横亘到帝国面前。

幸好赶上大航海时代，日本在九州岛、西班牙在美洲殖民地都发现规模超大的银矿（玻利维亚的波托西银矿直至 19 世纪才开采殆尽，鼎盛时白银产量占全世界的一半）。

时逢嘉靖年间，从赋税到军饷，从工程营建到政府采购，国家的财政收支几乎全靠白银完成，而银子的来源，即沿海的海上走私，官方文件里统称“倭乱”。

四、生女犹得嫁比邻，生男埋没随百草

所谓“倭寇”，实际上多为闽浙两省的海商，雇几个日本浪人，往来中日，武装走私。

这些“海上马车夫”是延续了两百年的海禁政策的产物。

明朝建国伊始，朱元璋也曾试图继承宋元时期的外贸政策，但由于商业知识匮乏，政府不仅无法通过贸易赚钱，还做一单赔一单。

细究之下不难发现，朱元璋的脑子里根本就没有贸易精神，在重农轻商的他看来，那些海外商团都是外交使团，因仰慕中国文化所以前来朝贡。

因此，即便你单枪匹马来做生意，也必须伪装成外交使者，否则货物无法进入中国。

上岸后也不能自由买卖，只能把东西交给政府，当作贡品押往北京。

当然，天朝上国绝不占“化外之民”的便宜。皇帝得到“贡品”后会赏给“使者”大量金钱，远比他自己在市场上兜售赚的要多。

外商虽不理解这种古怪的贸易方式，但一来私下贸易遭到严禁，二来毕竟获利颇丰，便也入乡随俗，闷声发财。

这就给同属东亚文化圈、了解中方心态的日本以可乘之机。

日商呼朋引伴，纷纷冒充朝贡团前来揩油，且虚报贡品价格以获取高额赏赐。

明廷发现问题后，一方面大幅压价，另一方面禁止日本人频繁进贡，规定每十年一次，每次来船最多两艘。

心有不甘的日本人开始在沿海搞事情，终于促使明政府颁布禁海令，闭关锁国。问题是国境线好锁，人民群众发家致富的决心不好锁。

长江下游的苏（州）、松（江）、嘉（兴）、湖（州）地区，商业已经兴盛多年，纺织业高度发达，踹坊（布料加工）、染坊和布号遍地开花，

“一户一织”的景象随处可见。

当然，江浙的重商风气古已有之，但之所以在明朝尤为突出，跟朱元璋的小心眼有关。

元末群雄割据时，吴越一带轻徭薄赋，政通人和，吴王张士诚深受百姓爱戴。后来张士诚兵败被捕，押往南京时上吊自杀。

朱元璋本就怨恨吴越百姓不及早归顺，张士诚宁死不屈的行为更是火上浇油。于是，明朝立国后，苏松嘉湖地区被报复性地课以重税，富家大族的土地更是惨遭罚没，变成官田。

政府雇人到官田上务农，收取的田租差不多要占产出的一半，比原先的田税高了好几倍。

朱元璋自以为得计，却不明白任何政策都是活的，一旦实施，就会进化变异，而制定它的人不管多么强势，总有龙驭上宾的一天。

根据哈佛大学宋怡明教授的研究，以严苛的户籍制为例，洪武九年（1376 年），泉州近郊的颜朱两家被共同编入“正贴军户”（多个家族组成一个军户，出人当兵的那家叫“正军户”，出钱资助的其他家叫“贴军户”）。

明朝的常备军由两百万军户提供兵源，一户一丁，代代相因，好处是不纳粮或者少纳粮，然后保障民户在战争到来时不受征兵之扰。

至于坏处——谁当谁知道。

颜家作为正军户，派出年仅十四岁的颜应祖到南京服役，可没过多久这孩子就病故了。颜家的家长颜观田只好派另一名幼子接替，没想到此子入伍未久便当了逃兵，不知所终。颜观田别无选择，只得继续出丁。意识到“嘴上没毛，办事不牢”的他转变观念，派六个儿子里的老大应役。

洪武十四年（1381 年），颜家长子被调往千里之外的西南边陲，戍守楚雄卫。从此，他再未回乡，于永乐八年（1410 年）离世。

官吏第四次登门时颜观田已是风烛残年，却不得不继续择子顶补。而最后这位也是最悲催的，连驻地都没见着便在长途跋涉中病逝。

此后十多年，因书吏疏忽，颜朱军户未再派人当兵，直至朝廷为了填满缺额着手清理军伍，勾补逃兵。

考虑到戍地远离家乡可能导致新兵死于半道或逃之夭夭，一条人性化的政策出台：负有补伍之责的男丁若主动向官府“自首”，则可就近安排驻所。

于是，颜氏族人颜良兴站了出来，成功改编到泉州卫服役。

又过了十年，颜良兴死了，颜家再无适龄男丁，替补军役的责任转移到朱家头上。

此时，边防卫所缺兵，自首政策破产，朱家的新兵又要去云南丛林里的楚雄卫戍边了。

为让这个倒霉鬼恪尽职守，保卫祖国，颜朱两家给他凑了一大笔盘缠。而在接下来的一百年里，朱家先后派出四名族人参军，每人都有丰厚的补偿，却接二连三地逃亡。

嘉靖六年（1527年），不胜其扰的颜朱两家开始寻求长远的解决方案。他们拟了一份写明“务要在伍身故”的合同，跟即将戍边的朱尚忠签订。

而作为终生服役的报偿，颜家独自承担朱尚忠的盘缠。

可惜，该方案还是未能毕其功于一役。

嘉靖三十七年（1558年），朱尚忠从云南归来，称自己已经六十多岁，打算退役。同时，他提出一笔新的交易，即朱尚忠的子孙后代永远承担颜朱军户的兵役，而作为交换，两家须定期向承役之人支付银两。

考虑到这个方案能一劳永逸地免除世代当兵的噩梦，新的合同很快签订。

此时，颜朱两家已是人丁兴旺的大族。合同规定，族中成年男子，皆须逐年缴款，组成一笔基金，定期汇给大兵。

二十五年后，朱尚忠的孙子返乡，抱怨酬劳太少，要求重修条款。颜家别无他法，只好提高按丁摊派的人头费。

万历二十一年（1593年），颜氏族长颜魁槐呼吁族人放宽胸怀，提醒他们若朱尚忠的后人回来索取额外报酬，务必“处之以礼，待之以厚利，庶无后患”。

旷日持久的难题终于化解，而明朝的统治也行将崩解。

由此可见，违反人性的户籍制势必随时间的推移而扭曲，更何况维护这套烦琐严密的制度需要超强的执政力，朱元璋高估了接班人的能力和耐力。

当户籍制出现松动，苏松嘉湖地区不堪重负的地主与农民便索性放弃土地，跑到城里经商或务工，促进了江浙经济的大发展，也掀起一波城市化的浪潮。许多定期交易的集市发展成永久性的城镇，市民阶层与休闲文化日益昌盛。

五、全球化与银本位

13 世纪，席卷亚欧大陆的蒙古帝国使原本孤立的东西方文明首次产生紧密连接。

1368 年，元朝灭亡。

一鲸落，万物生。中华、西欧、阿拉伯和俄罗斯四支文明开始竞逐蒙古人留下的权力空间，拉开了世界史的新序幕。

在此背景下，明朝与以往任何朝代都有所不同。即使官方坚持朝贡贸易和农业财政，并在疆域方面放弃元朝的扩张政策而呈现出内敛倾向，但因漫长海岸线上的广泛走私（一些官员甚至长期主张外贸与外交脱钩，认为外商只要缴纳关税，就该允许其进港卸货，而不当同“朝贡”绑架到一起），中国还是越来越深地卷入了全球化的历史进程当中。

随着棉布、茶叶、丝绸、瓷器畅销全球，物美价廉的中国制造深受全世界人民的喜爱，而其他国家能够输入中国的产品却寥寥无几，除了银子。

隆庆上台后顺应时势，废除海禁，史称“隆庆开关”。很快，中国便成为全球白银的“吸泵”。

隆庆五年（1571 年），西班牙人攻克菲律宾首都马尼拉，建立殖民首府，“美洲—菲律宾—中国”的贸易线成形，在明亡之前的半个世纪里向中国输入白银近 5 000 吨（1.6 亿两）。

当时的全球化就是一个大三角：中国商品被运到欧洲，欧洲派殖民者到美洲开采白银，再把银子通过太平洋输送到中国。

远方的市场需求刺激了商品经济的发展，造就了无数富商大贾。

据于慎行记载，连北京那些卖酱、卖肉和卖酒的小生意人，资产千万以上的大有人在。而嘉靖年间的无锡首富邹望，根据清代笔记《花村谈往》的记载，更是任性到敢跟在家丁忧（因父母亡故，官员返乡守丧）的礼部尚书顾可学斗法。

话说邹望为给亡母超度，请了一百多号僧人，大摆风水道场，一不留神便把顾家的老宅给拆了。

作为严嵩的同党、嘉靖的宠臣，顾可学岂肯善罢甘休？一个招呼就让无锡知府把邹望扔进了监狱。

结果，邹望一边蹲班房一边给顾可学上了生动的一课：对不起，有钱就是可以为所欲为。

先是无锡的商人联合起来罢市，知府如遭雷磔，急赴顾府劝解。

顾可学犹不信邪，直至顾家的人买不到柴米油盐，几近断炊。

随后，顾可学发现自己贴身携带的印章竟被人调包，换成瓦砾。毛骨悚然的他终于低下骄傲的头颅，与邹望讲和。

事实上整个东南半壁，唯一能跟邹家一战的土豪是人称“安百万”的安国。

与邹望同列严世藩版“福布斯排行榜”的安国也是无锡人，光在松江就有田产两万亩，兴趣爱好是做公益。他为平倭寇、办学校、赈灾荒、疏河道撒了不少银子，眉头都不皱一下。

相比于慈善家，安国更喜欢打造的人设是旅行家与收藏家，没事就带着一帮清客四处游历。每至一地，必有官员迎送宴饮，赋诗赠行，排场之大，俨然达官显贵。

好风雅的安国走到哪儿诗便写到哪儿，后编成一部敝帚自珍的《游吟小稿》。惜其才华有限，文笔跟“老干部体”有一拼。

不过没关系，安国组团出行的主要目的是收罗古玩玉器和珍本古籍。从赵孟頫的书画到北宋珍拓的石鼓文，无论对方出价多高，安国永远只有一个字：买。

不差钱到这种地步，自然吸引了奔走相告的画家。好古却不泥古的安国来者不拒，只要看上作品，价格不是问题。

出手阔绰的安国迅速赢得士林的好感，王世贞替其新落成的园子撰文，生性寡淡的丹青圣手文徵明赠其手书的诗作。

安国再接再厉，投资书坊，用“铁画银钩，锋棱毕现”的铜活字降维打击传统出版业，印制了很多被后世视为奇货的善本。

安国死后未久，人民富豪罗龙文续写商海传奇。

墨工出身的罗龙文凭一己之力开创了一个享誉四海的“墨水帝国”。由其出品的“罗小华墨”质理坚朴，气息苍深，连嘉靖都爱不释手，时价一度炒至“一螺值万钱”。

跻身巨商之列后，罗龙文同秦淮名妓王翠翘谱写了一段荡气回肠的爱恨情仇，还助抗倭总指挥胡宗宪诱杀与汪直齐名的大倭寇徐海，人生之传奇堪比好莱坞大片。

世风演变，涤荡人心。

想当初朱元璋规定只有官员才能穿戴丝绸，民间无论多富，一概只准着布衣。时至明末，禁令早已废弛，社会风潮是“弃儒就贾”，就像“二拍”的作者凌濛初所说：“却是徽州风俗，以商贾为第一等生业，科第反在次着。”

其实，经商热情如此高涨，跟商税低和逃税方便密不可分。

晚明的很多官员成了平民或商人的代言人，认为理想的社会就该藏富于民，用“前七子”之一王廷相的话说就是：“宁缓公家之需，而不忍夺民之有。”

在这种思想的指导下，有税关一年只收三个月的税，其余时间自由放行；有官员让商人自行申报收入，缴税多寡全凭自觉。

而这些玩忽职守的行为，均被当作“仁政”四处宣扬。

万历十八年（1590年），石星接替宋纁任户部尚书。新官上任，干劲十足的他卖力清查各地弊政，增加国库收入。

某日候朝时，石星告诉已升任吏部尚书的宋纁，说他最近查出某省有闲置银子若干，可供国家使用。

宋纁不以为然地摇了摇头，说朝廷的钱粮宁可放在地方不用，也不要都查出来收归中央。如果让皇上知道各地的闲置资金数，很容易生出奢侈之心。留在当地，还不一样是国家的。

对宋纁的这套逻辑，时人的评价是“老成练达，有古大臣之风”。

官员纵容甚至帮助商人避税，势必造成重商抑农的社会风气。而当张居正推行“一条鞭法”后，商业与农业的失衡则进一步加剧。

所谓一条鞭法，简言之就是以银子统一折算赋税。很明显，施行的前提是白银供给充足，并且已成为主要货币。

此前，纳税有现金、粮食、布匹以及替政府服徭役等多种形式。随着经济的发展，这些事物和事务的实际价值波动很大，每一次变化都给基层官吏提供了盘剥百姓的机会。

而全部折成现银，不仅收税的效率提高，成本降低，腐败的机会也减少了。

真有这么完美的事？

了解国情的都知道，纯属做梦。

为保证新法顺利落地，张居正的赎买政策是“火耗归私”。

権税改银后，农户上交的都是碎银子，官府要将之熔炼成锭。在此过程中会损耗一些银两，俗称“火耗”，而这部分钱是需要纳税人补齐的。

朝廷虽规定了火耗的额度，但地方官为私吞差额绞尽脑汁地提高辖区的火耗，而张居正为调动基层落实新政的积极性，对此熟视无睹。

这倒比较符合他的人设。

张居正从来就不是什么重整乾坤的改革家，对官场陋规安之若素，绝无触及深层问题的雄心。一条鞭法不是他的发明，他所有的努力都是在现有的制度框架下顺势而为，保守治疗，而非将乱麻彻底解开。

当然，考虑到黄册（全国户籍和土地的统计报告）常年造假，人口流动日趋增强，张居正内阁的行政效率已然不低，毕竟通过普查丈量出三百多万顷（与弘治朝的数据相比）隐瞒的土地，把每年的田税收入从两百万两提高到四百万两，使国库盈满，贯朽粟陈。

然而，由于一条鞭法对白银的依赖，理财能手张居正给大明埋下一个不易察觉的隐患，即自产银的有限使明政府无法行使白银的铸币权和发行权，市场上的银子基本是由东南沿海的巨商从“丝（丝绸）、银（白银）对流”的国际贸易中引进的，这相当于国家把金融命脉委之于商人，并卷入世界经济体系，与寰球共冷暖。

可惜没暖多久，天就凉了。

1618年，欧洲爆发“三十年战争”，西班牙把美洲的白银都拉回去做军费了。而结束了战国乱世的日本，也开始加强对银矿的管控。两者一叠加，明朝的白银供给迅速枯竭。

与此同时，铜币的数量却没有变化，这导致其与越发稀缺的白银相比，贬值严重。

于是苦了底层贫民，因为他们兜里压根没几个银子，都是铜钱。而按一条鞭法的规定，要把越来越不值钱的铜兑换成银才能交税，负税只会与日俱增。

更严重的是，一条鞭法把征税主体从“人”变成了“地”，结果便是那些财富形式易于转移且流动性强的商人轻轻松松避税，而从事农业或定居的人则只能老老实实缴税。

最后，有银无地的商人越来越富，有地无银的农民却越来越穷。

随着白银供给不足，银价飙升，自耕农不堪其苦，纷纷“诡寄”，把田产挂靠到乡绅名下，致使农业持续萎缩而税源不断流失。

到了崇祯朝，天灾频仍，刀兵连绵，两线作战的政府被迫竭泽而渔，在“辽饷”的基础上又先后向民间加派“剿饷”与“练饷”。

以前由于税基不明，加税麻烦，可现在拜张居正所赐，全国土地的信息被摸得一清二楚，征缴的环节也大大简化，割起韭菜来那叫一个兔起鹘落。

于是，走投无路的农民只好加入“吃他娘，着他娘，吃着不够有闯王。不当差，不纳粮，大家快活过一场”的大合唱。

面对狼烟四起的社会现实，本就喜欢将金银铸成器皿和首饰的贪官巨贾纷纷将白银窖藏于地下，使其退出流通领域，连拉动GDP（国内生产总值）的作用都不起了，进一步加剧了帝国的银荒。

1642年，饮鸩止渴的崇祯要求户部发行五千万贯纸钞，“一贯价一两”。对此，时人评论说：“百姓虽愚，谁肯以一金买一纸？”

六、文齐福不齐

抚今追昔，恍如隔世。

遥想万历初年，四海升平，物阜民丰，思想解放与经济繁荣相辅相成。席卷天下的泰州学派发扬阳明心学里众生平等、人格独立的精神，在晚明大放异彩，催生了公开非议孔子的自由主义先烈李贽。

早在十二岁那年，李贽就以一篇《老农老圃论》挖苦视种田人为“小人”的孔子，长大后更是宣称“六经”若非史官与臣子的夸大其词，便是迂阔门生零星散碎的笔记回忆，等整理成书后，后人不察，还以为都出自圣人之口，于是尊之为经，孰知其大半非圣人之言。退一步讲，纵使都出自圣人，也不过是针对一时一事的有感而发，头痛医头，脚痛医脚，岂可当作万世不易之法？

虽说泱泱华夏从不缺标新立异之徒，但李贽无疑是最纯粹的那个，真实到把科举和做官当成谋生手段，从不夸夸其谈，职业操守与群众口碑比那些将“忠君爱民”挂在嘴边的口号大王好得多。

李贽出生于福建泉州，祖辈曾是伊斯兰教徒。

自唐代起，泉州就是中国重要的对外通商口岸。到了宋元，随着北宋失去对河西走廊的控制，以及南宋迁都导致的经济重心南移，泉州作为海上丝绸之路的起点，一举成为东方第一大港和繁华的国际大都会。波斯商人在此繁衍生息，摩尼教徒与伊斯兰教徒和平共处，政府官员里甚至能看见阿拉伯人的身影。

时人用“风帆遮天蔽日，货物堆积如山”形容泉州的盛景，事实上其标签除了“吞吐量巨大的海港”，它还是重要的手工业基地，出产的德化瓷与泉州缎畅销南洋和西亚。

进入明朝后，泉州虽因海禁不再是亚洲商贸的枢纽，但其独特的地位仍使之在日本游戏《大航海时代》中存在感颇强。

而李贽，作为一个从小在这座被多元文化和商业文化浸染的海边城市长大的人，势必缺乏对儒学应有的尊重。

他二十六岁中举，因抗拒腐败活得非常艰辛，简直可以说是给食利者阶层“丢脸”。

此外，他吃谁的饭就砸谁的锅，对八股取士冷嘲热讽，说只要背上三五百篇范文，在考场上审对题目默写一篇，保准高中。

李贽的说法并不新鲜。那些培养了一茬又一茬金榜题名者的时文大师（如同现今公务员考试培训市场上的金牌讲师）很多是屡考不中的科场败将，被舆论讥为“安（鸡犬升天的主人公刘安）之鸡犬皆得升天，而安反久滞于地上”。

科举成了笑话，“考编”只为糊口——有此认知的李贽觉得继续冲击进士成本太高，不如直接上班，结果在学历歧视严重的官场长期蹭蹬于基层，苦干二十余载才奋斗成云南姚安府的知府。

为承担养家重任，在这黑暗的二十余年里，李贽忍受孤独，每天都在苦海中煎熬。

主政姚安后，李贽因地制宜地用“至道无为，至治无声，至教无言”的思想推行“尚宽大，务简易，循自然”的政策，把少数民族聚集区治理得井井有条。

上司大为满意，准备向朝廷举荐，却不知自己这个下属已抑郁到要靠躲进洱海边的鸡足山读佛经疗伤的地步。

五十五岁这年，决心不再当狗（李贽曾自嘲“余五十以前真一犬也”）的李贽逃离体制，重新出发。他来到湖广省黄安县，寄居在耿定理家，讲学论道。

俗话说狐死首丘，告老还乡，提前退休的李贽不回泉州，却赖在朋友家不走，有些不合常理。

虽说跟耿定理早就有约，且志同道合，但真实原因在于李贽已视家乡为樊笼（根据户籍制，李贽一回家就会被地方登记造册，成为监控人口），曾言：

> 夫人生出世，此身便属人管了……入官，即为官管矣。弃官回家，即属本府本县公祖父母管矣。来而迎，去而送；出分金，摆酒席；出轴金，贺寿旦。一毫不谨，失其欢心……我是以宁漂流四外，不归家也。[1]

归有光殷鉴不远，李贽选择远离宗族的湖广作为终老之地，还是很机智的。

问题是李贽当过知府，又有名望，阖族上下都指望他照顾提携，岂肯善罢甘休？于是，膝下无子的他被族中长辈强行指定了一个侄子作为继承人，这引起了李贽的强烈不满。

在事先写好的遗书中，提起这个侄儿时，李贽说："李四官若来，叫他勿假哭作好看，汝等亦决不可遣人报我死。"

看过太多为争遗产大打出手的人伦闹剧，李贽毫不留情地拆穿血缘亲族之间的虚情假意。而之所以如此决绝，也跟命运的鞭挞过于酷烈有关：上天在短短几年之内相继夺走其父、其祖父以及两个儿子、两个女儿的性命。

两个女儿是在辉县饿死的，而辉县教谕（相当于教育局局长）正是李贽仕途的起点。

三十三岁那年，他升任南京国子监博士，本以为好日子要来了，岂料到任没多久便接到父亲的讣告，只好回泉州丁忧。

三年期满后，李贽携妻儿赴京候缺，这一等又是一年多，穷得几乎无以为继，只能借人馆舍，以教书维持开支。

好不容易等到北京国子监博士的空缺，又传来祖父的死讯。由于父已不在，李贽必须替父丁忧，而他的两个儿子此时已因颠沛流离的生活夭亡。

1.［明］李贽著：《李贽文集》卷一《焚书 · 卷四》，社会科学文献出版社 2000 年版，第 173 页。

赤贫的李贽无力再带全家南下，只好把朋友送的“份子钱”一分为二：一半用来料理丧事，另一半在辉县置了些薄产，安置妻女。

又三年，守丧完毕的李贽风尘仆仆地赶回辉县，却得知一个令他心碎欲绝的消息：两个女儿在灾荒中饿死。

原来，河南时遭大旱，管理河道的官员因索贿不成，竟将所有泉水引入河槽，不许百姓灌溉。

李贽泪流满面，与妻子“秉烛相对，真如梦寐矣”。

往事不堪回首，为数不多的暖调只存在于初识阳明心学，以及同利玛窦讨论“日心说”时……

李贽在耿家当了三年门客兼塾师后，耿定理去世。

耿定理的哥哥耿定向乃正统理学家，官至都察院左副都御史，不能容忍“非汤武而薄周孔”的李贽，将他撵出家门，并与之展开长达十年的激烈论战，斥其“遗弃人伦”。

无家可归的李贽借宿于麻城（今湖北省县级市）的一间佛堂，其妻也只好返回泉州，不久便撒手人寰。李贽痛彻心扉，悼文写得催人泪下，说自己没有一夜不梦见她。

即便如此，仍不还乡。为了让族人彻底死心，他决定剃发。

倒也不是遁入空门，因为李贽曾坦言：“余自幼倔强难化，不信学，不信道，不信仙释，故见道人则恶，见僧则恶，见道学先生则尤恶。”

这纯属行为艺术，懒得搭理俗人。

听到风声的麻城知县邓鼎石曾登门劝解。

作为一县之长，他有维护本地“风化”的责任，故劝到最后一把鼻涕一把泪，甚至抬出老母，说此行是奉母命而来。

根据邓鼎石的转述，邓母是这么对儿子讲的：“尔若说我乍闻之整一日不吃饭，饭来亦不下咽，李老伯决定留发也。且汝若能劝得李老伯蓄发，我便说尔是个真孝子，是个第一好官。”

然而李老伯已铁了心，在给心学同道、状元出身的藏书家焦竑的信里说：

又今世俗子与一切假道学，共以异端目我，我谓不如遂为异端，免彼等以虚名加我，何如？[1]

剪了头发，无牵无挂，李贽索性掀翻天地，一边痛批程朱理学，一边指责那些一本正经的道德法官都是蝇营狗苟的伪君子。

在他看来，人人都有私心，孔子也不例外，无须大惊小怪。必有个秋天收获的私心，农夫才肯用功种田；必有个当人上人的私心，士子才肯用功读书。做官的目的就是名利，与其像假道学一样打着为国为民的幌子骗人骗己，不如大大方方地承认。

从这个立场出发，李贽成了“东方的亚当·斯密”，重视物质生产，肯定工商业者，揭示了私有制社会最基本的事实。

当然，除了伪君子，历史上也有不少纯正的节义之士，但他们在李贽那儿得到的依然是差评，因为李贽认为这些人往往在国家衰亡之际仗义死节，博得名望，却无补于国家大事。

所以，忠孝节义是“败亡之征”。

李贽的言论让耿定向等反对派痛心疾首，并惹出“常年狎妓，私通寡妇”的绯闻，闹得满城风雨。

作为女权主义的先驱（李贽声称，妇女的所谓“短见”是因为她们的生活受到很多限制），李贽丝毫不以为意，跟自己孀居的女弟子过从甚密，赞其“虽是女身，然男子未易及之”；讲学时遇有学生携妓来听，也微笑以对，说这也比跟道学先生做伴强。

一个光头“和尚”给一群裹脚的妇女授课，号召她们挣脱礼教的束缚——这样的情景不是在民国，而发生在明代。

对耿定向整日自诩“热心肠”的行为，李贽感到哭笑不得：

试观公之行事，殊无甚异于人者。人尽如此，我亦如此，公

1. [明] 李贽著:《李贽文集》卷一《焚书 · 卷一》，社会科学文献出版社 2000 年版，第 7 页。

亦如此。自朝至暮，自有知识以至今日，均之耕田而求食，买地而求种，架屋而求安，读书而求科第，居官而求尊显，博求风水以求福荫子孙。种种日用，皆为自己身家计虑，无一厘为人谋者。及乎开口谈学，便说尔为自己，我为他人；尔为自私，我欲利他；我怜东家之饥矣，又思西家之寒难可忍也……[1]

由于憎恨“两面人”，李贽甚至宣称君子误国，尤甚于小人，因为“彼盖自以为君子而本心无愧也。故其胆益壮而志益决，孰能止之”。

除此之外，李贽还做过许多翻案文章，善于从似乎毫无道理之处立论，令人耳目一新。

比如被视为人性弱点的“贪生怕死”在李贽眼中是“学道之本”——圣人“唯万分怕死，故穷究生死之因”，孔子的“朝闻道，夕死可矣”更是“怕死之大者”，因其意无非“朝闻而后可免于死之怕也”。

再如“苦乐相因”，深谙命运叵测的李贽指出：

人知病之苦，不知乐之苦——乐者苦之因，乐极则苦生矣。人知病之苦，不知病之乐——苦者乐之因，苦极则乐至矣。苦乐相乘，是轮回种；因苦得乐，是因缘法。[2]

李贽写过一篇《赞刘谐》的小品文，说朋友刘谐偶遇一个高屐大履、宽袍博带的道学家，自称是孔子的徒弟。

刘谐随口道，你是他徒弟，我还是他哥呢！

道学家大怒道：“天不生仲尼，万古长如夜！子何人者，敢呼仲尼而兄之？”

1. ［明］李贽著：《李贽文集》卷一《焚书 · 卷一》，社会科学文献出版社 2000 年版，第 28 页。
2. ［明］李贽著：《李贽文集》卷一《焚书 · 卷一》，社会科学文献出版社 2000 年版，第 9 页。

刘谐笑答，万古长如夜？怪不得孔仲尼出生前，大伙都靠白天点蜡烛过日子。

在李贽看来，很多信孔教的如矮子看戏，根本看不见里面在演啥，只好跟着瞎起哄。他坦承自己年轻时亦如此，后来开悟了，才反对人云亦云。

虽然李贽的文章猛烈如炽火，奔腾如飞瀑，但晚年的他血亏气虚，多病寡欲，已无能力纵情声色。对那些无中生有的指控，他本可强硬回击，然其不仅不置一词，还故意放荡不羁，就是想身体力行自己的主张：穿衣吃饭，即人伦物理。

其实，情色小说在晚明欣欣向荣，一肚子男盗女娼却官运亨通，甚至立言立功者不乏其人，比如有断袖之癖的胡宗宪。

但李贽非要点破，这就让很多人心理上接受不了，纷纷指责其“以黑为白，以苍为素”。

然而，崇拜李贽的人又尊他为“斥虚文而求实用，去浮理而揣人情”的先知，如痴如狂，譬如“公安三袁”——袁宗道、袁宏道和袁中道。

公安派是晚明影响力最大的文学流派，反对拟古文风和语言技巧，主张“独抒性灵，不拘格套，非从自己胸臆流出，不肯下笔”，是李贽“童心说”在创作中的具体实践。

所谓童心，用李贽的话说就是“真心”：

> 夫童心者，绝假纯真，最初一念之本心也。若失却童心，便失却真心；失却真心，便失却真人。人而非真，全不复有初矣。
>
> 童子者，人之初也；童心者，心之初也。[1]

永葆童心的李贽，读个书都跟打仗似的，还给焦竑去信分享心得：“自古至今多少冤屈，谁与辨雪！故读史时真如与百千万人作对敌，一经

1.［明］李贽著：《李贽文集》卷一《焚书·卷三》，社会科学文献出版社2000年版，第92页。

对垒，自然献俘授首，殊有绝致（极好的景致），未易告语。”

在他眼中，“天下之至文，未有不出于童心者”，因为真正的好文章，妙处不在遣词造句，而来自作家“蓄极积久，势不能遏”的本能与冲动。

此等“原力”，三袁皆有，非要比试的话，老二袁宏道最高，老三袁中道次之，老大袁宗道又次之。但对李贽的追捧，三人难分伯仲。

袁宗道写信吹捧，说：“读翁（李贽）片言只语，辄感精神百倍。”

袁宏道推崇李贽的《焚书》，认为其“愁可以破颜，病可以健脾，昏可以醒眼”。

袁中道则直接称李贽为“今之子瞻（苏轼）”，说他有洁癖，爱扫地，不喜俗客。志趣相投的，可镇日言笑；意所不契者，则寂无一语。平日“滑稽排调，冲口而发，既能解颐，亦可刺骨”。

三袁见识超群，却独尊李贽，只因痛苦相通——当一个智者看透了世界的虚妄以及命运晴天送伞、雨天收伞的本性后，他原本打算按自己的意思过一生，却被家族牵累，寸步难行。

七、彼岸的关怀和此岸的现实

李贽当官时吃过的苦，袁宏道在吴县知县任上感同身受：

> 人生作吏甚苦，而作令为尤苦，若作吴令则其苦万万倍，直牛马不若矣。[1]

外人只见袁县令勤政爱民，殊不知他早已牢骚满腹，感慨“吴令甚苦我”，“苦膝欲穿，腰欲断，顶欲落”，分分钟因公殉职的节奏。

家境优渥的袁宏道认为人生有五大“真乐”：

> 目极世间之色，耳极世间之声，身极世间之鲜，口极世间之谭，一快活也。
>
> 堂前列鼎，堂后度曲，宾客满席，男女交舄，烛气薰天，珠翠委地，金钱不足，继以田土，二快活也。
>
> 箧中藏万卷书，书皆珍异。宅畔置一馆，馆中约真正同心友十余人，人中立一识见极高，如司马迁、罗贯中、关汉卿者为主，分曹部署，各成一书，远文唐、宋酸儒之陋，近完一代未竟之篇，三快活也。
>
> 千金买一舟，舟中置鼓吹一部，妓妾数人，游闲数人，泛家浮宅，不知老之将至，四快活也。
>
> 然人生受用至此，不及十年，家资田地荡尽矣。然后一身狼狈，朝不谋夕，托钵歌妓之院，分餐孤老之盘，往来乡亲，恬不

1. ［明］袁宏道著，钱伯城笺校：《袁宏道集笺校》第 1 册《锦帆集之三——尺牍 · 沈广乘先生》，上海古籍出版社 2018 年版，第 260 页。

知耻，五快活也。[1]

这种顺情遂性、活在当下的人生观，造就了袁宏道“宁今宁俗，不肯拾人一字”的文学主张。在袁宏道看来，语言是随时代不断变化的，今人所谓的“奇字奥句”，安知非古人之街谈巷议？

对此，袁中道附和说：“天下无百年不变之文章。”为了证明这一点，他的诗宁取俚俗，不落陈套，极力变化，浅易率直。

即便如此，袁宏道在评价弟弟的诗时仍说，“佳者”未必令他喜欢，因为不免有蹈袭前人的痕迹，而“疵处”的用语却因“本色独到”而令他“极喜”。由此可见，袁宏道把诗的个性放到诗的完美之上，主张作诗不托于“理”和“闻见知识”，而讲求自然之韵和真实之趣。

有此认知，袁宏道的文章打破铁网，如瀑直下，好发人所不能发，喜用新鲜泼辣的比喻，如写自己患疟疾时说：

倏而雪窖冰霄，倏而烁石流金，南方之焰山，北方之冰国，一朝殆遍矣。[2]

又如情趣盎然、波澜起伏的游记小品：

数日阴雨，苦甚。至双清庄，天稍霁。庄在山脚，诸僧留宿庄中，僧房甚精。溪流激石作声，彻夜到枕上。石篑梦中误以为雨，愁极，遂不能寐。次早，山僧供茗糜，邀石篑起。石篑叹曰：“暴雨如此，将安归乎？有卧游耳。”僧曰：“天已晴，风日甚美，响者乃溪声，非雨声也。”石篑大笑，急披衣起，啜茗数碗，即

1.［明］袁宏道著，钱伯城笺校：《袁宏道集笺校》第 1 册《锦帆集之三——尺牍 · 龚惟长先生》，上海古籍出版社 2018 年版，第 221—222 页。

2.［明］袁宏道著，钱伯城笺校：《袁宏道集笺校》第 1 册《锦帆集之四——尺牍 · 吴曲罗》，上海古籍出版社 2018 年版，第 287 页。

同行。[1]

调任北京国子监期间，袁宏道工作稍闲，写了本研究瓶花供养与插花艺术的《瓶史》。此书后来传至日本，引发花道革命，却在刚出版时使他饱受京城士大夫的讥诮。

这也难怪，他们只看到作者事无巨细地谈论花架、容器和水土关系，却不解其欲近山水而不得，乃转求于瓶中之花的无奈。

不久，袁宏道升任礼部仪制司主事，旋即辞官。

几年后，上司写信劝他复出，袁宏道回信婉拒，说自己并非不爱富贵，奈何懒散惯了。别人若从生计出发劝他做官，免受饥寒之苦，他还听得进去；若以建功立业这等大帽子来扣他，那就令他反感了。在他看来，一个人的进与退，都属于水到渠成的事，无论居庙堂而念山林还是居山林而念庙堂，都一样牵缠，一样俗气。

退休后的袁宏道向袁中道感叹：一入宦途，形瘁心劳，远不如闲隐。

其实这个道理该由袁中道向他哥讲，因为他才是耽乐的代表，真的有船，还是一艘名叫“泛凫”的楼船，每次科场不利就驾船巡游江南，在笙歌宴饮中问学会友，散心抒怀，美其名曰“洗涤俗肠”。

随着袁中道屡试不售，其繁花似锦的客游日渐显现出一种故作旷达的悲凉。而视之为“愚兄弟中白眉也”的袁宗道在听说三弟居家之日亦时时豪饮，甚至“大醉江上”后，不禁写信劝道：

> 以弟之才，久不得意，其磊块不平之气，固宜有此。然吾弟终必达，尚当静养以待时，不可便谓一发不中，遂息机也。[2]

袁中道没有“息机”，其诗文也被袁宏道誉为“情与境会，顷刻千言，

1.［明］袁宏道著，钱伯城笺校：《袁宏道集笺校》第 2 册《解脱集之三——游记、杂著 · 初至天目双清庄记》，上海古籍出版社 2018 年版，第 484 页。

2.［明］袁宗道著：《白苏斋类集》卷十六，上海古籍出版社 2007 年版，第 259 页。

如水东注，令人夺魄”，但等他真正了却“头巾债”（中进士）时，已是47岁高龄。

彼时，父亲和两个哥哥早已归西。

袁中道凄然道：

> 闭门清坐，微月濛濛。坐紫荆花下，内悲父兄，外悼友朋，因病戒酒，寂寂无一人往来可以倡和者，不知余生何以度日。[1]

才高情深，时乖命蹇。宦海无涯，年寿有限。

七年后，袁中道病逝于南京。

事实上，他早就清楚铁饭碗不好端，考入公门也不过是踏进另一座围城。

年轻时，袁中道赴京探望翰林院修撰兼太子讲师袁宗道，发现大哥“鸡鸣而入，寒暑不辍”，其同僚也终日劳碌，周六一定不休息，周日休息不一定，于是摇头道：“舍水石花鸟之乐，而奔走烟霾沙尘之乡。”

图什么呢？

尤其当袁宗道累死在任上而自己仍迟迟无法中举时，袁中道不禁发出天问：

> 人生果何利于官，而必为之乎？[2]

这个问题袁宗道其实思考过，最后发现无非两难：山野之人，身虽安逸，物质生活却成问题；当官的吃香喝辣，代价却是“冒寒出入，冲暑拜起”。

---

1. ［明］袁中道著，钱伯城点校：《珂雪斋集（下）》卷七《游居柿录》，上海古籍出版社1989年版，第1259页。
2. ［明］袁中道著，钱伯城点校：《珂雪斋集（中）》卷二十三《答陶石篑》，上海古籍出版社1989年版，第972页。

人固好逸，亦复恶饥，就看你怎么选了。

袁中道适性任情，耽于酒色，但毕竟难断名根，故游冶的同时从不忘提醒自己这些声色犬马、虚掷光阴的享受不过是“锋刀上蜜，甘露毒药”。

袁中道的内心图景是晚明知识分子群体的缩影，即一方面极恋繁华，沉醉风雅；另一方面克己勤学，皓首场屋。

两种对立的价值观集于一身，便撕裂出屠长卿“昙花一梦，遍地虚空”的悲剧人生。

八、人生如戏，聚散有时[1]

屠长卿者，戏剧家屠隆也，精通音律和书画，作品名动一时，令方中进士、观政礼部的年轻人汤显祖钦慕不已。

屠隆是从青浦知县任上调到北京的。同袁宏道一样，也是仪制司主事；跟袁宗道不同，从无案牍之劳形。用他自己的话说就是："平明入署，如坐僧舍。焚香读书，亦甚清适。"

屠隆对北京的观感则与袁中道如出一辙：出门骑马，要戴面罩，风起飞尘满衢陌。归来下马，鼻孔黑若烟囱。夏天暴雨后更不堪，积水深可及膝，马粪与沙土齐飞，整座城市就像一个大泥潭。

每当屠隆不得不鼓足勇气策马冲泥时，就怀念起云高水阔的青浦来。

青浦澄江似练，沃野良田，远山如黛，百鸟啁啾，还有念白儒雅的评弹，婉转入耳的昆曲，是"生平有烟霞之癖，日夜不忘丘壑间"的屠隆魂牵梦绕的琅嬛福地。但让他舍弃北京的一切，回去做个田舍郎，那是决计不肯的。

入京未久，屠隆便因卓绝的戏曲才华声名鹊起。由于他能编、能导又能演，且扮相俊美，很快便成为达官贵胄的座上宾。其中就有西宁侯宋世恩。

作为雅好文艺的纨绔子弟，宋世恩在一次聚会上认识屠主事后，非要与他结为兄弟，向他学习辞赋。虽然两人的地位和财富判若云泥，但屠隆见对方执礼甚恭，便欣然接受。

不久，屠隆成为侯府的常客，与宋世恩宴游唱和，听戏作乐。

人世间最大的恒常，就是无常。正当屠隆觉得自己的黄金时代即将

1. 本节内容部分参考李国文的著作《中国文人的活法》。

到来时，灾难降临。

宋妻是一位色艺双绝、工于戏曲的大家闺秀，每当屠隆扮作优伶即兴串演时，她都在微风吹晃的帘箔后细细品味。及至中场休息，还会嘱咐下人给屠隆送上香茶。

一日，宋世恩从南京出差归来，在家置酒演戏，大宴宾客。席间，两度起身向屠隆敬酒，提议与之结为“通家之好”（世交），并称自己的妻子将择日去屠府拜访老太太和嫂夫人。来宾见主人如此重视屠隆，无不对他更加高看。

谁知没过几日，弹劾屠隆的奏疏就摆到万历眼前，作者是初任刑部主事的俞显卿，给屠隆安了个“淫纵”的罪名，暗示他同侯爵夫人眉目传情，私相授受。

纠察风纪是监察御史和六科给事中的工作，俞显卿职非言官，却“出位渎奏”，冒的政治风险不小，其中必有隐情。

原来，俞显卿原籍松江，在屠隆任青浦令时还只是个举人，因横行乡里被屠知县“以法裁之”。后来他当了刑部主事，又构陷本部尚书、水利学家潘季驯，可谓四处作妖，人多畏之。屠隆看不下去说了几句公道话，传到俞显卿耳中，自是越发仇恨，伺机报复。

彼时张居正堪堪去世两年，大权独揽的万历尚思振作，于是命有司认真访稽，结果发现俞显卿纯属捕风捉影，但屠隆和宋夫人的流言蜚语也委实不少，有伤风化，故各打五十大板，双双革职，宋世恩则罚俸半年。

时人均知屠隆蒙冤，但嫉妒者幸灾乐祸，同情者不敢出头，遂无一人替其辩白。

屠隆来京毕竟不过一年，根基太浅，所谓的“风化案”又只是两个正处级官员的私人恩怨，无关政局，人情自然也就薄似秋云了。

想当初，夜幕下，脱去官袍，盛宴高张。台上风华绝代，座间悲欣交集。只可惜，多少自由自在与真情流露在东曦既驾、步入官署后登时烟消云散，恍如一梦。

帝国的基调还是纲常名教，故此案一经公布，原南京刑部侍郎王世贞就断言自己的学生屠隆是为自身的才华所累，估计很难洗刷掉“文人无行”四个字了。

果然，舆论发酵后，一干故交陆续同屠隆划清界限。

首先是王世贞的弟弟王世懋，这个意气相投的原南京太常寺少卿在听说屠隆被朝廷斥逐后，直接连信都不回了。其次是守孝期满，即将起复为内阁大学士兼礼部尚书的王锡爵。

这位未来的首辅大人、聚光灯下的天选之人，在盐城会见了南下鄞县（屠隆故乡，今宁波市鄞州区）的屠隆。一直未作声援的他此刻倒是打开了话匣子，语重心长地教育起老友来，说此番罹祸，虽不可测，但深挖思想根由，还是与你受了老庄的毒害有关。逍遥乃取祸之本，等你回到老家就别再东奔西跑了，一切以简寂为要，这样或许还有起复的可能。

屠隆嘴上诺诺，其实早已如鲠在喉。

不过，说屠隆受老庄毒害倒是一语中的，看他那些充满隐逸之风的文字即知：

> 茶熟香清，有客到门可喜；鸟啼花落，无人亦是悠然。
> 翠微僧至，衲衣全染松云；斗室经残，石磬半沉蕉雨。
> 水色澄鲜，鱼排荇而径度；林光澹荡，鸟拂阁以低飞。[1]

王锡爵终非同类，不理也罢。最让屠隆痛心的，还是跟至交沈明臣的反目。

沈明臣是后来的浙党领袖、内阁首辅沈一贯的叔父，终生不仕，却因诗才名震江南。初识屠隆，双方皆有一时瑜亮之感。

名士做派的沈明臣不管出行还是会客，总喜欢穿一身红衣，人称“绯衣公”。屠隆曾打趣说沈明臣的红衣各有妙用：春衣骑马，夏衣拥妓，秋衣垂钓，冬衣赏雪。

---

1. ［明］屠隆著，汪超宏编：《屠隆集》第 6 册《婆罗馆清言》，浙江古籍出版社 2012 年版，第 545 页。

沈明臣给屠隆的长子取了个“阿云”的小名，手头并不宽裕的屠隆则经常以微薄的俸禄接济更加拮据的沈明臣，到北京后还给他寄各种物品。

栽跟头后，屠隆第一时间写信告诉沈明臣，说河水解冻即南行回家。可惜邮路梗阻，沈明臣收到信时已是几个月后，想回信却不知寄往何处，只好写诗表达盼归之情，并派儿子天天去门口守望。

两人交恶是在屠隆抵家后的次年，原因是沈明臣指责好友在“淫纵”案中也有做得不对的地方。

屠隆大为光火，认为沈明臣偏袒俞显卿，加深了不明真相的世人对自己的误解。从此，他连沈明臣的名字都不愿提，称其“老而多欲，口如蛇矛”。

沈明臣背发巨疮，屠隆不仅不去探望，还说这是业报；想讨回托沈明臣写序的《白榆集》，屠隆也不亲自出面，而是找共同好友汪道昆，说自己“苦无副本”。

王世贞和汤显祖看不下去，写信劝解，可直到沈明臣去世，屠隆也没有解开心结，也无片言悼唁。

此时汤显祖已外放南京太常寺，对屠隆的崇拜丝毫不减，用南京国子监博士臧懋循丢官之事（因与娈童游乐而遭弹劾）安慰他，认为没什么大不了。同时，还以“古来才子多娇纵，直取歌篇足弹诵”的诗句鼓励屠隆继续创作。

然而，屠隆却被那些对自己不闻不问乃至落井下石的旧友刺激得越发偏执，向士大夫阶层公开表示不满，说他们“不通贫贱而好接贵人，不尚清言而好涉尘务”，趋炎附势，两面三刀。

考虑到罢官后的屠隆一家八口只能靠被海水侵蚀的十七亩薄田为生，其愤懑倒也可以理解。他刚回家时，尚有亲戚邻人来探望，渐渐地就门可罗雀了，以至于他穷到要割马齿苋为生，病了也没钱抓药。

势穷力孤的屠隆寄情于山水，在云栖寺修习佛法三个月，自以为得道，殊不知法师早就看破其“情障难断，习气难除”的禀性，纵使满口禅理，终究非僧非俗。

左思右想，屠隆发现除了鬻文卖赋，也没别的路可走了，于是写下曲坛佳作《昙花记》《彩毫记》和《修文记》，并宣布自己的戏剧主张：

> 传奇之妙，在雅俗并陈，意调双美。有声有色，有情有态。欢则艳骨，悲则销魂。扬则色飞，怖则神夺。极才致则赏激名流，通俗情则娱快妇竖。[1]

言为心声，单看这一段文字，便清楚屠隆的"名障"和"欲根"为何苦不肯断了。

屠隆晚年曾与友人重游松江府，同行的冯梦祯致仕前是南京国子监祭酒。日后回忆起这次出行，冯梦祯颇为不屑地说，长卿名为入道，不沾荤腥，但我看他有酒就喝，有肉就吃，身边从来不缺女人，还向我吹嘘一夜十次，真是太可笑了。

可笑归可笑，屠隆的煎熬却不足为外人道。对他来说，驱赶内心的欲望，其艰苦卓绝不亚于屯重兵于坚城之下，又是攀云梯，又是挖地道，却怎么也攻不下来。不是战术不得法，实是城池太牢固。

敦伦之乐为何难除？败军之将屠隆自问自答，父母生我，就是因这男女之欲。它是我的根，岂能连根拔掉？

但在公开场合，他却说："明霞可爱，瞬眼而辄空；流水堪听，过耳而不恋。"嗜欲的结果是悲惨的，繁华的终点是苍凉的。

只有为数不多的人能看出屠隆的"劝世良言"无非虚晃一枪，其本质仍是"不断绮语，不绝红尘"，就像他那句无奈而矛盾的"老去自觉万缘都尽，那管人是人非；春来尚有一事关心，只在花开花谢"。

生命时时欲飞，却在道德的重压下飞不起来。偶见他飘到半空，还来不及喝彩，一根看不见的绳子又将其拽回地面。

1.［明］屠隆著，汪超宏编：《屠隆集》第5册《栖真馆集》卷十一，浙江古籍出版社2012年版，第198页。

命运反复无常，屠隆亦知名利声色不过是南柯一梦：

风流得意之事，一过辄生悲凉；清真寂寞之乡，愈久转增意味。[1]

即便清醒如此，在面对基因的冲动时，人的理性又有几成胜算？

同时期的英国哲学家霍布斯认为，人是由欲念驱动的，为了活着可以做任何事。

稍晚的斯宾诺莎进一步指出：人一直被欲念驱使着走，且不自知。

等达尔文提出进化论，人们终于意识到自己其实也是动物。

屠隆死于“情寄之殇”（汤显祖语），亦即梅毒。最后的日子里，他号痛不止，尊严尽失，要靠全家念诵观音名号以求解脱。

已回老家临川的汤显祖寄来十首宽慰他的诗，调侃说，风流人得风流病，也算各得其所。

弥留之际，屠隆恍然发现自己在世间已没有像汤显祖一样相伴始终的知己。过往的岁月里，不是他得罪故友，就是故友弃他如敝屣。他似乎从未真正认清过身边的人。

便是自己，也看不清了，觉得“长卿不是我，纬真亦不是我”（屠隆字长卿，又字纬真）。他在自画像里写道：

霜降水涸，华脱木枯。万缘倘尽，五岳可庐。人称为我，我不知其为吾。[2]

面对即将吞噬自己的无边虚空，屠隆眼前闪过吴越名士的一张张面

1. [明] 屠隆著，汪超宏编：《屠隆集》第 6 册《婆罗馆清言》，浙江古籍出版社 2012 年版，第 556 页。

2. [明] 屠隆著：《白榆集：文集》卷十九，《续修四库全书》本，上海古籍出版社 1995 年版，第 782 页。

孔，闪过纵马踏泥、燕市沽酒的北漂岁月，闪过帘箔后那眼波流转、动人心魄的明眸。

他轻叹一声，留下遗言，说此生“万事瓦裂，无一足取”，六十载春秋已经够长，最大的过错在于言多。

因此，他将所有遗稿，无论诗文曲赋，全部烧掉。

九、才自精明志自高，生于末世运偏消

把时间往回拨三年，李贽在北京的诏狱自杀。

诏狱又称镇抚司狱，是锦衣卫的私牢，拥有“琵琶”“烙铁”“灌鼻”“钉指”“一封书”（湿纸覆面，使人气毙）和“昼夜用刑”（将犯人关在遍布铁钉的木笼里）等独出心裁的酷刑专利，别说以身相试，从旁观看都令人心胆俱裂。

因此，狱中囚徒别无所求，只盼能迁押刑部大牢。得偿所愿者往往喜极而泣，宛若重获新生。

然而，李贽在诏狱的住宿条件却羡煞旁人，不仅不受刑，还能读书写字。

入狱的起因，跟一个叫马经纶的罢官御史有关。

随着李贽誉满天下，谤满天下，其书屡禁不止，四处传阅，收获了无数粉丝，其中就有马经纶。在其力邀下，已在麻城待不下去的李贽北上通州。

天子脚下的卫道士们如临大敌，夜以继日地参李贽惑世诬民，诲淫诲盗，还说他著书诋毁当朝首辅沈一贯。

如果你认为这帮人都是宵小之徒，那就大错特错了。

事实上，反对李贽最猛的恰恰是礼科都给事中张问达（多次为民请命，力陈“矿税之害”）和湖广按察佥事冯应京（任上“绳贪墨，摧奸豪”，后因抨击某大税监而下狱）这样的政界良心。

而之所以反对，顾宪成对李贽的盖棺论定很有代表性：

李卓吾大抵是人之非，非人之是，又以成败为是非而已。学术到此，真成涂炭，惟有仰屋窃叹而已，如何，如何！[1]

连“晚明鲁迅”顾宪成都不理解，可见李贽同时代决裂之深。

深到几乎让人觉得他已陷入虚无主义，比如其对《三国演义》的评价：

曹家戏文方完，刘家戏文又上场矣，真可发一大笑也。虽然，自开辟以来，那一处不是戏场？那一人不是戏子？那一事不是戏文？并我今日批评《三国志》，亦是戏文内一出也，呵呵。[2]

再比如，听说焦竑被贬官后，李贽写信安慰道：

世间戏场耳，戏文演得好和歹，一时总散，何必太认真乎？[3]

这真是“开心点朋友，人间不值得”。

但很显然，沈一贯认真了。

他发起一场“清除异端”的政治运动，从李贽下手，再逮捕高僧达观，并驱逐利玛窦等传教士。

锦衣卫上门时，李贽正卧病在床。得知对方来意后，不愿牵累好友的李贽强撑着爬起来，要求取门板把自己尽快抬走。

马经纶提出与他同往，遭到拒绝。

李贽去世两年后，为他收葬并疾呼“天乎！先生妖人哉！有官弃官，有家弃家，有发弃发，其后一著书学究，其前一廉二千石（指廉洁的知府）也”的马经纶也在落落寡合中病逝。

1.［明］顾宪成著：《泾皋藏稿》卷五，《文津阁四库全书》本，商务印书馆 2005 年版，第 645 页。

2.［明］李贽著，张建业主编：《李贽全集注》第 20 册，社会科学文献出版社 2010 年版，第 345 页。

3.［明］李贽著：《李贽文集》卷一《焚书》卷二，社会科学文献出版社 2000 年版，第 59 页。

事实上，马经纶的表现李贽泉下有知只会大摇其头。

他最担心自己的死给周围人平添烦恼，曾在遗言中特意叮嘱，说用五张芦席安顿他的魂魄即可，千万别买棺材，也无须更换新衣。他甚至不忘提醒友人把抬尸的木板物归原主，并称“我心安焉，即为乐土”。

其实，李贽犯的是思想罪，而从方孝孺到于谦再到“大礼议”，明人经历的“真理标准问题大讨论”都可以办一季《奇葩说》了。因此，万历并不想搞肉体消灭，对李贽的处理结果只是“查抄销毁著作，押送原籍治罪”。

问题是李贽终生不服管（“余唯以不受管束之故，受尽磨难，一生坎坷，将大地为墨，难尽写也”），他入狱前就做好了赴死的准备，又岂肯功败垂成，受制于人？

从弃官、弃家、弃发，到用一把剃刀弃命，坚信“天生一人，自有一人之用”的李贽终于摆脱“世不我知，时不我容”的苦海，按自己的意思走完了一生，连人生的谢幕也演绎成思想的注脚，告诉世人：生或者死，都不是为了迎合别人的期待。

把时间往回拨九年，命途多舛的“青藤道士”徐渭穷困以终，身边唯有一犬。

作为王阳明的再传弟子和“泼墨大写意画”的开创者，徐渭彻底挣脱传统技法的约束，大胆将花鸟画的抽象境界提升到前所未有的高度，深刻影响了石涛、八大山人和潘天寿、李苦禅等名家。

此外，徐渭的草书独步天下，被誉为“字林侠客”，力压前辈文徵明。

同时，他还编《茶经》，写《酒史》，创作了令汤显祖推崇备至的杂剧集《四声猿》，以及首部关于南戏（昆曲即其声腔之一）的理论专著《南词叙录》，属于在多个领域独树一帜的奇才。

郑板桥曾刻一印，自称“青藤门下走狗”；齐白石亦自恨不能早生三百年，替徐渭磨墨理纸，“诸君不纳，余于门之外，饿而不去，亦快事也”。

至于诗文，徐渭放纵淋漓，任情涂抹，傲气之中流露出悲怆，悲怆之中夹杂着幽默，被袁宏道推为明代第一。

想当初袁宏道因偶然之机目睹徐文，与陶望龄一跃而起，在灯影下“读复叫，叫复读”，以至于“童仆睡者皆惊起”。最后给出的评价是“先生诗文崛起，一扫近代芜秽之习”。

观徐渭之画，山水苍茫奇伟，花鸟动静如生，大有“开拓万古之心胸，推倒一世之豪杰”的格局；观徐渭之书，则有塞天塞地的布局，狂放离乱的走笔，以及大江东去的气势。

而他本人也是眼高于顶，放言“高书不入俗眼，入俗眼者必非高书。然此言亦可与知者道，难与俗人言”。

疏狂的性格注定了多灾多难的人生。

屡试不第的徐渭饱受场屋之苦，功名止步秀才，以教书为生，一贫如洗。所幸胡宗宪赏识，将之招入幕中，大展其才。谁料造化弄人，胡宗宪受党争牵连，在狱中含冤自杀。

徐渭自忖难逃一死，写好墓志铭并雇人打了副棺材后便以利斧猛击头部。

一时间血流满面，头骨皆折，然竟不死。

于是把三寸长的钉子刺入两耳，仍不死。

又用锤子击碎肾囊，还不死。

癫狂的徐渭没把自己搞死，却失手打死了疑似出轨的妻子，吃了六年牢饭，出来后只剩“几间东倒西歪屋，一个南腔北调人”，日无暖身衣，夜无御寒被，靠吃蒸糖梨苟且图存。

其实只要稍事变通，生活便能大为改观，奈何徐渭坚信“贫贱不能移”，书屋高悬“一尘不到”的匾额，凡达官贵人慕名来访均闭门不纳，巨富豪绅重金求字则一概不允，只醉心于纸上挥洒苍茫豪气，用艺术的激情抗争天命。

徐渭作画，不屑于构建宏大的背景，刻意回避多余的排场与雕饰，往往随手扯一把草、一捆竹、一面蕉叶扔进一片寂寥的空旷之中，便任它们自生自灭。

这些草木在泥地里撕扭，在顽石间倒伏，披头散发，无依无傍，似乎不喜欢被人观摩。然而，拙朴的笔势中蕴含了无限的生机，仿佛只要舀一瓢水泼上去，一切便枝繁叶茂起来。

因此，有人认为品徐渭之画，不是看四百多年前纸上的一团墨，而是看被围困了四百余年的一只蟹，苦思了四百余年的一步棋，孤鸣了四百余年的一只老蝉。

每一滴墨都有它的归宿，每一片留白都恰到好处。一切都在呼吸，淋漓尽致，万物生长。

徐渭的寂寞和李贽的痛苦，汤显祖深有体会。他在《牡丹亭》里大胆描写柳梦梅与杜丽娘的梦中性交，并以落英缤纷比喻女子落红。

曹雪芹有言："情既相逢必主淫。"

爱情的实质是大脑里的化学反应，自然包含性冲动。而性，用王尔德的话说就是"生活中的一切都和性有关，除了性本身。性只关乎权力"。

人活一世，生存繁衍，这很好理解。可性跟权力又有什么关系？

电影《大红灯笼高高挂》的原著叫《妻妾成群》。妻妾们每晚仰望灯笼，哪盏亮着就说明哪房受到老爷宠幸，次日还能享受"捶脚"的服务。

女性在封建社会没有性自由，只能扮演男性欲望的发泄对象。女人不能讨论自身的欲望，男人却可夸耀自己的性能力，并以占有异性或同性的数量和质量作为其社会地位高低的标志。

情欲自由，乃自由之基础。冲破礼教，便可解构极权。

时下经济独立的女性已能自由表达爱欲。反观16世纪的年轻男女，虽天人交战，但也逐渐觉醒。

可惜，制度的落后使自由未能孕育出民主，民间财富的增长也没有催生"私有财产神圣不可侵犯"的社会共识。在牢不可摧的酱缸里，一幅纸醉金迷、歇斯底里的"浮世绘"发酵而成。

十、暴君、贪官和庸众

君主专制发展到明代臻于极点。

朱元璋删订《孟子》，廷杖文官，打压商人，血洗功臣，然犹嫌不足。

他生怕别人背后议论，于是大搞特务政治，首创秘密警察锦衣卫，监督臣民的一举一动。

国子监祭酒（相当于中央直属高校校长）宋讷某日独坐生气，被密探暗中画像，结果第二天朱元璋召见时直接问他为何生闷气。

《元史》主编宋濂尝与客饮，亦遭密探侦视。次日，朱元璋问宋濂昨夜是否喝酒，坐客为谁，吃了什么。

宋濂以实相告，朱元璋笑道："诚然，卿不朕欺。"

朱棣上台后，为制衡锦衣卫开设东厂。而到了成化和正德年间，又叠床架屋地设立了西厂与内行厂，目的只有一个：互相监督。

明末清初，坊间流传着两个惊悚的真实事件。

一个是说某提兵在外的大员，身边有个随侍多年的仆从，忠心耿耿。一日，他突然辞行，因大员竭力挽留，不得不吐露实情。原来，他是东厂的探子，常年监视主人。由于该大员品行端方，东厂认为无须再盯，故将此人召回。

另一个被电影《绣春刀》借鉴，出自南明吏部主事夏允彝的《幸存录》，说五个来京做买卖的商人聚在客栈饮酒，其中一人趁酒酣大骂东厂提督魏忠贤，另外四人不敢接话，胆小的还以"当心隔墙有耳"劝阻。

骂魏忠贤者满不在乎道："怕甚，能剥了我皮不成？"

当晚，锦衣卫踹开客栈的门，带走那五个客商。后来，口出狂言的那个四肢被钉在一块门板上，从头到脚被滚烫的沥青淋了个遍。

魏忠贤让人用锥子把他的皮剥下来时，那人还没咽气，一张只剩肌肉的脸上堆满了惶骇的表情。

这部明朝版《人皮客栈》，夏允彝是听一个算卦的讲的，当时他就住在那家旅店。

厂卫也不全都搞重口味，还是有专心谋财而缓于害命的，比如崇祯初年的锦衣卫指挥使吴孟明。

借着崇祯狠抓吏治、反腐肃贪的东风，吴氏父子找到一条生财之道：每缉获州县之送礼单，必故意泄露其名，沿门索贿。

专制权力与流氓政治就像肆虐的瘟疫，击穿社会底线，毁灭公序良俗，乃至“虱多不痒，债多不愁”“爹死娘嫁人，各人顾各人”“火到猪头烂，钱到公事办”的“民间智慧”甚嚣尘上，把朱元璋自以为是的政策蛀了个千疮百孔。

万历二十四年（1596年），营缮司郎中贺盛瑞主持重建乾清宫，以六十多项措施节余工程款九十二万两白银。他既未给掌权太监行贿，也没同工部官员私分，触犯了默认的潜规则，结果因“虚报工料”之罪被罢。

贺盛瑞写辩冤疏申诉，奈何万历不理朝政，使这个降本增效的标兵忧郁而终。

中央黑暗，基层更黑。“车船店脚牙，无罪也该杀”可不是说着玩的，鲜活的例子便是一个叫曾仙的县衙胥吏。

曾仙人称“曾三绝”，有三件事他人不能及。首先是一张好口，能言善辩；其次是一副呆胆，不怕生死；最后是两条铁腿，不惧竹片。

没文化确实很可怕，那知识分子会不会好一点呢？毕竟是读圣贤书长大的。

明朝的秀才有个绰号，叫“蓝袍大王”（因穿青衿），经常一呼百应，胁迫县令。这帮人的爱好是替人打官司，因舞文弄墨，见官不拜，有许多平民无法享受的特权，故“终年以讼为疗贫之药”，其中不乏无事生非、敲诈勒索的讼棍。

蓝袍大王的战力令人生畏，以至于市井无赖相斗时竟有“我雇秀才打你”之语。

人心陷溺至此，造假之风盛行。除了伪银和假药，奸商用心最多的还是客单价高的古董。一时间，李斯狗枷（犬锁）、相如犊鼻（短裤）这样的“文物”市场上俯拾皆是。

为满足人民群众日益增长的精神需求，苏州还出现替人乱编家谱的“作家”。

在他们的创作下，家家户户祖上都是天潢贵胄，且封谥诰敕、名人序文具在，挑不出任何毛病，由不得你不信。除非闲得无聊，详加考证，否则根本难以识破。

冯梦龙的《笑府》里有则笑话，说一官员摆寿宴，下属听说他属鼠，便铸了只金鼠献上，官员大喜道：“汝知奶奶生辰亦在日下乎？奶奶是属牛的。”

另一则是说某小偷偷到了一个贫汉家，翻箱倒柜，一无所得，乃唾地而去。

贫汉于床上见之，唤道：“贼，可为我关了门去。”小偷笑道：“我且问你，关他做甚么？”

还有一则是关于告密的。

末法时代的一个显著特征便是举报之风盛行，学生揭发老师，妇人捏造奸污。在冯梦龙笔下，某人闲来无聊，用桌上晨露写下“我要做皇帝”五个字，被仇家发现。仇家立即将此桌扛到官府检举“谋反”，但在等待之中，露水被晒干，衙役好奇地问他“意欲何为”。告发者尴尬道：“我有桌子一堂，特把这张来看样，不知老爷要买否？”

十一、王阳明与明末儒学

风气如此，难怪东林党热衷于同坏人坏事做斗争，对“人情以放荡为快，世风以侈靡相高”的社会环境深恶痛绝。

在很多人的印象里，东林党就是一帮重节操胜过重才干的愤青，固多高义饱学之士，绝少兴国安邦之才。

这个评价基本属实，比如崇祯末年，国事板荡，东林党的内阁大学士范景文却只会搞批评与自我批评，举不出任何值得称道的政绩。

李自成进逼北京，崇祯咨询阁臣意见，范景文的方案非常简洁：“固结人心，坚守待援而已，此外非臣所知。”

说完正确的废话后不久，范景文给自己的人生画下一个正确的句号：殉国。

另一个代表是黄宗羲的老师，宋明理学的殿军，以“蕺山学派”名播四海的刘宗周。

面对刀兵不止、烽火连天的社会现实，深感奸佞误国的崇祯也曾有意起复呼声很高的刘宗周，让他入阁。可惜，召对时崇祯问刘宗周兵事，得到的回答是“内政既修，远人自服”，举的例子也是上古时舜以“自修文礼”的方式平定三苗之叛。

崇祯耐着性子听完，下来即对内阁首辅温体仁道：“迂哉，宗周之言也。”但仍用其为工部侍郎。

很显然，崇祯忽略了“贤者在位，能者在职”的用人策略，把本该高官显爵供起来的“商山四皓”“嵩山四友”放到了职能部门。

刘宗周对身处何部并不在意，继续兜售“慎独”理论，劝崇祯放弃对武力的迷信，怀尧舜之心，行尧舜之政。

不仅如此，作为工部的长官，刘宗周带头反对朝廷重用精通火器的传教士汤若望，上疏说：“臣闻用兵之道，太上汤、武之仁义，其次桓、文之节制，下此非所论矣……不恃人而恃器，国威所以愈顿也。”

崇祯说，火器还是要用的，当然你的大道理也对。

刘宗周不依不饶：“火器终无益于成败之数。”

崇祯无奈道：那你说怎么办？

刘宗周说，十五年来，陛下做了很多错事，以致有今日之败。当务之急是推原祸始，改弦更辙，而不是拿火器来苟且补漏。

崇祯不高兴，说逝者已矣，你就谈谈现在该怎么办吧。

坚信“世道之祸，酿于人心”的刘宗周给出的答案是“用好人”，并以身作则，在南明弘光政权破灭后拒不降清，绝食自尽。

由此不难总结东林党的政治主张：用程朱理学克己修身并约束君主。当正人盈朝，上上下下都“极心无二虑，尽忠不顾私”时，自然天下大治，河清海晏。

从这个角度出发，东林党在学术上反对王阳明心学——即便是晚年主攻王学的刘宗周，也主要致力于修正和改造。

王阳明和朱熹的根本分歧在于：前者认为天理自始至终都存在于每个人的心底，人要正心诚意，向内体认天理；而后者的观点是天理存在于万事万物之中，人要格物致知，向外求索天理。

沿着王阳明的思路出发，必然得出一条结论：任何外在的权威，无论经济、政治还是学术上的，都不是衡量是非的终极准则，都必须接受我心之天理（良知）的检验。

王阳明把与生俱来、不虑而知的“良知”（是非之心）拔高到空前绝后的地位，乐观地告诉世人“人皆可为尧舜”，势必造就一批误将感性情欲的任意挥洒当作良知发用的狂徒，出身“灶户”的王艮就是个中典型。

王艮幼时辍学，随父经商，学问根底不牢，入门又晚，所幸悟性极高。由他开创的“泰州学派”片面强调良知的先天圆满，而忽视了洗心正念、明觉良知的功夫。

在王阳明看来，良知这面能断美丑善恶的“照妖镜”虽人手一个，但有人生来就把它当块宝，时时勤拂拭，遇事照一照，始终按照其“断喝”去做判断和选择；有人却将其束之高阁，蒙上厚灰，无法照物，自己也被私欲牵着走，浑浑噩噩地当了一辈子棋子，始终未能升格为具有大局观的棋手。

前者是“利根之人”，遮蔽较少，相对纯粹，故省去许多去欲去蔽的环节，入道容易；后者是“钝根之人”，遮蔽较多，必须痛下决心，猛擦镜子，方能澈见良知，故修道之路往往迂回反复。

王阳明因材施教，故对利根之人，心学看上去就像是“顿悟法门”；对钝根之人，心学看上去又像是“渐修法门”。

修的目的是“去私欲”，牢牢把握大脑的控制权，不被杂念劫持，方法分为“静坐体悟”（无事时念念去私欲）和“事上磨炼”（有事时念念去私欲），二者缺一不可。

没有静坐体悟的事上磨炼，往往是妄心躁动的结果；没有事上磨炼的静坐体悟，体悟到的境界终将流于空疏，难以实现“事理圆融无碍”。

顿悟派即以王艮为代表的“王学左派”，又称“良知现成派”；渐修派则是注重涵养心性的“王学右派”，又称“良知归寂派”。

就社会影响力而言，归寂派完全不是现成派的对手。

泰州狂侠多自尊无畏，四处奔走，专向市井蒙昧传道，一副砸烂旧世界、开启新时代的势头，以致当局有“黄巾、五斗之忧”。

坚持走群众路线的泰州学派深受“中二”青年的喜爱，他们觉得哪怕不识字，天眼一开也能立地成圣。

这都是王艮宣传的结果：良知知是知非，感应神速。人生在世，当凭内心深处的真实好恶去活，做一番不枉此生的伟业，普度众生，而不应像妾妇一样无条件地适应这个世界。

对此，黄宗羲的看法是：阳明心学因泰州而风行天下，亦因泰州而渐失其传。

的确，王艮根器好，生而知之，“立地成佛”。可芸芸众生多为凡夫俗子，离不开“学而知之”。

王阳明从“心外无理”出发，让跪着的人先站起来，摆脱束缚，自我觉醒，但最后的落点是“去私欲”的功夫，其深意恰恰在于给“私人领域”和“公共领域”划一条“群己权界”，避免人因扩张自己的自由而侵犯他人的自由。

如果说泰州门人的“真性情”最多让人产生“荡佚礼法，越出伦常”的不良观感，那当个人主义与消费主义发展到极致，资本家用“做你自己”这句经典的话给无数年轻人洗脑后，频频出现的“以真爱的名义破坏他人的婚姻”等乱象则不得不令人感慨：追求自由易，承担责任难；权利人人想要，义务几人肯尽？

由此不难理解东林党为何把世风日下的帽子扣到心学头上——万历视财如命，泰昌精尽人亡，天启成了木匠，你还在那儿借“致良知”之名“致私意”？

在他们看来，正是那帮搞心学的鼓吹人性解放，才导致文人流连风月，沉湎花柳；国家上恬下嬉，竞尚浮华。

十二、骄阳虽光，近者必伤

经济学家凯恩斯认为，许多政治强人以为自己在解决现实问题方面能力超群，其实他们不过是某些已故思想家的奴隶，很多时候还只是二三流的思想家。

王阳明虽然算一流的哲人，世间的“奴隶”也很多，但限于天时地利，终究未能改变旧制度。而由于旧制度不适应新思想，新的理念便也没能发展出进步的生活方式和社会秩序，还饱受非议与反扑。

于是，那些随任自然的“新人”看似摆脱了伦理纲常的束缚，却又坠入情波欲海，难以自拔；而那些批判纵欲的人，现实生活中又常常放浪形骸。比如袁宏道指责某些人“或为酒肉，或为声妓，率性而行，无所忌惮，自以为绝望于世，故举世非笑之，不顾也”，殊不知这话用在他头上也很贴切。

万历十二年（1584 年），王阳明的神位被请进孔庙，影响力达到巅峰。无论支持还是反对，心学都成为士人绕不开的话题，且牛毛茧丝，无不辨析，日益精微，越发玄虚。

结果，本该经世致用的士大夫对“筹边治河”与“簿书钱谷”茫然无知，整日就谁是“异端”、谁是“伪学”聚讼纷纭，以至于顾炎武愤恨道：

> 昔之清谈谈老庄，今之清谈谈孔孟，未得其精而已遗其粗，未究其本而先辞其末。不习六艺之文，不考百王之典，不综当代之务。举夫子论学论政之大端一切不问，而曰“一贯”，曰“无言”。以“明心见性”之空言，代修己治人之实学。股肱惰而万事荒，爪牙亡而四国乱，神州荡覆，宗社丘墟。[1]

1.［清］顾炎武著，黄汝成集释，栾保群点校：《日知录集释》卷七《夫子之言性与天道》，中华书局 2020 年版，第 363—364 页。

读书不读律，致君终无术。电视剧《大明王朝1566》为塑造海瑞有学有术、不畏强权的形象，让他张嘴便引《大明律》，而事实上晚明的学风，同时代的王世贞最有发言权：

> 今之学者偶有所窥，则欲尽废先儒之说而出其上；不学，则借一贯之言以文其陋；无行，则逃之性命之乡以使人不可诘。[1]

不过放眼全国，进士每三年才从六千名举人中录取三百来个，授官也不过六七品，含金量比北大、清华的博士还高。如果没有现实需要，时间宝贵的政治精英又岂会乐此不疲地穿凿义理?

其实，意识形态无非是政客手中的积木玩具，为了政治斗争的需要，想怎么装就怎么装，比如经学视野下的千古难题“称王之辩”。

先秦文献里有不少关于周公称王的记载，韩非更是信誓旦旦地说他当了七年天子。

作为孔子的偶像、儒家的圣人，制礼作乐的周公居然带头破坏君臣大义，这也太政治不正确了吧?

还原历史现场，事实本不复杂。

首先，“成王年幼，周公摄政”很多人承认，争议主要集中在他有没有坐龙椅。

其次，西周初年，礼制方兴，距以“兄终弟及为主，父死子立为辅”的方式传位的殷商未远，故见识超迈、内外宾服的周公旦即便替侄子实操了一把，看上去也没那么面目可憎。

最后，由于及时还政，不仅没有引发政治动荡，还开启了“成康之治”。

现在看来，一个三千年前的人称没称王有什么好辩的?但在传统政治语境里，这可是生死攸关的大问题。

比如王莽把他的傀儡皇帝刘婴的年号定为“居摄”，打着“效仿周公

1.［清］顾炎武著，黄汝成集释，栾保群点校:《日知录集释》卷十八《朱子晚年定论》，中华书局2020年版，第954页。

摄政”的幌子阴行夺权，西汉官员该如何站队？

比如朱棣篡了侄儿朱允炆的皇位后辩称自己是效法周公，誓死不做贰臣的方孝孺当如何应对？

小到政治博弈，大到王朝兴替，表面看取决于力量多寡和人心向背，但其底层逻辑同观念系统的更新密切相关。

嘉靖初年的“大礼议”看似在争“由藩王入继大统的朱厚熜是可以将其生父兴献王追谥为‘兴献帝’，还是只能俯从内阁之意改称其为‘叔父’，而称先皇弘治为父”，实质却是心学与理学在朝堂上的首次正面交锋。

紧扣“孝”字的心学派以“礼本人情”全面驳倒理学派，息影林泉的王阳明虽不置一词，但心学包举宇内之势已不可挡。

士风嬗变，日趋激烈。当张居正为整肃吏治颁行严厉的“考成法”后，党争只欠东风。

此前，京官考核有六年一次的“京察”（对北京和南京文官的考核），地方官考核有三年一回的“大计”，但很多时候流于形式，直到考成法引入基于目标管理的绩效考核后才化腐朽为神奇，让二者成为政争利器。

加之张居正生前压制言路，排斥异己，没少制造冤案。及其身死，要拨乱反正的，要报复清算的，还有同内阁龃龉不合的言官——各色人等如久旱逢甘霖，潜滋暗长的不满喷薄而出，沸反盈天。

万历二十一年（1593年）的“癸巳京察”由吏部尚书孙鑨、左都御史李世达和吏部考功司郎中赵南星主持，在考功司员外郎顾宪成的协助下，三人罢免了一批冗官和贪吏，其中不少还跟他们沾亲带故，比如孙鑨的外甥、赵南星的姻亲。

敢对自己人下手，至少看上去正大无私。然而此番京察，吏部未经内阁，直接将处理结果上奏万历，政治企图昭然若揭。

作为六部之首，吏部负责官员的选授、封赏和考课。为分权制衡，内阁大学士可兼户、礼、兵、刑、工五部尚书，但不领铨选。

然自张居正掌权起，吏部开始听命于内阁首辅。

张居正死后，经过两任吏部尚书的努力，吏部终于夺回权力，大有跟首辅分庭抗礼之意，即使路上相逢也无须避让。

唯一没夺回的权力就是在京察官员的去留问题上，必须先告知内阁。

经过与首辅王锡爵的一番宫斗，孙鑨败下阵来，被罚停俸。

赵南星则丢了官，为他叫屈的顾宪成（时已升任吏部文选司郎中）和高攀龙（时任礼部行人司行人，正八品特使，代表皇帝册封吊祭、赈贷慰劳和访求贤才，说白了就是跑腿的）很快也分别被削职与贬官。

顾宪成这个人，乡试考第一，会试全国第五，目空四海，睥睨万物。

万历九年（1581 年），朝中官员见张居正病重，投其所好，凑钱到东岳庙为他联名祈福。不媚流俗的顾宪成没参加，好友怕他日后被打击报复，偷偷替他签了名。顾宪成获悉后，策马赶到现场，抹去自己姓名。

若非张居正一命呜呼，顾宪成就只能回家唱《凉凉》了。

然而他不以为意，几年后因替人打抱不平而触怒万历，被贬到地方当推官（相当于地方中级人民法院院长），直至 1590 年的“大计”被评为“公正第一”和“廉洁第一”，才重新回到吏部。

结果凳子还没坐热，便“伙同”赵南星等在三年后的京察中搞事情。

彼时，王锡爵刚任首辅，一次闲谈时对顾宪成说，现在最怪的事是，朝廷认为对的，外人一定认为不对；朝廷认为不对的，外人一定认为对。

王锡爵是在抱怨首辅难当，官员和百姓都不向着朝廷。岂料，顾宪成反唇相讥道：我看应该这么说，外人认为对的，朝廷一定认为是错的；外人认为错的，朝廷一定认为是对的。

意即乱自上作，非臣民之罪。

古来才大难为用，告别官场对睿智犀利的顾宪成而言未尝不是好事，但站在朝廷的角度把时间拉长来看，却是“蛟龙一旦脱钩去，遁入江海不复来”。

顾宪成在无锡老家盖了几十间书舍，开坛授课，搞出一派“昼则书声琅琅如也，夕则膏火辉辉如也”的向学景象。

随着共读共修的规模越来越大，顾宪成打起无锡城内一处书院遗址的主意，那是因宋儒杨时（理学家程颐与程颢的弟子，“程门立雪”的主人公）闻名于世的东林书院。

他发动吴地的官员和绅衿捐资，共花费一千二百多两银子恢复了东林书院。这座书院在讽议朝政和臧否人物的社会活动中渐渐发展成为一所湖畔大学——不对，发展成为东林党的聚集地。

顾宪成混成了意见领袖，一怒则当途惧，安居则士林熄。即便朝廷起复他为从四品的南京光禄寺少卿，顾宪成也不稀罕了，坚定不移地走“匹夫而为百代师，一言而为天下法”的康庄大道。

东林党的死敌是以浙籍内阁首辅沈一贯为核心的浙党，以及依附浙党的齐党和楚党。

万历三十九年（1611 年）的“辛亥京察”，东林党与吏部尚书孙丕扬联手，重创浙党。与此同时，由于南京的京察为浙党所把持，东林党在南直隶又遭到排挤。

令人感慨的是，孙丕扬固然高洁，为抵制权贵请谒曾冒天下之大不韪以“抽签法”选官；可沈一贯的私德也不差，为避嫌曾严禁其才华横溢、深孚众望的儿子沈鸿泰参加科考，甚至不惜在报考手续上作梗，导致父子反目。

当然你可以说这是作秀，但从吕调阳到张四维，阁臣之子密集地考中进士，张居正的两个儿子更是先后夺得榜眼和状元。

两相对比，沈一贯的思想觉悟还是令人折服的。

十三、本格推理

两党相持不下，“梃击案”爆发。

一个叫张差的男子手持枣木棍在黄昏时分混进东华门，闯入守备松懈的太子寝宫慈庆宫，见人就打，被制伏时已冲到前殿的门口。

朱常洛亲自向万历汇报了此事，一个叫刘廷元的巡城御史被派去突审张差。

刘廷元是浙党骁将，刚刚弹劾过东林党的李三才。

由于案情重大，刘廷元害怕担责，故审出一个模棱两可的结果：蓟州人张差前言不搭后语，反复提到“吃斋讨封”等胡话，应该是个疯子。但细察其容貌，似乎又很狡黠。

于是万历命刑部严讯，成立了以山东司郎中胡士相为首的专案组。

胡士相亦属浙党，跟刘廷元还是姻亲。

二审的结果是：张差确系疯癫，因赖以为生的柴草被人恶意焚烧，地方衙门不作为，遂进京上访。由于没有诉状，经人提醒以木棍代替，潜入大内。

依《大明律》之规定：“宫殿射箭、放弹、投砖石伤人，律斩。”

不管老百姓信不信，反正东林党不信，比如王之寀。

王之寀时任正六品的提牢主事，分管刑部大牢，人微言轻，却坚信张差不是精神病，背后另有隐情。

他利用职务之便，不让张差吃饭，逼问出另一套供词。

原来，张差在父亲亡故后，经亲戚介绍认识了宫里的一个公公。此人将张差带到北京的一所宅子，让他替自己办件事，允诺事成之后赠送良田。

要办的事是杀人，杀慈庆宫里“穿黄袍者”。

当然，这份供述也挺魔幻，最明显的漏洞在于凶器居然是根棍子。

但它至少解开了两个疑窦：第一，没有宫里人的引导，张差如何进入守备森严的东华门？第二，偌大的紫禁城张差初来乍到没迷路，径直就跑到了冷僻的太子居所，未免太过巧合。

张差没有吐露公公的姓名，王之寀则将私审的情况越级汇报给署理部事的刑部侍郎张问达。

作为刑部的常务副部长，张问达当年曾大张旗鼓地弹劾李贽，致其下狱。还曾痛批矿税，力请停止。可见他并不好惹。

接到汇报后，张问达有些犹豫，但还是让王之寀把录下的供词写成密奏，由他代呈。

王之寀在奏章里建议由三法司（都察院、刑部、大理寺）会审张差，结果呈上去后毫无音讯。

万历的反应很正常。这么多年下来，从“妖书案”到“诅咒案”，桩桩件件矛头皆指郑贵妃，这回又跳出个王之寀。都洗洗睡吧。

王之寀头也很铁，见奏疏石沉大海，索性公之于众，舆论瞬间大哗。

要求追查元凶的奏章雪片般飞入紫禁城，户部郎中陆大受甚至用上“奸戚”二字，就差指着郑贵妃的鼻子骂。

不仅如此，针对“刺杀太子这么严肃的事，怎么看上去那么儿戏”的疑点，陆大受给出自己的解释：张差只是个探路的，如果发现闯宫不难，武艺高强的就跟着来了。

问题是：来了又如何？张差已经打草惊蛇，宫里的安保必定大大加强。

因此不合理。但不管合不合理，对王之寀的证据你得给个说法，否则就像大理寺丞王士昌所质问的那样：“有此人情乎？”

儿子的性命受到威胁，老子居然无动于衷，不知道的还以为朱常洛是捡来的。

万历头痛不已，夹在他和百官之间的首辅方从哲更是被动。

此时，声言“祸生肘腋，宜亟翦除”的御史过庭训见万历始终不表态，干脆移文蓟州知州戚延龄，委托他调查张差来京前的情况。

作为张差的父母官，戚延龄想死的心都有。这么大的案子，还牵涉党争，稍有差池就是杀身之祸，弄不好得一堆人陪葬。

因此，戚延龄的回文跟二审一致：张差是个疯子，因柴草被烧上京告状。

不过，柴草之所以被烧，经查跟郑贵妃也有关系，因为她派到黄花山（在蓟州境内）上修佛寺的宦官为烧制陶器曾向民间购薪。

张差见有利可图，把家里的田卖了从外地买薪运回，贩与宦官，引起本地人的忌恨，导致其柴火被烧。张差求宦官主持公道，谁知反被责骂。

看来，张差疯归疯，却并不影响他做生意。

戚延龄的话，东林党连语气助词都不信，甚至怀疑郑家已派人到蓟州活动。

在反对"疯魔说"的刑部员外郎陆梦龙的敦促下，张问达将专案组扩大到七人（引入王之寀和陆梦龙），会审张差。

审问一开始，陆梦龙便明白了七八分：张差一脸倨傲，毫无疯状。

问话的过程中，胡士相等人吞吞吐吐，陆梦龙大为不满，一再提出对张差用刑。胡士相装聋作哑，直到陆梦龙拍桌而起，方才允准。

这就涉及一个问题：浙党到底在掩饰什么？

事实上，浙党领袖沈一贯是拥立朱常洛的，浙党也认同"有嫡立嫡，无嫡立长"的原则，不可能跟郑贵妃沆瀣一气。

但此时的内阁首辅是接替叶向高未久的方从哲。

叶向高是东林大佬，方从哲却是个无党派人士，曾任国子监祭酒，因得罪太监辞职回家，养望山林十五年，颇富清名。

这样的道德楷模其实并不适合当首辅，因其在"爱惜羽毛"和"承担责任"之间往往选择前者。正如《明史》评价的，"性柔懦，不能任大事"，方从哲出山后果然扮演和事佬的角色，凡事和稀泥。

东林党大为不爽，以至于不顾方从哲是叶向高推荐给万历的事实，认定他为浙党。

理由看上去也很充分：湖州人嘛。

因此，东林党有把方从哲拉下马的冲动，而浙党则不愿“梃击案”成为对手排除异己的工具，竭力息事宁人。

可惜挡不住风风火火的陆梦龙。

张差又不知道这帮官员谁大谁小，见陆梦龙镇住全场，便全都撂了——不仅承认有人带自己进宫，还说其人是“庞公公”和“刘公公”。

这两个姓氏一出，堂上的几位均坐直了身体，心照不宣：庞公公叫庞保，刘公公是刘成。两人均为翊坤宫的宦官，郑贵妃的内侍。

张差说这俩人豢养他三年了，送他金壶、银壶各一把。陆梦龙立即追问：“何为？”

张差答道：“打小爷。”

空气立刻凝固。

因为“小爷”就是朱常洛。

胡士相大喝道：“此不可问矣！”

其同党反应过来，纷纷起身，表示审讯到此结束。

张问达接到报告，心下已然有数，把张差的供词捅给内阁次辅吴道南。

吴道南是无党派人士，二把手的位置又让他比两面承压的方从哲超然。收到张问达的猛料后，他立即垂询小自己十三岁的翰林院编修孙承宗。

作为晓畅边事、出将入相的一代名臣，孙承宗此时已展露出成熟的政治智慧：

> 事关东宫，不可不问；事连贵妃，不可深问。庞保、刘成而下，不可不问也；庞保、刘成而上，不可深问也。[1]

陆梦龙请张问达穷追到底。并且，为免胡士相再次作梗，建议三法

1.［清］张廷玉等著：《明史》卷二百五十《列传第一百三十八 · 孙承宗》，中华书局 1974 年版，第 6465 页。

司会审。

张问达不想引入都察院，因为这样一来刑部便做不了主了。他的选择是启动“十三司会审”，即由刑部的十三个司（对应全国十三个省）集体上阵，集体负责，丢掉思想包袱，做出公正判决。

当天，哪见过这种阵仗的张差竹筒倒豆子般说个不停，也不知是心理防线崩溃还是表现欲被激活，连“打上宫去，撞一个打一个，打小爷，吃也有你的，穿也有你的”这种教唆犯罪的黑话都讲了出来。最后还惋惜道：“小爷洪福大了。”

此言一出，连胡士相等人都改了口风，郑贵妃跳进黄河也洗不清了。

不仅洗不清，还要被猪队友补刀。

郑国泰是郑贵妃的哥哥，为陆大受的“奸戚”之说所激，按捺不住，发布公告替自己辩白：“倾储（扳倒太子）何谋？主使何事？阴养死士何为？”

一言以蔽之：不要空穴来风了，我有什么必要这么干？

傻子都知道郑家跟太子过不去的原因，郑国泰偏要此地无银三百两，结果遭到东林党的工科给事中何士晋的猛攻。

何士晋认为，陆大受提到“奸戚”时又没指名道姓，郑国泰主动认领是做贼心虚。而且，谁说你倾储了？谁说你主使了？谁又说你养杀手了？你急成这样，不是欲盖弥彰吗？

疏末，何士晋提出一个对赌协议：

> 设与国泰无干，臣请与国泰约，命国泰自具一疏，告之皇上。嗣后凡皇太子、皇长孙一切起居，俱系郑国泰保护，稍有疏虞，即便坐罪，则人心帖服，永无他言。[1]

万历七窍生烟，怒道：“难道朕无护子之能，竟托外戚？”

1.［清］谷应泰著：《明史纪事本末》卷六十八《三案》，中华书局 1977 年版，第 1080 页。

然而群情激愤之下，贸然惩办何士晋无异于推波助澜，万历只能忍着。

方从哲扛不住舆论压力，要求万历“严究主使”。张问达也连连上疏，催问下一步如何处理。

望着梨花带雨的郑贵妃，万历给她指了条生路：去求朱常洛。虽说屈辱，却是破局的唯一办法。

朱常洛生性懦弱，平素跟宦官都不敢发火，见万历存心袒护郑贵妃，也只好答应不予深究，配合演戏。

于是，时隔二十五年，万历破例在慈宁宫召见暌违已久的群臣——带朱常洛一起。

选慈宁宫是为了庄重，宫主李太后去世不久，牌位尚在，让万历感到骂起人来有底气了许多。

他痛斥谣言，拉着太子的手说：“此儿极孝，朕极爱。使朕有别意，何不早做更置！外臣何意，辄以浮言间朕父子耶！”

语罢，命宦官将三位皇孙（朱常洛的三个儿子）带到殿外的石阶上，令群僚熟视，并道：“朕诸孙俱已长成，更何说！”

自证完清白后，万历又让朱常洛表态。

朱常洛附和道：“我父子何等亲爱，而外廷却议论纷纭。尔等无君之臣，使我为不孝之子。”

眼见当事人都这态度，东林党再想搞事也师出无名，只好偃旗息鼓。

最后的结果是张差被活剐，庞保、刘成被秘密处死。

十四、药石罔效

东林党没能借“梃击案”做成文章，导致两年后在由浙党联合齐党、楚党主持的“丁巳京察”中损失惨重，东林党员几乎被驱逐殆尽，从此颓了三年，直到万历宾天才迎来转机。

万历是在王皇后逝世后病倒的，郑贵妃眼见成败在此一举，违规搬进乾清宫，一边照顾夫君，一边讨要后位。

朱常洛在宫门外焦急徘徊了多日，始终不被允许入内探视，直到东林党的兵科给事中杨涟得知此事。

杨涟告诉朱常洛的伴读宦官王安，说不见太子，绝非天子之意。皇上久病不愈，要提防郑贵妃假传圣旨，惑乱朝政。

王安向朱常洛转达了杨涟的建议：力请入侍，尝药视膳，薄暮始还。

与此同时，杨涟又联合御史左光斗敦促方从哲率群臣赴乾清宫问安，以示朝臣之力。

方从哲不愿开罪郑贵妃，以“帝讳疾。即问，左右不敢传”推诿。杨涟援引北宋文彦博的例子，要方从哲携百僚一日三问，使宫中知廷臣在，“事自济”。

方从哲只好照办，但郑贵妃此时已经索要到了“封郑氏为后”的遗诏。

那又如何？万历还说等郑贵妃百年之后要入葬定陵，好“生则同衾，死则同穴”呢，可三百多年后定陵重见天日时，世人发现与万历合葬一墓的两个女人是王皇后和朱常洛的生母恭妃——那个万历嫌弃了一辈子的宫女、郑贵妃口中的“老妈妈”。

原来，天启即位后将自己的亲祖母追封为“孝靖皇后”，移葬定陵。

此时已成为太妃的郑氏尚在人世，礼部以“有悖典礼”（封后大典必须由皇帝亲自主持，可皇帝已不在人世）为名否决了万历的遗愿，葬送了她的皇后梦。

不受待见的郑太妃躲在深宫，了此残生，一边见证恭妃死后的荣光，一边品尝生前的凄凉。

由于长期与子暌隔，恭妃晚年抑郁到双目失明。

万历三十九年（1611 年），恭妃病危。朱常洛经苦苦哀求，终得恩准前往景阳宫探望。

景阳宫位于东六宫的东北角，在东西六宫里最为冷清。朱常洛来到宫前，发现大门紧锁，寂然无人，只好自己找来钥匙，进入冷宫。

母子相见，抱头痛哭，恭妃摸索着朱常洛的衣裳，凄然道："儿长大如此，我死何恨！"

另据文震孟之子文秉记载，当日郑贵妃曾派人尾随朱常洛至景阳宫，被听觉灵敏的恭妃察觉。她说了句"郑家有人在此"后便不再开口，以防留下把柄，连累儿子。

可惜，不论恭妃和东林党怎么围护，也架不住压抑了近四十年的朱常洛登基后疯狂地透支自己的身体。

原来，郑太妃见木已成舟，只好拼命巴结已成为泰昌帝的朱常洛，以消往日之怨。问题是这梁子结得有点深，不太好解，心神不宁的郑太妃干脆直接上撒手锏：性贿赂。

八个狐媚的艺伎被进献给朱常洛，使其即位后的第十天便一病不起。

虽说"久饿不可饱食，久渴不宜牛饮"，但人一颠鸾倒凤就病倒了，这剧情怎么看怎么像胡金铨导演的风月片。

合理的解释是朱常洛长年担惊受怕且饮食淡薄，导致身体素质不佳。而应付继位大典和操持先皇丧礼均是劳形苦心之事，贪欢无度自然会成为压垮骆驼的最后一根稻草。

听说皇上几日之内便肾气不足，百官顾不得含蓄委婉，纷纷劝朱常洛"起居必慎""急在保摄"，方从哲亦在入宫请安时直言道："圣体未愈，伏望清心寡欲，以葆元气。"

但朱常洛显然高估了自己的体格，对节制房事的劝告不屑一顾，直到瘫痪在床。

主治医生是分管御药房的司礼监秉笔太监崔文升。

之所以找宦官看病，一来崔文升的医术确实不错，二来自觉丢脸的朱常洛不想惊动外廷。

可惜，崔文升的治疗方案过于激进，而他翊坤宫内侍的出身又实在让人无法不将其同郑太妃联系到一起。

当朱常洛的病情迅速恶化，而东林党得知替他暗中治病的人是崔文升后，立即炸锅。

不炸不行，因为崔文升居然给眠食俱废、孱弱已极的朱常洛开泻药，使其一天之内跑了几十趟厕所，严重脱水。

然而，难以启齿的事实是，为了夜夜做新郎，朱常洛服用了大量春药。因此从医理上看，先用大黄把体内的毒素排尽，再考虑补肾养气，倒也没错。只是崔文升没掌握好剂量，玩脱了。

当然，在东林党看来误诊是不存在的，真相只有一个：郑太妃指使崔文升谋杀朱常洛。

问题是崔文升若真想弑君于无形，最安全的方法其实是装作不知道朱常洛吃春药这档子事。反正患者百般遮掩，宫外的人更是蒙在鼓里，均认为虚脱的皇帝亟待热补。

崔文升只需遵照“常识”开一堆大补之药，便能名正言顺地害死朱常洛，何必多此一举，将自己置于口诛笔伐的险境？

但这仍是推测，实情跟“梃击案”一样扑朔迷离，因为郑太妃从万历死的那天起就没挪窝，在乾清宫形影不离地守着朱常洛，嫌疑根本洗不清。

郑太妃明知拉仇恨还非要赖在乾清宫，一是由于求生欲，二是为了“讨封皇太后”。

立后无望，便要当你妈，这很郑太妃。

不仅如此，她还跟朱常洛的宠妃李选侍勾结到一起，整日互捧——郑太妃替李选侍请皇后位，李选侍为郑太妃请皇太后位。

不管朱常洛烦不烦，杨涟是看不下去了，上疏斥责崔文升用药无状，并揭露郑太妃的狼子野心。同时，他拉上左光斗和东林党的吏部尚书周嘉谟，敲开了郑养性的家门。

郑养性乃郑国泰之子，其父死后成为郑贵妃在宫外的联络人，平日嚣张跋扈，仗势欺人，却早已被杨涟看透。

杨涟认为，郑养性跟他爸一样，是个虚张声势的主。果不其然，由纠劾过黔国公的三朝元老周嘉谟牵头，杨涟与左光斗你一言我一语，成功唬住郑养性，使他相信自己和姑姑已大祸临头。

当然，威吓是以实力为基础的。朱常洛上台后，东林党全面翻身，刘一燝与韩爌同时入阁，赵南星以太常寺卿起复，邹元标以刑部侍郎征召。

郑太妃一介寡妇，无人撑腰，看上去张牙舞爪，其实压力比谁都大。

因此，在郑养性的劝说下，她移居慈宁宫，暂避锋芒。

与此同时，御史郑宗周等人继续弹劾崔文升，并请内阁调护圣躬，速建储贰。

病势凶猛的朱常洛终于公开承认患病，召太医会诊，并在方从哲问安时肯定其“用药宜慎”的建议。

可惜为时已晚，朱常洛也自觉大限将至，开始召见内阁大学士们以及吏部尚书周嘉谟、礼部尚书孙如游、左都御史张问达等辅弼重臣。

职仅七品的杨涟也在召对之列，同僚皆以为这是由于他批判崔文升和郑太妃过猛，触了逆鳞。

杨涟亦作此想，甚至已做好挨打的思想准备。

没想到一见面，朱常洛即对杨涟赞不绝口，让他参与顾命（帝王交代后事）。

杨涟感激涕零，立志犬马相报。

十五、红丸

朱常洛主要交代了两件事：第一，册封李选侍为皇贵妃；第二，诸臣辅佐皇长子朱由校做个贤君。

嘱托完正事，朱常洛问及“寿宫”。众人以为他指的是神宗（万历）陵寝，没想到朱常洛指了指自己道：“是朕寿宫。”

诸臣皆云：“圣寿无疆，何遽及此！”

朱常洛顿觉鸡同鸭讲，岔开话题道：“有鸿胪寺官进药者安在？”

原来，鸿胪寺丞李可灼曾向内阁献仙丹，自言可疗圣疾，被方从哲拒绝。然而“民科”的特点就是越挫越勇，坚韧的李可灼没有放弃，整日随御医往来宫中，很快便同宦官混熟，手头有偏方的事亦为朱常洛所知。

方从哲直言李可灼的“仙方”自己“未敢轻信”，朱常洛却当场命人将之宣入乾清宫。

李可灼所献丹药俗称“红丸”，并非什么新鲜事物，嘉靖就曾服用，为此还征集大量豆蔻之年的处女，以其初潮时的经血炼药。

听李可灼讲完治法（人乳调服），朱常洛坚持要试红丸，诸臣无一赞同。

这就涉及给皇帝看病的悖论：真龙天子是半仙式的人物，怎么会像凡人一样食五谷、生百病呢？

所以，皇帝有疾是不能随便乱讲的，只能山呼“万寿无疆”。更麻烦的是，皇帝的病没人敢主动去治，除了李可灼这种投机分子。因为治好了固然有赏，可治坏或治死了那就是诛九族的大罪。

公元 870 年，唐懿宗的爱女同昌公主病故，参与救治的二十多名医官悉数被杀，还株连宗族亲属三百多人，连出面求情的京兆尹（相当于首都市长）温璋也落了个革职贬窜，服毒自杀的下场。

“壬寅宫变”时，嘉靖差点被饱受他摧残的宫女杨金英等人勒死。太医许绅奉命急救，把皇帝从鬼门关拉了回来。

结果，嘉靖刚赏许绅太子太保衔没多久，许绅就暴毙了，在遗书中明言自己死于“惊悸”。

压力这么大，历代御医被迫练就一套不求有功、但求无过的本领，热衷用“慢治”卸责而讳言药到病除，热衷“从众诊断”而绝不发表独到的见解。

久而久之，缺乏互信的医患双方博弈出一套诊治重症天子的办法，即组建一个由官员和太医共同参与的班子，一起担责。

问题是一堆人商量来讨论去，取个最大公约数，得出的医疗方案势必保守，比如刘一燝在反对红丸时就说，他家乡有两个人曾吃过这玩意儿，结果一益一损，非万全之药。

但命是朱常洛自己的，他觉得不赌一把就只能等死了，故执意吃下一颗，没想到精神为之一振，连赞李可灼“忠臣”。方从哲等人也以为药效不错，松了口气，各回各家。

然而这不过是药力刺激下的回光返照。朱常洛夜间又吃了颗红丸，病情逆转，于次日清晨升遐。

此即“明宫三案”里的“红丸案”。

由于药是朱常洛拍板试吃的，一干股肱大臣也都在场，故方从哲从安定团结的角度出发，并未追究任何人的责任，还奖励李可灼白银五十两。

此举激怒了不解内情的百官，“轻荐狂医，又赏之以自掩”“不申讨贼之义，反行赏奸之典”的骂声响彻寰宇。

方从哲只好认㞞，对李可灼的处理改为罚俸一年。

然而言官像弹簧，你弱他就强。之前参过崔文升的郑宗周又冒了出来，旧事重提，要求将这个死太监移交法司治罪。

方从哲认为此举太过，令司礼监自行处置崔文升。此举再次惹毛东林党。

光禄寺少卿高攀龙、吏部主事吕维祺等纷纷上书，称崔文升、李可灼罪不容诛，而方从哲竟徇情包庇，国法何在？刑科给事中惠世扬更是痛斥方从哲有“十大罪”，可杀三次。

不过这都是后话，当务之急在萧墙之内——乾清宫被继承郑太妃衣钵的李选侍霸占，日后的天启帝朱由校遭其挟持，政变一触即发。

李选侍于朱由校有杀母之仇。朱由校母亲王氏原是东宫的一个宫女，伺候朱常洛的过程中怀了孕，生下长子朱由校，封为才人。与她婆婆被郑贵妃欺负一样，王才人也遭到李选侍的凌辱，直至被打死。

李选侍嫉恨王才人实属正常，因为她自己的儿子夭折了。但在李选侍整死王才人后，朱常洛居然把朱由校交给李选侍养，也是心大。

作为养母，李选侍没少虐待儿童，更在朱常洛尸骨未寒之际把十六岁的新帝软禁在乾清宫，讨要皇后封号。

李选侍之所以这么干，因其与郑太妃一样，被礼部尚书孙如游摆了一道。

孙如游这个人，先是不认万历遗命，搅黄了郑太妃的太后梦，又在朱常洛病危之际故技重施：一边对“封李选侍为皇贵妃”的指示表示遵旨，一边说太后（万历正妻王皇后）和元妃（朱常洛即位前便已离世的太子妃郭氏）的谥号尚未拟定，等做完这些礼部就给李选侍办。结果拖到朱常洛咽气也没动静。

李选侍觉得自己好歹给朱常洛生过一儿一女，却眼看什么名分都捞不着，连个才人都不是，索性占宫为王。

一众顾命大臣想进乾清宫瞻仰先帝遗容，却为群阉所阻，直到杨涟声色俱厉地骂道：

> 奴才！皇帝召我等。今已晏驾，若曹不听入，欲何为？[1]

言毕，一把推开阻拦者。哭拜完泰昌帝，新的问题来了：朱由校不

1.［清］张廷玉等著：《明史》卷二百四十四《列传第一百三十二 · 杨涟》，中华书局 1974 年版，第 6321 页。

见踪影。

刘一燝高声道，谁敢藏匿新天子！面对刘一燝的追问，阖宫上下无一应答。

此时，朱常洛的太子伴读王安已是司礼监秉笔太监，他朝西暖阁的方向使了个眼色，众臣会意，一齐跪下，要求面见新君。

李选侍毕竟年轻，一时间六神无主。王安随即入内，骗她说见一面就回，抱起朱由校便跑。

群臣见王安得手，都跟着他跑。众阉紧追，一直拉扯到乾清门，刘一燝强行将朱由校塞入辇车。

某阉叫嚷道："拉少主何往？主年少畏人。"

杨涟怒目而视道："殿下群臣之主。四海九州莫非臣子，复畏何人！"

群阉哑口无言，且惧杨涟，只好悻悻退去。

于是朱由校赶赴文华殿，在百官面前亮相。

群臣行完叩拜大礼，就登基问题展开争论。杨涟主张缓办，因为没人跟朱由校抢皇位，而父丧未敛就衮冕临朝，于礼不合。

杨涟此论堪称迂腐，但因他护驾有功，故另择吉日登极的意见占据上风。

朝罢，素来步调一致的左光斗怒斥杨涟道：若有差池，你死后的一百多斤肉够天下人吃吗？

作为杨涟的同年，左光斗也是说一不二的性格，曾手书"风云三尺剑，花鸟一床书"的对联。

初任御史时，他巡视京城，曾一口气抓了一百多个假官，缴获七十多枚假印，耸动天下。要知道，当假官不比办假证，一般来说门路都是真的，且过硬。

另一件广为人知的事发生在左光斗闲居乡里时。

一日，他与好友方大铉喝酒，见其六岁的次子方文在一边玩耍，便问他最近读什么书。方文答："杜诗。"左光斗兴致盎然，让方文背诗。于是方文背一首，左光斗就喝一杯。喝到上头处，直接大腿一拍，决定把女儿嫁给方文。

方大铉以为是酒话，谁知左光斗真把长女嫁给了方文。

左光斗看似随性，实则心细如发。因为方大铉虽到死就是个户部主事，可他爹方学渐师从耿定理，是海内闻名的桐城大儒。所以，方学渐虽终生未仕，也谈不上富有，但架不住基因好，孙辈里出了个叫方以智的思想家，是“明末四公子”之一。

同时，方学渐的侄子里有个官至太仆寺少卿的方大美，其曾孙乃桐城派散文的创始人方苞。

方苞的代表作《左忠毅公逸事》写的就是左光斗，文字凝练，感人肺腑。

十六、移宫

从择婿一事不难看出左光斗洞见深远。

因此，意识到问题严重性的杨涟决定与左光斗携手，逼李选侍移宫。

乾清宫是天子寝宫，也是百官上朝的地方，李选侍不走，新君就只能待在慈庆宫，法理上会存在很大问题。

左光斗的檄文言辞激烈：

> 选侍既非嫡母，又非生母，俨然居正宫，而殿下乃居慈庆，不得守几筵，行大礼，名分倒置，臣窃惑之。
>
> 殿下春秋十六龄矣，内辅以忠直老成，外辅以公孤卿贰，何虑乏人，尚须乳哺而襁负之哉？倘及今不早断，借抚养之名，行专制之实，武后之祸将见于今。[1]

以武则天举例，表面看无非反对牝鸡司晨、后宫干政，但考虑到前文专门强调朱由校已发育成熟，不难推测其皮里阳秋——武则天是唐太宗的妃子，却在李世民死后跟他儿子弄玉偷香，当上皇后。所以骆宾王在《为徐敬业讨武曌檄》中说她“秽乱春宫”。

春宫者，东宫也。路人皆知，李选侍做梦都想当皇后，曾命朱由校当着一干大臣的面跪求朱常洛封她为后。

因此，左光斗的意思明白无疑。

李选侍被激怒，派人宣召左光斗。左光斗说自己是天子法官（御史），非天子召不入。李选侍无法，转而召朱由校来乾清宫议事。

---

1. 孟森:《明史讲义》，中华书局 2009 年版，第 245—246 页。

这是把朱由校当傻子吗?

朱由校不傻，只是迷恋手工制造和园林设计，是先秦黑科技“机关术”的爱好者，搁《轩辕剑》里就是辅子彻，搁《古剑奇谭》里就是乐无异，放到19世纪没准会研究永动机，再晚生一些可能会拜贝聿铭为师。

朱由校的问题在于没受过教育，是个文盲。这得赖他爷爷，因为万历不喜欢朱常洛，所以对他们父子的读书问题漠然置之。而不读书的危害不仅仅是没文化，还将导致一个人是非不明、黑白不辨。

最典型的例子就是，李选侍虽然搞死了朱由校的生母，却因巴结魏忠贤安然度过天启朝，最后还捞了个“康妃”的封号，一直活到康熙十三年，以八十多岁的高龄善终，比舞台上各领风骚三五年的衮衮诸公的结局要好得多。

李选侍派往慈庆宫的宦官，在麟趾门不幸路遇暴躁的杨涟，被骂了个狗血淋头：

> 殿下在东宫为皇太子，今则为皇帝，选侍安得召？他日即不奈选侍何，若曹置身何地？[1]

宦官落荒而逃，杨涟却高兴不起来，因为登基大典就在这两天，可乾清宫的“钉子户”仍旧稳如磐石。

心急如焚的他联络诸大臣齐聚慈庆宫外，逼方从哲牵头，请朱由校降旨，责李选侍移宫。

方从哲已对东林党有了敌意，不以为然道：“迟亦无害。”

杨涟当即反驳：“昨以皇长子就太子宫犹可，明日为天子，乃反居太子宫以避宫人乎？两宫圣母（指朱常洛的原配郭氏和朱由校的生母王才人）如在，夫死亦当从子，选侍何人，敢欺藐如此！”

现场一宦官估计没领教过杨涟的脾气，居然插嘴说李选侍“亦顾命

1. 孟森:《明史讲义》，中华书局2009年版，第246页。

中人”。

这倒是事实，李选侍宠冠六宫，是朱常洛临终时唯一在场的家眷。

但你非要哪壶不开提哪壶，就莫怪杨涟咆哮了：

> 诸臣受顾命于先帝，先帝自欲先顾其子，何尝先顾其嬖媵？请选侍于九庙前质之，若曹岂食李家禄者？能杀我则已，否则，今日不移，死不去。[1]

杨涟嚷嚷完，刘一燝和周嘉谟也开始声援，辞色俱厉，结果惊动了朱由校。

早在十岁那年，朱由校便经历过类似的场面。

那是“梃击案”后，万历为平息众议，袒护郑贵妃，不得不在慈宁宫抛头露面，召见群臣。他牵着朱常洛的手宣示“父慈子孝”，并向众人展示朱由楫、朱由校和朱由检三个皇孙，以安人心。

然而一个跪在后排的御史对此极其不满，认为万历唱这么一出只是为了包庇郑贵妃。

于是，这个叫刘光复的狂人竟在万历话音未落时高声打断，滔滔不绝，语带讥讽地夸皇上慈爱，太子慈孝，摁都摁不住，直至被五花大绑押出门外。

万历暴跳如雷，百官瑟瑟发抖，大学士吴道南因惊吓过度昏倒在地。活久了什么都能见到，就像百官二十几年见不着皇帝，一见到就是场年度大戏。

刘光复被判“狂吠罪”，朱由校也第一次领教了文官的厉害……

于是，被杨涟等人吵得脑仁儿疼的朱由校派宦官传旨，让外面的人“即行散去”。

杨涟退下后继续上疏，说移宫一事“臣言之在今日，殿下行之在今

1.［清］张廷玉等著：《明史》卷二百四十四《列传第一百三十二 · 杨涟》，中华书局 1974 年版，第 6322 页。

日，诸大臣赞决之亦惟今日”。放完狠话，又揭发李选侍指使身边宦官偷盗乾清宫藏宝。

这种红墙内的猛料，当然是王安透露给他的。

朱由校大怒，下诏催李选侍移宫。

李选侍作为一个见识有限的小寡妇，政治经验基本为零，根本没勇气把事做绝。再加上王安的从旁恐吓，她终于选择不再硬碰硬。

随着李选侍搬往专供太妃养老的哕鸾宫，“三案”中的“移宫案”尘埃落定。

第二章　明断自天启

十七、八千女鬼的前世今生

李选侍有个心腹宦官名叫李进忠，很多历史研究者以为此人就是魏忠贤，因为“李进忠”这个名字魏忠贤也曾用过。

殊不知这是两个人。

真李进忠确如杨涟所参，随李选侍在乾清宫安营扎寨时伙同群阉盗窃宫中财物。杨涟的劾疏中列了一堆宦官的名字，名单是王安给的，其中就有魏忠贤。

而魏忠贤并没有参与盗宝。

至于王安为什么会坑魏忠贤，史料已不可考。

李选侍移宫后，天启命王安督办盗宝案，魏忠贤作为东宫六局（典玺、典药、典膳、典服、典兵、典乘，均为侍奉皇太子起居生活的宦官机构）中典膳局里的一只蝼蚁，觉得自己即将死于非命，于是赶紧去向大哥求救。

大哥叫魏朝，是王安身边的红人。

经魏朝说情，王安把魏忠贤从黑名单里摘了出来，理由也很充分：外廷信息不确，把“李进忠”和“魏忠贤”搞混了。

由此可见，魏忠贤应该得罪过王安。王安借盗宝案略施小惩，意在敲打魏忠贤。见他服软告饶，便立即收手。

这已不是魏朝第一次帮魏忠贤了。

事实上没有他的提携，魏忠贤就谋不到替王才人“办膳”的差事。虽然王才人饱受李选侍欺凌，连吃饭都成了问题，但他毕竟是朱由校的生母。天启后来信任魏忠贤，跟这段经历有莫大的关系。

魏忠贤其人，挥刀自宫的目的就是以命根搏命运。眼看年过天命，还没尝过富贵滋味的他干脆心一横，把大哥的女人客印月给抢了。

作为魏朝的“对食”，客印月比天启年长十八岁。根据《甲申朝事小纪》记载，她名为奶妈，实为天启的性启蒙老师。

客印月本有一夫，诞有一子，十八岁那年被选入“奶子府”候用。两年后，丈夫死了，客印月年纪轻轻守了寡，也是个可怜人。

得亏天启喜欢，即位半个月就封客印月为“奉圣夫人”，形影不离。

天启大婚后，客印月依旧身份不明地住在后宫，遭到东林党的诘难。刘一燝旁敲侧击，劝天启对客氏“厚其始终而全其名誉”。

换言之，你怎么厚赏她都行，关键是保住她的名声。弦外之音，不难想见。

但天启就是舍不得，以“料理皇考丧事，颇需客氏协助”为借口推脱。

两个多月后，丧礼结束，刘一燝旧事重提，天启不得不送客氏出宫。然而只过了一天，食不甘味、魂不守舍的天启就下旨将客氏召回，此举引起轩然大波。

御史周宗建直言不讳道：

> 两日之间，乍出乍入。天子成言有同儿戏，法宫禁地仅类民家。[1]

吏科给事中朱钦相更是发挥想象，把客氏同后金并举，列为当朝两大威胁，高呼：

> 欲净奴氛，先除女戎！[2]

天启拍案而起，嘉靖附体——还是“大礼议”时期的。

他赤膊上阵，贬一批，罚一批，庄严地向文官集团宣告：谁再提客

1.《明实录》第 66 册《明熹宗实录》卷十五，台湾“中央研究院”历史语言研究所 1962 年版，第 735 页。

2.《明实录》第 66 册《明熹宗实录》卷十五，台湾“中央研究院”历史语言研究所 1962 年版，第 737 页。

氏离宫之事，我就砸谁的饭碗。

客氏时年三十来岁，打扮入时，驻颜有方，据说常以年轻宫女的唾液梳头。

青春期的天启对这样的美熟女神魂颠倒也不奇怪。

相比于郑贵妃和李选侍，客氏的权力欲并不强，行事但凭好恶，用《龙与地下城》的“阵营九宫格”划分属于“混乱邪恶”型人格，好比《蝙蝠侠》里的小丑。

作为一个保姆，客氏要独占一座宫殿（咸安宫）；特供给帝后取暖用的“红萝炭”，她也要来上一份。她出宫归家时的排场，更是连皇后也望尘莫及。

可即便如此，她仍不感恩。得知张皇后有孕后，她派推拿高手以按摩为名，重捏其腰间穴位，致使天启的第一个儿子生下来就是死胎。

不久，裕妃怀孕。

裕妃生性活泼，天启做木工时她就在一旁陪着说笑，深受圣宠。有孕后，因过了预产期而未生，客、魏便对天启说，这是得罪了神灵，需令裕妃在宫中祈祷。

于是，裕妃被矫旨关入“别宫”，撤去宫人，断水绝粮。

熬了几日，饥渴交加的裕妃匍匐至殿门外的屋檐下接饮雨水，绝望而死。

其后，客氏又害死冯贵人和赵选侍（朱常洛遗孀），并开始针对成妃。

成妃得罪客氏，源于替慧妃说情。慧妃因生皇二子而晋贵妃，又因孩子早夭而失宠，触犯客氏后更是被斥居冷宫。作为慧妃的闺蜜，成妃侍寝时大吹枕边风，不仅替慧妃乞怜，更为已死的冯贵人喊冤。

客氏侦知后，大怒道：“彼欲树兵向我耶？”当即如法炮制，想饿死成妃。所幸成妃机警，已事先在檐间瓦缝暗藏食物。

虽说捡了条命，但也被贬为宫女。

如果说郑贵妃和李选侍胡作非为是因为政治野心，那客氏就是出于女性本能的嫉妒。前者会权衡利弊，有章可循；后者则全看心情，为恨而恨。

毕竟，这点自知之明客氏还是有的：就算搞死了张皇后，坤宁宫也永远轮不到她住。

对这样一个疯狂残害自己老婆孩子的女人，天启的态度是以德报怨，将其子侯国兴和其弟客光先超擢为锦衣卫千户，简直昏聩到令人发指。

其实，天启的脑子不仅没毛病，还比很多人聪明。他的问题出在职业规划上，即随着时间的推移，不想当天子，而开始废寝忘食地搞发明，制作小玩具、折叠床和傀儡戏木偶。

木工活儿耗时费力，天启劳逸结合的方式是跟宦官玩捉迷藏，藏到乾清宫月台前的丹陛下。

此处凿有一通道，两侧有门，供内侍往来左右。当天启被抓住又挣脱时，袖中便飞出香气四溢的花瓣。

所以，说不好究竟是魏忠贤欺骗了天启，还是天启利用魏忠贤震慑外廷，吸引火力，好让他有工夫去完成自己的人生使命。

毕竟，自天启即位以来，“诸臣欺朕年幼”的文字就屡见上谕。一帮油腻大叔目无圣躬到早朝时敢在御前大声咳嗽，随地吐痰，令天启无比愤慨（“视朕冲龄，如此肆慢”）。

而且，党争愈演愈烈后，很多文官变成了“玻璃心”，跟刚入职场的年轻人似的，动不动请假，一赌气便离职，还有连招呼都不打就消失的，以至于“大臣止畏讥弹，不任劳怨，纷纷杜门，成何国体”的抱怨频繁见诸圣旨。

正因如此，魏忠贤的角色不可或缺。

问题是他论才不及落第秀才王振，论政治力又远逊颇有政绩的刘瑾，入宫前就一吃喝嫖赌卖女儿的社会垃圾，入宫后由于心虚气浮、言行夸张而被同事称作“傻子”，洒扫打杂看仓库，熬了二十载才因给王才人当伙食管理员渐入佳境，实力在权阉里排倒数，结果最后毁天灭地，鬼哭神泣，制造了空前绝后的阉祸，何也?

大气候当然是君主专制走到尽头，弊病集中爆发，但具体原因在于东林党门户之见过深，处置失当，亲手缔造了一个“阉党”。

自打方从哲被高攀龙、吕维祺和惠世扬喷得体无完肤，自请辞职后，东林党便开始狂飙突进，尽占九卿（六部尚书与左都御史、大理寺卿、通政使的合称）之要津。

次辅刘一燝暂代首辅之职，支持蒙冤解职的熊廷弼复出，经略辽东。

此前，辽东重镇沈阳和首府辽阳相继被后金攻破，辽东巡抚袁应泰自杀殉国，朝野震骇。刘一燝站出来主持公道，说：“使廷弼在辽，当不至此。”

此举可谓顾大局而舍私怨，因为熊廷弼投笔从戎前当过御史，是楚党成员，整日跟东林党作对。如果后来的东林党人也能对事不对人，党祸即使不可避免，也不至于那么惨烈。

不过，回到天启元年的现场，东林党的形势可谓一片大好，连年过花甲的叶向高都重新出山，担任首辅。众正盈朝的局面臻于极致，兴利除弊的政策稳步推进，比如左光斗主抓的“旱改水”工程。

把左光斗扔到策略游戏里，政治力必然不低，还自带“屯田”天赋，简介中须注明“水利专家”。

彼时北方普遍种旱粮，而左光斗力主栽水稻。请到圣旨后，他跑到野外带人开荒，还编歌谣让农民传唱：“盘庚五迁，惟井存焉。家掘一井，井灌十亩。八口之家，可以无饥。”

由于推广力度大，京津地区的水田初具规模，粮食产量显著提高。

与此同时，内廷也传来佳音：功比“定策”（大臣谋立天子）的司礼监秉笔王安擢升掌印太监。

接到任命后，王安上表辞谢，假意谦让，没想到惯常的套路被另一个司礼监秉笔王体乾利用。

王体乾深知客氏不喜欢王安，甚至有些害怕，因为王安跟东林党一个鼻孔出气，根本容不下客氏这种有严重生活作风问题且合同到期的编外人员。

果然，客氏同王体乾迅速达成共识：由她出面向天启请旨，助王体乾当司礼监掌印，再一起扳倒王安。

这么安排可谓一箭双雕。

第一，王体乾当个傀儡掌印，听命于客氏，内廷从此姓客；第二，王体乾腾出的位子正好让给客氏的情夫魏忠贤。虽是个二把手，但司礼监排名第一的秉笔（王体乾现职）往往兼领东厂，掌控锦衣卫，若运作成功，实惠更大。

时任惜薪司掌印（负责薪炭供应）的魏忠贤乍闻此事，夜不能寐。

这也难怪，他爹就是个唱戏的，他娘就是个耍杂技的，他做梦都想不到自己能一步登天。

然而，要跟王安全面开战，以魏忠贤的见识和能力，心里还是打鼓。促使他下定决心的，是客氏的一句“尔我孰若西李（李选侍），而欲遗患乎耶”。

战线既已统一，客氏径见天启，劝他接受王安的辞让。

王安也是心宽，此刻竟然在爬西山，不知道圣眷已衰。

原来，王安在督办乾清宫盗宝案时矫枉过正，把涉案宦官以往的合法赏赐都当作赃物剥夺。同时，为趁机根除宫中积弊（比如紫禁城之所以火灾频繁，很多时候皆因窃宝的宦官为掩盖罪证而纵火），他还扩大了打击面，导致群阉怨声载道，纷纷托人告状。

由此看来，王安似乎方正无畏，公心为国。

其实也不尽然。

天启逃出李选侍的魔掌后，曾在扇子上写下“辅朕为明仁之主”，赐给王安。

王安因此一度膨胀到对刘一燝和韩爌说：“二公肯做张江陵（张居正），我不难做冯司礼（冯保）。”

想当一代名阉的王安，盗宝案就是他的立威之作。而站在天启的角度，他的确打算严惩以真李进忠为首的宵小，但王安乾纲独断的做法已不把天子放在眼里。

因此，王安回城后被勒令在家闲居，盗宝案交皇帝钦办。

这么看，天启并不是一上台就当甩手掌柜的。

不仅不甩手，还频繁上朝，用功听讲，批阅奏疏时则不厌其烦地派人到内阁传谕提问。

由于问题过于琐细，又不得不认真回复，身体吃不消的叶向高在夸天启勤政的同时提醒他改进工作方法，否则“臣等欲一一言之，则不胜其烦，欲默而不言，则又失辅弼之职”。

所以，与其说天启惰政，不如说治国对他而言正向反馈太少，内源刺激不足，而他又缺乏嘉靖那种“与人斗其乐无穷”的心力和手腕，故干脆退居幕后，静观其变。

结果，魏忠贤如愿当上司礼监秉笔，并开始唆使兵科给事中霍维华上疏攻讦王安。

在魏忠贤的进谗下，王安给天启的印象已是“借盗宝案搞政治迫害的野心家”，霍维华的补刀终于使其被发配至南苑，充任净军。

净军的兵源是被贬宦官和民间私阉后却未能入宫之人。

南苑净军的头领叫刘朝，曾参与盗宝，后赦免出狱，在魏忠贤的安排下就任南海子（南苑）提督。

刘朝奉魏忠贤的指示饿死王安，王安刨篱笆下的萝卜充饥，三日不死，最后被失去耐心的刘朝杀害。

当然你会问：这么重要的盟友，东林党为何不救?

被魏忠贤的闪电战打了个措手不及固为原因之一，但忌惮落下“结交内侍”的骂名才是这些清流更真实的内心。毕竟，“通内”在当时法有明文严厉禁止，且不为士大夫的政治伦理所容，是“官邪之首恶，言路之奇丑”。

十八、厝火积薪

王安死前，刘一燝已敦促天启让客氏出宫，被天启以“俟皇考大葬后议之”敷衍过去。

不久，王安蹊跷被逐，莫名而死，东林党忍气吞声到庆陵竣工、泰昌下葬后纷纷纠弹客氏，让她滚出紫禁城。

可惜，少了王安的配合，天启又坚不松口，最后不了了之。

吏部尚书周嘉谟转而拿霍维华开刀，找了个机会把他踢到地方。魏忠贤不得不反击，否则霍维华将成为第一个，也是最后一个投靠他的文官。

据小字辈的东林党人夏允彝后来回忆，魏忠贤初持国柄时也曾想跟东林诸公搞好关系，不仅向缪昌期求碑文（遭缪拒绝），还派人给赵南星送礼（被赵赶出）。这帮人记恨他谋害王安，根本没有和解的余地。

庆陵完工时，魏忠贤想揽功，遭到刘一燝义正词严的反对：“内臣非司礼监掌印及提督陵工不得滥荫。”最后只得到一点薄赏。

考虑到客氏已跟东林党不共戴天，魏忠贤也便断了修睦的念头，遣刑科给事中孙杰弹劾周嘉谟，暗示周受刘一燝之托整霍维华，目的是替王安报仇。

此论一箭三雕，告诉世人：太监、阁臣和冢宰三方勾结，假公济私，你们说怎么办吧？

为表清白，周嘉谟请归林下，结果魏忠贤顺水推舟，矫诏批准。叶向高以“大计”将至为由，请求暂留周嘉谟主持，结果奏疏根本没能上达天听。

于是左都御史张问达接任冢宰，而吏部侍郎邹元标递补总宪（左都御史）。

在满朝东林的情况下，魏忠贤的这轮操作堪比走钢丝。忐忑的他拼命寻找外援，但拉拢到的对象级别一直不高，数量寥寥无几。

直至浙党干将沈潅加入，他才看到做大做强的希望。

沈潅是方从哲推给万历的，时任南京礼部尚书，任期内最大的政绩是镇压天主教，驱逐传教士。后来遭到徐光启和孙元化等有识之士的强烈反对。

万历钦点了沈潅，但一直到死，万历的正式任命也没下达，直至泰昌即位才给补上，这导致沈潅抵京履新时天启都当了大半年皇帝了。

不过不要紧，因为沈潅的职务是内阁大学士。

年轻时，沈潅曾任翰林院检讨，去内书堂（宫里的宦官学校）讲过课，学生里就有魏忠贤。

师生关系只能说聊胜于无，促使两人一拍即合的还是共同的敌人刘一燝。

且不提东林党与浙党的恩怨，让沈潅排在刘一燝之后，屈居内阁最末，他就不服。

明代进士分三个等级：一甲的“进士及第”三人，即“状元”“榜眼”和“探花”；二甲的“进士出身”若干；三甲的“同进士出身”若干。

刘一燝是万历二十三年（1595 年）的同进士出身，名列三甲二百多名。而沈潅是万历二十年（1592 年）的同进士出身，三甲排名第一。

无论资历还是成绩，沈潅都压刘一燝一头。

沈潅的加盟让魏忠贤如虎添翼，也胆大包天起来。

他命御马监太监刘朝在宫中举内操、选武阉、练火器，沈潅则以辽东战事吃紧为由上奏说自己在南方募集了二百多位勇士，请编入锦衣卫，量才器使。

一唱一和间，魏忠贤的私人武装有条不紊地混进了体制内。

东林党当然不会坐视，惠世扬、左光斗、御史黄尊素、工科给事中魏大中、礼科给事中周朝瑞纷纷上奏，斥责沈潅交通阉人，弄兵大内。

魏忠贤认为后台总指挥定是刘一燝，因为叶向高向来态度温和，素以忠厚长者的形象调停矛盾，主动挑事的可能性不大。

其实这轮攻势是自发的，因为刘一燝自身难保，已三番五次请辞。

原来，孙杰之前弹劾周嘉谟并牵扯刘一燝时，曾抨击二者“任用非人”。

“非人”有几位，最致命的那个叫佟卜年。

河间知县佟卜年政声卓著，关心时局，对“辽事”颇多洞见（因为他是辽阳人），受到熊廷弼的赏识。

熊廷弼复出时，意识到对抗后金必须依靠人民群众，以辽人守辽土。毕竟关外调兵，筹饷不便，还易引发朝野纷争。

因此，急欲笼络辽东人心的熊廷弼在向朝廷荐员时专门提到佟卜年，使之两个月内由七品县令骤升为正五品的按察佥事。

然而，熊廷弼用佟卜年要冒极大的政治风险，因其有两个投靠后金的亲戚：一个叫佟养真，一个叫佟养性。

佟养真官居从三品游击，其子佟盛年为康熙外公，其孙佟国维乃清初重臣；佟养性官居正二品总兵，替后金仿制红衣大炮，屡立战功，还娶了努尔哈赤的孙女。

佟家在清初官场有“佟半朝”之称，出了一百来个京官。

虽说佟卜年跟这俩“汉奸”亲属已无任何往来，但他的身份实在太过敏感，也只有熊廷弼这种心底无私、豪放不羁的人敢用。

天启元年（1621年）七月，佟养真被明将毛文龙俘获，兵部尚书张鹤鸣在提审中确认了其与佟卜年的亲属关系：堂叔侄。

此前熊廷弼尚能以“辽东佟姓极多”搪塞质疑，佟养真的口供一出，他立刻陷入被动。

很快，佟养真以“大逆”罪被千刀万剐，言官对佟卜年的攻击达到高潮。

由于起复熊廷弼和重用佟卜年都是刘一燝代理首辅期间拍板的，故对他的参劾也汹涌澎湃，且不局限于魏党的孙杰，还来自很多无党派官员，其中不乏蒙他提拔的骨鲠之士。

这给刘一燝造成很大的心理压力。

更糟糕的是，前线将帅不和，辽东巡抚（常设官，辽东地区军政长官）

王化贞素不知兵，却不受手持尚方剑的辽东经略（特设官，代表天子总揽平辽事宜）熊廷弼的节制。

自两年前萨尔浒之败以来，明军负多胜少，朝野上下亟需一场振奋人心的大捷。王化贞无视熊廷弼的战略，轻敌冒进，动辄高喊“荡平辽东”的口号，却因迎合了求胜心切的舆论而受到很多文官的支持。

熊廷弼被架空，王化贞广宁之战惨败，尽失辽西土地，明军退守山海关。

山海关一面靠海，一面临山，一条狭窄的通道（辽西走廊）穿隘而过，连接沈阳与北京。

消息传来，举国震惊，熊廷弼与王化贞双双下狱，佟卜年亦被扣上“通夷”的帽子，身陷囹圄。

王化贞是叶向高的弟子，熊廷弼又是刘一燝力排众议复职的，魏党自然不会放过此等天赐良机。

为免魏忠贤广事株连，刘一燝坚决辞职，天启不顾叶向高“有翼卫功，不可去”的反对，稍加慰留即允之。

魏忠贤意欲斩草除根，得知边军缉获一个名叫刘一巘的奸细后，便打算将其诬为刘一燝的族弟，遭到刑部尚书王纪的拒绝。

东林党则把怒火倾泻到沈潅身上，劾疏铺天盖地。

对正色立朝的大学士来说，这种情况就算不挂印而去，也得闭门思过，可沈潅居然正常上班，还开启了舌战群儒的模式，心理素质令人咋舌。

接替孙如游任礼部尚书的孙慎行另辟蹊径，追论方从哲的“祸国之罪”，说泰昌帝是他指使人谋害的，“宜急讨此贼，雪不共之仇”。

这可真是想到啥说啥，估计这跟孙探花的外公是一代文豪唐顺之有关，家族遗传发散性思维。

“红丸案”刚曝出来时，骂方从哲的人不可胜数，但只有孙慎行扣的帽子最大，说他“纵无弑之心，却有弑之事；欲辞弑之名，难免弑之实”，故其“罪恶逆天，万无可生之路”。

不知道的还以为两人有杀父之仇。

虽然正常人都明白“弑君”一说纯属无稽之谈，但怀着“方从哲你为什么不忏悔”的心态，也没人觉得痛打落水狗有何不对。况且，沈潅是方从哲推举的，“打方”对“攻沈”而言是一个很好的切入点。

只可惜，这种把退休官员拖出来暴打的风气一经助长，便再也回不到从前。

天启下发孙疏，令廷臣集议，邹元标、高攀龙及其弟子魏大中等人纷纷要求对方从哲治罪。

最后的裁决还是经得起历史检验的：方从哲无罪，李可灼被遣戍，崔文升充孝陵净军。

孙慎行觉得颜面无存，称病辞职。这一走，把脾气火暴且认为“不削夺（方）从哲官阶禄荫，无以泄天地神人之愤”的秋官（刑部尚书）王纪激怒了。

经排查，他发现自己单位有个认阉作父的典型——刑部主事徐大化。这下可找到撒气的对象了。

王纪弹劾徐大化助纣为虐，使其被罢。徐大化的表侄、魏党御史杨维垣立即叫板，让王纪指明他所谓的“纣”是谁。杨维垣赌王纪只敢指桑骂槐，谁知王纪不吃这套，直接将魏忠贤和沈潅比作童贯与蔡京。

沈潅加入论战，阁臣与尚书互参的大戏拉开帷幕。

十九、制造阉党

王纪是首个指名道姓骂魏阉的大臣，此前东林党的骂疏多为含沙射影。

后果就是他被天启“削籍”。削籍意味着编制被剥夺，永不叙用，公费医疗也享受不到了。天启之所以恨王纪，除了魏忠贤的挑拨，也由于王纪天天说熊廷弼不能杀，并且对佟卜年与刘一爌迁延不审，天启越看越觉得他里通外国。

叶向高具疏申救，王纪却不想干了，拔腿就走。这导致沈潅差点被唾沫星子给淹死——勾结内监，铲除异己，您还真是个不折不扣的“奸相”。

看不下去的叶向高对天启说：沈潅与王纪互相攻击，均失臣体，如今只斥逐王纪，如何向公论交代？

声名狼藉的沈潅没挺住，辞官回家，很快便死了。

魏忠贤当然不会罢休，指使党徒力抨“首善书院”。

该院位于宣武门内，由邹元标创建，听众除了士人，还有底层劳动人民，堪称“北京版的东林书院”。

建院之初，黄尊素曾告诫邹元标，说：“都门（京城）非讲学之地。”邹元标当年可是跟张居正死磕的人，曾被廷杖八十，流放六年，后又与顾宪成、赵南星并称“东林三巨头”，什么风浪没见过？黄尊素虽有“东林智囊”之称，但毕竟比邹元标小了一辈，故无法说服。

结果就是魏忠贤以天启的名义禁毁首善书院，理由也不新鲜：宋室之亡，由于讲学。换言之，他认为言论自由会妨害朝政稳定。

于是，首善书院的石碑被砸，典籍遭焚，连孔子牌位也弃置道旁，斯文扫地。

邹元标气得浑身发抖，坚决辞职。

一个刚中状元的中年人看不下去了，挺身而出。他叫文震孟，乃文天祥之后，文徵明曾孙，酷爱《楚辞》，崇拜屈原。虽然他殿试第一，但年事已高（48岁），分到翰林院任修撰不久便开始骂太监，令人不禁想问：你官不要了？

文震孟斗争经验不足，喷魏忠贤祸国殃民之余还捎带了一句：天子上朝犹如傀儡登场。结果魏忠贤趁天启在木偶剧院看戏之机，说文震孟骂陛下是木偶，不杀无以示天下。

由于叶向高在家休假，次辅韩爌又求情无果，文震孟被打了个皮开肉绽，贬谪出京。不久，翰林院庶吉士（实习生）郑鄤（与文震孟是同榜进士）因仗义执言，谴责魏忠贤窃弄权柄，亦遭外调。

能只手遮天，魏忠贤要感谢司礼监的历代前辈。

明代内廷有十二监、四司和八局，其中以司礼监与御马监（掌管御马和禁兵，派出监军太监和镇守太监）实权最大。

司礼监的职能理论上是替皇帝收拾笔墨纸砚，但在实际运行中逐渐发展成为天子的秘书团队，形成凌驾于内阁之上的书记处，其掌印太监也被宦官尊称为“内相”，大有同“外相”（内阁首辅）不分伯仲之意。

司礼监的崛起，标志性事件是正统朝的掌印太监王振撺掇明英宗建立“票拟”制。此后，皇帝不再到文渊阁与大学士一起处理政务，而是将通政司托司礼监呈上来的百官奏章选择性地下发给内阁（未发者称“留中”），命其提供处理意见（票拟）。

司礼监把附有票拟的奏章返还给皇帝“批红”（朱笔御批）后，再下达给内阁，阁臣照批示办理。票拟只需文书往来，天子与阁臣甚至不必见面，给宦官弄权大开方便之门。要是遇到天启这种无心理政的，批红都委托给魏忠贤了，还怎么斗？“斗破苍穹”吗？

天启三年（1623年），“癸亥京察”由刚刚接替邹元标任左都御史的赵南星主持。

赵南星复出不到三载，此前已赋闲二十多年，名震四海。此番大权在握，蠢蠢欲动的他准备大干一场，结果浙党、齐党和楚党遭到全面清洗（赵南星还友情赠送“四凶”的绰号给齐党和楚党的四名党魁），幸未遭罢的官员恐惧不已，纷纷投靠魏忠贤。

由此可见，阉党（这个概念是清朝修《明史》时才提出的，当时只有“魏党”或“逆党”的说法）是人为制造出来的，其实质无非松散的“反东林联盟”，内部也并非铁板一块。

赵南星这个人疾恶如仇，又很搞笑，最适合的职业其实是杂文作家。

有书为证，名曰《笑赞》，乃赵南星编写的一部讽刺大全，把三教九流黑了个遍，对知识分子更是不留情面，比如：

> 有士人入寺中，众僧皆起，一僧独坐。士人曰，何以不起。僧曰，起是不起，不起是起。士人以禅杖打其头。僧曰，何以打我。士人曰，打是不打，不打是打。
>
> 赞曰，此僧之论，其于禅机深矣，而不能忍禅杖之痛。近日士子作文，皆拾此僧之唾，以为文章之三昧，主司皆宜黜之，告以黜是不黜，不黜是黜也。[1]

又如：

> 一秀才买柴，曰，荷薪者过来。卖柴者因过来二字明白，担到面前。问曰，其价几何？因价字明白，说了价钱。秀才曰，外实而内虚，烟多而焰少，请损之。卖柴者不知说甚，荷的去了。
>
> 赞曰，秀才们咬文嚼字，干的甚事，读书误人如此。有一官府下乡，问父老曰，近来黎庶何如？父老曰，今年梨树好，只是虫吃了些。就是这买柴的秀才。[2]

---

1. ［明］赵南星、冯梦龙，［清］陈皋谟、石成金著，周启明校订：《明清笑话四种 · 笑赞 · 三：僧与士人》，人民文学出版社 1958 年版，第 4 页。
2. ［明］赵南星、冯梦龙，［清］陈皋谟、石成金著，周启明校订：《明清笑话四种 · 笑赞 · 四五：秀才买柴》，人民文学出版社 1958 年版，第 20—21 页。

再如：

一和尚犯罪，一人解之，夜宿旅店，和尚酤酒劝其人烂醉，乃削其发而逃。其人酒醒，绕屋寻和尚不得，摩其头则无发矣，乃大叫曰，和尚倒在，我却何处去了。

赞曰，世间人大率悠悠忽忽，忘却自己是谁，这解和尚的就是一个……[1]

尤为可贵的是提倡男女平等：

郡人赵世杰半夜睡醒，语其妻曰，我梦中与他家妇女交接，不知妇女亦有此梦否？其妻曰，男子妇人，有甚差别？世杰遂将其妻打了一顿。至今留下俗语云，赵世杰夜半起来打差别。

赞曰，道学家守不妄语为良知，此人夫妻半夜论心，似非妄语，然在夫则可，在妻则不可，何也？此事若问李卓吾，定有奇解。[2]

南京礼部侍郎魏广微因依附魏忠贤而骤升礼部尚书并入阁。魏广微的父亲魏允贞死得早，生前乃赵南星至交。魏广微变节后，赵南星动不动就感叹："见泉（魏允贞）无子啊！"

心虚的魏广微三次登门拜访，赵南星均拒而不见，断了他浪子回头的可能。

结果魏广微一路黑化，全心全意地替阉党卖命，大事小情必先打报告请示魏忠贤，签其函为"内阁家报"，被时人唤作"外魏公"（外朝的魏公公）。

1.［明］赵南星、冯梦龙，［清］陈皋谟、石成金著，周启明校订：《明清笑话四种 · 笑赞 · 一〇：和尚》，人民文学出版社 1958 年版，第 7 页。

2.［明］赵南星、冯梦龙，［清］陈皋谟、石成金著，周启明校订：《明清笑话四种 · 笑赞 · 五一：打差别》，人民文学出版社 1958 年版，第 23 页。

二十、有求皆苦，无求乃乐

赵南星之所以如此嚣张，在于他资历够老，比叶向高还大九岁，也比其早中进士九年。但他身上集中体现了政治道德化的危害。

政治是一门技术活，终极目标是解决现实问题。现实千变万化，立场瞬息万变，矛盾错综复杂，妄图以非黑即白的标准判断是非，只会遭遇一道又一道“电车难题”。

晚年的邹元标对此有所反思。

当初他为反对张居正“夺情”（万历打破“丁忧”礼法，命本该离职回家、替亡亲服丧的张居正留任），屁股被打得血肉模糊，本人还遭流放边地。直到张居正离世，他才调回京师。

随着时间的推移，邹元标逐渐感到事非经过不知难，觉得张居正虽做人失败，但毕竟于国有功，死后不该被抄家清算。

于是，在他当左都御史的短暂任期内，一大功绩便是替张居正平反，并普及了一条朴素的为官之道：即使毁谤缠身，也要真抓实干。

可惜，邹元标的觉悟是特例，“因人废事”才是儒家文化圈的传统。

在这样的环境里，当一个道德极端主义者显然更安全，哪怕胸无点墨，也能用故作高深的“在德不在险”噎死军事专家。

不过，道德的吊诡之处在于，一旦它被大力提倡，跳得最欢的往往不是好人。并且，把社会问题归罪于道德不彰，也会掩盖体制和法治方面的深层问题。

平心而论，一些东林党人涤瑕荡秽，改造世界的发心不可谓不纯粹，但他们以早就僵死的程朱理学丈量善恶，划分敌我，又不可谓不愚蠢。

尤其在阳明心学已经深入人心的时代背景下。

和朱熹一样，王阳明也强调“去私欲”。但与之不同的是，他对什么是私欲做了更明确的界定。

在他看来，人的“七情”（喜、怒、忧、思、悲、恐、惊）宛如天上的浮云，往来聚散，变动不居。换言之，当喜则喜，当怒则怒，乃正常现象。反常的是凝滞不散，遮天蔽日，喜到乐极生悲，怒到杀人盈野，这便是私欲了。

因此，王阳明认为所谓私欲，即情之“过”（过火）与“不及”（凉薄）。

表面看这是对人性的妥协，实则为现代意义上的“公民道德”打下了底层逻辑。而东林党退回朱熹，看似尺度更严，其实无法落地，最后只能把朋友搞得少少的，把敌人搞得多多的。

比如赵南星复出回京时，大理寺卿周应秋有意结欢，郊迎于道，谁知赵南星不仅不领情，还喟叹说：“吾入山三十年，安知士风至此乎！”

仇隙由此而生，被推到东林党对立面的周应秋后来成为阉党的“煨蹄总宪”。

煨蹄就是炖猪蹄，靠着一手好厨艺，周应秋巴结上魏忠贤的侄子魏良卿，官至左都御史。未几，又升吏部尚书，大肆卖官，日进万金，被北京人民亲切地称为“周日万”。

当然，还有更神奇的操作，那就是把己方阵营的同志给逼成阉党，比如阮大铖。

同魏大中一样，阮大铖也是高攀龙的学生。但论才气，别说魏大中，整个东林党都找不出几个能与阮大铖比肩的。

对于阮诗，章太炎的评价是兼具王维、孟浩然的意趣和谢灵运的精练。陈寅恪亦推许阮大铖，其父陈三立更是将其同韦应物、陶渊明作比，誉为“五百年来一作者”。

而作为戏曲家的阮大铖，更是造诣非凡，产量惊人，且同屠隆一样，阮亦能自编自演，已知的作品就有《春灯谜》《燕子笺》《双金榜》《牟尼合》等十几种，连与他敌对的文震亨（文震孟之弟，《长物志》作者）都盛赞不已，认为其成就在汤显祖之上。

这倒有些过誉，但汤显祖至少有两处不及阮大铖：一是不识音律，其词曲虽文采斐然，但唱起来比较拗口；二是思想性大于故事性，不如阮大铖的作品好看。

由此可见，比主题深刻、文以载道，阮曲固不如汤曲；但就戏剧冲突和演出效果而言，阮曲在当时无人能及，大才子张岱观摩后的评语是"本本出色，脚脚出色，出出出色，句句出色，字字出色"。

事实上，张岱压根就不认可阮大铖这个人，只是作为慧眼识珠的评论家不因人废言罢了。

作为《明史·奸臣传》里的代表人物，南明弘光朝的大反派，阮大铖几乎无人认可。但抛开褊浅的性格缺陷不论，阮大铖可以说是东林党一手打造出来的，起因即天启四年（1624年）的"争吏垣"事件。

所谓吏垣，指六科中的吏科。时值吏科都给事中一职出缺，论资论才，丁忧期满的阮大铖都堪称绝佳人选，于是其桐城老乡左光斗急召他返京待补。

然而，六科职微权重，吏科尤重，掌科的都给事中更是重中之重。为应对方兴未艾的阉党，赵南星、高攀龙和杨涟都主张让关系更近、火力更猛的魏大中执掌吏垣。而作为安抚，几位党魁将推工科都给事中周士朴升任他职，把腾出的位子给阮大铖。

问题是，且不论工部居六部之末，即便按资轮序，阮大铖也排在魏大中之前，岂肯吃此闷亏？

果然，左光斗没做通阮大铖的工作，而周士朴又跟祖坟被太监刨过似的，日常工作就是怼天怼地怼宦官，故升迁为魏忠贤所阻。赵南星等人的计划就此落空，阮大铖成功就任吏科都给事中。

那又如何？彼时的吏部尚书正是接替张问达的赵南星，得罪了东林大佬的阮大铖在吏垣的位置上如坐针毡。

原本才堪充任，于理确实该他，现在却搞得不伦不类，不尴不尬。加之阮大铖又不是什么心胸宽广之人，一怄气便打算辞官，给赵南星等人难堪——乌纱帽爷不要了，送给你们。

屁股还没坐热就不干了，影响非常不好。为免外人看笑话，黄尊素极力挽留阮大铖。

本已略微转意，但阮大铖发现自己始终不招人待见，连左光斗都生分起来，于是上了道《惩贪疏》后去官辞京。

由此可见，意气用事的阮大铖根本不是一个成熟的政客。

而南下途中，他好死不死地在涿州见了个文友，由此彻底揭开自己的人生悲剧。

此人叫冯铨，涿州本地人，比阮大铖小九岁。

冯铨十九岁中进士，三年后迁翰林院检讨，可谓年少得志。然而二十五岁那年，冯铨的父亲冯盛明（时任河南布政使）在后金入侵辽沈时擅离职守，被河南巡抚张我续弹劾。

冯铨上疏申冤，称其父的“乞休”在未闻辽警之前。

这倒是事实，但他之所以三次乞休，也是因为预感时局有变。而当张我续三次不允后，冯盛明不候批复，擅自离任。

按《大明律》的规定，这种情况要杖一百并革职。冯盛明回籍后不久便死了，可见打得不轻。

冯铨随父回乡，日思替其平反，终于在天启四年（1624年）春迎来转机，因为魏忠贤到涿州祭祀碧霞元君了。

冯铨跪于道旁，哭诉其父之“冤”。

对这种年少有为并主动向组织靠拢的人才，魏公公一向高度重视。于是，冯铨官复原职，加入阉党。一年后，年方三十的他竟入阁拜相。

为打消天启的疑虑，魏忠贤还大谈“宰相小甘罗”的故事，以示有志不在年高。

二十一、起点大神魏大中

把冯铨跪谒魏忠贤的日子往前推几天，刑科给事中傅櫆上奏，指控中书舍人汪文言招权纳贿，并与佥都御史左光斗和刚接任吏科都给事中的魏大中狼狈为奸。

作为活跃在北京政界的“万金油”，汪文言的身份类似美国华盛顿“K街”上的政治说客。

他出身狱吏，头脑灵活，有苏秦、张仪之风。罢官在乡的东林党人于玉立赏识其才，替他捐了个监生的名分，派往北京“刺事”。

监生者，国子监生员也。明朝的公立学校分县学、府学和国子监，并无上下级关系，只是隶属的部门不同，好比正厅级的成都理工大学属于四川省，副部级的北京大学属于教育部，副国级的中央党校属于中共中央。

县学和府学的生员，学历都是秀才，冲击乡试。国子监的生员来源比较复杂，大体有举监（会试落选但成绩优异的举人）、贡监（又叫贡生，由各省的府学和县学定期从生员里推优保送，名额稀少）、荫监（高干或勋戚子弟的特权）以及例监（国库紧张或监生缺额时，平民可捐钱获得的学籍）。

汪文言是监生里地位最低的“例监”，按规定，这身份即使将来授官，最多也只能当个县丞或主簿。

不过没关系，汪文言的定位是长袖善舞的社会活动家。他并不满足于帮于玉立传递消息，很快便结识了王安，担任其与东林党之间联络人的角色。后又出谋划策，挑起浙党和楚党的内斗。移宫案中，汪文言更是交通内外，居间奔走，为王安与刘一燝的联合行动立下汗马功劳。

有鉴于此，叶向高出任首辅后，破格简拔汪文言为中书舍人。该职不过从七品，但最低学历要求是举人，还得经过严格的考试。

可见，打汪文言就是打东林党的七寸，因为他知晓太多内幕。同时，他又是个不起眼的小人物，突破起来没难度。

果然，傅櫆的劾疏交上去不到一天，圣旨就下达了，汪文言被北镇抚司逮捕。

锦衣卫下辖南北两个镇抚司，南司负责本卫的纪检监察，北司专门办理皇帝钦定的案件。诏狱即属北司，对嫌犯的刑讯不受司法机关的监督与约束，动辄将人拷打至死。

党争只要不到以命相搏的地步，一般不把对手往诏狱里扔，除非能从此人身上榨出重要情报而又不会引发难以平息的舆论。

汪文言显然符合这一描述。

傅櫆的上疏，汪文言认为是阮大铖安排的，意在报复魏大中和左光斗。

这一推论被魏大中写入自撰的年谱，成为日后沸沸扬扬的“叩马献策”事件，阮大铖也因此被道德法庭宣判死刑。

在这篇“黑阮”的文字里，魏大中先用春秋笔法“（傅）櫆稿具而阮（大铖）始辞朝”暗示读者，指使傅櫆弹劾汪文言的人是阮大铖，然后说傅櫆上奏时阮大铖在涿州与魏忠贤“燃秸相拜，作竟夜谈”。

虽然很有画面感，可惜缺乏逻辑。

首先，魏忠贤到涿州进香时的排场堪比天子出巡，据杨涟后来抨击，是“铁骑之簇拥如云，蟒玉之趋随耀日”。阮大铖一个还没撕掉东林标签的退休人员，不大可能让魏公公与他在野外烧着秸秆彻夜长谈（也无必要）。

其次，阮大铖日后附阉是有明确的引荐者的，那就是御史倪文焕。倪文焕投奔阉党，介绍人则是另一个御史崔呈秀。

而崔呈秀加入阉党，已是阮大铖路过涿州半年之后的事了。

因此，若真如魏大中所言有“叩马献策”之事，那厥功至伟的阮大铖早就是魏忠贤的爱将了，比崔呈秀都重要，又何必让倪文焕替自己引荐？

最后，傅櫆的上疏跟阮大铖没有任何关系，亦非阉党策划的阴谋，幕后主使乃时任兵科给事中的章允儒。此事是江西籍官员同赵南星、左光斗和魏大中之间私人恩怨的集中爆发，此前两派已有多轮交手。

傅櫆和章允儒并非阉党，还都曾得罪过魏忠贤。前者因为声援王纪，后者因为“请减（地方）上供袍服”。若非叶向高出手相救，一个将遭流放，一个会被廷杖。

二者与赵、左、魏三人的矛盾，主要源于三件事：

一是江西籍官员熊明遇同左光斗争佥都御史一职，赵南星最后给了左光斗。若只是任人唯亲倒也罢了，此事的招恨之处在于，赵南星刚以“癸亥京察”打压完满朝的非我族类，他自己就升吏部尚书了。紧接着左光斗也从正五品的大理寺寺丞（最高法院班子成员）光速升到正四品的都察院左佥都御史。

二是魏大中在任礼科给事中期间，驳了浙江巡抚刘一焜的恤典（朝廷给去世官员的赏赐，如追封赠谥、树碑立坊），而刘一焜是江西人。

三是赵南星无视言官清议，破坏“访单”惯例。访单就是咨询函，即当吏部从其他部门调官至本部充任要职时，必须向与此人省籍相同的言官发函咨询，若其人口碑太差，调动便会受阻。该制虽非明文规定，却是台谏官无比珍视的权力，因为他们的评议可以制约重要岗位的人事任命，防止高层引用私人。然而，当赵南星把江西籍的兵部职方司郎中邹维琏调到吏部任稽勋司郎中时，他并没有咨访同为江西人且居言路的章允儒和傅櫆，给出的理由也很搞笑——缺员太众，事不宜迟。

京察时砸人饭碗的是你，现在说人手不够的还是你，就因为你姓赵吗？其实，这三件事最堪玩味之处在于熊明遇和刘一焜其实都是东林党，刘一焜还是刘一燝的哥哥。

可见，东林党内的派系斗争委实不少，阉党的统一战线都快建成了，东林党自己人还在互掐。

综上所述，冯铨的“跪谒途次”（在魏忠贤至涿州时投入其幕）实有其事，阮大铖的“叩马献策”则纯属子虚乌有。只不过前事在冯、阮晤面后发生，故被以讹传讹为二者一起“献策”（其实阮大铖早已离开涿州）。

梳理《国榷》和《明熹宗实录》等相关史料的时间线不难发现：阮大铖于天启四年（1624年）三月十四日升吏垣，三月二十五日上《惩贪疏》，旋即（当月内）去职南下。四月十八日，魏大中就任吏垣，次日傅櫆疏上，三天后魏忠贤出发前往涿州进香。可见，阮大铖先于魏忠贤近一个月抵达涿州，且与冯铨"一晤即行"，同魏公公压根就没打过照面。

对隔岸观火的魏忠贤来说，傅疏可谓意外的惊喜，因此他秒捕汪文言，不需要谁献策。正因是随机事件，兼任东厂提督未久的魏忠贤连爪牙都没来得及安插，结果在北镇抚司镇抚使刘侨身上出了岔子。

刘侨并非阉党，看准了这一点的黄尊素奉叶向高之命去当说客，以退为进地指出：汪文言不足惜，但有人想借机生事，祸害士大夫。

刘侨悦纳其谏，秉公办案。再加上叶向高态度坚决地向天启提出，给汪文言授官是他的个人主张，与旁人无关。

于是罪只汪文言一人，处分也不过廷杖褫职。

然而，刘侨很快就被阉党的许显纯取代，山雨欲来风满楼。

二十二、我是来拯救世道人心的

是否向魏忠贤及其党羽摊牌，东林党的核心层没能达成一致。

左副都御史杨涟认为早晚必有一战，不若先发制人，左光斗与魏大中亦持此论。

御史李应升则认为杨涟身份显要，不易轻动。否则一击不中，连个回旋的余地都没有，东林党势必崩解。不如让他打头炮，万一失败，也不至于牵动全局。

更激烈的反对来自黄尊素，他对魏大中说："除君侧者，必有内援。杨公有之乎？一不中，吾侪无噍类矣。"

杨涟认同其忧，但更觉退无可退。魏忠贤决心已定，必然下手，与其坐以待毙，不如挺身直言，揭奸彰恶，就算化为齑粉，也要让世人相信正义犹存，唤醒一个是一个，用他的话说就是："无使天下后世笑举朝无一人有男子气！"

于是，杨涟草就《劾魏忠贤二十四大罪疏》（以下简称《二十四罪疏》），罗列魏阉二十四条罪状，从生活奢侈到贪污腐败，从假传圣旨到陷害忠良，从培植亲信到豢养军队，从欺压百姓到谋杀嫔妃。

如此朝乾夕惕地干坏事，也是不容易。

疏末，杨涟悲愤道：

> 故掖廷之内，知有忠贤不知有皇上；都城之内，知有忠贤不知有皇上。即大小臣工，又积重之所移，积势之所趋，亦不觉不知有皇上，而止知有忠贤。[1]

1.［清］谷应泰著：《明史纪事本末》，卷七十一，中华书局1977年版，第3册，第1141页。

总之就是皇帝大权旁落，魏阉口含天宪。

事实上，杨涟为了不给魏忠贤辩解的机会，本打算早朝时面奏天启，岂料当日免朝。担心事泄的他把奏疏送到会极门（太和殿广场东侧廊庑的正门，穿过去右手边即内阁），结果失策。

奏章进呈御览，环节一般是通政司—司礼监—皇帝。而如果交到会极门，则可省去中间步骤，直接由宦官拿到司礼监。

司礼监已被魏忠贤控制，杨涟完全可以将《二十四罪疏》扔进垃圾桶。之所以没这么干，倒不是不敢逾矩，而是明代后期为提高行政效率，规定官员的上疏要抄送内阁一份。

阁臣虽不能直接处理抄件，而要等皇帝看过奏疏并下发后才能票拟（提供决策方案），但毕竟有了知情权，可以防止宦官舞弊。

当然，哪些奏章发给内阁，皇帝是有选择的。那些没发的，就叫“留中”。

只有经过内阁票拟、皇帝批红（批示）的奏疏，才会下达到午门外的六科廊，由吏、户、礼、兵、刑、工的给事中抄发给相关部门。

同时，京城的各大报房也会派人到六科廊抄录奏疏并编成邸报贩卖，落实“政务公开”。

但对打造“阳光政府”来说，还有一处死角便是“留中”。为避免出现这种情况，很多言官上疏时都是一式两份，另一份直接送到六科廊，给报房的人誊抄。

因此，杨涟的奏疏瞒是瞒不住的，魏忠贤的策略是让王体乾念给天启听，自己则故作姿态地打辞职报告。

王体乾掐头去尾，避重就轻，念了个阉割版的《二十四罪疏》。再加上客氏从旁带节奏，以至于天启听完后觉得杨涟言过其实，夸大其词。于是，对魏忠贤温旨挽留，还语重心长地提醒道：“尔闻言增惕（谨慎），不一置辩，更见小心。”

杨疏在前，却留中不发；魏忠贤辞职在后，旨意倒先下来了。叶向高立刻以此为由，要求把《二十四罪疏》发到内阁票拟。

其实，叶向高根本不赞同与魏忠贤决裂，而杨涟行动前也没跟他打招呼。再加上赵南星和高攀龙大刀阔斧地整饬吏治，自行其是地罢免官员，导致叶向高对东林党的激进派颇多不满。

但不满归不满，毕竟属于内部矛盾，让阉党掌控局势就不好了。

可惜天启早就不信纸上空谈的文官集团了，认为他们成天说空话、扣帽子，“忿争求胜，辙欲乞身……遂至互相效仿，封印杜门，连章求去”。

对此，天启曾专门下旨警告：

> 此后大臣进退取自上裁，小臣去留一听部议，如有不奉明旨，擅自去职及挟私逞臆、显肆倾排者，并下廷议治罪。[1]

由此可见，天启虽不喜欢当皇帝，但对这套系统有个最低限度的要求，那就是不能崩盘。所以对主动挑事之人，他素无好感。

何况在那个礼教森严的时代，寻常百姓都忌讳家丑外扬，而《二十四罪疏》却大谈宫闱秘事。

另外，杨涟给魏忠贤安的罪名太多，就像嘉靖时“倒严派”参严世蕃的奏疏。徐阶看过后指出症结：这些罪状都曾获天子准许，而皇上不可能自认犯错。你们还是弹劾严世藩通倭吧。

同理，《二十四罪疏》里的罪行大多经天启批准，让他认可杨涟相当于承认自己昏庸。

果然，王体乾刻意拣疏中天启不爱听的话念，导致其从魏忠贤之议，让魏广微拟旨申斥杨涟。

局面看上去对阉党有利，但魏忠贤还不敢掉以轻心。

不久前，他在宫中策马飞驰，不小心惊了圣驾。天启二话不说，张弓搭箭，当场射死他的坐骑。

天威难测，朝晴暮雨，荣辱生死都只在君王的一念之间。

1.《明实录》第 66 册《明熹宗实录》卷十五，台湾“中央研究院”历史语言研究所 1962 年版，第 222 页。

因此，为阻止杨涟面圣，魏忠贤发动技能“舌灿莲花”，骗天启旷朝三日。

到第四天不得不视朝时，魏忠贤又安排一群手持钢斧的武阉（武装宦官）拥帝而立，虎视眈眈地盯着杨涟。看样子，谁要是敢乱说乱动，立马就得血溅五步。

果然，宦官传谕，禁止左班诸臣（多为言官）出班奏事。

杨涟本已准备好第二道劾疏，见势只好作罢。

倒不是因为胆怯，而是群臣噤若寒蝉，即便自己死不旋踵，也无人声援。更何况天启既已默许这样的安排，面奏又有何意义？

散朝后，一道出自魏广微之手的上谕驳斥了杨涟的“谣言”，说他“凭臆（臆测）结祸，是欲屏逐左右，使朕孤立于上”。旨末，天启故作宽宏大量，表示暂且不问，但警告百官不得随声附和，否则决不姑息。

二十三、直如弦，死道边；曲如钩，封公侯

几千年来，人们已经习惯了曲学阿世者飞黄腾达，志气高洁者含悲忍辱。

但多属口服心不服，因为对正义的渴望始终不灭。否则无法解释影视作品《熔炉》《小丑》《V字仇杀队》何以掀起广泛而长久的影响。

继杨继盛（因上疏力劾严嵩“五奸十大罪”，遭诬陷遇害）之后，杨涟把“忠臣”的文化符号拔高到新的境界，《二十四罪疏》在南北两京家传户诵。

忠义之气，鼓畅一时。

中书舍人吴怀贤读罢疏文，击节叫好，批注道：“宜如韩魏公（韩琦，北宋名相）治任守忠（宦官）故事，即时遣戍。”谁知遭家奴告发，被抓进诏狱，拷掠至死。

写疏的人没事，点评的却惨死了，足见魏忠贤外强中干。

于是，魏大中、邹维琏、御史袁化中、吏科给事中许誉卿等七十多人交章猛攻魏忠贤，国子监师生千余人也集体上疏声援，连卧床多年的南京兵部尚书陈道亨都于垂死病中惊坐起，慨然道：“国家安危，诚在此举！吾备位大臣不言，谁为言者！”当天便奋然到署，联络各部堂官群起响应。

叶向高也趁势上奏，称颂魏公公勤劳的同时笔锋一转，说朝廷厚爱忠贤，使其盛名之下难免招致非议，不如放他回家，保全始终。

魏忠贤咬牙切齿，却不知该怎么下嘴，总不能把这帮人全抓了吧？朝政瘫痪不说，整不出口供又只能像汪文言那样草草收场。

事实证明，整知识分子还是知识分子最擅长。

冯铨给魏忠贤出了个点子——廷杖。虽无新意，但当年嘉靖就是靠

这招把文臣打老实的。

第一个撞上枪口的是工部郎中万燝。

当时庆陵大工未竣，万燝督建地面建筑，发现缺铜。听说宫中有大量废铜，便发文征调，结果被魏忠贤拒绝。

换个人也许能忍，但万燝是个官三代，他爷爷万恭官至兵部侍郎。因此，地痞出身的魏忠贤在他眼中就是一垃圾。但作为一名技术型官僚，万燝始终专注于基建，对政治斗争兴趣不大。

然而在中国，政治乃百业之本，多少人想置身事外，到头来发现只是一厢情愿。

万燝终于理解杨涟的选择，明白政治这头怪兽，你不解决就只能留给子孙，牺牲一代代人的青春和自由。

于是，工科生万燝愤而上疏，把魏忠贤骂出了新的高度：

> 人主有政权，有利权，不可委臣下，况刑余寺人哉。忠贤性狡而贪，胆粗而大。口衔天宪，手握王爵，所好生羽毛，所恶成疮痏。荫子弟，则一世再世；赉厮养，则千金万金。毒痛士庶，毙百余人；威加缙绅，空十数署。一切生杀予夺之权尽为忠贤所窃，陛下犹不觉悟乎？[1]

显然他也不指望靠几句话就能把天启骂醒，所以立刻步入正题，控诉魏忠贤对先帝陵工不管不顾，废铜都不给他用。

作为对比，万燝说他路过香山碧云寺时见魏忠贤替自己修的墓跟帝陵一样宏大，坟前有生祠（给活人建的祠堂），祠前有佛寺，费钱数百万。

总之一句话：

1.［清］张廷玉等著：《明史》卷二百四十五《列传第一百三十三 · 万燝》，中华书局 1974 年版，第 6367 页。

为己坟墓则如此，为先帝陵寝则如彼，可胜诛哉！[1]

万燝认为魏忠贤罪在不赦，结果却是自己领了道“杖一百”的圣旨。根据过往经验，一百棍是会打出人命的。责罚如此之重，廷臣无不惊讶。

原来，除了魏忠贤一如既往地歪曲事实外，万燝上疏的时机实在不巧——未满周岁的皇二子刚刚受惊夭折，距皇长子（张皇后生下的死婴）之死还不到八个月，天启的心情可想而知。

叶向高和工部尚书陈长祚的营救宣告无效，万燝在午门广场遭到毒打，又被宦官在方砖地上拖着转了三圈，交给家属后不久便气绝身亡，只留下遗诗一首：

自古忠臣冷铁肠，寒生六月可飞霜。
漫言沥胆多台谏，自许批鳞一部郎。
欲为朝堂扶日月，先从君侧逐豺狼。
愿将一缕苌弘血，直上天门诉玉皇。

魏忠贤再遭东林党围攻，李应升替万燝鸣不平的奏疏尤为感人：

未报国恩，先填沟壑，六尺之孤绕膝，八旬之母倚闾，旅梓无归，游魂恋阙！[2]

手上既已沾血，大开杀戒便只是时间问题。阉党经过讨论，一致认为要想对东林党给予毁灭性打击，必去叶向高而后可。问题是叶向高老

1.［清］张廷玉等著：《明史》卷二百四十五《列传第一百三十三 · 万燝》，中华书局 1974 年版，第 6367 页。

2.《明实录》第 68 册《明熹宗实录（梁本）》卷四十四，台湾“中央研究院”历史语言研究所 1962 年版，第 2418 页。

成持重，除痴迷围棋以及同利玛窦交好外，浑身上下毫无污点。

不过没关系，有破绽要攻，没有破绽制造破绽也要攻。很快，一个叫林汝翥的巡城御史就来送人头了。

巡城御史负责街道治安，出巡时威风八面。所经之处，别说车匪路霸，便是目空一切的权贵子弟也会夹着尾巴做人。

据传，林汝翥是叶向高的外甥，巡视京城时逮到两个欺压良民的宦官，惩以笞刑。二人回宫后向王体乾告状，魏忠贤闻知此事，如获至宝，因为外官是不能擅自处罚内监的。

圣旨旋即下达：林汝翥杖一百。

怕像万燝一样被打死的林汝翥闻风而逃，不料正中魏忠贤下怀。

一帮宦官奉命包围叶府，鼓噪喧哗甚至入内搜查，直到叶向高紧急上奏，天启亲自下令，群小方退。其实，普天之下莫非王土，在没有领事馆的时代，林汝翥这样的公职人员又能跑到哪儿去？

他只是好汉不吃眼前亏罢了，躲到顺天巡抚的官署，见事情闹大后回京自首。

顺天巡抚的驻地在蓟州，而县级市蓟州归顺天府（北京市）管。顺天府和相邻的永平府都是直辖府，上面没有省，直属中央，由朝廷派出的顺天巡抚统管军政。

另外，顺天巡抚的辖区、保定巡抚的辖区（真定、保定、河间、广平、顺德、大名六府）以及宣府巡抚下辖的两个州（延庆、保安）加到一块儿，即通常所谓之北直隶地区。

一百棍打下去林汝翥倒也没死，可见引起舆论关注对保命还是有用的。但更根本的原因在于，魏忠贤没想弄死林汝翥，只是借此向叶向高发难。

宦官冲击官员私邸，自明朝立国以来闻所未闻，堪称奇耻大辱。且羞辱的是全体士大夫。

叶向高主动请辞，天启照例不允。面对一封接一封的辞疏，天启看上去优旨慰留，事实上毫无诚意，因为去叶宅闹事的宦官没有一个受到处分。

叶向高见状，坚持辞职，终获批准。

缓冲带一去，天平立即失衡，东林党的覆巢之祸近在眼前。

似乎为了示警，上天让已过汛期的黄河突然在奎山决口。徐州城内水深丈余，官民退居云龙山等高地避难。

与此同时，接替赵南星任左都御史的东林党人孙玮病故，赵南星主持“廷推”（任选高级官吏的程序，由六部九卿公推两三人，皇帝圈定），拟由杨涟升任此职，被天启否决。

于是改推刑部侍郎高攀龙，但高攀龙觉得不妥，因为赵南星是他老师。部（吏部）、院（都察院）一个管人事，一个管监察，却被一对师生把持，当然会引人非议。

但经魏大中等人苦劝，高攀龙不再推辞，走马上任。

此事的诡异之处在于，魏忠贤居然没有阻挠。

因为他已做好总攻的准备，不再纠结一城一池的得失。

二十四、倚畀大臣

高攀龙履新后的第一件事是“打扫房间”。他让李应升弹劾以贪贿闻名的御史崔呈秀。

崔呈秀听到风声，跑到李应升面前求饶。李应升面如寒冰，断然拒绝。

劾疏递了上去，崔呈秀硬着头皮上疏自辩。

天启让吏部勘察，赵南星主张将崔呈秀充军。

崔呈秀连夜投奔魏忠贤，叩头哭诉道：“不去（赵）南星及（高）攀龙、（杨）涟等，我两人未知死所。”并当场认魏忠贤作爸爸。

崔呈秀的操作让魏广微陷入被动，一直对魏忠贤自称“宗弟”的他赶紧降格，改称“宗侄”。

这就把阉党的另一位大学士顾秉谦晾在了原地。

顾大学士已经七十来岁，没法跟年轻人比，只好带着自己的小儿子到魏府赴宴，让他认魏忠贤作爷爷。

崔呈秀托庇于魏忠贤未久，东林党的第二记老拳便又砸向阉党。

因为一次迟到事件，魏大中炮轰魏广微，说他身为天子近臣，倨傲不拜正朔（大明历法），猖狂有如女真。

原来，叶向高走后，接任首辅的韩爌虽亦属东林，但威望去之甚远。山中无老虎，猴子称霸王，趾高气扬的魏广微竟误了天子向全国颁布次年历法的重大典礼。

当日他睡醒时，活动已进入下半场。天启携群臣在太庙行礼，魏广微却慌慌张张地赶到，狼狈不堪。失礼以至于斯，被参实属正常。可魏大中不愿就事论事，非要上纲上线，把魏广微打成“敌人”。

对此，黄尊素无法苟同，劝阻说，说魏广微气量狭小，极好脸面，如此攻他过急，恐生变，不妨搁置。

魏大中不听，结果适得其反，不仅引来魏广微振振有词的辩解，还导致天启对大搞团团伙伙的东林党忍无可忍，于是他颁布了一封敲打东林的圣旨：

> 近日蹊径歧分，意见各别，爱憎毁誉，附和排挤。大臣顾昔身名，动思引去；小臣瞻风望气，依违自合。职业不修，政事堕废。当由纪纲不肃，结党徇私，以至于此。特戒谕尔等，涤虑深思，更弦易辙。[1]

公然违礼者不予追究，反倒让好人改弦更张，愤慨的李应升无视“戒谕”，上本反驳魏广微的“狡辩”。

其实，魏广微的自辩不无道理。他说自己“罪止失仪”，根本谈不上“不拜正朔”。而言官“风闻生事”的恶习，则令人不能自安。

李应升针锋相对，直击要害地在上疏中称，“失仪”指行礼中举止出错，而魏广微是误了大典。根据《大明律》的规定，失误朝贺，应笞四十；失误祭享，应杖一百。

至于风闻言事，李应升认为镜无见疵之罪，因为言官乃耳目近臣，语涉君主则人君改容以听，语涉大政则宰相闭门待罪。同时，他以魏广微之父举例，说魏允贞曾居台谏，敢直言，因得罪太监而去职，美名传诵至今。

故此，他请天启戒谕魏广微“退读父书，保其家声，毋倚三窟（图安避祸的方法），与言官为难，异日亦可见乃父于地下”。

爹都搬出来了，无地自容的魏广微只好去找忠贤叔叔撑腰。

在魏忠贤的挑唆下，天启打算廷杖李应升，却遭到韩爌的力阻，最后改为罚俸一年。

1.《明实录》第68册《明熹宗实录（梁本）》卷四十四，台湾“中央研究院”历史语言研究所1962年版，第2451页。

阉党自然不肯罢休，很快又抓住“谢应祥事件”大做文章。

彼时，山西巡抚一职出缺，不少人奔走钻营，结果赵南星推荐了清廉的太常寺卿谢应祥，并得到署理文选司郎中（代司长）夏嘉遇和吏科都给事中魏大中的支持。

魏广微当即发难，指使阉党御史陈九畴抨击赵南星、夏嘉遇和魏大中营私舞弊，证据就是谢应祥当过嘉善县的知县，而魏大中是嘉善人，二者有师徒关系。

一场口水仗下来，天启对魏大中、夏嘉遇和陈九畴均降三级，调离京城。

看似各打三十大板，实则阉党用“马”换掉了东林党的一“车”一“炮”。

由于圣旨在批评魏大中“把持会推，以朝廷封疆为师生报德”之余，还指责部院大臣（赵南星与高攀龙）替魏大中说话是混淆视听，朋谋结党，牛脾气发作的赵南星上疏辞职，高攀龙随之跟进。

天启不经内阁票拟，直接允准。

首辅韩爌和次辅朱国祯当即抗议，但天启根本无视两人“中旨径宣，不复到阁”“大骇听闻，有伤国体”的牢骚，只大谈“师生植党”的危害。

赵南星和高攀龙的挂职而去固然保全了自身清名，却把魏忠贤觊觎已久的要权拱手相让，将东林党置于毫无防护的险境。

很快，一封旨在定调的诏书向全国人民公布，指出当前严峻的政治形势：

> 乃尔大小臣庶，坐享国家之禄，靡怀君父之忧，内外连结，呼吸应答，盘踞要地，把持通津，念在营私，事图颠倒，诛锄众正，朋比为奸，欺朕幼冲，无所忌惮。[1]

1.《明实录》第 68 册《明熹宗实录（梁本）》卷四十四，台湾“中央研究院”历史语言研究所 1962 年版，第 2461 页。

结果就是：

> 忠贞皆为解体，明哲咸思保身。[1]

虽然赵南星和高攀龙这两个“幕后黑手”被揪出打倒，但其同党还在走：

> 今元凶已放，群小未安，或公相党救，或妄肆猜忖。[2]

最后，严正警告那些贼心不死的人，说为了彻底端掉东林党反动派的司令部，斗争将进行到底：

> 谕尔徒众，姑与维新，洗涤肾肠，脱换胎骨。果能改图，仍当任用。如有怙其稔恶，嫉夫善类，甘为指纵之鹰犬，罔虑贻遗之祸患，朕将力行祖宗之法，决不袭姑息之政！[3]

话都说到这个份上了，还是有人（许誉卿）顶风上疏，称赵南星和高攀龙是老成谋国的岁寒松柏，就这么骤然去职，以后谁还敢讲真话？

由于言辞不算激烈，许誉卿只被降级外调，结果东林党又开始“蹬鼻子上脸”。

吏部与都察院奏报，拟以侍郎陈于廷和左副都御史杨涟代理空缺的主官。

又是两个东林党，天启满脸黑线，将奏章留中不发，令六部九卿会推冢宰与总宪。问题是会推仍由吏部牵头，陈于廷主持。虽然他不推自

1.《明实录》第 68 册《明熹宗实录（梁本）》卷四十四，台湾“中央研究院”历史语言研究所 1962 年版，第 2461 页。

2. 同上。

3. 同上。

己了，但报上去的人选均系东林。

天启（其实是魏忠贤）震怒，痛斥吏部和都察院被“黑线人物”控制，针插不进，水泼不入，已成独立王国。接着，他点了杨涟、左光斗和陈于廷的名字，认为此三人“钳制众正，抗旨徇私”“巨猾老奸，冥顽无耻”，故全部革职。廷推名单上的其他官员，也均被贬到地方。

韩爌觉得自己这个首辅当得窝囊透顶，天天遭魏广微排挤不说，还不受皇帝待见（天启认为他“票拟多失当”，要他集思广益），索性悬节东门。

离开前，他留下一封辞疏，说整军应以营伍为先，而内操却屡演于宫禁之内，显是臣不能解皇上操劳之忧；忠臣应当召回朝中，但廷杖屡施于殿堂之下，显是臣不能解皇上雷霆之怒。

递补的朱国祯存在感更弱，只能算倾向东林的友好人士。而与此同时，魏忠贤的“好大儿”田尔耕却成功接掌锦衣卫，出任指挥使。

阉党弹冠相庆的好日子似乎已至。

直到魏广微带来一个噩耗：蓟辽督师孙承宗提兵数万，以给皇上贺寿为名，准备入京兵谏。

蓟辽督师是指挥明军与后金作战的最高统帅，跟辽东经略一样，都是针对事件（辽乱）的临时官。

随着后金日渐势大，挂兵部侍郎衔的“经略”已不足以统筹协调，故升级为挂大学士衔的“督师”，负责山海关内外的防务。

正如辽东经略对应的常设官是辽东巡抚，蓟辽督师对应的常设官则是蓟辽总督（挂兵部尚书衔，下辖辽东巡抚、顺天巡抚和保定巡抚）。

蓟辽总督镇蓟（关内的蓟州）援辽（关外的辽东），蓟辽督师镇辽援蓟，二者相互支援。

不过，作为代天子平乱的督师，显然比只是地方军政长官的总督地位要高。换言之，蓟辽总督只管他辖区内的事，而蓟辽督师即便遇到“后金绕道缅甸，打进云南”这样的天方夜谭，也会被问责。

但随着崇祯初年孙承宗请辞，“蓟辽督师”便成为历史名词，其职责由蓟辽总督承担。

孙督师在天启即位之初曾任詹事府少詹事，给失学青年朱由校补课。由于方法得当，朱由校每回都听得津津有味，连呼“心开”（开悟）。

这样一位文韬武略的国之砥柱，现在要来上访，替他的东林同志讨说法，就问你魏忠贤怕不怕？

岂止是怕，简直魂飞魄散。

为此，魏忠贤整日绕着天启打转，急得眼泪都快掉下来了。天启心一软，乃令内阁拟旨，阻孙承宗进京。

于是顾秉谦奋笔疾书：无旨离信地（军队驻扎处），非祖宗法，违者不宥！

同时，立召兵部尚书入宫，连下三道公文，飞骑送出，命孙承宗马上返回驻地。

孙承宗其实是孤身前来，接到圣旨时已至通州。经过一番思索，他决定以大局为重，打道回府。

因为如果抗旨入宫，矛盾激化，内部分裂，后金搞不好会趁虚而入。

也幸亏孙承宗选择折返，因为魏忠贤的“B计划”是给九门提督（明代此职由宦官掌）下的：若孙承宗至齐化门（今朝阳门），就把他绑了。

二十五、谗言如浮云，蔽日不使照

朱国祯不想再打酱油了。

大小国事都由魏忠贤、顾秉谦和魏广微的三人领导小组决定，他这个首辅跟空气没啥区别。无所事事久了，朱国祯不禁想起叶向高离任时对他说的话：

> 我去，蒲州更非其敌，公亦当早归。[1]

考虑到自己并非这出戏的主角，连“特约”都算不上，朱国祯连上三疏，引疾归里。由于走得及时，还捞到不少赏赐，因为魏忠贤对他的评价是：“此老亦邪人，但不作恶，可令善去。”

如此看来，叶向高似乎毫无责任心，不仅自己撂挑子，还劝别人急流勇退。

其实，他只是察觉到一个凭自身实力与精力无法解决的制度性难题。

朱元璋能废宰相之名，却无法灭宰相之实。废相的结果就是把文官和宦官驱逐到一场永无止境的角逐之中，争夺事实上的相位。宦官不能组建家庭，命运系于天子一身。而天子生于深宫之中，长于妇人之手，足不出户，闭目塞聪，想紧握大权，体察民情，也只能依靠宦官。

事实上，与同样阉祸严重的东汉和晚唐相比，明代的权阉都是战五渣。

汉灵帝时有“党锢之祸”，唐文宗时有“甘露之变”。曾几何时，宦官可以威胁皇帝性命，甚至改换天子。

而在明朝，太监即使权倾朝野，只要皇帝一道圣旨下来，立马树倒

1.［清］张廷玉等著：《明史》卷二百四十《列传第一百二十八 · 朱国祯》，中华书局 1974 年版，第 6251 页。

猢狲散，毫无挣扎的可能。

不仅太监，宋代以后连武将造反改朝换代的事都没发生过。究其原因，在于程朱理学的礼法观念深入人心，难以撼动。

所以，不是魏忠贤善于作恶，而是他窃夺的皇权不受限制，无法无天。

如果这种定于一尊的制度不改，将来还会有李忠贤、王忠贤。并且，当坏人也是凭本事吃饭的，有的只能小偷小摸，有的却能制造全民浩劫。魏忠贤的段位决定了他也就搞搞政治迫害，败坏社会风气，没到天下大乱的程度已算万幸。

朱国祯走后，被杨涟称作"门生宰相"的顾秉谦晋升首辅，一张针对东林党的大网全面铺开。

为圈定反对者名单，便于精准打击，崔呈秀进呈《同志录》与《天鉴录》，以区别东林及不附东林者；魏广微和顾秉谦则炮制了《缙绅便览》，位列其中的东林党人，姓名旁以三点、两点和一点来区分重要性。

然而，这两种编排方式都失之笼统，无法体现每个人的特点及其在"邪党"中扮演的角色。

直到《东林点将录》出炉，魏忠贤才眼前一亮。

这部名录由取代左光斗任左佥都御史的王绍徽编撰，把东林党人与《水浒传》的梁山一百零八将一一对应，生动形象，易于传播，比如：

天魁星及时雨（宋江）叶向高（内阁首辅）；
天罡星玉麒麟（卢俊义）赵南星（吏部尚书）；
天机星智多星（吴用）缪昌期（左春坊左谕德）；
天闲星入云龙（公孙胜）高攀龙（左都御史）；
天勇星大刀手（关胜）杨涟（左副都御史）；
天雄星豹子头（林冲）左光斗（左佥都御史）；
天猛星霹雳火（秦明）惠世扬（大理寺少卿）；
天威星双鞭（呼延灼）周朝瑞（太仆寺少卿）；
天英星小李广（花荣）李应升（福建道御史）；

天伤星行者（武松）邹元标（左都御史）；

天立星双枪将（董平）袁化中（河南道御史）；

天空星急先锋（索超）黄尊素（山东道御史）；

天异星赤发鬼（刘唐）刘宗周（通政司左通政使）；

天杀星黑旋风（李逵）魏大中（吏科都给事中）；

天微星九纹龙（史进）韩爌（内阁大学士）；

天寿星混江龙（李俊）刘一燝（内阁大学士）；

天剑星立地太岁（阮小二）周嘉谟（吏部尚书）；

天慧星拚命三郎（石秀）王纪（刑部尚书）；

天巧星浪子（燕青）钱谦益（詹事府少詹事）；

地魁星神机军师（朱武）顾大章（陕西按察副使）；

地文星圣手书生（萧让）文震孟（翰林院修撰）；

地佐星小温侯（吕方）何士晋（兵部侍郎）；

地然星混世魔王（樊瑞）熊明遇（南京都察院右佥都御史）；

地飞星八臂哪吒（项充）夏嘉遇（吏部文选司署理郎中）；

地走星飞天大圣（李衮）邹维琏（吏部稽勋司郎中）；

地满星玉幡竿（孟康）周顺昌（吏部文选司员外郎）；

地周星跳涧虎（陈达）周宗建（福建道御史）；

地异星白面郎君（郑天寿）郑鄤（翰林院庶吉士）；

地短星出林龙（邹渊）孙承宗（蓟辽督师）；

地角星独角龙（邹润）张问达（吏部尚书）；

地藏星笑面虎（朱富）陈于廷（吏部侍郎）；

地平星铁臂膊（蔡福）王之寀（刑部侍郎）；

地损星一枝花（蔡庆）孙慎行（礼部尚书）；

地刑星菜园子（张青）周起元（应天巡抚）；

地贼星鼓上蚤（时迁）汪文言（中书舍人）；

……

除此之外，还有个死了的东林党——南京户部尚书李三才。由于地位重要，也赫然在册，名曰“托塔天王晁盖”。

检视名单不难发现，官职高的未必居前，主要依据还是其人在党内的排名以及对阉党的威胁程度。

最典型的例子就是顾宪成和徐霞客的忘年交缪昌期——一个从五品的太子属官（还并不存在一个活着的太子），何德何能，竟排在一堆大佬之前？

原来，缪昌期工诗善文，是东林党的笔杆子，杨涟的《二十四罪疏》曾交他修改，其座师叶向高能下定决心上疏驱魏也跟他的犯颜直谏有关。

天启元年（1621 年），缪昌期到湖广主持乡试，出了个“论赵高与仇士良”的考题。彼时魏阉尚未坐大，即以历史上的权宦出题，缪昌期的立场不言自明。

纵使如此，魏忠贤也没有放弃拉拢他的希望，他曾替自己在建的玉泉山墓穴向缪昌期求碑文。结果被拒不说，人格还遭到污辱：

> 生平耻谀墓，况肯为刑余辱吾笔邪！[1]

另外，阮大铖也在点将录里，且位置靠前（天究星没遮拦穆弘），说明截至此时他尚未附阉，“叩马献策”之说再次被证伪。

寓教于乐的《东林点将录》一经发布，立刻成为坊间津津乐道的话题，热度比“小浣熊水浒卡”还高，吸引了一堆跟风之作。

在此背景下，刑科给事中霍维华、吏科给事中杨所修以及御史杨维垣提出重审“梃击案”“红丸案”“移宫案”，一切按“凡是敌人（东林）支持的我们就反对，凡是敌人反对的我们就支持”全盘推倒，重新评价。

于是李可灼的命运再次发生戏剧性的转变——因为那颗该死的红丸，他先获赏，再罚俸，后充军，现在又被赦免（阉党倒台后还要经历一次

1. 程万军著：《东林沉浮》，中国民主法制出版社 2018 年版，第 181 页。

翻案）。

与之相对，“梃击案”中立下大功的王之寀此刻却倒了大霉，副部级的帽子被摘，后又被打入诏狱，病死狱中。

另一个耐人寻味的事实是，杨所修和杨维垣这两个阉党，前者后来落到农民军手上，不屈而死；后者活到南明弘光朝，清军攻陷南京时全家殉节。

二十六、凤鸟不至，河不出图

“移宫案”是东林党的扭转乾坤之作，无论阉党如何颠倒黑白，单凭此案便想大兴冤狱，说服力明显不够。

于是，在阉党御史梁梦环的参劾下，汪文言“二进宫”，罪名是受熊廷弼之托向杨涟和左光斗行贿。

熊廷弼托汪文言行贿确有其事，但对象并非杨、左，而是魏忠贤。

广宁之败后，三法司会审熊廷弼，判其死刑。

如果说王化贞判死实属咎由自取，那熊廷弼就比窦娥还冤。

为了活命，他托汪文言走内廷的门路给魏忠贤递话：若能助我缓死，即报效白银四万两。其实熊廷弼根本拿不出这么多钱，只是困兽犹斗，拖延待变，看是否有柳暗花明的可能。

魏忠贤左等右盼，发现被涮，对熊廷弼记恨在心，乃依大理寺丞徐大化之计，把熊廷弼未遂的贿赂嫁祸给东林党。

可惜，无论北镇抚司镇抚使许显纯如何拷问，汪文言死活不承认杨、左纳贿，并大呼道：“安有贪赃杨大洪（杨涟）乎！”

一个阉党眼中的鸡鸣狗盗之徒，没想到头这么铁。无计可施的许显纯只好自行编造口供，不料昏死多时的汪文言突然怒目圆睁，呵斥道：

> 尔莫妄书，异时吾当与面质！[1]

这一开口，倒提醒了许显纯，汪文言当日便被灭口。

凭借捏造的“汪文言供状”，阉党列了张二十多人的名单，命缇骑（锦

1.［清］张廷玉等著：《明史》卷二百四十四《列传第一百三十二 · 魏学濂》，中华书局 1974 年版，第 6337 页。

衣卫校尉）抓捕为首的杨涟、左光斗、魏大中、袁化中、周朝瑞和顾大章，分别栽赃白银三千到四万两不等。

其余包括赵南星在内的十五人，阉党尽削其籍，令地方政府“追赃”。

与杨涟、左光斗和魏大中相比，袁化中、周朝瑞与顾大章似乎分量不够。

其实三者人狠话多，长年被魏忠贤视作眼中钉。

袁化中的仕途起点是知县，他一路干到都察院，工作经验极为全面。

杨涟上疏受挫后，他接过哨子，剑走偏锋，吓唬皇帝说，以前魏忠贤瞒着陛下草菅人命，多少还心存畏惧，可如今《二十四罪疏》已上，真相败露，魏忠贤担心被陛下处死，很可能铤而走险，到时候受害的就不是大臣而是皇上您了。陛下您想想，深宫之中，岂可让多疑多惧之人环伺左右？

袁化中的意思是魏忠贤会预判天启的预判，即史书里最常见的桥段“君臣猜忌”。古人认为这是天下之乱源，因为主疑臣则臣受诛，臣疑主则臣要反。主疑臣而不诛，则臣疑而反。臣疑主而不反，则主疑而诛之。

这可真是一条无解的猜疑链。只要君臣的信任出现裂缝，最后不是你死，便是我亡。

周朝瑞与阉党结怨，起自参驳沈潅。

后来熊廷弼兵败下狱，时任刑部主事的徐大化日夜叫嚣，要求斩熊。周朝瑞认为熊廷弼才堪大用，罪不当诛，与其自损良将，不如让他戴罪立功。两人掐得不可开交，阉党以此为据，顺理成章地诬陷周朝瑞收了熊廷弼的钱。

顾大章是个官二代，正直无私的个性颇类万爆。

天启元年（1621年），沈阳、辽阳失守，京城气氛紧张。五城兵马司（相当于北京东、西、南、北、中五个区的公安局，负责治安、消防与城管）日夜抓捕奸细，把两百多个流浪汉及社会闲杂人员收监，问成死罪，最后仅四分之一死里逃生。

刑部上下明知这些人无辜，却没有一个官员站出来替他们辩白，只因五城兵马司隶属兵部而此案又牵涉国防，太过敏感。

眼见一百多人枉死狱中，顾大章对刑部尚书王纪说："以一身易五十人命且甘之，矧（况且）一官乎！"

顾大章出面张罗，对活着的五十多人逐一审问，除了三个确有嫌疑的，余者尽皆释放。

他得罪阉党，主要因为两件事：

第一，魏忠贤欲借刘一巘株累刘一燝，顾大章力辩其非；第二，王纪批驳徐大化并使其丢官的奏疏，阉党怀疑出自顾大章之手。

跟周朝瑞一样，顾大章亦主张轻判熊廷弼，因此被阉党坐赃四万两，居六人之最。

欲悲闻鬼叫，我哭豺狼笑。"六君子"的被捕激起巨大民愤，在杨涟的老家应山县差点酿成群体性事件。去往北京的路上，数万士民拥道呼号，囚车所经村庄市镇，无不焚香设醮，替杨涟祈祷。

桐城。

听说缇骑要逮左光斗，举邑若狂，有组团准备告御状的，有相约群殴锦衣卫的。左光斗劝阻众人，说此举非但不能救我，反倒给逆党提供口实，连累各位同死，何益？

语毕，自上槛车而去。

途中，父老乡亲尾随号哭，一路相送至黄河始回，连缇骑也感动落泪……

诏狱是个半地下建筑，终年不见天日，其设计方案包豪斯流派的建筑师看了也直呼内行——在营造阴森恐怖的整体环境的同时，很好地实现了消音功能。

高墙之内，暗室之中，一场针对"六君子"的血腥迫害即将上线。

几个相熟的狱卒见到顾大章，纷纷掩面抽泣。

原来，狱吏地位低下，可顾大章当年做刑部主事时不仅尊重他们，还宽仁以待。

一日，院子里的土地庙前，一棵大树上长出鲜艳的灵芝。狱卒以为吉兆，跑去向顾大章贺喜。

谁知顾大章摇头道："芝，瑞物也，而辱于此，吾辈其有幸乎？"

确实难以善终，因为光是下马威，许显纯就给他们安排了每人杖四十、夹棍（夹腿）五十和拶（夹手指）一百。

鲜血淋漓的魏大中昂首怒目，指着北镇抚司堂上的牌匾大骂"明心堂"简直是"昧心堂"！

左光斗向其他五人提议"诬服"（假装承认受贿），因为根据司法程序，只要案犯认罪，人就要移交给刑部。可惜，认罪没能让六人脱离诏狱，"追赃"立刻进入下一阶段：完赃，即退缴"非法所得"。

魏忠贤令许显纯严刑追比，五日一回奏。

所谓追比，即限期退赃，每五天四百两白银（一品官的年俸），交不上来就得受刑。

六君子素持高节，魏大中"宦游十载，家徒四壁"，杨涟则是天下公认的廉吏——如此追比，肯定要出人命。

为此，吏部尚书崔景荣敲开魏广微的家门。

年届六十的崔景荣虽非东林，但军功赫赫，公忠体国，试图以大义规劝魏广微。

当然你会问，这不是与虎谋皮吗？

并不是，因为明代对政治人物，无论君臣，都有一套客观独立的评价标准。

比如万历精虫上脑，睡了慈宁宫的宫女，事后不想承认，结果李太后直接调阅《内起居注》，发现时间、地点、人物、事件明明白白，根本无法抵赖。

帝王言行被起居注官记录在案且其本人无权查看，是古已有之的传统。当年李世民一度想看，被兼管起居注的褚遂良拒绝。李世民不甘心道，朕有不妥当的事，你也记下了吗？褚遂良说自己的职责在于秉笔直书，不敢不记。

领袖伟不伟大（庙号），文官贤不贤良（谥号），不是舆论机器和权力机关说了算，而自有一套无形的监督系统。

因此，魏广微再不要脸，仍能跟崔景荣达成一条基本共识，即不对政敌搞肉体消灭。

魏忠贤已经断子绝孙，这条底线他可以不要。但魏广微还得传香火呢，弄出人命就是把棋走死，一点儿好处都没有。毕竟，以张居正当年之权势也不过是对反对派中最激烈者施以廷杖而已，及其身死却依旧无法保全子孙性命，遑论阉党？

崔景荣离开后，魏广微当即上疏，先指明杨涟等“诚为有罪之人”，又说他们往日都是“卿寺之佐”（重臣），“纵使赃私果真，亦当转付法司，据律论罪，岂可逐日严刑”。

结果惹得魏忠贤暴怒。魏广微大恐，辩解说奏疏的起草人是崔景荣，只是以自己的名义递呈而已。

人生赢家魏忠贤不能容忍这种首鼠两端的行为，他不仅罢免了崔景荣，还给魏广微上眼药，逼其卸职回乡。

二十七、儒者的困惑

杨涟54岁的生日是在诏狱里度过的。

已被折磨得不成人形的他告诉其余五人：生机已无，当早做准备。

当天，他写好遗书后猛喝凉水，只求速死。

为给许显纯施压，魏忠贤矫旨申斥并降了他一级，原定的五日一比也改为三日。

《核舟记》的作者、魏大中的长子魏学洢听说后彻夜难眠。

他是尾随缇骑暗中来京的，白天藏在客栈，夜晚四处活动，替父筹钱。魏大中名下“赃款”最少，只有三千两，保命的希望很大。但追比改为三日就不好说了。

焦急的魏学洢打算亲自去镇抚司衙门交钱，并借机探监。

刘启先（老家邻居，受魏学洢之托去镇抚司送钱）不同意，还是按原计划由他去。

魏大中气若游丝，对刘启先道：“吾不久矣，毛孔皆痛。勿教吾儿知道。”

刘启先提出魏学洢想来看他，魏大中大惊，坚决反对。

魏学洢加紧奔走，奈何父执辈的熟人或拒而不见，或长吁短叹，直到鹿正伸出援手才打开局面。

鹿正之子鹿善继时任兵部主事，在山海关给孙承宗当参谋，与孙合编过一部《车营扣答》，奠定了步、骑、炮多兵种协同作战的军事理论，在冷热兵器交替的前夜具有承上启下的重要作用。

继魏学洢之后，鹿正还曾帮左光斗的弟弟左光明筹钱。而他派去给鹿善继传信的那个举人，就是后来与黄宗羲齐名的大儒孙奇逢。

魏学洢终于凑齐三千两银子交上去，结果追比依旧。

这才明白魏忠贤要的不是钱，而是命。

得知京中剧变，鹿善继与孙承宗谋划面谏之事，可惜未及入觐，杨涟、左光斗和魏大中的噩耗便已传出。

杨涟饱受酷刑，牙齿全部脱落，皮肤被钢刷刷得碎裂如丝。

可叹他下狱之后，年迈的老母无处栖身，被迫寄宿于城门上的望楼，两个儿子则只能靠乞讨糊口。

在应山知县的牵头下，杨涟的家乡百姓为他集资，乡人踊跃捐款。

可惜，且不论杨涟名下"赃款"达两万两之巨，即便集腋成裘，魏忠贤也不可能刀下留人。

杨涟写就《狱中绝笔》，托付给顾大章。

顾大章藏之于关帝像背后，又埋到狱室的北墙下，所幸得以留存。

三天一道鬼门关，杨涟自忖撑不了几轮了，乃以指蘸血，写下血书，藏于枕中：

> 涟今死杖下矣。痴心报主，愚直仇人，久拚七尺，不复挂念。不为张俭逃亡，亦不为杨震仰药，欲以性命归之朝廷，不图妻子一环泣耳。
>
> 打问之时，枉生赃私，杀人献媚，五日一比，限限严旨，家倾路远，交绝途穷，身非铁石，有命而已。
>
> 雷霆雨露，莫非天恩。仁义一生，死于诏狱，难言不得死所，何憾于天，何怨于人？唯我身副宪臣，曾承顾命，孔子云："托孤寄命，临大节而不可夺。"持此一念，终可以对先帝于在天，对二祖十宗与皇天后土矣。大笑大笑还大笑，刀砍东风，于我何有哉！[1]

当日拷掠完毕，天降暴雨，其余四人都被抬入牢房，唯杨涟与左光

1.［清］张怡著，魏连科点校：《玉光剑气集》卷五《敢谏》，中华书局 2006 年版，第 218—219 页。

斗弃置户外，无人理睬。

两人“臀血流离，伏地若死”，直到杨涟被雨水激醒，大声呼叫，许显纯才命人将二者抬入室内。

此时左光斗惨遭炮烙之刑，声带受损，眼睛也几乎睁不开。据其潜入狱中探访的弟子史可法回忆：

> 则席地倚墙而坐，面额焦烂不可辨，左膝以下，筋骨尽脱矣。[1]

史可法幼时家贫，念书期间曾借宿古寺。

一个风雪之夜，左光斗微服出游，见史可法伏案打盹，肘下压着刚写好的文章。

左光斗抽出一看，大为赞赏，脱下貂衣为史可法披上。

结为师生后，左光斗安排史可法与左家子侄一起到官邸读书，视若己出，曾言：“童子勉之，前半节事在我，后半节事在汝！”

一次，史可法趁左光斗不在，斗胆试穿他的官服。

谁知老师忽然归来，史可法大窘，没想到左光斗笑着替他圆场，说他是王佐之才，这身衣服还配不上他。

左光斗下狱时，史可法年仅二十三岁。他重金贿赂狱卒，又苦苦哀求，方得以扮成杂役混进大牢。

目睹恩师惨状，史可法当场抱着左光斗的膝盖恸哭。

左光斗艰难睁眼，目光炯炯地盯着爱徒，骂道：“此何地也？而汝来前！国家之事糜烂至此。老夫已矣，汝复轻身而昧大义，天下事谁可支柱者！不速去，无俟奸人构陷。吾即扑杀汝！”

说罢，摸索身旁刑具，作势投击。

史可法含泪离去，日后每当向人讲述此事，无不唏嘘道：“吾师肺肝，皆铁石所铸造也！”

---

1. 周振甫著：《古代散文十五讲》，重庆大学出版社 2010 年版，第 273 页。

三天后，刘启先又到镇抚司交钱，发现魏大中已无力跪起，趴在堂下。

刘启先膝行过去，想帮他拢拢头发，却见魏大中的脊背血肉狼藉，遍布蛆蝇，不禁哽咽道，魏公，能忍否？

魏大中声音微弱，说：我不行了。

刘启先又问：想食粥吗？

魏大中突然急促道：余事莫问，速教吾儿离去！

刘启先明白诀别的时刻已到，不由得哭出声来，被衙役赶走。

当晚，许显纯用铜锤猛砸杨涟，致使其肋骨寸断。又命人以沙袋压其身，铁钉贯其耳，使之当场殒命。

与此同时，左光斗和魏大中也惨遭杀害，许显纯将三人的喉骨切下，作为信物交给魏忠贤。

想当初李选侍霸占乾清宫，杨涟把天启从魔爪中救出，又担心他帝位不保，日夜焦思，六天之内须发皆白。

这样的忠臣和恩人，在天启眼中却不如一根草芥。

可见天下之冷酷，莫过于君主。

左光斗死后，其亲属十四人被逮捕追赃，长兄左光霁受牵连而死，其母伤心过度而亡。即便如此，阉党的左都御史周应秋仍觉追缴不力，上疏敦促，导致左氏一族倾家荡产。

魏大中死后，魏学洢护送其灵柩返乡，日夜伏草啼号。阉党的夺命符步步紧逼，在原有的三千两"赃银"之上又追加三百两，命地方政府逼魏学洢缴纳。

魏学洢交不上来，蹲了大牢，一病不起。弥留之际，家人送汤给他喝，魏学洢怀念父亲，拒之道：诏狱中可有人半夜送汤乎？

杨、左、魏死后，用刑频率大幅降低，因为魏忠贤已除掉最恨的三人，开始担心袁化中、周朝瑞和顾大章也同时就义，造成不好的社会影响和舆论反扑。

这就给了周朝瑞生机犹存的错觉。

杨、左、魏死后二十多天，周朝瑞交清了一万两"赃款"，开始整理起鞋帽来，以为厄运即将结束。

殊不知袁化中还早他两天完赃，依然遇害。

而三人此时已分别关押，互不知情。

许显纯上疏说周朝瑞病重，这是下手的前奏。不明所以的天启派医官前往诏狱，结果病人没见着，还被许显纯给撵了出来。

为提醒周朝瑞放弃幻想，安排后事，顾大章某天在院中故意仰望天空，对狱卒道：听说鬼不能见太阳，趁还未死，多看一看。

周朝瑞闻言好奇，凑了过来。

由于两人不能直接对话，那狱卒便配合顾大章演戏，故作严肃道：先生到此地步，不思大事，却终日浪谈，何意？

顾大章转头，直视周朝瑞道：所谓大事，就是身后之事。我自七月后便知断无生理，因此诀别家人，遗书也写了甚久，只是无法送出，迄今仍留在床下。怎能说我终日闲聊，不思大事？

周朝瑞如梦初醒，赶紧拟就遗书，在狱卒的帮助下与顾大章的放到一处藏好。

几天后，周朝瑞被处决。

顾大章之所以能活到最后，在于他家境最好，阉党对其栽赃最多，交钱的过程自然也最漫长。

他曾三次被拷打至昏死，家人泪飞倾盆雨。然而信佛的顾大章心态很好，反倒笑着安慰他们“勿作儿女态”。

五人之死让阉党饱受非议，崔呈秀与徐大化向魏忠贤建议，若六人皆死诏狱，无以服人心，不如将顾大章交刑部定罪，以示合法。

魏忠贤然其说，请旨将顾大章发往刑部定谳，明昭天下。

许显纯怕顾大章把诏狱的黑幕抖出去，宣完旨后恐吓道：十日后你复当至此追赃！

顾大章根本没打算活着回来，在刑部大堂上将杨涟等人遭受的虐刑和不白之冤一一说出。可惜刑部审官屈从于阉党淫威，唯命顾大章承认六君子受贿之事。

顾大章冷笑道：

> 吾岂能代死者诬服乎！[1]

最终，刑部以“移宫案”和“封疆贿案”判杨涟六人死刑，给这场迫害披上一层“合法”的外衣。

顾大章心愿已了，在刑部大牢自缢。

与此同时，年逾古稀的赵南星被发配代州（今山西代县），其子也流放他所，相去万里。

赵南星是天下名士，未易轻杀，但被坐赃一万五千两。赵家一夜返贫，靠借贷才勉强凑齐这笔巨款。

经此一难，赵妻悲恸至死，七岁的孙子也被吓死，赵南星本人则于三年后终老于戍所。

1. 清秋子著：《魏忠贤：八千女鬼乱明朝》，陕西师范大学出版社 2007 年版，第 175 页。

二十八、生命无期度，朝夕有不虞

熊廷弼自知难逃一死。

首先，封疆失地，合当论斩；其次，开罪了魏忠贤；最后，阉党要把“封疆贿案”做实，就不可能只杀“受贿者”而放过“行贿者”。

而且，熊廷弼在听说杨涟等人被关入诏狱后，写了份公开声明，力言“六君子”绝无纳贿之事，让人带出刑部大牢，广为传播。

要知道，三年前熊廷弼因广宁之败下狱论罪时，杨涟和魏大中可是主张对他判死的。

熊廷弼发表声明可谓釜底抽薪，魏忠贤恨不得将之食肉寝皮。问题是枉杀熊廷弼这么大的事，必将载入史册，阉党的两个大学士顾秉谦和黄立极均不愿担此骂名。

直到冯铨跳出来，把一本章回小说《辽东传》进呈御览，方才破局。

冯铨颜值很高，史载其“年少而美，同馆颇狎之”，意即他做翰林时，没少遭同事揩油，据说还曾跟田尔耕有断袖之癖。

花样美男冯铨有个死穴，一碰就发疯，那就是他爹当年因恐惧后金而从河南布政使任上逃跑的事。

恰恰《辽东传》的第四十八回便以详尽笔墨描写了“冯布政父子奔逃”，而且这本书是绣像本，有图有真相，销量也很可观，冯铨当场就气炸了。

相反的，此书的主人公熊廷弼公心为国，智珠在握，天下安危，系于一身，与冯铨他爸形成鲜明对比。

因此，冯铨怀疑该书是熊廷弼雇人写的，并以此进言天启，说熊廷弼搞了本《辽东传》自吹自擂，希图脱罪，还骂朝廷无能（也有一种观点认为此书是冯铨私刻的，目的是激怒天启，谋害廷弼）。

不喜欢熊廷弼的人很多，天启只是其中之一。

熊廷弼恃才自傲，性格暴躁，说话难听且不留余地。当初广宁兵败，王化贞仓皇逃命，与熊廷弼于大凌河相遇，竟失声痛哭。

能哭说明已有悔意，而熊廷弼的反应却是一边微笑一边用王化贞夸过的海口讽刺他，说当初讲六万兵马就能把敌人一举荡平，现在结果如何？

两人入狱后，熊廷弼依然故我，抗辩不休。王化贞则终日以泪洗面，认罪态度良好，后因背叛东林、投靠阉党而免死，直到崇祯上台才遭清算。

谋害熊廷弼是冯铨入阁后的第一场表演，诏书也由他起草。交天启批红前王体乾先行审阅，看完后说，这明明是小冯欲杀熊廷弼，与皇爷何干？

王体乾建议天启在起首处添加"卿等面奏"之语，把杀熊的责任完全推到内阁头上。

由于熊廷弼镇守辽东多年，将士拥护，百姓仰戴，担心公开斩首会引发动乱的魏忠贤听从黄立极的建议：半夜传旨，秘密处决。

据说熊廷弼临死之际胸前还挂着一个布袋，内含奏疏一份，替自己申辩的同时还在对边防建言献策。

而天启回报他的，是死后传首九边。

九边指长城防线（明代的长城西起嘉峪关，东抵鸭绿江。即在古代的基础上从山海关出发加筑了一道辽北边墙，直达丹东）上的九大军事重镇（嘉靖年间又在此基础上增加众多新镇），类似省军区之外特设的集团军（军长称总兵），包括辽东镇、蓟州镇、宣府镇、大同镇、延绥镇、山西镇、固原镇、宁夏镇与甘肃镇等。

其中，辽东镇和蓟州镇归蓟辽总督管，宣府镇、大同镇和山西镇归宣大总督管，剩下的归三边总督（全称"陕西三边总督"）管。

由于以文制武的国策，总兵不仅要服从总督，也要受与他平级的巡抚节制，比如辽东镇总兵得听辽东巡抚的，蓟州镇总兵得听顺天巡抚的……

官兵目睹熊头，固不敢言，却也从此寒心。

但魏忠贤不在乎，因为很快连孙承宗都被他换下，代之以兵部尚书高第。

高第虽是基层爬上来的，但并不知兵。当他得知自己被委以蓟辽督师的重任后，居然吓哭了。

高第还能哭，熊廷弼的妻儿则欲哭无泪，因为梁梦环诬陷他生前贪污军饷十七万两，魏忠贤以此为由大肆追索。最后搞得熊廷弼家破人亡。

至此，“肃反”告一段落，回头再看《东林点将录》就显得有些轻浮，不够全面。所以，天启遵阉党之请，仿效北宋的《元祐党人碑》下诏刊刻并公示《东林党人榜》，上榜者共计309人。

“武斗”大获全胜，“文斗”也要跟上。

抓“六君子”前，魏忠贤已撺掇天启禁毁全国书院，彻底砸烂东林党的讲坛和舆论阵地。等“六君子”一死，《三朝要典》写作班子正式成立。

所谓“三朝”，即万历朝、泰昌朝和天启朝；所谓“要典”，即自万历朝储君之争以来五十余年的重要史实（尤指“三案”）。

谁掌握历史，谁就掌握未来。魏忠贤高度重视《三朝要典》文化工程，命顾秉谦、黄立极和冯铨领衔编纂。此前，叶向高已主持编定《光宗实录》，如今也大删大改，一切以《三朝要典》为准。

根据对“三案”的重新定调，王之寀、杨涟和孙慎行分别被打成“梃击案”“移宫案”和“红丸案”的祸首。孙慎行遣戍宁夏，刘一燝、韩爌和张问达等涉案人员也均遭削籍。

时间进入天启六年（1626年），东林虎将惠世扬被押解至京，接受三法司会审。惠世扬是一员老将，每次论战都冲锋在前，把阉党的重要人物骂了个遍。

审问中，周应秋故意问他，说徐大化、孙杰是好人否？

惠世扬很平静，说是好人。

周应秋一愣，逼问他为何要参徐大化、孙杰？

惠世扬心如止水，说这正是犯官的愚昧之处。此罪该死，我情愿死。

周应秋一拳打到棉花上，火冒三丈，喝令衙役用刑，差点把惠世扬给打死。

没人认为他还有活路，但魏忠贤突发奇想，欲待《三朝要典》完稿之日，拿惠世扬祭旗。

于是惠世扬蹲在牢里等死，不意《三朝要典》成书不久天启居然暴亡，混乱中阉党自顾不暇，竟没来得及杀这员东林战将。

大难不死的惠世扬在崇祯朝官至刑部侍郎，还当过三个月的大学士。后晚节不保，先后投降大顺（李自成早年曾在惠家当下人，成事后邀请惠世扬出山辅佐自己）和清朝。

顺治六年（1649 年），耄耋老人惠世扬受邀参加家乡一个副总兵（副将）领导的反清起义，失败后不知所终……

苏州。

江南乃朝廷赋税重地，苏松地区更是皇冠上的明珠。

苏松巡抚的驻地在苏州，又称应天巡抚，辖应天（南京）、苏州、松江、常州、镇江、安庆、太平、池州、宁国、徽州十府及广德一州。这十一个州府都直属于南京六部，上面没有省，由朝廷派下来的应天巡抚统一管理军政，与北边的凤阳巡抚的辖区合到一起，即通常所说的南直隶地区。

应天巡抚的官署最早在南京，可南京本就机关众多，应天府尹（相当于南京市市长）还跟顺天府尹一样高配正三品（各省布政使才从二品），工作实在不好开展，遂迁往苏州，与富甲一方的苏杭织造同城为官。

明朝三大央企江宁（南京）织造局、苏州织造局和杭州织造局的规模堪比中石油、中石化与中海油，掌门人均出自司礼监，在承担督织任务的同时也密奏政事民情，是皇帝安插在江南的耳目心腹，虽职仅五品，但位同钦差，一般的副省级人家根本不买账。

掌管苏杭两地织造局的李实就是这样一位老太监，比魏忠贤还早 11 年入宫，跟王安一样是朱常洛的伴读，一直干到司礼监秉笔，天启即位后失势，调任苏杭织造养老。

李实跟阉党素无瓜葛，但也政声不佳，因其唯知聚敛，纵容手下搜刮民财，遭到苏州同知（相当于副市长）杨姜的鄙视。

彼时知府空缺，杨姜代理，而他从不给李实好脸色看，一副要将之逐出姑苏城的感觉。

在此背景下，李实上奏参劾杨姜。

时逢东林党的太仆寺少卿周起元右迁应天巡抚，见状上疏，替杨姜辩护，谴责李实。

此事在朝中引发聚讼，那位只要有太监可骂就容光焕发的工科都给事中周士朴也毫无意外地痛斥李实，并语及整个宦官群体，导致赵南星等人想将其推升他职以给阮大铖腾位子（好让魏大中掌吏垣）的计划在魏忠贤那里遇阻。

不过，李实倒也没就此跟东林党为敌，因为他的人生追求是捞钱而不是宫斗。一年后，他听说黄尊素罢官回乡，整日在余姚的四明湖上泛舟，还特意慕名拜访，结果黄尊素没见他。

此事不胫而走，传来传去竟成了黄尊素与李实在湖上往来频繁。

流言传到北京，引起魏忠贤的恐慌。

当年刘瑾垮台，即廷臣杨一清与正德宠信的另一个太监张永暗通款曲的结果。后脊发凉的魏忠贤委托正在南方出差的刑部侍郎沈演（沈漼之弟）立即核实，得到的回复是确有此事。

李实是先帝亲信，根深叶茂，如果和东林党搅到一起，那就麻烦了。

魏忠贤火速派人到苏州暗访，掌握情况。

这时，李实的司房（帮太监誊写文书的雇员）正在京城办事，闻讯大惊，找高层的一个熟人求助——司礼监秉笔李永贞。

李永贞贪婪好胜，为人阴险，是魏阉集团文化程度最高的太监，平日负责审阅奏章，向魏忠贤阐述各疏要点，供其决策。

李永贞告诉司房，想证明李实的清白也不难，只要以其名义弹劾黄尊素等东林党人即可。

司房问，要参哪些人？

李永贞说了七个名字，即后来的“后七君子”。

司房救主心切，恰好手头又有盖着李实大印的空白奏本，便擅作主张，求李永贞代写劾疏。

于是，另一场腥风血雨由毫不知情的李实拉开大幕。

二十九、放辟邪侈

“后七君子”者，高攀龙、黄尊素、缪昌期、李应升、周顺昌、周起元、周宗建也。除周起元外，皆遭罢免。

缪昌期是老熟人了，自从魏忠贤大发淫威，东林党相继被逐以来，他的主要工作就变成了送别，且每次必备酒菜，长亭洒泪，再诅咒几句死太监，全然不顾东厂的人就在旁边。

不久，有人推荐缪昌期去当南京翰林院的一把手，魏忠贤不许，还派宦官到内阁叫嚣，说就留缪昌期在北京送客吧！

缪昌期具疏乞假，遂落职。

李应升出镜率也不低，经常跟魏忠贤正面冲突，抨击他滥用“立枷”（三百斤的枷），建议天启罢其厂督之职。

李应升的风格是连唬带吓：

> 从来阉人之祸，其始莫不有小忠小信以固结主心。根株既深，毒手乃肆。今陛下明知其罪，曲赐包容，彼缓则图自全之计，急则作走险之谋。萧墙之间，能无隐祸？故忠贤一日不去，则陛下一日不安。臣为陛下计，莫如听忠贤引退，以全其命；为忠贤计，亦莫若早自引决，以乞帷盖之恩。不然恶稔贯盈，他日欲保首领，不可得矣。[1]

周宗建存在感稍低，但从撵客氏出宫开始就跟阉党对着干，给魏忠贤下过“千人所指，一丁不识”的评语，嘲笑他目不识丁。

1.［清］张廷玉等著：《明史》卷二百四十五《列传第一百三十三 · 李应升》，中华书局 1974 年版，第 20 册，第 6365—6366 页。

这倒不是诽谤，魏忠贤的确不识字，内书堂上的课早就还给老师了。

反观周宗建，则堪称终生学习的代表，跟邹元标等人在首善书院讲学不休，被阉党御史倪文焕斥为“聚不三不四之人，说不痛不痒之话，作不浅不深之揖，啖不冷不热之饼”。

周起元由于长期在地方工作，跟阉党正面冲突的机会比较少。调京后，他经常造访首善书院，因书院被查封而为之打抱不平，渐渐火力全开。

周顺昌是个暴脾气，曾当着一众同僚的面跳上戏台殴打饰演秦桧的演员。

阉党势大后，他从吏部文选司员外郎任上请假归乡，回到苏州，整日针砭时弊，深受民众爱戴。

倪文焕诬告都察院同事夏之令，致使其遇害，周顺昌得知后对人说，将来倪文焕要替夏之令偿命。倪文焕立即反咬，说周顺昌在任时捞得太多，以至于回乡途中连船都压沉了。

这个谣造得很低级，因为周顺昌南下走的是陆路。

不过没关系，造没造谣向来都是领导说了算，魏忠贤马上以此为由矫诏将其削籍。

后来，魏大中被捕，北上路过苏州。周顺昌不顾众人劝阻，特地至舟中相见，还将其接到家中款待三日，激励他道：“大丈夫视死如归，幸勿为儿女牵怀。使千秋之下，知有继杨椒山（杨继盛）而起魏某，亦不负读书一场。”

缇骑频频催促，周顺昌怒道：回去告诉魏忠贤，我故吏部郎周顺昌也！言毕，对魏忠贤骂不绝口。

魏大中向周顺昌嘱托家事，称最放心不下的就是自己的孙子。周顺昌立刻承诺把女儿许配给魏大中之孙。

临行前，周顺昌对魏大中道：“适联姻语，小弟决不食言。周顺昌是个好男子，老先生请自放心！”

为把这帮幸存的士人一网打尽，魏忠贤命田尔耕抓人。于是，六十个缇骑星夜兼程，奔赴江南。

缪昌期被捕时，坦然说，早知此矣，既与应山（杨涟）同事，则应与应山同祸。他将自撰的行状（记录死者生平的文章）交给儿子缪虚白，道："日久事定，方出示人，无徒取灭门也。"

行状里，缪昌期的自我评价是：

> 为文有笔而无学，为学有识而无养，种种欠缺，人所共见，而不敢存营私背君、欺心卖友之一念，亦天地神明所共鉴也！[1]

和缪昌期一样，李应升也是江苏人。他一早穿上囚服，到察院（都察院派出的巡按御史驻节地方的衙署）候命，面对"可曾与家人作别"的询问时慨然宣称，我志在以身殉国，安能恤家！

李应升神态自若，激动的民众却包围了察院，要求释放他，个把狂躁的甚至手持短棍鼓动道："入宪署杀魏忠贤校尉！"引来一片叫好。

一个卖甘蔗的少年当街大呼：我恨极矣，魏忠贤杀却江南许多好人！

说罢，跑到一个胖校尉身后，猛然掀开其飞鱼服，用甘蔗刀割下一片肥肉，扔到地上喂狗。

人群欢声雷动，锦衣卫的缇骑死死地攥着绣春刀，掌心直冒冷汗。

常州知府闻讯赶到，一边劝解一边请出李应升。在李应升的拜求下，众人怏怏散去，于是缇骑押着他火速启程。

途经滕阳（今山东滕州）驿站，李应升见驿亭有方孝孺当年获罪时题写的一首《念子》，心下凄然，也援笔题诗："君怜幼子呱呱泣，我为高堂步步思。最是临风凄切处，壁间俱是断肠诗。"

如果说一年前"六君子"被抓，百姓还指望他们归来，那么当"七君子"被捕时，所有人都已明白此次必是有去无回。

一场山呼海啸的民变在苏州酝酿开来。

周顺昌和周宗建都是苏州人，前者在吴县，后者在吴江。吴县是苏

---

1. 清秋子著：《魏忠贤：八千女鬼乱明朝》，陕西师范大学出版社 2007 年版，第 207 页。

州的“附郭县”，即苏州的府治设在县内，与吴县县衙同城办公，类似县级市西昌和凉山州的关系。

古人云：“前生作恶，知县附郭。”附郭县的县令有多难当，曾任吴县知县的袁宏道现身说法：

> 钱谷多如牛毛，人情茫如风影，过客积如蚊虫，官长尊如阎老。[1]

以至于“不知有昏朝寒暑”。

更惨的是，应天巡抚的衙署也在吴县境内，相当于“三生作恶，附郭省城”。

之前在吴江逮捕周宗建时已出现过万民号泣的场面，吴县作为附郭县，只会更棘手。加之周顺昌民望极高，身在江湖却常替百姓出头，向有关部门陈冤。于是，抓周顺昌时，“开读之变”爆发。

听说缇骑抵达苏州，周顺昌的亲友都赶来见他最后一面，个个满脸悲戚。妻儿更是哭得声闻四邻。

周顺昌反过来安慰他们，说勿效“楚囚对泣”（陷入困境的人相顾发愁）。

又把长子周茂兰叫到面前叮嘱道：家无余财，倒省得你们兄弟经营了。将来要勤于读书，安于清贫，无损清白家风，则我虽死犹生。

傍晚，听说知县陈文瑞来了，周顺昌赶紧换上囚服出门迎接。陈文瑞对周顺昌敬重有加，来的路上泪如雨下，湿透衣襟。衙役见到周顺昌，上前一把逮住，被陈文瑞喝止。

陈文瑞请周顺昌料理一下家事，然后跟他去县署候命。

周顺昌说“无事”，却瞥见桌上的一块牌匾，忽然想起龙树庵的僧人曾经求字，乃挥毫写下“小云栖”。

---

1. [明] 袁宏道著，赵伯陶编：《袁宏道集》卷五《锦帆集之三——尺牍 · 沈博士》，凤凰出版社 2009 年版，第 219—220 页。

次日一早，周顺昌拜别祖宗祠堂，随陈文瑞前往巡抚衙门。

离别时，幼子牵衣不舍，阖家痛哭流涕，独周顺昌意气自如。

周起元被免后，阉党的毛一鹭继任应天巡抚。周顺昌写过一篇《赠周公罢归序》，替周起元鸣不平，顺带讽刺了毛一鹭——此行之凶险，不难窥见。

然而，周顺昌一到巡抚衙门，官署前就聚集起民众，质问“周吏部何罪”。

毛一鹭吓傻了，见人群驱之不散，只好让陈文瑞把周顺昌带回县署。结果吴县县衙又遭包围。

这种情况下，尽快开读圣旨把人带走才是最好的选择，可锦衣卫的缇骑为给索贿留出时间，将开读之期定在三日之后。

此去京师，千里迢迢，案犯家属要是不有所“表示”，那这人就得吃些苦头了，死在半道上也不是没有可能。

当初魏大中被捕时，缇骑以防止自杀为名，将其双手套上竹筒，使之生活不能自理。魏学洢苦苦哀求，最后当尽家产，献上银两，方才去除。

然而，周顺昌不仅没钱，还对勒索他的缇骑耍横：“七尺之躯，已交若辈，即不送一文，奈我何！”

幸好他朋友接地气，私下发起募捐，凑了一千两银子。其中，有工人预支的工钱，有小贩典当旧裤子的钱，可谓铢积锱累。

没想到缇骑见钱眼开，以为来得容易，竟得陇望蜀，索要更多，结果再次激起民愤。

此时，苏州的商户业已罢市，抗议抓人，富二代颜佩韦持焚香走街串巷，大声道：欲救周吏部者，从我！其友马杰亦敲梆招揽人气。

另一拨人是知识分子，以秀才文震亨和宋儒杨时的后裔杨廷枢为首，打算谒见毛一鹭，让他替周顺昌求情。

当然，这种想法无异于缘木求鱼。

三十、开读之变

开读之日，巡抚衙门人山人海，文震亨与杨廷枢率诸生走出人群，向毛一鹭进言："周铨部清忠端亮，舆望所归，一旦以触忤权珰（宦官），遂下诏狱。百姓怨痛，万心若一。明公为天子重臣，何以慰汹汹之众，使无崩解之患？"

民众齐声附和道："周爷若死，我等亦不愿生！"

毛一鹭愕然良久，只憋出一句，"圣怒如此，奈何？"

一秀才道："今日人情如此，明公独不为青史计乎？何不据实上奏，请皇上开恩，周吏部不必押解京师，就地勘治！"

对此，毛一鹭只能曼声以应：好，好。

一旁的缇骑已等得不耐烦，却见人丛中又挤出俩人，跪下大哭，声称若不答应就不起来。

此二人一个是服装店老板杨念如，一个是市场经纪人沈扬，两人都没见过周顺昌，只因久闻其名，心中感佩，故自发前来。

请愿领袖马杰按捺不住，高声痛骂魏忠贤。缇骑大怒，疾行至沈扬与杨念如面前，棍棒相加，欲将二人赶回人群。

周顺昌的轿夫周文元亦在场，睹此忍无可忍，冲过去抢夺棍棒，被缇骑打伤。

旗官（七品小头目）文之炳见状，大骂道："东厂逮人，鼠辈敢尔！"说着，把镣铐恶狠狠地扔在地上，叱问道："囚（犯）安在？"

东厂和锦衣卫的关系类似纪委与反贪局，后者要听命于前者。只不过严格来讲，东厂属于宦官系统，而锦衣卫属于军队系统。

作为可以监督除皇帝外所有党政军民的特务机关，东厂的大名在京师固然能使小儿止啼，但在地方可谓恶评如潮。因此，文之炳想用东厂压人，只能事与愿违。

果然，其言一出，百姓纷呼：还道是天子之命，原来是东厂！

请愿领袖颜佩韦高声道：你道东厂逮官，难道此旨出于魏监？

文之炳哪见过这样称呼魏忠贤的，厉声怒斥：大胆！剜了你的舌头！旨出东厂又怎样？

颜佩韦回顾众人，大声道：吾辈还当是天子下诏！他东厂何得逮官，分明是矫诏。打啊！

话音刚落，势如山崩，群众在马杰、沈扬、杨念如和周文元的率领下蜂拥而上，痛殴鹰犬，当场打死一名缇骑，余下的都受重伤。

毛一鹭见势不妙，躲进后院茅房。陈文瑞与苏州知府寇慎出面劝谕百姓，反复晓以利害，暂平怒火。

然而，按下葫芦浮起瓢，苏州城的西门“胥门”再起风波。

胥门因伍子胥得名，前往余姚抓捕黄尊素的缇骑船过苏州，当日正泊在城门外。这路人马也不安分，上岸向酒家强索酒菜，被民众发现，于是战火又蔓延到胥门。

缇骑的船被烧，驾帖（逮捕证）被扔，人也被逼得跳水，游到对岸。方欲上岸，农民又拿着锄头过来驱赶，只好返回水中，抱着木板顺流而下，拣无人处登陆。

莫名其妙挨了顿打，驾帖也丢了，这些缇骑只好雇艘小船连夜逃回北京。

最后是黄尊素自己投案，才了了这桩公事。

民变爆发后，苏州全面罢工，形势危如累卵。各种谣言传到北京，有说乱民尽杀缇骑的，有说巡抚已死、苏州已反的，阉党上下，无不震惊。

周顺昌担心自己再不走苏州只会越来越乱，乃求毛一鹭批准起解（押送罪犯上路）。然而，毛一鹭怀疑这是周顺昌的金蝉脱壳之计，担心中途生变，迟迟不允。

问题是苏州已成高压锅，随时可能爆炸，被逼无奈的毛一鹭在陈文瑞以乌纱担保的前提下终于答应。

于是，鼻青脸肿的缇骑在远离苏州的荒郊野外草草地完成读旨仪式，押着周顺昌北遁。

毛一鹭松了口气，赶忙上疏告变。

文渊阁。

魏忠贤亲自到内阁传达最高指示：上怒甚，必诛尽为乱者！

首辅顾秉谦是苏州人，此时已被吓得请了病假。

这意味着次辅丁绍轼将承担拟诏之责。

丁绍轼是无党派士人（阳寿只剩一个月），镇压百姓的历史骂名是绝对不背的，因此劝魏忠贤说：京城仰仗东南漕粮数以百万计，彼有事，正应示以宽大，不可严旨激之。不然，再生他变，谁任其咎？

魏忠贤默然良久，拿不定主意。冯铨年轻气盛，夺笔拟旨，却发现茫然无绪，不知该怎么写。

最后仍由丁绍轼执笔，态度温和，只是警告闹事者即日解散，否则严惩不宥。

销假归来的顾秉谦览旨后提笔添加"漏网魁渠（首犯）"之语，为逮捕民变首领埋下伏笔。

果然，待乱局平定，秋后算账时，朝旨要求"密拿首恶，以正国法"，但不得"累及无辜"。

颜佩韦、马杰、沈扬、杨念如和周文元听说后，主动投案，被判死刑。请愿秀才里为首的几人革除功名，在胥门带头暴打缇骑的市民则被杖戍。

由于寇慎关照，颜佩韦等人在狱中的生活条件还不错，于是有人安慰五人，说当朝首辅顾秉谦是吾辈同乡，你们或可不死。

颜佩韦叹道：顾秉谦已认贼作父，诸大臣都血肉狼藉，我们如何得免？我等宁愿从周吏部而死，不愿因奸相而生！

法场。

五壮士从容不迫，马杰毅然道："大丈夫假若病故，则与草木同腐，默默无闻。而今吾等为魏党奸贼所害，未必不千载留名。去！去！去！”

遂意气扬扬，谈笑以死。

知道为什么而死，死得其所，流芳百世，则不再畏死。毕竟，即便多活三五十年，与千秋万代相比，也无非一瞬。

于是，五个平凡的普通人宛如《西部世界》里觉醒的机器人，在悠久而昏暗的历史长夜里发出独属于自身的光芒。

一年后，阉党轰然垮台，苏州人在虎丘旁替五壮士修建了坟墓。

碑文为文震孟所书，墓园的门额“义风千古”则出自杨廷枢之手。

杨廷枢是崇祯三年（1630年）的解元（乡试第一），与脍炙人口的《五人墓碑记》的作者张溥同为复社领袖。

复社是明末影响力最大的文社联盟，号称“小东林”，成员多与东林党有各种各样的联系。

张溥在《五人墓碑记》里提出一个疑问：

> 嗟夫！大阉之乱，缙绅而能不易其志者，四海之大，有几人欤？而五人生于编伍之间，素不闻《诗》《书》之训，激昂大义，蹈死不顾，亦曷故哉？[1]

《罪惟录》的作者查继佐也注意到这一现象，说颜佩韦等人不过是市井小民，连姓名都不为周顺昌所知，平日见到尉、簿小官（相当于县公安局局长和县财政局局长）都会面红耳赤，说不出话来，可一旦临难，竟不惧凶顽，虎虎生风，使得权珰气沮，缇骑不复出都门矣。

至于原因，“五人墓”落成六年后有了答案。

1.［清］吴楚材、吴调侯编选，徐薇译注：《古文观止》，崇文书局2019年版，第803页。

三十一、砍头只当风吹帽

去无锡抓人的缇骑最轻松，因为不劳他们动手，高攀龙就投水自杀了，时年65岁。

当天，他拜完杨时的祠堂，与弟弟和两个学生在自家后园饮酒畅谈。尔后，遣出所有家人，闭门独坐（其静坐功夫冠绝当时）。

夜半时分，高攀龙穿戴整齐并面北叩首后，跳入园中水池，只留下遗表一封，称“臣虽削籍，旧属大臣；大臣不可辱，辱大臣则辱国矣”。

赴漳州逮人的缇骑在听说苏州事变后，不敢押周起元上路。最后还是天启下旨，命地方押解，方才成行。

周起元抵京时，缪昌期、周顺昌、周宗建、黄尊素和李应升已先后被许显纯害死，手段仍是“追赃”。

惨无人道的刑罚让缪昌期的十指全部脱落，只剩两个光秃秃的手掌；周顺昌每回过堂，必大骂魏忠贤。许显纯悉断其齿，恶狠狠道：“复能骂魏公否？”周顺昌将满口鲜血吐到他脸上，骂得更狠；周宗建遍身铁钉，仍不死，最后被套上锦衣，浇以滚水，使他在极度痛苦中煎熬了两日，含恨而终。

黄尊素被折磨得血肉淋漓，但见一墙之隔的李应升奄奄一息，乃主动提出代他受拷。许显纯责问其故，黄尊素道：“吾忍见李公负病受楚毒（酷刑）乎！”

史载许显纯闻言，脸上浮现出一丝不忍之色。

缪昌期、周顺昌和周宗建走后，预感死期将至的黄尊素敲壁与李应升诀别：“仲达（李应升字），我先行矣。”

李应升大声道：“足下先行，应升踵至矣（随后就到）！”

于是，黄尊素赋诗一首（正气长留海岳愁，浩然一往复何求），旋即遇害，死时其父黄日中尚在，真是白发人送黑发人。

悲痛莫名的黄日中在家中墙上写下“尔忘勾践杀尔父乎”。

这是春秋时吴王阖闾与越王勾践交战失利，负伤回国后对其子夫差说的遗言。黄日中以此提醒年方十六的孙子黄宗羲不忘父仇。

李应升则直接给儿子李逊之写了封遗书，其文平白，其情深挚，其心坦荡：

付逊之儿手笔

吾直言贾祸，自分一死以报朝廷，不复与汝相见，故书数言以告汝。汝长成之日，佩为韦弦，即吾不死之日也。

汝生于官舍，祖父母拱璧视汝，内外亲戚以贵公子待汝，衣鲜食甘，嗔喜任意，娇养既惯，不肯服布旧之衣，不肯食粗粝之食，若长而弗改，必至穷饿。此宜俭以惜福，一也。

汝少所习见游宦赫奕，未见吾童生秀才时，低眉下人，及祖父母艰难支持之日也。又未见吾今日囚服逮及狱中，幽囚痛楚之状也。汝不尝胆以思，岂复有人心者哉！人不可上，物不可凌。此宜谦以全身，二也。

祖父母爱汝，汝狎而忘敬，汝母训汝，汝傲而弗亲，今吾不测，汝代吾为子，可不仰体祖父母之心乎？至于汝母，更倚何人？汝若不孝，神明殛之矣。此宜孝以事亲，三也。

吾居官爱名节，未尝贪取肥家。今家中所存基业，皆祖父母苦苦积累。且吾此番销费大半。吾向有誓愿，兄弟三分，必不多取一亩、一粒。汝视伯如父，视寡婶如母，即有祖父母之命，毫不可多取，以负我志。此宜公以承家，四也。

汝既鲜兄弟，止一庶妹，当待以同胞。倘嫁中等贫家，须与妆田百亩。至庶妹母，奉事吾有年，当足其衣食，拨与赡田，收租以给之。内外出入，谨其防闲。此桑梓之义，五也。

汝资性不钝，吾失于教训，读书已迟。汝念吾辛苦励志勤学，倘有上进之日，即先归养。若上进无望，须做一读书秀才，将吾所存诸稿、简籍，好好铨次。此文章一脉，六也。

吾苦生不得尽养，他日伺祖父母千百岁后，葬我于墓侧，不得远离。[1]

周起元虽死在最后，名下的“赃款”却最多，达十万两之巨。这是因为李永贞在代李实拟劾疏时，想当然地认为周起元当了两年苏松巡抚，还不富得流油？于是随手写了个数。

早在缪昌期死后第六天，阉党的所作所为便刷出“神人胥怒”的成就，触发随机事件“王恭厂大爆炸”。

王恭厂是工部下属的火药库与火器工厂，在内城（二环以里）的西南角，今中央音乐学院附近，距紫禁城约三公里。

作为与“印度死丘”和“通古斯大爆炸”齐名的人类三大未解之谜，王恭厂大爆炸的神秘之处在于：即使塞得满满当当，按撑死了 3 000 吨的火药存量来算，实际爆炸强度也不过相当于二级地震。可根据史料的描述，王恭厂炸出了核爆的威力：所伤男妇俱赤体，寸丝不挂，衣物被吹到西山，挂在树上；锅碗瓢盆、银钱首饰被卷到昌平的阅武场上；石驸马大街一个两吨半重的石狮子被掀到宣武门外。

御史潘云翼被震死，工部尚书董可威双臂炸断。冯铨的老婆当时在轿中，爆炸后被崩出去落下只剩赤身。

是日，两万多人非死即伤。京城尸骸遍地，一片狼藉，鲜血飞溅，哀鸿遍野。

天启当时在乾清宫用膳，突然地动殿摇，御座、御案全部翻倒。他一个箭步冲出门外，直奔交泰殿而去。

为什么去交泰殿？因为客氏住在那里。交泰殿位于乾清宫与坤宁宫

1.［明］朱长祚著，仇正伟点校：《玉镜新谭》卷二《罗织 · 附家书 · 付逊之儿手笔》，中华书局 1989 年版，第 22—23 页。

之间，客氏居此，方便监视帝后往来。

天启一路狂奔，除一个赶来扶他的，其余宦官全都不及跟上，尽皆殉难。

突然，建极殿的木槛、鸳瓦飞至，正中天启身边那宦官的脑袋，使其脑浆迸裂。

彼时，皇极、建极、中极三大殿正在重修（距失火已过去三十年，因经费问题，施工断断续续，到天启二年又重新动工），施工现场有工匠两千余人，坠亡者不计其数。

最惨的是七个月大的皇三子朱慈炅，跟二哥一样被吓死，天启自此绝嗣。

大爆炸的成因莫衷一是，有地震说、飓风说、陨石说、球状闪电说，但不管什么说，在古代这就是上干天怒的典型案例。

因此，钦天监一个九品司历（负责推历法、定四时）借机奏报，说："地鸣者，阴有余也，主弱臣强。"暗示天启妇寺（宦官）作乱。

结果被杖毙。

三十二、落雁迷沙渚，饥乌躁野田

汪文言的家乡南直隶徽州府有个叫吴养春的盐商，家资巨万，产业多元，举凡典当、钱庄、珠宝、绸缎和木材，无不涉足，生活“朴实无华”且枯燥。

吴家是典型的中国式豪门，发财后特别缺乏安全感，总想巴结官府，以期获得免于恐惧的自由。

因此，从嘉靖末年开始，吴养春的祖父、父亲和他本人便以“助饷”的名义向朝廷捐纳白银共计五十万两，给吴家捞到一堆类似中书舍人的虚衔。

可惜，荣枯流转，盛极必衰，吴家的败落由吴养春的堂弟吴养泽之死推倒第一张多米诺骨牌。

吴养泽有个从小养大的家丁叫吴荣，见主人去世，贪念骤起。

他私吞了吴养泽的遗产，还霸占其小妾。吴养春发现后，出面干预，把吴荣送进了监狱，使之被判死刑。

没想到吴荣也有门路，靠行贿脱罪，跑到北京投奔翰林院编修吴孔嘉。

吴孔嘉是吴养春的族侄，对吴养春衔恨已久。

原来，吴孔嘉的父亲曾替吴养春打理家政，有所欺隐。吴养春一怒之下掷砚击之，不意正中其额，把人给打死了。

吴养春悔疚不已，从此赡养吴孔嘉之母并供他读书，直至其蟾宫折桂，猎得探花。

然而，吴孔嘉从未原谅过吴养春，心理也有些扭曲，一进体制内便替阉党卖命，参与编写《三朝要典》。

他与吴荣一合计，打算举报吴养春。

为引起领导的重视，吴孔嘉拿黄山林场做文章。

这是吴养春商业版图中一块旱涝保收的祖传肥肉，面积2 400亩，每年固定收入十几万两。

吴孔嘉深揭猛批，说吴养春霸占黄山，乱砍滥伐，盗卖木植，赚到手软。并且，当他风闻朝廷修三大殿要到黄山取材时，便派人进京打点，妄图改变这一动议。

黄山不止吴家一处林场，谈不上垄断，但企图改变中央决议倒是事实。

三大殿所用之大料一般要到云贵去采，路途遥远，运费高昂。黄山虽然也有这种木材，距离还近，但其采木业一直被徽商垄断，而徽商与东林党的关系都可以出本学术专著了，政治影响力不容小觑，故一直等到东林失势，霍维华才提出去黄山采木。

对此，徽商代表吴养春派人进京活动，一度运作到冯铨头上，结果被吴孔嘉抓住把柄。

吴孔嘉清楚，越是外强中干的统治者越害怕言论自由，因此除了林场，他还大打崇文书院这张牌。

崇文书院的前身是巡盐御史叶永盛的“漂流学堂”。

万历中期，徽州人叶永盛发现许多徽州盐商致富后都迁居杭州，但因没有户籍（明代无“商户”），子女无法入府学（市公立学校）读书，也不能参加乡试，故上奏朝廷，请求给盐商另置商籍，得到批准。

解决了徽商的落户问题，叶永盛名声大振，索性在西湖的“曲院风荷”附近借了套别墅，给盐商子弟办讲堂。由于不少学生住得远，要乘小船前来，叶永盛灵机一动，租了条船当流动课堂，四处授课，成为杭州四十二景中的“崇文舫课”。

叶永盛任满离杭后，以吴养春为首的徽商集资买下那幢别墅，改称“崇文书院”，在院中给叶永盛立了座生祠。

后来天启下旨拆毁民间书院，吴养春瞒天过海，给崇文书院换了块“书馆”的招牌继续经营，结果被吴孔嘉指为“巧立名目，招朋聚党”。

“林场”加“书院”，已足够魏忠贤迫害吴养春，但吴荣还是刷了波存在感，说吴养泽是被吴养春害死的，家产也遭其侵吞。

至于吴养春害吴养泽的动机，吴荣的说法是黄山林场的产权纠纷。

吴养春的确因林场的归属问题跟弟弟打过官司，但那是人家亲弟弟，同吴养泽这个堂弟没关系。吴荣移花接木，魏忠贤也乐得以此为由介入“调查”。

于是，吴养春和七名亲友被捕，田尔耕亲自拷问，榨取六十万两“赃银”。最后，五人死于诏狱，包括吴养春父子三人。

人死了，钱还没交完。天启六年（1626 年）冬，魏忠贤派工部主事吕下问到徽州追查吴养春的家产，并将其黄山林地作价三十万余两出售，以助“大工”（修宫殿）。

为谋到这项肥差，吕下问“孝敬”了魏公公一万两银子，然后携家眷奴仆三十余人浩浩荡荡杀往徽州，准备大捞一把。

结果一到歙县（徽州的附郭县），登时傻眼：吴家为疏通关节，已被折腾到破产，吴养春的妻女和母亲全部自杀。

当然你会问，以前五十万两都捐过，这回六十万两怎么就难倒了？

首先，五十万不是一次性掏的；其次，经过两轮分家，吴养春的财力已不如其祖父；最后，富人家大业大，开销也大，很多时候钱押在生意的各个环节上，牵一发而动全身，现金流其实很脆弱。

但外人唯见其风光，对此很难感同身受，尤其朝廷官员，觉得自己有文化有权力还有社会地位，凭什么比商人赚得少？

吕下问就是这样的柠檬精。眼看此行要成赔本买卖，便打起那三十万两林地的主意。

他多加了两万两，以三十二万的总价强迫徽州富户购买，引起一片哗然。

一个叫吴献吉的被摊购价值一万多的林地，无力承购，遂跑路。

吕下问命衙役到吴献吉的亲戚家要人，谁知该亲戚恰巧不在，而衙役又敲错了门，找到其邻居潘家彦府上。

潘家彦也不在，家中只有一妇人。见衙役如狼似虎，破门而入，那妇人声嘶力竭地大喊“公差强奸”，招来一群乡邻。

俩公差吓得扭头就跑，不小心滑倒，被众人殴毙，焚尸灭迹。

余怒未消的乡民四处张贴“杀部（工部来人）安民”的标语，徽州民变爆发。

祖籍徽州的朱熹曾评价老家人说：“其俗难以力服，而易以理胜。”

的确，徽州人爱讲理，民风健讼，鸡毛蒜皮的事都要对簿公堂，用欧阳修的话说就是家家自备小账本，平日暗中记录他人言行，遇事法庭相见，甩出来当证据。

隆庆四年（1570 年），徽州闹过一场丝绢大案——歙县为均平杂税，跟其余五县对掐近十年，惊动南北两京，牵扯官民无数。

吕下问如果熟悉这段历史，搞事情前想必会三思而后行。很显然他不知道，所以当歙县知县倪元珙劝其“妥思良策，纾解众怒”时，吕下问一脸无所谓的样子。

结果当晚上万县民涌至察院，烧了大门，声言要杀吕下问。

幸好吕下问买通隔壁竹器店的老板，躲到他家，逃过一劫。但随吕下问南下的女眷就没那么走运了，被百姓揪出公署，扒光衣裳，游街示众。

闹了一天也没寻着吕下问，众人渐渐散去。

知县倪元珙赶紧派人找到吕下问，慰问一番后劝他连夜带家属离境。

心有余悸的吕下问不再嚣张，一夜狂奔二百里，把随身携带的圣旨都烧了。

事后，徽州知府石万程不愿替阉党收拾残局，告病挂冠而去。为免遭报复，还出家当了和尚。

最后由倪元珙出面，逐户抚谕，人心始安。

虽然吕下问被巡按御史（相当于中央巡视组）参劾，以“激变地方，不称任使”而丢官，但魏忠贤始终惦记着吴家的林场，遣人到徽州继续摊卖。

倪元珙居中斡旋，反复规劝，直至被罢。

如果不是天启死得及时，相信还能再来一场民变。

三十三、亢龙有悔，盈不可久

如果以全知视角读史，会觉得那些在天启七年（1627年）上车的阉党愚蠢无比，跟1911年选择当太监有得一拼。

但谁能料到一个二十岁出头的精神小伙，会因荡舟时落水而埋下病根，最后英年早逝？

正常情况下天启能干几十年，干到绝大多数文官平稳退休。而在君主集权的体制下，别说几十年，十年任期已足以令官员出卖良知，倒黑为白。

因此，当《三朝要典》完稿并颁布后，魏忠贤与其党徒“五虎”（以崔呈秀、倪文焕为首的文职核心）、“五彪”（以田尔耕、许显纯为首的武职核心）、“十狗”、“十孩儿”、“四十孙”一统江湖，在中华大地上掀起狂热的造神运动。

代表事件就是给魏公公修生祠。

开封为建生祠，拆毁民房两千多间；南京的生祠与孝陵比邻而居，不知严禁宦官干政的墓主朱元璋九泉之下作何感想？

这些祠堂皆有专人看守，挂着充满谀辞的对联（如“至圣至神”“乃文乃武”“尧天舜德”），魏忠贤的雕像安放其中。

由于海内闻风而动，连楚王和袁崇焕都给“九千九百岁”（魏忠贤）修生祠，颂圣的功力开始体现在细枝末节上：你用沉香木造像，我就打个纯金的；你塑“垂旒执笏”的，我就用金银珠宝给坐像装藏。

如果说执笏（笏板）还只是模仿大臣上朝时的模样，那“垂旒（玉串）”就跟天子礼冠没什么区别了。因此，当蓟州的生祠落成，文武官员入内参拜之际，一个叫耿如杞的兵备道（常由按察副使兼任，设于各省要冲，节制若干卫所，整饬兵马，类似警备区政委）见雕塑一副帝王之相，心中不悦，半揖而去，结果被人告发，逮入诏狱。

头脑清醒的还有黄宗羲的岳父叶宪祖。

作为一名剧作家，时任工部郎中的叶宪祖见生祠竟然盖到了东华门外，觉得剧本都不敢这么写，讥讽道：“此天子临辟雍道也，土偶（魏忠贤的塑像）能起立（站起来迎送）乎？”

魏忠贤得知后，将叶宪祖削籍。

当尖锐的批评消失，温和的批评将变得刺耳；当温和的批评不被允许，沉默会被认为是居心叵测；如果连沉默的自由也不再拥有，赞扬不够卖力便成为罪行。

如果只准一种声音存在，那唯一的声音就是谎言。

史书里的一则故事记录了当时道路以目、说谎成风的社会现实。

某地方书生与一京城来人同船旅行，闲聊谈到政治。书生问京城人，听说魏忠贤祸乱朝纲、欺压文人，你怎么看？

对方登时色变，跟自己的祖宗八辈被骂了似的，驳斥说，你一个小小书生，胆子也忒大了！满朝都视魏公为圣人，你怎敢诋毁圣人？走，去官府说个明白！

此人也许并不喜欢告密，只是恐惧之下的过激反应，而他说魏忠贤被视作圣人倒也不是胡编乱造。

一个叫陆万龄的监生为了抓住风口，与时俱进，说国子监不该只拜孔子，还应给魏忠贤建祠，并尊“二圣”。

陆万龄的逻辑是：孔子作《春秋》，厂臣（魏忠贤）作《要典》；孔子诛少正卯，厂臣诛东林党。

因此，厂臣的功劳不在孔子之下。

此论一出，更激进的提案应运而生：魏忠贤应当从祀孔庙。

举国狂欢中，哪些是蠢哪些是坏已不重要，就像阉党倒台后倪文焕因附逆丢官回乡，友人探望时见其大有悔意，不禁问他当初为何要参杨涟、左光斗这样的正人？

倪文焕回答说：

> 一时有一时之君子，一时有一时之小人。我居言路时，举朝皆骂杨、左诸人，我自纠小人耳。如今看起，元来是两个君子。[1]

由此可见，谎言的代价并不是错把谎言当作真实，而是听了太多的谎言后，再也认不清现实。

三大殿修缮工程完工之日，魏忠贤被封为“上公”（公爵之上，王爵之下，除了藩王就是他大），其侄魏良卿由肃宁侯升为宁国公（实职为锦衣卫指挥佥事，署理南镇抚司）。截至天启七年（1627年），魏忠贤的族侄、族孙俱获军职，尚在襁褓中的婴儿竟也得授太子太保。

如果你觉得荒诞，那只是因为你没听说过魏公公的好人好事。

首先，魏忠贤抓过间谍。当然，人是锦衣卫抓的，口供是许显纯搞的，只是功劳算到了厂公头上。间谍名叫武长春，辽北第一狠人，在妓院喝大了便开始吹牛，不知道的还以为皇太极是他哥，结果被捕。

其次，魏忠贤是救火英雄。王恭厂大爆炸中，御马监的草料场失火，魏忠贤亲率宦官扑救。事后追责，分管粮草储备的户部侍郎（提督仓场）薛贞大恐，上疏猛夸魏忠贤，并总结道，可见天下无难事，只患没有做实事的人。如果人人都能撸起袖子加油干，那就且慢说“天灾不可挽回”这样的话！于是，薛贞不仅没受处分，还被提拔为刑部尚书。

最后，魏公公狠抓旧城改造，疏通淤塞的金水河，将紫禁城内的破败建筑修葺一新，并下令取消后宫长街的路灯以节省灯油。

只要你拿放大镜去找，不难发现连减税惠民的政策魏忠贤都制定过。

其实也没啥奇怪的，如果当时有飞机，估计还会宣传魏公公单手持铳击落后金侦察机的英勇事迹。

随着阉党一家独大，内部斗争也日趋激烈。

作为魏忠贤最信赖的狗头军师，崔呈秀升工部尚书后开始谋划入阁，命工部侍郎孙杰排兵布阵，攻击冯铨和不肯推选自己的吏部尚书王绍徽。

1.［明］李清著：《三垣笔记》中华书局1982年版，第154页。

虽然冯、王二人被挤走，但魏忠贤并不想让崔呈秀骤升大学士，因为四十出头的他已然升得太快，不该再越级打怪。

因此，资历更老的施凤来与张瑞图入阁，前者出身榜眼，后者是跟董其昌齐名的书法家。

不过，崔呈秀的位子也往前挪了挪，接替周应秋当左都御史，而周应秋则补了王绍徽腾出的官缺。

与此同时，顾秉谦请辞，黄立极晋首辅。

顾秉谦年近八十，看过太多潮起潮落，不愿把事做绝，故王恭厂大爆炸时曾趁机责令有司不许“淫刑以惩”，想救一救“后七君子”里还活着的那几个。后来见阉党实在倒行逆施，且相互倾轧，怕是要完，只好走为上策。

明哲保身的还有阮大铖。

被魏忠贤网罗到麾下的阮大铖捞了个太常寺少卿，但在北京待过几个月后，感觉形势不妙的他立刻辞官回乡。

这对信奉“宁可终生无子，不可一日无官”的阮大铖来说实属不易。

任期虽短，却也拜会了不少阉党大臣。每回递上名帖后，阮大铖必买通这些高官的家仆，将之偷回，不留丝毫证据。

阮大铖的嗅觉的确灵敏，因为自天启落水受惊后，身体便一日不如一日。魏忠贤找来一堆绣有“寿”字的红纱，发给天启的近侍做衣服里子，还让宦官在宫里四处巡行，扯着嗓子高喊“万岁万安”。

然而这并没有什么用处。

兵部尚书霍维华献了道仙方，叫“灵露饮”。名字很唬人，其实就是米汤。天启服了几日，毫无效果，病情反倒加重，全身浮肿。

魏忠贤大发雷霆，已在暗中找退路的霍维华顺势上书“乞骸骨”（辞官）。

看在此人第一个投靠自己的份上，魏忠贤虽然不爽，还是放他离去。

三十四、得时无怠，利在急行

眼看天启病入膏肓，魏忠贤成了热锅上的蚂蚁。

天启无后，亲兄弟也唯余信王朱由检。朱由检年已十七，刚刚完婚，若成功接班，则魏忠贤凶多吉少。

幸好后宫有客氏坐镇，魏忠贤打算找个宫女谎称怀孕，然后把魏良卿的幼子抱进宫去，冒充皇嗣。事成之后，魏忠贤就能因新君年幼而摄政。

此计唯一的阻碍是张皇后，因为无论哪个孩子继位，都要尊其为“母后皇太后”，比孩子的生母“圣母皇太后”地位更高。

张皇后名叫张嫣，外柔内刚，持重端庄。

内廷操演刚开时，天启想拉媳妇一块儿玩，自己率三百宦官为左阵，张嫣率三百宫女为右阵。

结果张嫣到校场一看，立即借口身体不适，坚决不陪夫君胡闹。

天启下不来台，只能等她离开后自己跟宫女玩，兴致大减。

对客、魏这对狗男女，张嫣从来没有好脸色，她曾派人把客氏叫到坤宁宫当面训斥，还在天启问她读何书时回以“《赵高传》”，影射魏忠贤。

客、魏日思扳倒张嫣，好立魏良卿的女儿为后。为此，他们不惜买通一个叫孙止孝的死囚，让他一口咬定张嫣是自己的女儿。

众所周知，张嫣的父亲叫张国纪，开封人。阉党罔顾事实，指其为海盗孙止孝之女，而说张国纪是养父，招来东林党的一片骂声。

天启还是很爱张嫣的，一句话终结争议，说只要身体好，管什么亲生过继的。

魏忠贤改变思路，把几个假刺客召入大内，埋伏到天启身边，故意让他发现。

天启不知是计，命北镇抚司严审。“刺客”按既定口径攀诬张国纪，说受他指使弑君，以便谋立信王。

魏忠贤自以为这招能同时铲除皇帝的丈人和弟弟，岂料一向唯命是从的王体乾坚决反对，警告说："主上凡事愦愦（糊涂），独于夫妇、兄弟间不薄。脱有变，吾辈无类矣！"

王体乾一语道破天机：你们怎么搞都行，但不要挑战底线，搞到天启头上。

的确，朱由校虽有三个妹妹尚存于世，但亲兄弟里就剩朱由检了，因此哥俩感情甚笃。

朱由校刚即位时，朱由检不懂"皇帝"是啥，便问皇兄：你这官儿我能不能做?

换作任何人，说这样的话立马脑袋搬家，然而朱由校却笑道：可以，等我做几年，就轮你来做。

当然，这条红线没能雨露均沾地保护所有嫔妃，但张嫣作为正宫，却是客、魏永远无法撼动的。他们只能眼睁睁地看她把一众宫女召到坤宁宫教以唐诗宋词，用文明抵抗野蛮。

天启七年（1627年）的夏天，朱由校的生命进入倒计时，魏忠贤遣人到坤宁宫传话，说宫女有孕，等皇子出生再定嗣君，不要急着让信王继统。

张嫣知道魏忠贤在做困兽之斗，愤然道："从命亦死，不从命亦死，等死耳（都是死）。不从命而死，可以见列祖列宗在天之灵！"

张嫣说到做到，在伺候汤药时力促天启召见信王。

天启道：魏忠贤讲后宫有两人怀孕，他日若生男，就当是你的儿子，立为皇储。

张嫣坚决反对，晓以利害，终令天启打消念头，传召朱由检。

事实上，朱由检早在天启二年（1622年）就受封信王，但一直到天启六年（1626年）才搬出宫去。

这意味着他在风霜刀剑的环境里生活了十六年。

朱由检的母亲刘氏十八岁时就生下他，自己却饱受丈夫的冷落和责骂，四年后郁郁而终。

彼时朱常洛还在当他的憋屈太子，怕万历知道，于是暗中遣人将刘氏草草葬于西山。

朱由检年幼丧母，思念不已，却又不敢声张，只好问勖勤宫（皇子居所，位于慈庆宫后）的宦官："西山有申懿王（明宪宗之子朱祐楷）坟乎？"

宦官点头。

朱由检又问："傍有刘娘娘坟乎？"

得到肯定的答复后，他付钱给宦官，密令其赴西山焚纸祭奠。

等朱由检变成崇祯帝后，第一时间追封刘氏为孝纯皇太后，迁葬庆陵，对外公和外婆也俱有追赠。

不仅如此，朱由检还命画家根据宫人回忆替刘氏绘像。

画成之日，以天子车驾从正阳门运入紫禁城。朱由检在午门跪迎，泪流不止。

刘氏死时，朱由检被交给李选侍带，开启苦难童年。五年后，王才人逝世，朱由校也交由李选侍抚养，跟朱由检成了苦难兄弟。

幸亏李选侍后来生了个女儿，无暇兼顾，才把朱由检交到"东李"手中。

东李也是个选侍，天启元年（1621 年）获封庄妃，给了朱由检为时不长的母爱和正确的世界观。

庄妃之死跟一个叫徐应元的人有关。

此人官居正六品的"承奉正"（皇子身边的宦官头领，也是亲王府的总管），职责是伺候东李和朱由检，但因跟魏忠贤是赌友，便摆不正自己的位置，经常出言不逊，飞扬跋扈，搞得庄妃积郁而死。

对这样的人渣，朱由检不仅没动怒，还优容以待。

因为他要韬光养晦。

别说宫里眼线多，即使后来从勖勤宫搬到了信王府，他也经常称病不出，远离政治，奉行"六不主义"：衣冠不整，不见内侍，坐不倚侧，目不旁视，不疾言，不苟笑。

由于酷爱读书，并有静坐颐养的习惯，故朱由检深居简出也不难受。

心里没底的魏忠贤曾派人到信王府试探，故意大骂魏阉，孰料朱由检板着脸，说魏公公有辅佐之才，深受皇上眷怜。我以后还要借重他，你休要在此妄言！

天启病重后，朱由检慎之又慎，不仅不去朝谒，还经常微服出府，携小厮在街上乱晃，一副游手好闲的浪子模样。

直至天启召见。

乾清宫。

天启凝视朱由检，半晌方道，弟弟为何这么瘦？要善自保重。

朱由检跪在御榻前，哽咽不言。

天启又道："来，吾弟当为尧舜。"

朱由检惶恐不语，良久方道："臣死罪！陛下为此言，臣应万死！"

天启慰勉再三，叮嘱他继统后牢记两件事，一是善待中宫（你嫂子），二是重用魏忠贤。

很多人据此认为天启至死不辨忠奸，其实不然。

事实证明，魏忠贤必须打倒，但"魏忠贤"的角色不可或缺，此即"阴用其言而显弃其身"。

对这个问题后知后觉的崇祯，后来悔之晚矣。

次日，天启召见六部九卿与科道官员，说自己昨日接见了信王，心情舒畅，并重申对王体乾和魏忠贤的信任。

众人均知这是在交代后事，黄立极带头道：

> 陛下任贤勿贰，诸臣敢不仰体？[1]

"任贤勿贰"语出《尚书》，指任用贤才从不三心二意。

1.［清］万斯同著：《明史（一）》卷二二，上海古籍出版社 2008 年版，第 259 页。

问题是魏忠贤并不领情，还同田尔耕和崔呈秀密谋起政变来。

霍维华去职后，崔呈秀兼掌兵部。若与田尔耕的锦衣卫联手，似乎大事可期。然而，面对破釜沉舟的魏公公，田尔耕支支吾吾，崔呈秀则以担心“外有义兵声讨”搪塞。

魏忠贤不得不改变解题思路。

一周后，百官赴乾清宫问安，魏忠贤趁机单独与阁臣议事，说龙体欠安，不能理政，而辽东军情紧急，耽搁不起。因此，当效法汉唐的“居摄”制由他暂时摄政，等皇帝病情好转，再恢复如初。

此言一出，鸦雀无声。

魏公公再怎么专权，法统上也说得过去。可摄政，历史上干这事的很多后来都篡位了。

即便阉党的阁臣不要名誉，也不可能冒着灭门的风险跟魏忠贤一起梭哈。

次辅施凤来打破沉默，说“居摄”事远，已不可考，且学他不得。我朝景泰时倒是有过旧例（指明景帝代被瓦剌人俘虏的明英宗执政），但也该请一位亲王来。我等忝居内阁，断不敢参预。若老公公以臣子的身份为之，恐不能服天下之心。倘若生变，就把您从前的一片公心给抹杀了。

魏忠贤怫然不悦，拂袖而去。

三天后，黄立极等大臣急请信王“视疾”（看望病人）。朱由检匆匆前往，见了垂亡的哥哥一面，张嫣则提醒他再进宫时“勿食宫中食”。

当天下午，天启崩逝，留下“传位于信王”的遗旨。

魏忠贤一直纠结到日落才想起召崔呈秀与田尔耕议事，结果宫门已经下钥，宿卫森严，外面的人全都进不来了。

再拖下去就成“秘不发丧”了，心虚的魏忠贤只好请示张嫣，得到“奉大行皇帝遗命，速召信王入宫”的懿旨。

三十五、鸷鸟将击，卑飞敛翼；猛兽将搏，弭耳俯伏

为践行《教父》“亲近你的朋友，更要亲近你的敌人”的教诲，魏忠贤连夜赶赴信王府，一见朱由检便放声大哭。

这么做既是为了迷惑朱由检，也有在新君面前挣表现的意思。

朱由检知道哥哥没了，潸然泪下。确认过懿旨后，他并不敢贸然进宫，怕中阉党的埋伏，于是托言说，天未明，诸大臣尚无一人入值，怎能仓促入宫？当宣懿旨、启禁门（宫门），召见勋戚大臣，议大行皇帝丧礼。我德望俱薄，岂敢嗣位？当听勋戚大臣之意，共推贤德亲王入继大统。

魏忠贤只好独自返回。

拂晓，接到讣闻的廷臣陆续赶到皇极殿前，准备参加遗体告别，却为殿门前的宦官所阻。

人情汹汹，纷纷质问皇上有遗诏否，魏忠贤不得不出殿宣读遗旨，并说已有懿旨召信王入内，容再议。

话音方落，群臣又嚷嚷起来，说信王贤德，天下久服，以弟承兄，入继大统，何必再议！

魏忠贤语塞。

于是黄立极和施凤来赴信王府劝进，而皇极殿的大门再次紧闭。

百官要求入内哭灵，被宦官告知须着丧服。

其实按礼廷臣应先听遗诏，三日后才穿丧服，但当天一片混乱，也没人细究，都纷纷回家换衣服，再气喘吁吁地赶来。

等人集齐后，又有一宦官出来通知：眼下还未到“成服”之时，仍当着常服。

结果再折腾一趟，回来后发现殿门还是不开，乃百般乞求，终得入殿。

殿内，魏忠贤两眼红肿，侍立灵侧。王体乾忙前忙后，与礼部官员

确定治丧细节。

魏忠贤全程一言不发，直到群臣礼毕退出时，才恍然大悟般派了十几个宦官急召崔呈秀，那刻不容缓的架势把众人惊得相顾错愕。

如果说魏忠贤还能徒劳地扑腾两下，那客氏则失去了所有留在宫中的理由。

这个愚蠢的女人唤来儿子侯国兴，让他趁乱将宫中的珍宝搬一些回家。

侯国兴知道，后半生的吃穿用度就指着这一票了，但没了天启的庇护，一旦事发，必死无疑。

因此，他把魏良卿拉上贼船，合伙盗宝，心想万一被抓，魏忠贤还能保他们。

殊不知魏忠贤已自身难保，因为崔呈秀直到最后一刻还是不敢越雷池一步。

对比一年前崔呈秀那篇引发朝野哄笑的“颂魏”奏疏（内称自己并非“行媚”太监之人，故“千讥万骂，臣固甘之”），不禁令人感叹权力还真像《冰与火之歌》所说的那样，只是一个“浮影游墙”的把戏，即使身材矮小之人，也能投射出硕大的阴影。只要大伙选择相信。

帝制时代，人人相信君王至高无上；商业国度，人人相信钱能买到一切。而在弱肉强食的黑暗森林里，手上有剑，比什么都管用。

既然朱由检坐龙床已成定局，魏忠贤只好派心腹太监去信王府迎立。

于是，朱由检把媳妇做的麦饼藏在袖中，随来人入宫。

后宫是客、魏的地盘，对朱由检而言不啻龙潭虎穴。

第一晚，他在乾清宫秉烛独坐，丝毫不敢合眼。

忽见一宦官佩剑经过（内操的武阉），暗自心惊，乃故作镇静地将之唤到跟前，假装对其剑流露出兴趣，索要过来把玩一番，然后留在桌上，许诺天明后予以重赏。

夜深人静时，打更的声音传入，朱由检灵机一动，对近侍道，巡夜甚苦，应赏酒食。并问从哪儿调取。

近侍答道，光禄寺。

其实，朱由检在宫里住了十几年，岂会不知这些东西从哪来？

之所以发问，是为了摸底。

如果近侍说酒食取自信王府，说明还没把他当皇帝，赏赐只能以私人身份发放；而光禄寺是国家机关，给这帮人办酒食乃其分内之事，近侍的回答确认了朱由检可以对政府部门发号施令了。

朱由检立刻传旨，让光禄寺准备佳肴，犒赏巡夜的宦官和值班的侍卫。一时间，宫人欢欣鼓舞，朱由检也松了口气。

经过三推三让的程序，信王御极，改元崇祯。

上台后抓兵权属于常规操作，但崇祯只是将岳父周奎由南城兵马司副指挥（相当于区公安局副局长）提拔为右军都督府同知（相当于西部战区副司令），毫无大动干戈的意思。

不仅如此，崇祯还让魏良卿代他去南郊祭天，对天启原定赐给魏忠贤的匾额也照赏不误。

魏忠贤困惑不安，向郑太妃学习，进献了四名美女。

崇祯笑纳后立即命人搜身，在美女的裙带顶端发现香丸——是能使柳下惠秒变登徒子的“迷魂香”。

销毁迷魂香后，崇祯以为魏忠贤能消停一阵，结果没多久便在室内闻到一股令人春心荡漾的异香。

于是下命地毯式搜索，发现一处墙角闪烁着微弱的火星，过去一查，竟是一个躲在夹墙里的小宦官在吹迷香。

崇祯大开眼界，叹道：“皇考、皇兄皆为此误也！”

既然这么不讲究，也不必假客气了。

一日，见王体乾和魏忠贤侍立在侧，崇祯随口问起立枷毙人之事。

立枷作为一种酷刑，常被魏忠贤拿来示威，害死无数善类，遭到李应升的强烈谴责。

魏忠贤不知崇祯葫芦里卖的什么药，未敢妄言。

王体乾解围，说立枷只针对不服王法的巨奸。

崇祯沉默片刻，森然道："虽如此，终可悯。"

胆战之下，魏忠贤跑去笼络徐应元，说自己不想干了，把秉笔太监和东厂提督的位子让给你，到时候若有人说我坏话，还请徐爷在皇上面前帮忙遮掩一二。

话虽好听，但就是个空头支票，因为能不能平安着陆还是未知之数。

徐应元却做起了春秋大梦，真以为魏忠贤退休前的推荐能让自己平步青云。

不怪徐应元蠢，而是崇祯出神入化的方法派演技，让身边人都摸不准他对魏忠贤的真实态度。

做完顺水人情，魏忠贤自请辞去厂督之职，试探崇祯的态度。

崇祯没同意，却批准了客氏的告退，让她回家。

出宫前，客氏起了个大早，素衣哀服，到天启的灵堂拜别，将珍藏的朱由校胎发、痘痂和历年剪下的指甲付之一炬，恸哭而去。

次日，王体乾请辞，崇祯还是没答应。

然而放客氏出宫毕竟是个不大不小的政治信号，阉党的右副都御史杨所修坐不住了，弹劾崔呈秀等四个阉党分子"不孝"，说他们爹妈死了不回家丁忧，并指责周应秋选官失职。

很明显，杨所修想跳船，但他为什么不直接攻击魏忠贤呢？

因为政治是一门波谲云诡的艺术。

攻魏的结果无非两条：一，魏忠贤恩宠如故，屹立不倒，那杨所修就完了；二，魏忠贤倒台，崇祯清算阉党，杨所修还是完蛋。

因此，打阉党的二号人物和吏部尚书，既能向崇祯表明自己的立场，又不会得罪魏忠贤。如果阉党的黑锅全让崔呈秀与周应秋背了，那更是皆大欢喜。

对这种左右下注、窥测上意的行为，崇祯非常愤怒，斥责杨所修"率意轻诋"，警告说"本该降处，姑免究"。

为什么"免究"？这又是一个信号。

在此信号下，纵使崇祯未许崔呈秀和周应秋的辞呈，敏锐的国子监司业（相当于副校长）朱之俊还是跳出来抨击监生陆万龄等人欲将魏忠贤与孔子并祀的无耻行径。

陆万龄的倡议后来之所以未能实施，盖因有人提出，说若将来皇帝驾幸国子监，按例祭拜孔子，而魏公公的雕像就在夫子旁，岂不是乱了礼数？

朱之俊虽非阉党，但之前陆万龄的提案明明是他代呈的，此刻却撇得干干净净，可见道德在政客手中就是肆意打扮的玩偶。

崇祯果断批复，陆万龄等人悉数下狱。

心虚的魏忠贤赶紧上了道《久抱建祠之愧疏》，请停各地为他修生祠的活动。崇祯的态度是：已经在建的，继续修建；还未动工的，概行停止。

此时，江西的官方宣传尚未从“恭颂魏公公”中扭转过来，还打算给魏忠贤建“隆德祠”。

崇祯接到江西巡抚请示的奏章，冷笑着批了四个字：已有旨了。

魏忠贤马上奏请将江西的造祠经费解送到辽东前线充饷，崇祯欣然允准。

三十六、心如满月弓，志似穿云箭

秋闱放榜的日子到了。

顺天乡试的第二名叫崔铎，乃崔呈秀之子。落第考生表示不服，聚到一起议论其中猫腻，打算以揭帖（公告）的形式广而告之。

崔呈秀丝毫不惧，大办筵席。

在崇祯那涉险过关的他只关心一件事：杨所修的发难，恐非其个人所为。

崔呈秀的直觉没错，对他和周应秋的攻讦是一些阉党成员的联合行动，目的是将魏阉集团的累累罪行都推到他二人头上，以求自保。

毕竟，在阉党的司令部里，崔呈秀是总参谋长，周应秋是总政治部主任。两人捞得最多，活该他们背锅。

那为什么由杨所修发炮？

因为右副都御史只是其虚衔，他的实职是南京通政使，品级不低（正三品），权力不大，扳倒左都御史崔呈秀以便调回中央的动力很强。

经侦察，崔呈秀发现这伙搞事的人里居然有他的老部下孙杰，于是他将时任工部尚书的孙杰叫到面前痛骂一通，威胁说要查他的经济问题。

孙杰求饶，崔呈秀提出罢手的条件：让吏科都给事中陈尔翼上疏反击杨所修。

陈尔翼也是倒崔运动的一员。在孙杰的指使下，他上奏指责杨所修播弄是非，是“东林余孽”。

此疏一石三鸟，先完成孙杰交办的任务，再试探崇祯对东林党的态度，最后把水搅浑，将阉党内斗歪曲成两党相争。

面对陈尔翼严查东林余党的请求，崇祯大打太极，说孰忠孰奸，先帝已分辨清楚，朕初御极，要与士大夫一起缔造盛世，不许再揣摩风影，蔓生枝节。

崇祯的套路是扇一巴掌，给颗甜枣。因此，驳斥陈尔翼后不久，他就借辽东传来捷报之机嘉奖魏忠贤、王体乾和崔呈秀，还颁赐魏良卿铁券，即民间所说的“免死金牌”。

但这些小恩小惠迷惑不了谪居在家的前阉党骨干徐大化。

作为孙杰的前任，工部尚书徐大化被免的原因是受贿。

一个阉党因受贿而丢官，其中必有隐情。

表面看，徐大化利用职务之便在三大殿维修工程中捞了不少钱，但更严重的问题是他接受铜商巨贿，挪借惜薪司一大笔内库银买铜不还，被掌司太监告发。

惜薪司是内廷二十四衙门之一，徐大化此举相当于贪到了皇帝头上。

然而，这仍非魏忠贤容不下他的根本原因。

其实，徐大化的真实身份是浙党的残余力量。在协助魏忠贤斗垮东林后，他日思恢复故党。

但放眼望去，除赋闲在家的方从哲，竟无一人能再凝聚浙党。因此，徐大化虽对方从哲当年的表现颇多不满，还是举荐他复出。

可惜方从哲拒绝再蹚浑水。

暴露了自己的徐大化日益不受魏忠贤待见，直到落职回家。

崇祯上台后，徐大化冷眼旁观，判断魏忠贤已摇摇欲坠，遂命表侄杨维垣弹劾崔呈秀，以谋将来脱身。

于是，继杨所修之后，崔呈秀又被一个姓杨的给骂了。

杨维垣长年担任御史，火力比杨所修猛多了，说崔呈秀目无王法到了“指缺议价，悬秤卖官”的地步。此外，杨维垣还提到魏忠贤，夸他一心为国不爱钱，唯一的短处是误信崔呈秀。

有人认为杨维垣此举跟杨所修一样，属于弃卒保帅，即把罪责都推到崔呈秀头上，以免阉党全线溃败。

其实不然，他只是想逃命，提魏忠贤的目的是探底，看崇祯的反应。

崔呈秀上疏辩白，并请恩准回乡守孝，崇祯不批。

但更值得玩味的是崇祯对杨维垣的态度：教育他不要生事，尤其不要轻议厂臣。

当然，议了也就议了。

杨维垣深受鼓舞，继续上疏，虽仍给魏忠贤点赞，但已开始批崔呈秀"通内"，说不知道的还以为崔呈秀是魏忠贤的头号功臣，其实他就是一个名教罪魁、斯文败类。崔呈秀之于魏忠贤不仅无用，反倒有害。

由于杨维垣开列的罪状件件属实，且话已说开，崇祯终于确信这不是阉党的阴谋。静思两日后，他下旨免除崔呈秀所有职务，令其"回籍守制"。

官场震动，雪融冰消。

很快，工部主事陆澄源上疏言"四事"（正士习、纠官邪、安民生、足国用），首劾魏忠贤。

四事以端正干部作风（正士习）为当务之急，因为经过魏公公持之以恒地"劣胜优汰"，百官唯以唱赞歌为正事，就快找不到能干活的了。

陆澄源虽非阉党，却也不愿依附东林。在他看来，官员只要加入党派，弹劾便有失公平，虽是东林中人，亦可称作小人。而只要特立独行，恪守职责，即使不扯东林的大旗，也不失为君子。

这是一种宝贵的自由精神，即做任何事不是出于道德表演或道德自觉，因为表演会穿帮，而自觉对人性的要求太高，只有规则意识和权责对等的共识才能构建良善的公民社会。

崇祯对陆澄源的答复毫不意外，他斥责道："新进小臣，何出位多言？且言之不当。本该重处，姑不究。"

又是"姑不究"，频繁到了可以玩哏的地步。

口子一开便覆水难收，骂崔呈秀的人相继涌现，崇祯见火候已到，命吏部勘处。

虽非直接绳之以法，但皇帝指示组织查你，还能有什么好果子吃？

因此，兵部主事钱元悫立刻上书揪后台，怒斥祸首魏忠贤，还用激将法质问崇祯：您手软的原因莫非是拘于先帝的托付？

对此，崇祯的批复还是“姑不究”，静待舆论发酵。

三天后，刑部员外郎史躬盛接棒，用排比句攻魏：“举天下之廉耻澌灭尽；举天下之元气剥削尽；举天下之官方（为官之道）紊乱尽；举天下之生灵鱼肉尽；举天下之物力消耗尽。”

魏忠贤稳不住了，跑到崇祯面前哭诉，近距离察言观色。崇祯不动声色，看不出任何情绪，深得法家精髓。

终于，毁灭级的劾疏出炉，来自监生钱嘉征，替最高学府一雪前耻。

钱疏详细探讨了魏忠贤并帝（跟天启平起平坐）、蔑后、弄兵、无二祖列宗、克削藩封（克扣藩王俸禄）、无圣（目无孔子）、滥爵、掩边功（揽边将的战功）、朘民（盘剥民脂）和通同关节（开后门）十大罪状，并总结陈词：

> 种种叛逆，罄竹难书，万剐不尽！[1]

监生是没有资格上疏的，所以陆万龄当初倡议国子监给魏忠贤立像的奏疏要通过朱之俊转呈。

但草民的建言或申诉也有一个渠道上达天听，那就是通政司，只不过概率很小罢了。钱疏走的就是通政司，因干系重大，通政使吕图南亲自批复。由于怕惹麻烦，他找了个借口（格式和称谓有误）让钱嘉征重新誊写。

钱嘉征知道吕图南不想代呈，索性把他也捎上，弹劾其“党奸阻抑”（阿附奸人，压制言路）。

吕图南急了，跟钱嘉征对骂，惊动了崇祯，也因此看到钱疏。

崇祯览毕，拍案叫绝，把魏忠贤叫到跟前，让宦官念给他听。

此举相当于摊牌，崇祯的勇气并非来自钱嘉征的文字，而是两个月来一系列虚虚实实且卓有成效的操作。

1.［清］计六奇著，任道斌、魏得良点校：《明季北略》卷三《钱嘉征参魏忠贤十大罪》，中华书局 1984 年版，第 81 页。

首先，把信王府的亲信提拔到内廷的关键岗位，包括徐应元；其次，去教场阅操，看武阉表演。观摩完毕后大为赞许，让所有人都到兵部领赏。然而等这些人一出宫，“散归私宅，不得复入”的上谕就立即发布，魏忠贤的私人武装瞬间湮灭；最后，允许李永贞等魏阉羽翼引退。

李永贞从崇祯上台之日起就忙着逃跑，因为他实在太贪，督造个信王府都要贪污工程款，给自己埋了颗巨雷。

而崇祯啥也不说，任他离去，一度让李永贞产生平安降落的错觉。

三十七、人生犹如西山日，富贵终如草上霜

魏忠贤听完钱嘉征的骂疏，丧魂落魄。思前想后，唯有找徐应元问计一条路可走。

其实，崇祯自始至终就没相信过徐应元，可徐应元一直自我感觉良好，而魏忠贤也以为关键时刻他能派上用场。

结果大难临头时，徐应元给魏忠贤出的主意是：把做过的事再做一遍，辞厂督之职。

魏忠贤权衡了一夜，觉得只有全退才能消减众怒，保全性命，故称病求去。

崇祯当场就批了，措辞委婉却毫无挽留之意。

魏忠贤怅然若失，斗志全无，赌气般把所有爵位与封诰（赏给功臣的妻子或先人的荣誉证书）都辞了，并退还天启赐给他的田宅。

崇祯照单全收，还对魏良卿做了降级处理。

权力就是唬人的马甲，一旦褪去，所有光环立即消失。魏忠贤上一秒裸辞，下一秒便成为万人共捶的破鼓。

随着怨气冲天的声讨涌入紫禁城，崇祯瞠目结舌地发现，魏忠贤的恶行远不止削夺大臣、狱毙忠良、窃取兵权、把持要津、搜刮富户、追赃归己这么简单，可以说除了直接篡位（有心无力）外，没有他不干的坏事，标准的神奸巨蠹。

崇祯不再客气，下旨痛批魏忠贤，说其滔天罪状，我俱已洞悉，“今赖祖宗在天之灵，海内苍赤有幸，天厌巨恶，神夺其魄，二犯（客、魏）罪状，次第毕露”。

由于天启尚未下葬，崇祯不想做得太绝，伤了亡兄的面子，于是“本当寸磔（凌迟）”的魏忠贤被“姑置凤阳”，即发配到朱元璋的老家凤阳

看守皇陵（朱元璋父母的陵寝）。

此外，抄没客、魏家产，流放魏氏子侄，召回镇守太监（御马监派往各省的监军）和拆毁逆阉生祠等大快人心的举措也稳步推进，而徐应元因给魏阉出谋之事为崇祯所知，被踢到显陵守墓去了。

显陵是嘉靖之父兴献王的坟，由于被追尊为兴献帝，故在老家建陵，虽规模宏大，但地位不如凤阳皇陵和南京孝陵。

失势时，最见一个人的本色。

魏忠贤情绪激动地交还所有权力，相当于一次性把牌全打了。既如此，就该向被责令回籍的崔呈秀学习：家财就地掩埋，低调快速离京。

因为多待一天弹劾都有可能升级。

可魏忠贤的做法却像是去凤阳当什么了不得的大官一样，带着良驹千匹、卫士八百和四十车家产上路，一副雄心未已的样子。

但看送行者只有周应秋和李永贞寥寥数人，便知是强打鸡血。

李永贞劝他不要招摇，魏忠贤说皇上倘要杀我，不必等到今日！

也不知是自欺欺人还是权力春药吃得太久，幻觉迟迟不消。

出城后，魏忠贤见顺天府当初盖的生祠被老百姓拆得只剩断壁残垣，不禁黯然神伤，殊不知自己气焰嚣张的阵仗已被人举报。

崇祯怒发冲冠，命锦衣卫追上魏忠贤，逮捕跟随他的群奸，并严加押送魏阉，赴凤阳交割。

此时，魏忠贤已行至河间府，在阜城县附近投宿。李永贞派来传信的人告诉他，锦衣卫即将抵达。

当晚，魏忠贤与男宠李朝钦在客栈举杯痛饮，老泪纵横。窗外，一个京城来的书生彻夜吟唱《挂枝儿》，又名《五更断魂曲》，凄凄惨惨，声声催命：

> 听初更，鼓正敲，心儿懊恼。想当初，开夜宴，何等奢豪。进羊羔，斟美酒，笙歌聒噪。如今寂寥荒店里，只好醉村醪。又怕酒淡愁浓也，怎把愁肠扫？

二更时，展转愁，梦儿难就。想当初，睡牙床，锦绣衾裯。如今芦为帷，土为炕，寒风入牖。壁穿寒月冷，檐浅夜蛩愁。可怜满枕凄凉也，重起绕房走。

夜将中，鼓咚咚，更锣三下。梦才成，还惊觉，无限嗟呀。想当初，势倾朝，谁人不敬？九卿称晚辈，宰相谒私衙。如今势去时衰也，零落如飘草。

城楼上，鼓四敲，星移斗转。思量起，当日里，蟒玉朝天。如今别龙楼，辞凤阁，凄凄孤馆。鸡声茅店月，月影草桥烟。真个目断长途也，一望一回远。

闹嚷嚷，人催起，五更天气。正寒冬，风凛冽，霜拂征衣。更何人，效殷勤，寒温彼此。随行的是寒月影，吆喝的是马声嘶。似这般荒凉也，真个不如死！

魏忠贤听完后万念俱灰，果真“自挂东南枝”。

李朝钦半夜醒来，见魏忠贤已悬梁自尽，也上吊自杀。

次日，家丁六十儿发现尸体，唤来众人。那八百卫士怕担“从逆”的罪名，将四十车家当瓜分大半，一哄而散。

六十儿一边收殓一边哭道：老爷枉做了一场大梦，今日见阎王爷不知怎的？

魏忠贤入宫三十多年，真正呼风唤雨的时光不到三载，说是虚空大梦并不为过，就像时人所言：“可笑魏忠贤今日乞恩，明日乞赏，克国剥民，何曾留得一件自己受用？守得一件传与子侄？何曾留得寸土自己养身？留得一间与子侄栖身？”

而《挂枝儿》的主题从魏忠贤大起大落的人生延展出去，便成了《红楼梦》里的《好了歌注》：

陋室空堂，当年笏满床。衰草枯杨，曾为歌舞场。

蛛丝儿结满雕梁，绿纱今又在蓬窗上。

说甚么脂正浓、粉正香，如何两鬓又成霜？

昨日黄土陇头埋白骨，今宵红绡帐底卧鸳鸯。

金满箱，银满箱，转眼乞丐人皆谤。

正叹他人命不长，那知自己归来丧？

训有方，保不定日后作强梁。择膏粱，谁承望流落在烟花巷！

因嫌纱帽小，致使锁枷杠。昨怜破袄寒，今嫌紫蟒长。

乱烘烘，你方唱罢我登场，反认他乡是故乡。甚荒唐，到头来都是为他人作嫁衣裳！

十七年后，崇祯步魏忠贤的后尘自缢而终，身边也有个殉葬的宦官。

天意弄人，无论你怀揣的是富贵梦还是家国梦，打算当奸臣还是做明主，最后的结局都一样。

如此幻灭，怪不得历史演进到清朝，一个最有智慧的作家写了本集大成的小说，看完后只让人觉得五千年青史无非一场游戏一场梦。

其实，当所有人都感到此路不通时，说明社会需要改良，制度亟待变革。

当改变发生后，人就会发现造成他人生无常的原因并不是什么诸相非相，诸行无常，而只是由于他生活在人治社会，评判人、事的标准是主观的道德而非稳定的规则。

公正透明的规则是权力的死敌，使其难以煽动群氓，指鹿为马，无法通过给人贴标签来宣布谁有德，谁无德，谁爱国，谁卖国，作恶的难度大幅提高。

当然，总有人认为一个并吞八荒的帝国比个体的权利更重要，为了集体的高潮可以牺牲一小撮乃至很多人的自由。

在他们眼中，规则是用来打破的，公平是用来挑战的。

第三章　崇祯重振乎

三十八、知足不辱，知止不殆

魏忠贤一死，其老家村子里的魏姓人家因惧株连，一跑而空，几年后方敢返回，且都改姓“卫”。

江湖如此，遑论庙堂。

崇祯下了一道“考选令”，把颜继祖、任赞化和瞿式耜等新鲜血液补充到言官队伍中来，启动政治清算。

先是崔呈秀被削籍并交三法司会审。

彼时，崔呈秀正在老家蓟州醉生梦死。他把搜刮来的古玩珍宝陈列于室，日夜与妻妾饮酒作乐。得知将下法司的消息后，崔呈秀开始摔他那些价值不菲的酒器，喝完一杯砸一件，最后满怀不甘地自尽。

接着，客氏被杖毙于浣衣局。

且不说谋杀皇子和嫔妃，单凭其外宅搜出八个怀孕的宫女（欲效吕不韦故事）这一条，便非死不可。

随后，魏良卿、侯国兴和客光先被满门抄斩，无分老幼。

李永贞慌了，向王体乾行贿白银五万两，让他在崇祯面前替自己美言。

问题是王体乾自己都快要不保，哪敢顶风作案？因此转手就把钱上交国库，向崇祯坦白。

李永贞得知后吓破了胆，拔腿就跑。

其实崇祯没想杀他，只欲将其发往显陵。可宣旨的人问遍李家上下，没有一个知道李永贞去哪儿了，其兄还被吓得自杀。

不久，李永贞落网，押赴显陵。次年形势变化，下狱论斩。

修理完太监，崇祯着手清理内阁，黄立极遭劾去职。

论作恶多端，首辅黄立极与次辅施凤来显然不如崔呈秀。这俩人的主要问题是恶心，代拟圣旨时一口一个“朕与厂臣”。

山东巡抚奏称当地发现麒麟，黄立极立刻拟旨说“厂臣修德，故仁兽至”，建议给魏忠贤加九锡。

锡者，赐也。九锡就是天子赐给功臣的九种礼器，历史上获得这项荣誉的后来基本都称帝了。

天启脑子还算清醒，没有批准，只是从此发给魏忠贤的诏令都用九锡文（赐九锡时的诏书）的格式。

除黄立极与施凤来外，内阁还有一个正国级的书法家张瑞图。

探花出身的张瑞图不过是给阉党装点门面的花瓶，非要说他干了什么坏事，无非替魏忠贤撰写生祠里的碑文。

然而，在检视籍没的魏阉家产时，崇祯刚感叹完“天下脂膏，被奴刻剥殆尽”，就看见一扇张瑞图手书的金字贺屏，不禁大怒。

于是让廷臣推举大学士，打算替换掉施凤来和张瑞图。

候选人有十个，崇祯用抓阄的方法选出李标（赵南星弟子，原礼部侍郎）、钱龙锡（原南京吏部侍郎）和刘鸿训（原詹事府少詹事）等六人。

抓阄看似儿戏，但崇祯上台未久，一不熟悉情况二不了解大臣，对他而言这是最有利的选择。

从结果来看，六个大学士里东林党占了四个（余下的来宗道和杨景辰也只是阉党边缘人士），除李标、钱龙锡和刘鸿训外，还有周道登。

周道登乃周敦颐之后，按理说基因不差，可惜是个庸才，闹出不少笑话，比如崇祯问他“（近来）章奏内多有‘情面’二字，何也”时，周道登对以“情面者，面情（面子和情分）之谓”。

若非娶了秦淮八艳之首柳如是为妾，周道登在史书上将毫无存在感可言。

不过没关系，反正李标、钱龙锡和刘鸿训能用。

但问题是这三人前些年都因忤逆魏忠贤而开缺回籍，此番回京就职尚需时日，故崇祯不得不靠阉党先干活。

这就导致三法司的一把手对“客、魏、崔早定‘爰书’（判决书）”和“‘五虎’、‘五彪’等魏阉遗党依律拟罪”的上谕虚与委蛇，百般拖延，因为担心追查下去会牵连到自己。

崇祯极为不满，绕过法司直接对三具尸体宣判：魏忠贤凌迟，悬首河间；崔呈秀斩首，悬首蓟州；客氏斩首，发净乐堂（宦官、宫女的火葬场）火化。

紧接着，查办附逆的魏阉余党。

三法司继续阳奉阴违，重罪轻判，气得崇祯不断发回重审。

但毕竟盖子已揭，潮水已退，那些卖身求荣、为虎作伥者在人人喊打的舆论中陆续浮出水面，比如人称“蓟州当前，东光接步”（崔呈秀在前面走，东光人霍维华紧随其后）的霍维华，比如随身携带小黑本（录有东林人士姓名、事迹的手册）以便随时给魏忠贤打击政敌提供建议的孙杰，以及刚刚去世的魏广微和在昆山老家逍遥自在的顾秉谦。

顾秉谦后来被判有期徒刑三年，但可花钱保释。保释了也没用，愤怒的昆山百姓把顾府给烧了，洗劫一空。知县慑于众怒，束手坐视。顾秉谦逃到一艘渔船上，向朝廷进献白银四万两，获准寄居他县，又苟活了三年……

随着对阉党“逆案”的究查日益深入，历史送别天启七年（1627 年），迎来崇祯元年（1628 年）。

正月，“中宫非奉命，不得出禁门”的圣旨宣示了新朝新气象。自此，宦官没有皇命不得出宫。

同时，李标和刘鸿训即将抵京，而崇祯也下令释放被株连的东林家属，于是杨维垣开始担心东林党会全面复出。

真到了那一天，素与东林为敌的杨维垣就完了。

因此，他又开始上疏扯淡，说阉党是邪党，东林党也是邪党，因为判断邪党的标准是“通内”（结交太监）。不仅如此，杨维垣还利用“共襄计典”的机会，与主持“大计”的阉党成员联手庇护同党，阻遏东林。

于是，一个叫倪元璐的猛人登上历史舞台。

倪元璐时任翰林院编修，有个叫倪元珙的堂哥，就是那位在“黄山大狱”案中维持地方的歙县知县。

天启二年（1622年），倪元璐与黄道周、王铎同登进士，同入翰林，同当愤青，是同僚口中的“三狂生”。

政事之余，三人相约攻书，成为明末书坛的三座高峰，与傅山、张瑞图并称“晚明五大家”。

单论艺术成就，王铎在倪元璐与黄道周之上，影响力一直持续到民国，并远播东瀛。但因其大节有亏，明亡后投靠清廷，故历史评价不如殉国的倪元璐和坚持抗清、不屈而死的黄道周。

徐霞客认为黄道周“字画为馆阁（翰林院）第一，文章为国朝第一，人品为海宇第一”——前两条固然有过誉之嫌，但黄道周的人品绝对算得上一时翘楚。

魏忠贤擅政时，其所到之处士大夫无不“遮道拜伏”，只有黄道周旁若无人，昂首阔步。

他的书法代表作是《周顺昌神道卷》和《张溥墓志铭》——一个东林豪杰，一个复社领袖，黄道周的立场不言而喻。

事实上，在黄道周看来，“作书是学问中第七八乘事，切勿以此关心”。

对此，倪元璐深表赞同。

黄道周讲过一则趣闻，说倪元璐小时候爱做梦，有回梦见一座亭子，苏轼在亭中举手相招，说自己有十几支笔，作字未了，今天就送给你吧！

很显然，倪元璐并没有把“作字”当成毕生追求，即使其作品有“三奇三足”（笔奇、字奇、格奇；势足、意足、韵足）之称。

崇祯即位之初，形势尚不明朗，倪元璐就向东林前辈缪昌期致敬——趁主持江西乡试之机出题讽刺魏忠贤。

眼下主犯已死，从犯未灭，还在那儿胡说八道，愤怒的倪元璐断然上疏，手撕杨维垣：

今世界已清，而方隅未化；邪氛已息，而正气未伸。[1]

1.《明实录》第91册《崇祯长编》卷五，台湾“中央研究院”历史语言研究所1962年版，第205页。

倪元璐认为，魏、崔既是邪党，那抗击他们的东林岂能算作邪党？东林乃天下才薮（人才聚集之处），错在过于刻薄，但绝非奸党。

而就算是刻薄，在倪元璐看来也没什么大不了，因为读书人立身处世，宁可矫激，也不能忘记廉耻，否则就会出现举国歌颂魏、崔的荒诞场面，且人人都可用“无可奈何，不得不然”自我安慰，导致底线一再失守。

最后，倪元璐直接将了满朝阉党一军：经过天启大狱，幸存的东林党所剩无几，皇上屡次提出要对这些人酌情起用，可“当事者”却不肯为东林党人翻案，是怕他们复出之后报复吗？

杨涟等人的案子是御笔朱批的钦案，若崇祯刚上台便推翻，等于公然打他哥的脸。由此可见倪元璐孤注一掷的勇气。

而杨维垣的反击则紧扣天启钦定的几件事，重提“六君子”收受熊廷弼的贿赂，指责倪元璐夸赞文震孟和邹元标。

为什么夸人也是罪？因为《皇明祖训》（朱元璋颁布的祖制）严禁官员互相吹捧，更何况文震孟与邹元标都是被天启打倒的“人民公敌”。

除此之外，杨维垣还拿出一道诡异的奏疏，立论奇特：七年合算。

天启朝拢共七年，该疏以天启四年（1624 年）为界，认为后三年乱政者乃魏忠贤，羽翼者崔呈秀之辈也；前四年乱政者为王安，羽翼者东林也。

其实，这篇奏章非杨维垣所写，而出自阮大铖之手。

魏忠贤自杀时阮大铖年仅不惑，却赋闲在家，岂肯甘心？

因此，他写了两封奏疏飞传给杨维垣，一封专攻阉党，大义凛然；另一封称天启朝的乌烟瘴气都是东林党和阉党闹的，要一并清算。

阮大铖的本意是两头下注——若东林全胜，则呈前一份；若东林未获平反，则呈后一份，顺便报当年的一箭之仇。

而且，天启四年（1624 年）的节点也不是随便选的。这一年，他与东林党一拍两散，被诬以“叩马献策”。

以该年为分界线，阮大铖可以把自己摘得一干二净：在此之前，他是东林党的受害者；在此之后，他远离庙堂，没有附阉。

当然，中间当了几个月的太仆寺少卿，但如履如临的他没有留下任何跟阉党交往的证据，不怕查。

阮大铖机关算尽，没想到被队友给坑了。

三十九、洞幽烛微，推鞫详刑

对杨维垣来说，骂战正酣，根本不存在二选一的问题，肯定出示对他有利的《七年合算疏》。

本来阮大铖已名列起用名单，且官升一级（光禄寺卿），结果此疏一出，万事俱休，不仅引发东林党的切齿痛恨，还被打入“逆案”，终生为士林所不容。

由此可见，聪明人就算把利弊优劣分析得再透，只要看不清大势所趋，人心所向，就可能办糊涂事。

倪元璐站在正确的趋势里，对杨维垣的指控见招拆招，斩钉截铁道：杨维垣说今日之忠臣不当以反不反魏、崔为标准，我认为就该以此为标准。东林反对魏、崔而遭迫害，当然是正人君子。即使那些攻击过东林但因不附魏、崔而遭贬被逐之人，也可算正人君子。杨维垣不以魏、崔定正邪，是因为他不敢！

最后，大声疾呼：

> 人才不可不惜，我见不可不除，众郁不可不宣，群议不可不集。[1]

崇祯犹豫不决，户科给事中瞿式耜上疏声援倪元璐，为东林党颂冤。与此同时，袁化中之子袁勋拉开东林遗孤上书鸣冤的序幕。

很快，黄宗羲撰文追述黄尊素在诏狱里的惨状；魏大中次子魏学濂上书恳求崇祯将魏忠贤和许显纯的首级交与他，以便献于镇抚司的牢洞前，祭奠先人；杨之易拿出杨涟的《狱中绝笔》，周顺昌之子周茂兰则

---

1. 程万军著：《东林沉浮》，中国民主法制出版社 2018 年版，第 230 页。

上血书。

一时间，冤情似海，血书如潮。

崇祯元年（1628 年）三月，随着李标、刘鸿训的到任和施凤来、张瑞图的去职，天平终于倒向东林党。

朱由检下旨追恤被魏忠贤害死的东林党人，征召遭遣的孙慎行与赵南星。然而，孙慎行以年事已高为由力辞不就，赵南星则因阉党的山西巡抚隐瞒消息，不知自己已获昭雪，病死在戍所。

常言道，史论即政论。对一段历史的阐述，反映了书写者的政治立场和价值取向。所以，《春秋》是史书，更是经文。

有鉴于此，南京兵部主事别如纶上疏请求删改《三朝要典》，因为全书的基调是否定东林党，美化魏忠贤，已与上意相左，且崔呈秀的一篇文章还赫然附于书末。

别如纶的方向对了，但没说到点子上。

《三朝要典》作为天启朝最重要的文化工程，开篇有朱由校的序言（顾秉谦代笔），你让崇祯怎么改？

改得越多，越说明崇祯不认可他哥，将来好事之徒把两个版本一对比，还能解读出一堆“微言大义”来。

因此，倪元璐再次出手，紧抓《三朝要典》主旨（梃击案、红丸案和移宫案），一语道破其政治目的：逆党杀人借“三案”，群小求富贵又借“三案”。经此二借，“三案”面目全非。

倪元璐认为，“三案”的真相天下早有公议，《三朝要典》只是魏忠贤的“私书”，没有删改的意义，必须彻底销毁，然后开修《熹宗实录》，留下一段信史。

对此，大学士来宗道的票拟是“所请关系重大，着礼部会同史馆（翰林院下属的国史馆）诸臣详议具奏”。

这是典型的拖延战术，因为来宗道和另一个阁臣杨景辰都是《三朝要典》的副总裁。

不过，见崇祯的批示是“听朕独断行”后，来宗道立刻转变态度，主张毁《三朝要典》。因为他就是明朝版的冯道，当官以不倒为要，人称“清客宰相”。

这种人缺乏大忠大勇，却也当不了大奸大恶。

事实上，《三朝要典》的副总裁有好几位，时任礼部尚书的来宗道挂个名并不奇怪。

对积极为东林党恢复名誉的倪元璐，来宗道曾笑他多事，当面说他这样的翰林编修，只是香茗一杯而已。完全一副劝年轻人跟他一起混日子的老油条嘴脸。

然而，跟孙之獬比起来，来宗道已算难得的正常人。

翰林院侍读孙之獬眼见《三朝要典》不保，跑到内阁痛哭争辩，说先帝的“御制序”岂可投之于火?

孙之獬曾任天启七年（1627年）顺天乡试的主考官，把崔呈秀之子崔铎录为第二，可见其之所以逆势而动并非由于他叫“獬”（能辨曲直的上古异兽），实在是因为跟阉党感情太深。

如此明目张胆，自然打入逆案。鉴于孙之獬维护的是天启的颜面，故只被废黜为民。谁知此人在满人入关后当了贰臣，还是汉官里率先剃发易服的。

结果满人觉得他滑稽，汉员也不屑与之为伍。孙之獬一怒之下上书顺治，要求力推“剃发令”，被多尔衮采纳，在大江南北掀起血雨腥风……

元年五月，崇祯下命销毁皇史宬（中央档案馆）和各地官府收藏以及民间流通的《三朝要典》（包括刻板），并强调自今以后，官方不以此书定臧否，人才不以此书定进退。

刑部。

许显纯和李实受审。

面对百般抵赖的许显纯，旁听的黄宗羲血气上涌，大吼道，逆党！你害死我父，铁证如山，还敢狡辩！

言讫，从袖中抽出铁锥一把，上前猛刺许显纯。

锥锋至处，血流遍地，许显纯连连叩首，嘴里直呼“愿招”。

然而，待他写完供状，又要起滑头来，说自己是孝靖皇后（泰昌帝生母）的外甥，要求减刑。

年仅十八的黄宗羲当场驳斥，说许显纯与魏逆勾结，满朝忠良尽死其手，当与谋逆同罪。夫谋逆，则以亲王尚不免诛，况皇后之外亲！

最终，许显纯被判斩监候，妻、子流放。

斩监候就是秋后问斩，古人相信天人感应，认为秋天主刑杀，而在其他季节杀人有干天和。

与“死缓”不同，若非皇帝大赦天下，斩监候十有八九都得死，只是让你活到秋天而已。

李实心惊股栗，过堂前托人给黄宗羲送去三千两银子，望他高抬贵手，不要出面对质。

黄宗羲当场拒绝并立即上疏，说李实时至今日犹敢行贿，其所辩岂足为信？

崇祯于是命刑部审讯李实时追加一条贿赂罪。

李实的主要罪名是诬告以黄尊素为首的“后七君子”，酿成七人冤案，引发“开读之变”。

但此事李实并不知情，是其派到北京的司房自作主张，在李永贞的挑唆下暗中办的，因为彼时李实结纳黄尊素的传言已引起魏忠贤的高度重视，司房担心如不摆出与东林为敌的姿态，大祸旦夕将至。

问题是劾疏上盖着李实的大印，不管他怎么辩解，也无人相信。

何况审到一半时黄宗羲又从袖中抽出利锥，李实哪里还敢多说？

但崇祯没有被情绪绑架，把署理部务的刑部侍郎叫到跟前问话：

“李实一案，有疑惑无疑惑？有暗昧无暗昧？”

“奉旨，九卿科道会问过，据实回奏。”

“李实何以当决不待时？”

“李实与李永贞构杀七命，不刑自招。”

“岂有不刑自招之理？”[1]

该侍郎无法回答。

经调查，崇祯发现“李实空印案”的真相（检验李实所上奏本发现，墨迹在印记之上，显然是先有戳记后填写），将李实的死罪改为充军，而李永贞则罪加一等，立斩不赦。

许显纯问斩之日，黄宗羲携一众东林子弟设祭于诏狱中门，哭声震天。

黄宗羲把狱卒召集到一起，晓以大义后恫吓，说你等作恶，虽属受人指使，但罪责难卸。不过，只要讲出谁是杀害家父的凶手，余者皆可免究！

于是，两个亲手毒杀黄尊素的狱卒被供了出来，跪地求饶。

黄宗羲不为所动。

二人当场被刺死，祭告英灵。

比黄宗羲小半岁的崇祯闻知此事，叹息道：“忠臣孤子，朕心为之恻然！”

1.［明］文秉著：《烈皇小识》，中国历史研究社 1982 年版，第 20 页。

四十、问题扎了堆，就不好办了

崇祯元年（1628年）六月，首辅来宗道遭劾，其在礼部任上替崔呈秀之父请恤典的往事也被揭发，与杨景辰双双致仕。

此时，钱龙锡亦已到任，一个以周道登为首辅的东林内阁成形。

周道登的“首揆”是论资排序递补上去的，才不配位。所幸崇祯已召东林老将韩爌出山，一俟其到京，即接替周道登。

正义联盟全胜，崇祯却笑不出来。

天启元年（1621年），四川土司（自治州州长）奢崇明叛乱；天启二年（1622年），贵州土司安邦彦起兵响应奢崇明。

合称“奢安之乱”。

三个月后，山东爆发白莲教之乱。

东南沿海，郑芝龙的海盗集团为祸一方，富可敌国；西北高原，小股民变从天启六年（1626年）起渐成燎原之势。次年，饥民攻破澄城县衙，处死知县，并开始流徙。

中原地区，后来的“复社五秀才”之首吴应箕曾在天启七年（1627年）途经汝宁府的真阳县（今驻马店市正阳县），留下一段关于河南农村的记录。

出城四十里，目之所及皆是白草黄茅，弃耕现象严重，吴应箕遂问轿夫：此县东南西北，皆是此等荒田吗？

轿夫点头，说息县较好，然其田地荒芜如此亦十之四五。

至驿站，见有老人和差役，吴应箕又问：一路上都是荒田，难道没有差粮（纳粮任务）吗？

数人异口同声，说这些田本是膏腴（肥沃）之地，岂会没有差粮？

问：何以不耕？

对曰：无牛！

再问：何以无牛？

答曰：多被盗卖出境，无牛所以无佃（耕种），此是原因之一。另外，本县马户差役（替政府养马的劳役）苛急，被报之人，不堪苦役，因此先卖牛弃其地，时间一长连人也逃走了。田无主人，所以弃耕。但人虽去而税粮仍在，则坐赔于本户（户口本上的族人），如户不堪赔，则又坐赔于本里（本村）。被坐赔牵连之家，家境稍富者尚能代之补交，而贫穷者无力赔偿，则也只能弃户而逃。这就是村落为墟，田亩尽废的缘故。

由此可见，以银子统一折算赋税的一条鞭法在执行了半个世纪后已于汝宁破产，缴粮和徭役等纳税形式卷土重来。

吴应箕明知故问道：既然有田，弃逃时为何不卖，而宁愿抛荒？

老人耐心地向这个傻孩子解释道：受此抛荒之田，则田地的赋役随之而来，谁受得了？久而久之，人相率而逃，田相率而荒，就弄成现在这个样子了。

吴应箕天真道：难道没人将此情况禀告县官吗？

老人说此县县令多属举人出身，日暮途穷，难有晋升之机，故以贪得为念。且衙门水深，他们自知无力去其积弊，因此日操鞭扑（刑罚），设法扳坐（株连），只求完粮（完税），哪有工夫顾及人户之逃、田亩之荒？告理者不是没有，但哪个不被毒打？最后谁还敢出声？

吴应箕继续装外宾，问此处为通衢（四通八达之地），常有布道（布政使和道员）巡抚经过，难道就没人问起这些情况吗？

答案是没有，吴应箕深表遗憾。

翌年，瞿式耜就此问题专门上疏，说海内用兵已达十年，其间无事不取之于民间，而郡县催科的苛政也无一事不计入考成。地方官只求征输无误，以全自身功名，又有谁替皇上体恤黎民呢？

在描述了一番催征之下的人间惨况后，瞿式耜忧心忡忡地指出，由于加派过重，逋欠（欠税）日久，故每当收税之期，新征旧欠叠加，百姓惶惶不安。补交旧欠，则担心负责新征的差役敲比（杖击威逼）；缴纳新征，又害怕负责催旧的差役敲比。

然而崇祯又有什么办法？他即位之初便愤慨地指出“加派之征，势非得已，近来有司复敲骨吸髓以实其囊（口袋）”，可见是知情的，奈何千言万语也解决不了一个现实问题：打仗要钱。

更悲催的是，旧患未除，新疾又生。

崇祯元年（1628年），陕西遭遇严重的大旱与蝗灾，禾苗尽枯，饿殍遍地，百姓析骨而炊，易子相食。

据陕西籍官员马懋才在《备陈大饥疏》中记载，当时延安府安塞县的城外有座粪场，每天早上都有婴儿被遗弃于此。他们有的哭泣，有的吃粪，还有的呼叫父母。及至次日清晨，往往无一生还。

同时，县城里的小孩儿和独来独往的成人只要一出城便会失踪。而看看城外那些煮人肉吃和拿人骨当柴烧的饿鬼，就会知道他们去哪儿了。

吃人的大多没有好下场，几天后便会两眼红肿、身体燥热而死，再被其他人吃掉。

由于死者枕藉，城外挖了几十个大坑，每坑可容数百人，用来掩埋吃剩的尸体。

悲惨如斯，难怪第一代“闯王”高迎祥就出在安塞，与左挂子、王嘉胤和神一元等饥民搅得陕西烽烟四起。

上台一年，西北大乱。急于求成的崇祯开始迷信重典，妄图靠严刑峻法弥补执政能力的不足，并发出“文臣不爱钱，武将不惜死”的号召。

对此，户科给事中韩一良上了道《劝廉惩贪疏》，告诉崇祯“文官不爱财”的可行性为零，因为不爱财的官员根本无法在官场上生存下去。

首先，很多官位都是明码标价的。买官时耗资不菲，上任后不搂钱拿什么还亲友甚至高利贷？

其次，当过陈留知县的韩一良以县令为例，说官员过境你送不送礼？上司下来视察你送不送钱？不送很快便混不下去了。

最后，地方官任期一满都要进京述职，接受考核。没个三四千两银子，这一关根本就过不了。

当然，上级花钱的地方更多。有时府级财政亏空，府台还会向县衙借钱，打的白条子最后根本没地儿报销，只能由县官自掏腰包填上。

不贪，钱从哪儿来？

除此之外，韩一良并没有因为自己身居言路便放过言官，说这帮人就像抹布，只知道挑别人的毛病，自身却越来越脏。而那些有问题的人为了让言官闭嘴，不得不争先恐后地给他们送钱，结果反贪者反倒成了最大的贪官。

疏末，韩一良呼吁崇祯大力肃贪，杀鸡儆猴，营造“不敢腐”（惧钱为祸）和“不想腐”（视钱为污）的风气。

韩一良以清廉著称，所以敢揭盖子。但韩疏揭批的问题，体制内谁人不知，哪个不晓？嘴上不说而已。因为他们清楚，说了也没用，就像《劝廉惩贪疏》一样，是正气凛然，可提出任何建设性的方案了吗？

并没有。

不敢腐？朱元璋杀得官员都后悔当官了，及其身死又如何？

不想腐？“尔俸尔禄，民脂民膏；下民易虐，上天难欺”的思想教育天天讲、月月讲、年年讲，又如何？

唯一有意义却始终不被掌权者正视的是“不能腐”，因为它需要改革自查自纠的制度，削弱统治阶层的权力。

由于制度性腐败不可能靠运动式反腐解决，故《劝廉惩贪疏》好像什么都说了，实则什么都没说，韩一良还一副“让我告诉您病因在哪”的语气，因此给崇祯留下“避实就虚，空文邀宠”的印象。

但崇祯又的确急于治吏，矫枉振颓，故让韩一良当庭朗读其疏，夸他忠鲠可嘉，还要破格提拔他为右佥都御史。

其实，此举不乏恶搞的成分，因为给韩一良升官相当于把难题抛给吏部：韩一良指责你们所用非人，现在朕要把他连升三级，求你们的心理阴影面积。

吏部尚书王永光又不是傻子，回奏说言官揭发问题，必须实有所指。请韩一良指明谁是贪官，于何时何地收受了多少贿赂。拿出确凿的证据皇上才好下令惩处，也便于大家引以为戒。

言外之意是不能凭几句空论就过蒙拔擢。

崇祯要的就是这句话，立命韩一良"据实奏来"。

韩一良宁可不升官，也不敢自绝于同僚。何况他又不是东厂特务，哪知道谁收了谁多少钱？

故只能以"风闻"搪塞。

崇祯大怒，认为韩一良简直是在藐视自己的智商，限他五日之内奏明何人腐败。

结果韩一良用已查处的旧案交差。

给事中是言官，不能因言治罪，但崇祯自有办法折辱韩一良。

他当着百官的面展阅韩疏，御音朗诵，在读到"科道号为开市（商店营业），臣两月来辞金五百。臣寡交犹然（交际面窄都这样），余可推（推知）矣"时，击节感叹，厉声问道："此五百金何人所馈？"

韩一良说有交际簿在。

崇祯问交际簿在哪儿，韩一良崩溃，沉默以对。

当然，这只能换来崇祯愈加愤怒的追问。

韩一良被逼无奈，只好又拿"风闻"说事。

崇祯震怒道，别人受贿你说"风闻"，别人向你行贿也可用"风闻"敷衍吗？难不成要朕靠这两个字治贪治腐？

继而侧首对阁臣道：韩一良前后矛盾。他前疏明明有人，今乃以周应秋等塞责。都御史不是轻易做的，要有实功，方许实授！

大学士刘鸿训见崇祯想收回成命，说"臣不为皇上惜此官，但为皇上惜此言"，意即君无戏言，韩一良再渣您也不能出尔反尔。

此话换个人讲尚可，出自刘鸿训之口就有点抬杠的意味，因为韩一良之前奉崇祯之命当众念疏后，刘鸿训明明是反对他的，称其所言之现象应分为"交际"和"纳贿"两种，区别对待。

所谓交际，就是亲友间的人情往来，不算腐败；而所谓纳贿，究其原因在于太多的人想花钱获取更大的权力。这种积重难返的痼疾，不是那么容易根治的。

因此，崇祯当场呵斥刘鸿训“分明替他（韩一良）说话”，并道：“他既不知其人，如何轻奏？岂有纸上说一说，便与他一个都御史？”

这是说给文官集团听的，让那些指望靠空谈升官的投机客趁早丢掉幻想。

韩一良被削职为民，刘鸿训也离下课不远。

四十一、峣峣者易折，皎皎者易污

以貌取人是崇祯用人的一大特点。

刘鸿训身材高大，相貌堂堂，胡须又密又长，故当初被崇祯三下诏命请回朝后深得圣眷。

他知恩图报，雷厉风行地将杨维垣、杨所修和霍维华等人逐一清退，成功吸引了阉党残余分子的全部火力。

这种情况下本应谨言慎行，但刘鸿训丝毫没有自保意识，不仅大力举贤，建议赐蓟辽督师袁崇焕尚方剑，还曾因跟崇祯意见相左而私下感叹“皇上毕竟年幼”。

作为一名自尊心很强的有为青年，崇祯最忌讳大臣说他是“冲主”（少年天子），而刘鸿训早年在詹事府待得太久，好为帝师，召对时经常口若悬河，指手画脚，渴了就呼宦官给他倒茶。

这显然是长于深宫、注重礼节的崇祯所无法接受的。

刘鸿训下台的直接原因是“改敕书”事件。

敕书就是天子下达的委任状。当时，兵部进呈惠安伯张庆臻的任命书，刘鸿训看过后让中书舍人草诏，交崇祯批红。

谁知最后颁布的诏令里多了四个字，导致张庆臻多了项兼差。

兼差看上去并不起眼，但张庆臻的这项正职向无兼任之先例。

于是刘鸿训被人举报收受张庆臻之贿，助其扩权。

张庆臻矢口否认，几位内阁大学士也合奏申辩，替刘鸿训说话。

任命由兵部拟稿，阁臣审定，中书缮写，三个环节均有嫌疑，但不大可能是刘鸿训“贿改”，因为这种反常的操作（两职相兼）即便因崇祯尚不熟悉军队体制而未能察觉，但一经发布立刻就会被人揭穿，刘鸿训何苦自己挖坑自己跳？

可惜，执笔的中书舍人（已下狱）坚称兼差是刘鸿训让他加的，崇祯盛怒之下将刘鸿训撤职、削籍、戍边。

此时，距他返朝入阁还不到八个月。

遥想天启元年（1621 年），鸿训出使朝鲜。返程时，辽阳被后金占领，陆路不通。

为此，朝鲜专门造了两艘大船，让刘鸿训从海上归国。

谁知，由于刘鸿训沿途收容难民，致使大船临近陆地时因超载而倾覆，朝方赠送的礼品全部沉入海底。

众人不得不转移到小舟上，漂了三天三夜才抵达登州。

在民，刘鸿训是民胞物与的好官；在君，刘鸿训又成了欺君罔上的奸臣。

可见，道德是一套难以量化却极易被权力利用的标准，因为统治集团控制着所有的宣传机器。所以，衡量社会进步不应取决于空洞乃至虚假的道德，而要看实实在在的法律和制度。

事实上，君主的价值倾向一旦为臣子所掌握，各种颂圣表演和道德伪装便会喷涌而出，比如道光以勤俭著称，大臣就故意扮穷；崇祯重视官德并且多疑，温体仁就刻意扮演“孤臣”的角色，与周延儒一道，成为明末双峰并峙的两大奸臣。

温体仁外表温文尔雅，内心阴暗狡诈，《明史》对他的评价是“机深刺骨”。

周延儒状元出身，圆滑机敏，善于揣摩上意，最大的能力是哄崇祯。

崇祯元年（1628 年）锦州兵变，袁崇焕请求朝廷拨付军饷，平息哗变。

群臣皆认为非拨饷无以解决问题，周延儒却语不惊人死不休地提出一套“关门（边关门户）昔防敌，今且防兵”的理论，认为俯从袁崇焕之请只会让边军觉得会哭的孩子有奶吃，引发效尤。

在他看来，“饷莫如粟（粮食），山海（关）粟不缺，缺银耳。何故哗？哗必有隐情，安知非骄弁构煽（军官煽动士兵）以胁崇焕邪？”

这套歪理在当时并非全无市场，即一遇部队索饷，便怀疑钱被喝兵血的军官贪污了。

平心而论，冒饷的现象确实存在，但缺饷才是更严重的事实。以固原、延绥和宁夏三镇为例，至周延儒大放厥词时欠饷已逾两年，而只要一个月不关饷，士兵和军官的生活就会陷入困顿。

锦州兵变前，辽东巡抚毕自肃已屡屡上奏请饷，但户部始终未有回复。毕自肃被逼无奈，向当地商户借贷，可饷银依然短缺。

最后，在乱兵的欺辱之中，毕自肃自杀身亡。

崇祯末年有个叫张永祺的文人，参军后发现士兵连续好几天吃不上饭，草料也空了，战马嘶鸣不止。

张永祺感慨，说身在事外时，痛恨兵丁骚扰。等自己加入行伍，才切身了解个中苦楚。

欠饷的根源在国库枯竭。

工科给事中黄承昊曾向崇祯指出："东南水患不断，皆因水利失修。"

崇祯立即道："水利为何不修？"

在场的钱龙锡道："水利乃东南第一大事，但修理需要钱粮。"

崇祯一听要钱，当场沉默，过了良久才拐弯抹角道：

> 要修水利，可否扰民？[1]

当然不能，因为加赋不符合儒家的政治正确，且有违祖制。

于是，东南半壁，财税重地，对关系其命脉的治水问题最后却只能不了了之。

余事可想而知。

当然，干掉阉党后也曾抄没些钱，但八年之内接连死了三个皇帝，光丧葬费就是笔天文数字，每年还有海量的宗室要养。

因此，当崇祯发现周延儒帮他找到一条不用给钱的理由时，那感觉

1. 夏维中著：《品明朝：朱元璋的子孙与明亡清兴往事》，陕西师范大学出版社 2006 年版，第 195 页。

真是满面春风（与之相对，以为内帑充盈的刘鸿训让崇祯拿出三十万两来发饷，结果失宠）。

周延儒并不满足于把锅甩给“边将要挟”，而是搬出“罗雀掘鼠”的典故，对边防战士进行思想教育。

所谓罗雀掘鼠，指唐代忠臣张巡在睢阳（今河南商丘）被安禄山的叛军围困时，军队缺粮到只能靠抓麻雀和捕老鼠来充饥。最后，城中寸草不生，将士死伤殆尽，张巡英勇殉国。

在周延儒看来，边军再困难，能有张巡难？这种流氓逻辑深得圣心，让崇祯觉得满朝文武只有周延儒能透过现象看本质。

毕竟，在崇祯眼中：

> 将兵者果能如家人父子，自不敢叛，不忍叛；不敢叛者畏其威，不忍叛者怀其德，如何有鼓噪之事？[1]

问题是精神原子弹不能当饭吃，让士兵流血又流泪的后果很严重，用名将卢象升后来的话说就是：

> 况请饷未敷，兵将从贼而为寇，是八年来所请之兵皆贼党，所用之饷皆盗粮也。[2]

正是看准了周延儒诡辩的能力，温体仁在“枚卜之争”中拉他一起斗倒了钱谦益。

枚卜就是拣选大学士。

刘鸿训走后，周道登不好用，韩爌还在来京的路上，廷推阁臣的工作自是耽搁不得。

1. ［明］文秉著：《烈皇小识》，中国历史研究社 1982 年版，第 26 页。
2. ［清］张廷玉等著：《明史》卷二百六十一《列传第一百四十九 · 卢象升》，中华书局 1974 年版，第 6761 页。

吏部开列名单供崇祯挑选，有吏部尚书王永光和礼部侍郎钱谦益等十一人。

苏州人钱谦益少有文名，被顾宪成呼作“小友”，同杨涟、左光斗和高攀龙等人交往密切。待这帮人相继去世后，钱谦益便成为新一代的东林领袖。

十一个人不算少，而作为最可能出大学士的礼部，尚书温体仁和侍郎周延儒居然不在其中，可谓咄咄怪事。

更怪的是，钱谦益作为礼部右侍郎，比周延儒这个“左侍郎”地位稍低，居然成为候选人，还排名第二，入阁板上钉钉。

事实上，钱谦益之所以弯道超车，盖因其暗遣弟子瞿式耜去找王永光，让他把会推交由吏部侍郎张凤翔主持。

张凤翔是《东林点将录》里的“地丑星石将军石勇”，铁杆东林党。

至于王永光，既非阉党也非东林，但底线意识坚守得不错。当“王恭厂大爆炸”被怀疑是奸细纵火时，时任兵部尚书的他力陈其非，坚决主张“天灾说”，要求天启停刑罢税，以顺应上天好生之德。

很明显，这是替诏狱里的“后七君子”说话，王永光因此被魏忠贤黜免，直到崇祯元年（1628年）才复出担任户部尚书。

王永光之所以同意让张凤翔去搞，一是向东林党示好，因为清算阉党的势头太猛，他这种夹缝里周旋的中间派只因称颂过魏忠贤“纯忠”就被人扒皮，岌岌可危；二是还人情，因为若非户科给事中瞿式耜提议，崇祯也不会在王永光当上户部尚书没几个月就骤升其为吏部尚书。

当然，以温体仁睚眦必报的个性，还击肯定来势汹汹。

四十二、爱欲名利，一场大梦

由于周延儒不在廷推之列，温体仁断定崇祯对名单也不满意，乃上《直发盖世神奸疏》，翻钱谦益的旧账。

天启元年（1621 年），钱谦益曾赴浙江主持乡试，掉进一个叫韩敬的人挖好的坑里。

韩敬与钱谦益是同年。

本来那一科的状元，时任内阁次辅的主考官叶向高要点钱谦益，但考官之一汤宾尹贿赂太监，暗箱操作，强行把自己的学生韩敬取为第一，导致钱谦益只中了个探花（第三名本是韩敬，等于两人对调）。

汤宾尹是宣党的党魁，本就跟东林党不对付，这么搞的结果便是在来年的“辛亥京察”中被吏部尚书孙丕扬褫官。

韩敬当然也待不下去，称病归乡，从此恨上钱谦益。

十余年后，钱谦益典试浙江。

浙人韩敬深感机不可失，着手做局，找来两个无赖冒充钱谦益的门客，向考生兜售暗号。

比如，一个叫钱千秋的秀才买到的暗语是“一朝平步上青天”。答题时他只要把这七个字安插在每段的结尾，阅卷考官即能识别出此为买主。

于是问题来了：韩敬是为了赚钱吗?

当然不是。

他让无赖去找的都是学霸，即便不买暗号，上榜率也极高，就像素有诗名的钱千秋。

但对乡试这种人生大事，你学习成绩再好也不介意多上一道保险，何况无赖发给你的合同还约定“事成取偿”，亦即不过不要钱。

放榜后，韩敬立即收集证据，上京告状。

此时已临近次年春闱，中举的钱千秋赴京参加会试，钱谦益听说后赶紧把他叫到跟前，问明前因后果。

钱千秋之所以愿意坦白，在于他发现那两个无赖的门路是假的，而自己凭真本事考取的功名凭什么要给他们钱？

然而光脚的不怕穿鞋的，拒绝履约的钱千秋还是被对方勒索了一大笔钱，怀恨在心。

钱谦益大惊，具疏检举。

结果那两个无赖被捕，判充军，不久因受刑过重死于狱中。钱千秋被革去功名，亦充军，后遇赦回京，教书为生。钱谦益由于不知情，以“失察罪”被罚夺俸。

而韩敬因为切割得干净，未留任何把柄，毫发无损。

可见，该案早有定论，温体仁却旧话重提。加之周延儒煽风点火，说枚卜全由钱谦益的同党把持，崇祯于是在文华殿召见群臣，让温、钱二人对质。

所谓对质，只是走个过场，因为崇祯已先入为主地认为钱谦益结党营私，要重惩这个温体仁笔下的“盖世神奸”，以防党祸死灰复燃。

当日，崇祯开门见山地问温体仁：你说钱谦益收受钱千秋的贿赂，结党欺君，可是实话？

温体仁道：字字属实。

崇祯又问：疏中有“欲卿贰则卿贰，欲枚卜则枚卜”之语，怎么说？

“卿贰”指省部级高官，温体仁的意思是钱谦益想当部长便当部长，想进政治局便进政治局，就跟开了挂似的。

当然，温体仁不会这么回答，而是以钱千秋弊案为由，反对钱谦益入阁。

崇祯于是问钱谦益：温体仁参你，可是真的？

钱谦益道：“臣才品卑下，学问荒疏，滥与会推之列，处非其据（不该占据名额）。温体仁参臣极当……”

场面话先说一说，后面的“但是”才是关键。

钱谦益认为，钱千秋之事关系名节，不容不辩，故请调刑部案卷。

温体仁说钱千秋跑了，案子没结。

崇祯让众臣表态，王永光道：前已奏过皇上，钱千秋到官（到案）结案了。

东林党的吏科都给事中章允儒帮腔道：臣当年也曾见过招稿（招供笔录）。

温体仁陷入被动，因为一旦崇祯命刑部上呈案卷，自己的指控便成了诽谤。因此，他改变斗争策略，忽悠起有道德洁癖的崇祯来："臣职非言官，不可言；会推不与（没有入选），宜避嫌不言……臣不忍见皇上孤立于上，是以不得不言。"

一副孤臣孽子、直言谔谔的模样。

崇祯果然上钩，问道："卿参'神奸结党'，奸党是谁？"

温体仁继续演戏，说钱谦益之党甚众，不敢尽言。

看似他被威胁，实则谁帮钱谦益说话谁就成了奸党，包括王永光与章允儒。

可章允儒不吃这套，悍不畏死的他逼急了连自己人都掐（指使傅櫆参魏大中），遑论温体仁？

章允儒道：会推阁员完全大公无私，温体仁资格虽老，但声望较轻，故没有推他。至于钱谦益，若有丑闻秽迹，为何不在枚卜之前提出？

温体仁道：钱谦益此前职居闲曹，影响不大，所以没有揭发。可现在要入阁，必须严加考察，慎重用人。若真如章允儒所说，之前就打击钱谦益，那才叫党同伐异！

章允儒道：小人陷害君子，历来冠之以"党"，昔魏广微构陷赵南星、杨涟皆是如此。

崇祯很生气，下命将钱千秋乡试的卷子呈上来，责问钱谦益作弊是否属实。

当然属实，白纸黑字俱在，问题是钱谦益压根没参与。

可崇祯不管，大发感慨道：要不是温体仁，朕几乎犯下大错！

语毕，命锦衣卫将章允儒逮入诏狱，殿上的气氛陡然紧张起来。

温体仁却没有得意忘形，因为他的目标“废名单”尚未达成。

他把枪口转向王永光，说吏部操纵会推。

崇祯问王永光，说推出钱谦益这样的人，公还是不公？

王永光道：“（吏部）从公会推，至于结党，臣实不知。”

群臣纷纷声援，东林御史房可壮道：“臣等都是公议。”

房可壮于魏阉殃国时曾上疏说“请尚方剑，诛魏忠贤”，因此下狱，差点被杀，是《东林点将录》里的“天暗星青面兽杨志”。

阁臣李标也表态，说关节（钱千秋行贿作弊）实与钱谦益无干。

崇祯厉声道：“关节是真，他为主考，如何说不是他？”

李标说据刑部招稿，是光棍（无赖）骗钱。钱千秋文才原是可中的，光棍知他可中，所以骗去。

崇祯反唇相讥：“光棍作主考么？光棍（取）中他的么？”

李标无语，温体仁突然大声道：“分明满朝皆是钱谦益一党！”

钱龙锡见崇祯已经“遭瘟”，被温体仁牵着鼻子走，婉言道：廷推诸臣，品望不同，有的是才品，有的是清品，很难十全十美。人品清高者，有人说他偏执；识多才广者，有人说他有党。哪有人人都叫好的？望皇上就在名单中挑选。

言下之意是人无完人，钱谦益纵使有错，也才堪大任。

崇祯当即反驳问道：“通关节是有才么？”

然后让众臣表态，于是周延儒上线。

周延儒一副打总结的样子，说皇上再三问，诸臣不敢奏，只因惧于天威且牵于情面。其实，钱千秋一案关节是真，不必再问。至于廷推，已被一两个人把持，诸臣都不敢开口。就算开口了也没用，不过是言出而祸随罢了。

崇祯对周延儒的发言很满意，评为“今日最佳”。

自以为是非已明的他下旨将钱谦益革职，命九卿科道议罪具奏。同时，钱千秋回炉重审，房可壮和瞿式耜贬到地方，旋即罢归。

此番丢官，钱谦益已属三起三落，在官场上的时间加起来还不到三年。郁闷的他托棋言志，写诗道：

事到抽身悔已迟，每于败局算残棋。
都门有客送临贺，廷辨何人是魏其。
杨柳曲中游子老，车轮枕畔逐臣知。
寒灯冷炕凄凉夜，不醉何因作酒悲。

首句跟《红楼梦》里的“身后有余忘缩手，眼前无路想回头”一个意思，次句的“临贺”与“魏其”都是用典。

“临贺”指唐人杨凭贬官为临贺尉，好友徐晦前去送行。宰相权德舆对徐晦说，你只顾友情，难道不怕被连累吗？徐晦说，往昔穷时，老友相知，怎忍一旦抛弃？故后人以“临贺”形容至交送友而不避嫌。

“魏其”指西汉的魏其侯窦婴，曾替得罪了丞相田蚡的灌夫极力辩护。

可见，钱谦益就是发牢骚，说给我送行的倒是不少，但当初在朝堂上能像窦婴那样仗义申救的又有几人？既如此，当个诗人写一写《杨柳曲》混到老吧，也体验一下被逐臣子那九曲回肠、整夜失眠的滋味。真是惨啊，月凉如水，悲伤得就像喝醉了的酒鬼。

如果说陶渊明以“菊”著称，张若虚以“月”闻名，那钱谦益的诗出现频率最高的意象便是“棋”。

棋局阴阳交替，变幻无常，颇类“甲申”（甲申之变）前后风云莫测、盛衰消长的历史，用钱谦益的话说就是“人之当局，如弈棋然。楸枰（围棋）小技，可以喻大”。

其实，钱谦益的顾影自怜非常矫情，因为同僚一直在帮他说话，皆言舞弊查无实据。

然而圣旨已下，崇祯毫无纠错之意，百官乃将怒火发泄到温体仁头上。

四十三、驱民为盗

接替章允儒任吏科都给事中的是《东林点将录》里的“地杰星丑郡马宣赞”沈惟炳。

沈惟炳上奏说，大臣在工作中有不同意见很正常，不能一概谴责为“党”。所谓朋党门户云云，皇上即位之初就已摒弃，为何还要老调重弹？

御史毛九华更不客气，直接来了个“起底温体仁”，说他以前在家乡低价强买木材，遭到商人起诉，因贿赂崔呈秀才免于追究。而且，当初杭州的生祠落成之际，温体仁曾写诗歌颂魏忠贤。

眼见弹劾连绵不断，温体仁以退为进，上疏乞罢。

疏中，他着重强调自己千夫所指、孤立无援的“忠臣”形象，信誓旦旦地提出要与毛九华对质，拆穿他的诬陷。

于是崇祯又在文华殿召开会议，传达最新指示：不要再诋毁温体仁了。

他拿出毛九华的劾疏让人宣读，然后命温体仁答辩。

温体仁鼓动如簧巧舌，说我若给魏逆写诗，必有原稿，原稿在哪儿？为何只见到一张木刻？陛下可派人提审刻字的木匠，问他稿从何来。

这是入室操戈，直接毁了毛九华的证据，跟辛普森的律师团一个思路。

其实追查诗稿来源只是说说而已，因为温体仁下一句便图穷匕见：以钱谦益的声望和手腕，什么不能造假？

崇祯问毛九华诗的来源，答以八月份在路上买的。

温体仁立马抓住漏洞，说八月即得此诗，何以拖到十二月才揭发？该不会是因为我十一月参了钱谦益的缘故吧？

客观来讲，温体仁跟阉党没什么瓜葛，即便颂诗为真，也无非随大流而已。毕竟，魏忠贤如日中天时全国各地都在写诗，还掀起了文艺创作的高潮。

崇祯令阁臣表态，此时周道登已退，首辅是韩爌，他的话说得很有分寸：体仁平日硁硁自守，亦有品望。但因参论枚卜一疏愤激过当，致犯众怒，所以诸臣攻他。

硁硁自守不是什么褒义词，有“苟且自全”的意思，但通观全句，态度还算比较中立。

韩爌为何不帮毛九华说话？有一种未经证实说法是，韩爌是温体仁的房师。

所谓房师，指你参加乡试或会试并登科后，对批阅你考卷之考官的尊称。

从改变命运的角度看，房师比座师（当届主考官）作用更大，因为不是每张卷子都能受到主考的关注。

其实，真实原因并不复杂：韩爌只是顺从崇祯的态度，以报其知遇之恩。温体仁越发理直气壮，说臣入仕三十年来从未遭劾，只因参了钱谦益，攻者四起。欲驱臣者，欲杀臣者，无所不用其极。毛九华系钱谦益一党无疑。

崇祯道：“温体仁辩得是。”

这相当于总结陈词，然后谈下一话题。

崇祯命人朗读另一份劾疏，作者是御史任赞化。

任赞化的指控更离奇，堪比公案小说。他揭发温体仁纳妓女倪瑞为妾，并纵容倪父海上走私，勾结倭寇。倪父落网后，温体仁担心他牵连自己，乃买通狱卒将之灭口。

崇祯耐着性子听完后，怒斥任赞化以无根之言亵渎朝堂。

任赞化道：臣出言粗率，有失检点，但臣所论之事皆采访公论而来，千真万确。

温体仁就喜欢这种不服输的对方辩友，他不慌不忙地指斥任疏“事事无影，全属虚捏”，仿佛宋世杰在《逆转裁判》的片场侃侃而谈。

任赞化冷汗淋漓，语无伦次，一不留神便改了口，把“采访得来”

变成“传闻之词”。

崇祯又大怒，骂任赞化“渎奏”。

温体仁顺势道：任赞化乃钱谦益死党！

于是，对温体仁的反扑以毛九华和任赞化降级外调而告终。

崇祯犹自愤愤不平，对韩爌说：“进言者不忧国而植党，自名‘东林’，于朝事何补？”

韩爌劝他息怒，说人臣不可以党事君，人君亦不可以党疑臣。贬黜奖拔，当依才品高下、政事修废而定，若任由朝上戈矛妄起，宫中横分畛域（各怀偏见），恐非社稷之福。

的确，整日纠结谁忠谁奸、谁左谁右毫无意义，看一个人的品质要看他做了什么而不是说了什么，论迹不论心，否则只能收获层出不穷的低级红和高级黑，嘴上爱国主义，心里全是生意。

不过，党争造成的巨大撕裂也是客观事实，《三垣笔记》的作者李清曾在明末历任工、刑、吏三科给事中，后来感叹说：“信哉，明党之能亡人国也。”

然而，看到病灶的崇祯却不懂得使用靶向药，唯知疯狂化疗，结果被温体仁钻了空子，瘟神附体，黑白不分，一再给刑部施压，导致钱千秋禁不住酷刑而冤死狱中。

苛以待人，源于对人性缺乏了解。

以做慈善为例，评价穷人的贡献最好看他付出的比例，而评价富人的贡献最好看他付出的数量。

如果颠倒过来，你将很难对任何人感到满意，因为穷人再慷慨也只能拿出微不足道的钱，而巴菲特即使捐上一个亿仍会让人觉得不够大方。

结果就是，除了那个月薪五千却将省吃俭用攒下的积蓄全部捐献的圣人能得到肯定外，余者皆不达标。

通往天堂的路修得越窄，越会有人坠入地狱。

而区分谁是好人谁是坏人意义其实没那么大，因为这世上只有做了好事的人与干了坏事的人。

大明灾星毛羽健即活生生的例子。

作为御史，他猛揭王永光疏颂魏忠贤的黑历史，还是“倒温大军”里的一员。虽不如毛九华激烈，却也抨击温体仁破坏枚卜大典，把原本气氛正常的御前会议搞得愁云惨淡，人人视为畏途。

此前，毛羽健还喷过杨维垣与阮大铖，看上去正义感很强。

强到了向三公经费挥刀的地步。

明朝全境有上千所驿站，承担马匹更换、公文传递、货物转运以及给出差官员提供食宿等重任，相当于邮政局加物流中心再加招待所。

驿站是官员的隐性福利，使用时必须出示勘合。很多人用完后并不上交这张许可证，而是借给亲友，有福同享，比如穷游鼻祖徐霞客之所以能东奔西跑，靠的就是朋友送的“全国通 VIP 卡”在驿站白吃、白住、白骑马。

此外，一些官威大的公仆动辄要求驿站提高接待规格，给基层带来了沉重的财政负担。

对此不正之风，言官屡番纠劾，皇帝也频频下旨，要求兵部严格管理。

但特权与特权思想是世界上最顽固的存在，因为触动利益比触及灵魂还难。

对改革驿递，毛羽健早已不抱幻想，直接危言耸听地告诉崇祯，说驿站的资源十之八九都被有关系的私人给占了，不如裁撤，节省国用。

当然也不是一股脑儿全撤，而是先裁无关紧要的。

崇祯不置可否，毕竟反对的声浪太大。

这里面自然有享受了公车好处而不愿放弃既得利益的，但也有不少人指出祖宗设立驿站的深意：给年轻人一个耗费精力的工作，销其岁月，糊其口腹，以免惹是生非。

可惜，人穷志短，毛羽健给崇祯算了笔账，立马将之打动。结果，全国大量驿站被裁，每年省银六十八万两。

看上去不少，但跟财政赤字比起来不过是杯水车薪。

驿站没了，其一把手驿丞因为有编制（未入流，即低于九品）还能转岗，可下面的马夫、车夫、轿夫、防夫（保安）、厨子、库子（仓库保管员）等驿卒都是合同工，只能下岗。

虽然咱工人要替国家想，我不下岗谁下岗？但这些失业青年里有一个叫李鸿基的米脂人。

他的另一个名字是李自成。

四十四、袁崇焕误国考

崇祯二年（1629年）是京察之年，东林御史吴甡建议对为期一年多的“清算阉党”运动做个总结，该免职的免职，该判刑的判刑，以防这帮余奸干扰京察，蒙混过关。

深以为然的崇祯立召三位大学士韩爌、李标、钱龙锡以及吏部尚书王永光，让他们审阅罪状，核实罪证，确定逆案名单，并再三叮嘱不得让中书舍人参与。

然而韩爌交上去的名单只有不到五十人。

崇祯很不满意，让他们广泛搜求，宁枉勿纵。

可第二次还是只报了几十号人。

崇祯怒道：“魏忠贤一内庶尔，苟非外廷助虐，何遽至此？”

韩爌的行为确实令人费解——当初那么恨魏忠贤，此刻却讲起人道主义来了？

很多人据此怀疑他利用职权，收买人心，崇祯也给他扣了顶“怕得罪人”的帽子。

事实上，韩爌不愿大兴刑狱并非担心招怨，而是发现崇祯求治心切，喜欢轻罪重判，制造冤假错案，用时任顺天府尹刘宗周的话说就是“程效（考核）太急，不免见小利而慕近功”。

如果苛责天启朝那些随波逐流的人，把只要拍过魏忠贤马屁的都打入逆案，那朝廷啥也别干了，天天欣赏温体仁和周延儒花式整人吧。

可惜崇祯偏爱求全责备，不辞辛劳地把替魏忠贤歌功颂德的陈年奏疏全翻了出来，扔给韩爌，命其一一录入逆案。

韩爌当场崩溃，以阁臣唯司票拟而不懂刑律为由推辞。

崇祯于是命王永光操办。

王永光天天被吴甡、毛羽健等人喷作“忠贤遗党”，正息交绝游躲在家里生闷气，当然不会揽这破事，故以吏部“只谙考功，不习刑名”婉拒。

最后，崇祯只能盯着刑部，督促他们拾遗补阙，定下共计二百多人的《钦定逆案》，向全国公布。

第一等，“首逆”凌迟者（二人）：魏忠贤、客印月；

第二等，“首逆同谋”论斩者（六人）：崔呈秀、魏良卿、侯国兴、李永贞、李朝钦和刘若愚。由于前五人均已自杀或处决，考虑到前两等里一个能杀的都没有，太不给力，故将李永贞的笔杆子刘若愚算在内。刘若愚后来以太史公为榜样，在狱中发愤著书，将自己数十年的宫中见闻写成一本颇具史料价值的《酌中志》，得以免死；

第三等，“结交近侍”秋后论斩者（十九人）：田尔耕、许显纯、倪文焕、梁梦环、张体乾等。这一级都是核心人物，除了那个要把魏忠贤跟孔子并祀的监生陆万龄；

第四等，“结交近侍次等”充军者（十一人）：魏广微、周应秋、霍维华、徐大化、杨维垣等；

第五等，“结交近侍又次等”论徒三年、输赎为民（有期徒刑三年，可保释）者（一百二十九人）：顾秉谦、冯铨、孙杰、张瑞图、来宗道、王绍徽、阮大铖、张我续等；

第六等，“结交近侍减等”革职者（四十四人）：黄立极、施凤来、杨景辰等；

第七等，客、魏亲属和内官（宦官）党附者五十余人，另行处置。

平心而论，名单虽严苛，但并没有冤枉一个好人。如果崇祯君臣从此轻装上阵，依法治国，那钦定逆案不失为一个正本清源的良好开局。

可惜，历史的走向是朝政就此陷入“以道德代替律法，以善恶掩盖规则”的泥潭，日夜鉴定人品，凡事妄测动机，而置真正的制度缺陷与社会问题于不顾。

结果，陕西的动乱如火如荼，把三边总督武之望逼得畏罪自杀，天下震惊。

然后陕西巡抚胡廷宴还全程打酱油。

胡廷宴年岁已老，喜欢清静，见跑到巡抚衙门告警的人越来越多，不耐烦道，天旱无雨，饥民无食，起而闹事，偶有抢掠。本是历朝皆有之常事，何来大盗剧贼？本抚岂不知晓，尔等何须张大其事？待得明春雨落，五谷丰登，饥民各安其业，盗贼自无。

佛系如此，胡廷宴被老百姓亲切地唤作“省城贤主人”。

崇祯罢免了贤主人，代之以刘广生。

广生兄主政一方尚可，但总督三边的人选还得是个帅才。问题是陕西兵多民悍，地瘠天寒，往日百官便避之唯恐不及，眼下又成了火药桶，谁肯接手武之望的烂摊子？

右佥都御史杨鹤挑起了重担。

杨鹤的仕途是典型的“知县—御史”路径。他率直敢言，因替熊廷弼辩护而被魏忠贤免官，直到崇祯元年（1628年）才官复原职。

感恩戴德的杨鹤上疏献计献策，说眼下应该固本培元，休养生息，因为国家有三大元气之伤：小民（苛税）、封疆（辽患）、士大夫（党争）。如重病初愈，脉息未调，风邪易入，急当培养。

吏部见他头头是道、真理在握的样子，又做过陕西两个县的县令（洛南、长安），便推其当三边总督，毕竟宰相必起于州部，猛将必发于卒伍。

想空手套白狼的崇祯当即准许——辽东战事吃紧，朝廷缺兵少银，根本无力增援陕西，只能派个好好先生携浩荡皇恩前往宣慰，以期兵不血刃地化解乱局。

可惜，能攻心固然反侧自消，但不审势即宽严皆误。善战始能言和，敢剿方可谈抚，杨鹤“素有清望，然不知兵”，此举相当于把他往火坑里推。

因此，杨鹤以没有勘定祸乱的才干和治理边疆的阅历为由推辞，结果被崇祯否决，只好硬着头皮接受召见。

崇祯亲切地问他此行有何方略？

还能有啥方略，抚则缺银少粮，剿则无兵无饷，杨鹤只能对以“清慎自持，抚恤将卒”。

崇祯颔首赞许，于是赤手空拳的杨鹤怀揣精神胜利法去见关中父老，招抚乱民，救济饥民。

在杨鹤看来，粮饷用之于剿，便一去不返。且杀人太多，也伤和气。不如用之于抚，救活一人即得一性命。盗息民安，功德无量。

人道主义方案最初也很奏效，农民军首领陆续放下屠刀。问题是崇祯二年（1629年）的十月爆发了“己巳之变”，努尔哈赤的第八子皇太极在其父汗死后三年率军突入关内，兵临北京城下。

各地奉命，出兵勤王。围解后，西北几路军队因欠饷严重而哗变，溃散的逃兵嚣扰西归，本已得控的民变由衰转炽，还因正规军的加入战斗力大大增强，以至于计六奇认为“流寇始于秦之溃兵”。

“己巳之变”导致袁崇焕被剐，东林党的兵部尚书王洽病死狱中。

王洽下狱，拜周延儒所赐。

后金突破长城防线后，京师戒严，崇祯急召群臣，周延儒阴森森地说了句：

> 世宗斩一丁汝夔，将士震悚，强敌宵遁。[1]

潜台词很明显：崇祯应该杀一儆百。

周延儒害死了王洽，温体仁也五次上疏请杀袁崇焕。在给幼弟的家书里，他吹嘘道：“崇焕之擒，吾密疏，实启其端。”意即袁崇焕被抓，首功要算到他头上。

这就有点给自己脸上贴金了。

“辽东兵败，必罪督抚”是彼时的惯例，何况此前明金交战都在关外，北京人民基本无感，而“己巳之变”皇太极直接打到了家门口，有生之年没见过战争的百姓呆若木鸡，第一反应不是恐惧，而是憎恨——恨御边无能的袁崇焕。

此时后金又散播袁崇焕通敌的谣言，使其人设彻底坍塌，朝野怨谤纷

1.［清］张廷玉等著：《明史》卷二百五十七《列传第一百四十五 · 王洽》，中华书局1974年版，第6625页。

起。用史家赵翼的话说，当时举朝之臣及京城内外都骂袁崇焕是卖国贼。

再加上出了这么大的事总得有人担责吧？光“君辱臣死”这一条，就足以砍袁崇焕的脑袋。

因此，死对于“人人得而诛之”的袁崇焕来说是必然，温体仁夸大了自己的作用。但问题是，他跟袁崇焕究竟有何深仇大恨，必欲置之死地而后快？

表面看是替后金的肘腋之患毛文龙报仇，因为这个被袁崇焕用尚方宝剑砍了脑袋的皮岛总兵与温体仁是同乡。其实是想借袁崇焕打击钱龙锡，给自己入阁扫清障碍。

钱龙锡是袁崇焕的后台。袁崇焕下狱后，温体仁联合周延儒以及被东林小将骂到对立面的王永光，安排言官诬劾钱龙锡，给他扣了三大罪名：

第一，挑唆祖大寿率兵擅离京师。祖大寿是袁崇焕的王牌，因“宁远大捷”获升总兵（次年又在“宁锦大捷”中立功），因崇焕下狱而拿崇祯赏给自己的赠荫去赎，未获允许后负气出走；

第二，应为袁崇焕斩帅（擅杀毛文龙）与谋款（同后金议和）二事负责；

第三，接受袁崇焕巨贿。

除第二条钱龙锡的确知情外，其余两条皆属诬告。斩帅一事，据袁崇焕在诏狱里的供述，实情是钱龙锡和王洽频频函询，最后袁崇焕专断杀之；贿赂一事，袁崇焕多次给钱龙锡和王洽去信商议，两人未尝许之。

气头上的崇祯哪管那么多？必要将钱龙锡斩立决，连刑场都准备好了。

千钧一发之际，不要命的黄道周打破缄默，上疏申救，被崇祯以忤旨罪降级外调。

然而诡异的是，崇祯因此免了钱龙锡的死罪，改成定海卫——离其老家华亭县不过 200 公里。

其实很好理解：满朝文武都被天子之怒吓得缄口不言，偏他黄道周一副舍生取义的样子，结果崇祯就吃这套，认为遇到了忠臣。

由此可见，行为艺术是崇祯治国理政中必不可少的一环。

四十五、杨鹤抚陕

崇祯三年（1630年）的大明，外有强敌，内有动乱，天灾流行，国无栋梁。

文官指责崇祯“求治过急”，崇祯对文官更是满腹怨言，说他们总是借一个题目，堆砌做作，落于史册，只图好看，一味信口诬捏，不顾事理，但凡参过内臣就是护身符了，随他渎职误事，都不诛处。

久之，便出现文秉所描述的僵局：

> 长山以改敕获戾，而上疑大臣不足倚矣；未几，乌程以枚卜告讦，而上疑群臣不足信矣；次年，罪督以私款偾事，而上疑边臣不足任矣——举外廷皆不可恃，势不得不仍归于内……
>
> 虽圣主日见其忧勤，而群上日流于党比，痼疾已成，不可复药矣。[1]

内外交困，国不得人，黔驴技穷的崇祯撤回镇守太监还不到两年，便不得不再次倚仗宦官，把他们安插到要害部门，监督人事，稽查钱粮。

面对朝臣的反对，崇祯叹气道：

> 苟群臣殚心为国，朕何事乎内臣？[2]

此时，短暂复出的韩爌在替熊廷弼平反后与李标相继引退，入阁未

1.［明］文秉著：《烈皇小识》，中国历史研究社1982年版，第3页。
2.［清］张廷玉等著：《明史》卷三百五《列传第一百九十三 · 张彝宪》，中华书局1974年版，第7828页。

久的周延儒和温体仁联手扳倒东林首辅成基命后，周延儒如愿当上首相。

然而次辅并不是温体仁，他甚至排在自己的门生钱象坤之后。

钱象坤是无党派人士，年轻时在翰林院与钱谦益、钱龙锡和钱士升并孚物望（众望），人称“四钱”。温体仁的关注点不再放到姓钱的头上，因为实践证明钱姓人氏皆非其对手。

他要取周延儒而代之，就像李自成要推翻朱明。

驿站临时工李自成失去工作后投奔了一个地主，以打零工为生。

后来的经历跟朱元璋没什么两样，无非日暮穷途，官逼民反，可见历史虽不会重复事实，却一再重复规律。

如果不能发自内心地去尊重规律，就总会在怪圈里打转。

李自成也想当人上人，为此受尽欺辱，屡屡碰壁，感觉生活处处与他过不去。

一开始他还感慨人生的路为何越走越窄，直到发现软弱、埋怨和愤怒在这片成王败寇的土地上毫无用处后，李自成下定决心：既然你们和上天都不给我个说法，那我就自己给自己一个说法。

他加入左挂子的农民军，很快便混成八大金刚之一。

左挂子在崇祯三年（1630年）接受招安，后拟再起，因事泄为延绥巡抚（陕北地区军政长官，防止蒙古南下的桥头堡，下辖“九边”之一的延绥镇及延安府、庆阳府，工作须向三边总督汇报）洪承畴所杀，于是李自成投奔另一个农民军领袖“不沾泥”。

谁知来年不沾泥也降了朝廷，革命意志坚定的李自成只好转投高迎祥。

由此观之，杨鹤的抚局一直有序推进，招降左挂子更是顶着王嘉胤大肆攻掠延安、庆阳的压力，隐匿军情，一意抚之，方才成功。

左挂子等人领到免死牌，被杨鹤安置在延绥一带。

杨鹤非常清楚，如果后续的赈济措施跟不上，不发给他们恢复生业用的耕牛和种子，那散而复聚、降后复叛就是早晚的事。

接到杨鹤奏疏，崇祯咬紧牙关，愣是从内帑中挤出白银十万两让吴甡押往陕西。

之所以破天荒地大方了一回，因为一方面崇祯坚信“寇亦我赤子，宜抚不宜戮”，另一方面兵部职方司郎中李继贞的话发挥了重要作用，他说皇上若用数万金钱救活数十万生灵，使农业恢复，赋税常供，所得绝不止数十万。且赈济赏功之后，依附“流贼”者自会涣散。贼失其党，必然溃败。

理虽如此，奈何错估了形势。

三秦大地已是兵燹燎原，杨鹤固然招降了不少中小武装，但大股的流寇仍在活动。而十万两银子看上去很多，其实只够十万百姓五十天的生活。因此，当吴甡在延绥十九县把钱散光后，那感觉就像往一池水中放了撮盐。

与此同时，朝廷里的主剿派叫嚣不止，杨鹤想要反击质疑就必须拿出让人闭嘴的案例。

于是他把希望寄托到神一魁身上。

神一魁是老一辈农民军领袖神一元的弟弟，在其兄被官军击毙后当上首领，率众攻克合水县，包围庆阳府，势头与王嘉胤难分轩轾。

为招安神一魁，杨鹤又是主动撤兵，又是替其请官，诚意十足，终于接到降表。

招抚仪式安排在宁州（与合水皆为庆阳下属州县），杨鹤命人将城门全部洞开，以示敞亮。神一魁携大小头目六十多人归降，交还先前俘虏的合水知县。

接着，这些人登上城楼，对着龙亭（内置御座的小亭子）叩头行礼，三呼万岁，再在“万寿无疆”和“太平有象”两面杏黄旗的引导下将之抬入总督行辕。

杨鹤率文武官吏及军民父老向龙亭五拜三叩，命人宣读圣谕。尔后，降兵头目在杨鹤的带领下赴关帝庙焚香发誓，表示永不再叛。

锦上添花的是，转战山西的王嘉胤被延绥镇副总兵曹文诏派去的奸细给暗杀了，崇祯得奏后大喜过望，以为河清海晏，近在眼前。

可惜，就像婚礼并不能保证夫妻永结同心一样，受降仪式再隆重，没有从根源上解决吃饭问题，感情很快便会破裂。

对此，吴甡看得很透，说招安不难，难就难在解散，因为要让作乱的士兵重回军队，按月发饷；让生计无着的饥民重归垄亩，自食其力。

道理杨鹤都懂，没钱你说个毛线？

于是苦了奉命安置神一魁部的洪承畴。

洪巡抚向杨总督大叹苦经，说村落已成废墟，没有住处和食物，数以千计的人如何度生？押回原籍未必肯回，解散又无处可散，实是千难万难。

事实上洪承畴已经很给领导面子了，因为喜欢杀降的他遇到这种情况一般都是聚而歼之，一个不留。

政府内部都不统一，农民军首领逐渐将招抚视作儿戏，阳顺阴逆，倏降倏叛。

获悉这一情况后，崇祯下命剿抚相济。杨鹤照办，并打了几场胜仗。

信心满满的他以为贼兵已是强弩之末，叛乱不日即平，殊不知剿抚并用让农民军对朝廷越发离心，不沾泥等首领再度反叛。

杨鹤自知难辞其咎，向崇祯提出愿赴京请罪，让洪承畴代理三边总督，遭到拒绝。

此时，已出任陕西巡按御史的吴甡上交调查报告（前任巡按把陕西旋抚旋叛的局面归咎于杨鹤一意主抚，崇祯命吴甡核实），澄清了一些不实传闻，比如说杨鹤在大街上张贴“有言剿贼者斩”的布告。

但吴甡也表示，百姓对抚局痛恨至极，因为一些被遣散到乡村的“降丁”啥也不干，就知道骚扰基层，人称“官贼”

杨鹤心力交瘁——安置顺民，资金不足；兜剿叛民，兵力有限。

原本主抚的崇祯还摇摆不定起来。

于是杨鹤再次请辞，说自己忧虑得患上了厌食症，连稀粥都快咽不下去了。倘蒙皇上哀怜，容许回乡调理，则由犬子杨嗣昌到边疆效劳，以表忠心。

杨鹤哀怨凄苦，崇祯无动于衷。

吴甡上疏补刀，说杨鹤重抚讳剿。崇祯大怒，怀疑杨鹤此前的捷报是假的，命吴甡核查，结果吴甡调查后说杨鹤“剿抚失策”。

两人无冤无仇，吴甡为何要抹黑杨鹤？

很简单。于公，吴甡在前线待得越久越清楚抚是搞不下的，必须换人；于私，崇祯的态度已经很明显，继续帮杨鹤说话相当于自掘坟墓。

船迟又遇打头风。

正当杨鹤苦思如何离开这个是非之地时，他的“样板工程”神一魁复叛。

神一魁手下有个大头目叫茹成名，桀骜不驯，还殴打杨鹤麾下的参将。杨鹤希望神一魁出面严惩，震慑不服的同时也不至于引起其他头目的反感（相比于由官方处理）。

然而神一魁不愿自己动手，只是诱骗茹成名前往总督行辕，使其被捕遭杀。

事后，两个头目担心步茹成名后尘，挟持神一魁再举反旗，带兵北上。

而王嘉胤死后，其旧部也在新首脑紫金梁的带领下于山西重整旗鼓，与“闯王”高迎祥、“八大王”张献忠、“曹操”罗汝才、“老回回”马守应、“闯塌天”刘国能、“革里眼”贺一龙、“蝎子块”拓养坤、“满天星”张大受、“过天星”惠登相、“射塌天”李万庆、“扫地王”张一川、“点灯子”赵胜等部合称“三十六营”。

紫金梁被众人公推为盟主，而号曰“闯将”的李自成此时已青出于蓝，成为“三十六营”之一，同高迎祥不再是严格意义上的从属关系。

消息传到北京，舆论哗然，主剿派据此向主抚派兴师问罪，崇祯令吴甡查实速报。

还能怎么报？无非说杨鹤“主抚误国”。

于是杨鹤被罢，由锦衣卫押解至京。

昨天还说“相机招安，允协朕意”，今天就翻脸不认人——心寒的杨鹤上了道《微臣负不白之冤疏》，称自己是奉诏招抚。

那又如何？领导要的是结果。

兵备道杨嗣昌替父求情，表示愿代父受过。崇祯虽然很早就看过杨嗣昌的《地官集》（供职户部时的公文选编），乃其粉丝，仍是不允。

杨鹤见鸣冤已无济于事，乃一边认罪一边傻乎乎地批评皇帝用人不当，说自己当初赶鸭子上架是为了报答圣恩，勉为其难，谁知到任后朝廷不断从陕西抽兵，保卫京师，致使当地军力薄弱，除了招抚还能咋办？

话虽如此，但崇祯只想送杨鹤一本《没有任何借口》，提升一下他的职业素养。

洪承畴接任三边总督，深感唇亡齿寒的他上疏替杨鹤辩解，恳请从宽发落。

崇祯坚不松口，于是杨鹤被发配到江西，不久便郁闷而终。

四十六、大凌河之战

袁崇焕死后，能任辽事者唯余孙承宗。

危难之际，他重挂帅印，笼络住几乎要叛的祖大寿，夺回“己巳之变”中失去的永平、遵化、滦州、迁安四城，长吁了口气的崇祯封他太傅、赐蟒服，子孙世袭锦衣卫指挥佥事。

崇祯希望孙承宗替他稳住局势，安邦定国，但年近七十的孙承宗已无出山之意。

此时，若崇祯放弃让孙承宗出山，把全副精力投到解决晋、陕农民起义的问题上，历史的走向将大不一样，因为刚刚退出山海关的皇太极诚心遣使议和，只要就坡下驴，即可先安内而后攘外。

问题是袁崇焕的下场摆在眼前，朝廷内外谁敢跟“犬戎蛮夷”言和？而崇祯又放不下面子与“夷夏之防”的老观念，唯思一雪前耻，更不可能接招。

于是，屡上辞表却均未获准的孙承宗只能再度出任内阁大学士兼蓟辽督师。

他不顾体衰年迈，出巡关外，提出“蓟（州）镇备守，辽（东）镇备战；防御蒙古，收复城池”的战略部署，受到崇祯的高度赞赏。

在此背景下，辽东巡抚丘禾嘉决心收复被王化贞丢掉的广宁。

广宁在沈阳以西约400里，其西南约250里为锦州，再西南约150里为宁远，本是辽东巡抚、辽东镇总兵和辽东镇守太监的驻地，如今却落到后金手中。

同时，考虑到广宁离海距河都不近，运粮不便（陆运路途遥远），孙承宗命丘禾嘉先据守锦州正东50里的右屯，聚兵屯粮。

右屯背靠大海，粮草易于接济。但其城已遭破坏，必先缮葺。

如筑此城，金兵肯定来犯，故又得先修锦州的前哨阵地大凌河城，使之成为插入后金的尖刀。

该城位于大凌河西岸，已三建三毁。孙承宗的计划是将锦州、右屯与大凌河城构成相互依托的犄角之势，站稳脚跟后再图较远的广宁。

筑城的重任落到祖大寿头上，协助他的是副将（副总兵）何可纲与一万四千名将士。

对皇太极而言，一旦锦州、右屯、大凌河的三角防线打造完毕，则明军进可深入己方腹地，退可切断后金与蒙古的联系。

三个月内，皇太极先后派出十四批哨探，在确定无诈后下令出兵，攻打大凌河城。

此时的后金，同六年前努尔哈赤去世时相比，已发生重大变化。

首先，皇太极积极化解满汉矛盾，一改努尔哈赤屠杀儒生的做法，开科取士，重用宁完我和范文程等汉官，并仿照明制设立“文馆”（内阁）与六部。

其次，阿敏已被铲除。作为“四尊佛”（指大贝勒代善、二贝勒阿敏、三贝勒莽古尔泰、四贝勒皇太极并驾齐驱，联合执政）里的老二，阿敏在“己巳之变”中丢了永平不说，撤离前还大肆屠城，把已蒙皇太极封官的汉族降臣都杀了，结果一回沈阳便被终身圈禁。当然，皇太极欲“南面独坐”，莽古尔泰与代善最终也绕不过去，只是阿敏跟他血缘较远（乃努尔哈赤的弟弟舒尔哈齐之子），见机不可失便先行干掉罢了。

最后，把“己巳之变”中从永平俘虏的铸炮工匠交予资深汉奸佟养性，成功仿造红衣大炮。

1600年前后，欧洲发明了一种前装（从炮口装弹）、滑膛（炮管内壁光滑，没有膛线）的舰载加农炮，随荷兰人的战船来到台湾海峡。

东南沿海的居民在见识过这种“动裂石城，声震十里”的巨炮后，给它取名“红夷大炮”（荷兰人当时被称作“红毛夷”）。

萨尔浒之战后次年，明廷根据徐光启的建议，派人到澳门从葡萄牙人手中采购红夷大炮（就在同一年，广东的地方政府在打捞一艘沉没于近海的荷兰船时也获得了一批红夷大炮），并迅速投入辽东战场。

说是采购，其实是葡商集资捐赠的。

彼时的澳门只是香山县下属的一个渔村，葡萄牙人为贸易中转，向广东省租借了岛南的一片区域。

17世纪初，荷兰侵略台湾并骚扰澳门。为协助明政府打击荷兰殖民者，也为示好广东当局以便其放宽对自己扩充军备的限制，葡萄牙人出了买炮的钱。

辽东。

虽然后金此前也从明军手中缴获过鸟枪、铳炮，但这些传统火器跟红夷大炮比，差距很明显，攻城“实不济事”（佟养性语）。

因此，当佟养性试制成功后，后金一口气便造了40门，并将歧视性的名字改为“红衣大炮”。

红衣列装，炮马结合。底气十足的皇太极率两万大军直扑大凌河，想趁工程未竣之机打祖大寿一个猝不及防。

加上商民，大凌河城共计三万余人，虽雉堞（城墙上用于掩蔽的垛墙）只修了一半，粮秣也只够支撑一个月，但由于守军配备大炮，城外险要处还设有大小台堡（驻有军队的城堡）一百来座，金军若驰骑攻坚，损失将异常惨重。

皇太极改变既往思路，围而不攻，把军队变成施工队，没日没夜地掘壕砌墙。深浅不一的壕堑挖了四圈，土墙也搭了一丈多高，大凌河城被围得密不透风。

至于台堡，则采取各个击破的方案，对远离大凌河城军心不稳的耐心劝降，对靠近大凌河城上下一心的命佟养性的炮队狂轰滥炸。

台堡相继陷落，祖大寿的突围也告失败，眼看弹尽粮绝，金军起了内讧。

原来，大凌河城虽说四面被围，但打得最激烈的还是南面，驻扎此处的是两蓝旗，即莽古尔泰的正蓝旗和济尔哈朗（舒尔哈齐之子）的镶蓝旗。

八旗（正黄旗、镶黄旗、正白旗、镶白旗、正红旗、镶红旗、正蓝旗、镶蓝旗）是由努尔哈赤创设的一种兵民合一的组织形式，出则为兵，入则为民，每旗原则上有 25 个牛录（每个牛录三百户，每户出一丁当兵。五个牛录组成一个“甲喇”，五个甲喇就是一“旗”，八位旗主共尊一“汗”），共计 7 500 人，但很少有人意识到它在管理学上的先进性。

农耕时代，人的归属感主要来自血缘认同和地缘认同，前者认亲族，后者认老乡。

而在战争背景下，二者皆不可靠。

比如草原上的部落基本靠血缘维系，部众往上追溯都是同一个爹。部落之间打打杀杀，分久必合，最后形成统一的联盟，认同一个共主——可汗。

唐代的吉利可汗曾率突厥的一众部落打到长安边上的渭水桥，李世民智尽能索，最后只剩下一招，即把城内的珠宝全部搬到城外，让敌兵分一分。

结果，不少部落见好处已经捞到，打长安的兴趣荡然无存，乃相继撤退，只留吉利一个人在那做逐鹿中原的美梦。

这就是血缘组织的坏处。

地缘组织也一样，保卫家乡时奋不顾身，而一旦客兵打仗，战斗力立马衰减。

比如南明末年的郑成功，一度是驱除鞑虏的最后希望，有一回都带兵攻到南京了，形势一片大好，他已做贰臣的老师钱谦益（此际已辞官从事反清复明的地下活动）高兴得写下诗句“长干女唱平辽曲，万户秋声息捣砧”。

然而好运就此到头，郑成功没能克复南京，铩羽而归。

原因有很多，但一帮福建人跑到北方客场作战，士气有限，无疑是非常重要的一条。

由此可见八旗制度的优越性：既不讲亲戚关系，也不讲老乡关系，就是一套适应瞬息万变的战争环境的纯粹系统——一个佐领（牛录的头儿）管 300 人，虽尚未把支部建到连上，但也渗透到了营一级。

管控如此有效，以至于嘉庆年间的军机大臣松筠只因他们家所属牛录的佐领过生日，他要去拜寿，竟不得不回绝皇帝交办的任务。

民国的史料里也有类似的记载，说一个发了财或当了官的旗人路遇昔日管他的佐领，即使对方已穷得衣衫褴褛，依然能昂首挺胸地把他从车上或轿子上拦下来，数落一通，要几个钱。

大清亡了都这样，更不要说严格执行“逃人法”的清初。

“三藩”之一的靖南王耿仲明曾因一时手痒，收留了三百个别人家的逃奴，被朝廷发现，最后吓得畏罪自杀。

这种对人身控制的重视一以贯之，难怪莽古尔泰会生气，因为他的正蓝旗被皇太极调走不少部众，交给猛将阿山（被皇太极誉为“我国第一等骁勇之人”）带领。

由于在攻城战中损失惨重，莽古尔泰要求皇太极拨还他的手下。

削弱你还来不及，怎么可能还？何况莽古尔泰是当众发难，退让只会令自己威严扫地。因此皇太极换了个话题，跟莽古尔泰算起旧账来，责备他“凡遇差遣，均多违误”。

莽古尔泰莽撞惯了，上朝又与皇太极平起平坐，违误并不奇怪。

但心中不服的他拒绝承认，同皇太极针尖对麦芒地吵了起来。

吵着吵着，恶从胆边生的莽古尔泰握紧佩刀，向皇太极逼近。

同父同母的弟弟德格类担心哥哥干出傻事，上前打了莽古尔泰一拳，说他“不成体统甚矣”，然后大步离去。

莽古尔泰愈怒，骂道：“尔为何拳殴我！”

德格类只觉眼前寒光一闪，再看时发现莽哥居然抽刀出鞘。

事后，皇太极耿耿于怀的已不是莽古尔泰，而是在场侍卫竟无一人上前阻拦，一众兄弟除代善后来嘟哝了一句“如此悖乱，不若死矣”，其余全部不发一言。

若非德格类奋力将莽古尔泰推了出去，皇太极估计就享年三十九了。

其实，莽古尔泰之所以敢这么嚣张，源于他妈富察氏是努尔哈赤的第二任大福晋（第一任是代善之母佟佳氏）。而皇太极他妈孟古哲哲虽然也是正宫（第三任大福晋），但她娘家叶赫部后来与努尔哈赤交恶，爆发大战。

叶赫部被后金攻灭，首领金台吉（孟古哲哲之兄）惨遭缢杀，死前留下诅咒，说他叶赫部的后代即使只剩一介女子，亦必覆灭建州女真。

所谓建州，即后金的女真族人生活的区域“建州卫”，隶属于明朝的辽东都指挥使司。

金台吉如果穿越到三百年后，会欣慰地发现他说的这个人叫慈禧。

四十七、开国洪业

舅舅与爹仇深似海，自然会影响皇太极在爱新觉罗家的地位。但即使没有这一消极因素，皇太极的基本盘也并不突出。

他的正白旗虽和代善的正红旗一样，有25个牛录，但代善的长子岳讬是镶红旗的旗主，又有26个牛录。换言之，皇太极的实力只有代善的一半。

事实上连阿敏的镶蓝旗都有33个牛录（阿敏倒台后转给其弟济尔哈朗），皇太极的牌只比莽古尔泰稍好（多4个牛录）。

由此观之，“四大贝勒”（代善、阿敏、莽古尔泰、皇太极）里年纪最长、实力最强的是代善，且其地位最尊，乃仅次于嫡长子褚英（努尔哈赤的第一子，由原配佟佳氏所生）的嫡次子，在褚英被努尔哈赤处死后是当仁不让的汗位继承人，为何后来甘居皇太极之下？

其实代善之前当过“储君”，但因跟阿巴亥（努尔哈赤的第四任也是最后一任大福晋，比代善小七岁）闹绯闻以及伙同继室虐待自己前妻生的儿子，被愤怒的努尔哈赤给废了，政治生涯提前结束。

两任接班人（褚英、代善）均不给力，努尔哈赤开始觉得像他这么优秀的国君估计是后无来者了，强迫自己的傻儿子独裁，恐怕只会“恃力自恣，获罪于天”，最终危及他所开创的事业。

因此，努尔哈赤替子孙设计了一套“八王议政”的制度，即由四大贝勒和四小贝勒（指阿巴亥的三个儿子阿济格、多尔衮和多铎，以及努尔哈赤最爱的侄子济尔哈朗）共商国是，集体决策。

按努尔哈赤的构想，这八个人在他死后会各领一旗并推举出一个新汗。新汗主持外交和军事，协调旗主之间的矛盾，但各旗彼此独立，互不干涉。而且，大汗若不称职，其他七人有权罢免之。

这套原始的“邦联制”并未成文，也未形成“宪法”，只是努尔哈赤与一众子侄的口头约定。这就给后来的争权夺利埋下伏笔。

阿巴亥与代善的丑闻曝光后，被努尔哈赤休弃。为免家丑外扬，公开的罪名是“私藏金银”。

之所以性命无忧，一是阿巴亥确实漂亮，二是她的三个儿子都还年幼（努尔哈赤死时阿济格不过 21 岁，多尔衮只有 14 岁，多铎才 12 岁）且深受努尔哈赤宠爱。

为了哥儿仨将来不受欺负，努尔哈赤做了苦心孤诣的安排。

首先，从自己率领的两黄旗共 65 个牛录（正黄旗 45、镶黄旗 20）中拿出 45 个，一分为三，阿济格、多尔衮和多铎各占 15 个。

其次，剩下的 20 个牛录作为自己的亲军，死后全部交给多铎。将来阿济格就是镶黄旗旗主，多铎就是正黄旗旗主。

最后，把杜度（褚英之子）的镶白旗（共 15 牛录）调到自己名下，死后交给多尔衮。

根据努尔哈赤的规划，等他百年之后阿济格有 15 个牛录，多尔衮有 30 个牛录，多铎有 35 个牛录，合计 80 个牛录，占八旗总兵力的近 40%。

也就是说，除非四大贝勒联手，否则三兄弟无人能敌。

问题是四大贝勒彼此戒备，联合的可能性极小，军力最强的代善还曾被交办一项任务，即等努尔哈赤过世后，他要承担起“长兄如父”的责任，保护阿巴亥，抚养未成年的多尔衮和多铎。

正是这一决定让阿巴亥的心思活络起来，主动接近新靠山代善，提前预热，以免丈夫死后孤儿寡母任人欺凌。

当然，她也没在一棵树上吊死，替代善“洗手作羹汤”（备办饭食）的同时还不忘送皇太极一份。

皇太极的反应是接受但不吃——既没驳阿巴亥的面子，也给自己立了个“避嫌守礼”的人设。

然后转头就唆使努尔哈赤的小福晋德因泽告发阿巴亥同代善“不得不说的二三事”，比如深夜出宫找代善，比如聚会时打扮得花枝招展与代善眉来眼去。

皇太极之所以这么急，在于他意识到再不把水搅浑，代善将与阿巴亥的三个儿子越走越近，结成牢不可破的联盟，日后的权力角逐便没他什么事了。

事实证明皇太极的直觉很准，因为努尔哈赤临死前想把汗位传给多尔衮。

当然你会问，为什么不是已成年的阿济格或拿到正黄旗的多铎？

的确，阿济格比多尔衮大七岁，国赖长君，由他接任大汗自然更稳当。可惜他是个莽夫，只适合带兵打仗。

多铎呢，年龄太小，即使获赐最尊贵的正黄旗，显然也不适合当汗。但他跟多尔衮从小一块儿长大，唯其马首是瞻，所以多铎拥有的就相当于多尔衮拥有的。

由此不难洞悉努尔哈赤的意图：树大招风，为了能多给多尔衮资源却又少拉仇恨，不得不让多铎代持最核心的“股份”，掩人耳目。

问题是皇太极又不傻（掌权后人称“聪明汗”），看到阿巴亥遭惩没多久就被努尔哈赤恢复了大福晋的身份，立刻明白自己的路还长。

根据朝鲜史料的记载，努尔哈赤临终时留有遗言，命多尔衮继汗位，代善摄政。

虽说没有旁证，但很多学者都倾向于认为此事为真。

于是代善面临人生中最艰难的选择：是否遵照遗命，把多尔衮扶上马，送一程？不管他怎么想，以岳托为首的儿子们坚决反对。

从岳托的立场出发，账不难算。

首先，他爹跟别的女人搞破鞋，对不起他妈，他能对破鞋的儿子有好感？

其次，代善因为这一污点，再也无法染指汗位，而岳托作为其长子，自然深受牵连，心中愤恨，可想而知。

最后，代善跟阿巴亥的背德传闻都流传至今了，当时只会更火爆，你猜等多尔衮翅膀硬了会不会旧账重算？匹夫无罪，尚且怀璧其罪，代善父子的两红旗加起来超过 50 个牛录，不搞你搞谁？

也许正是第三条打动了代善，使其接受了岳讬的规劝，放弃多尔衮，拥立皇太极。

对代善而言，皇太极是必然的选择，因为四大贝勒里阿敏是堂弟，莽古尔泰缺乏政治头脑，而皇太极弓马娴熟，战功赫赫，还精通蒙文与汉文，是努尔哈赤的儿子里唯一既能说汉语也能写汉字的。

更重要的是，他的正白旗只有 25 个牛录，即使日后闹掰，也比实力雄厚的多尔衮三兄弟好控制。

讽刺的是，代善算来算去，竟不知德因泽揭发自己和阿巴亥，正是受皇太极的指使。

由此观之，“天聪”（皇太极后来的年号）不是白叫的。

合作谈妥后，代善与皇太极假传努尔哈赤遗旨，逼阿巴亥殉葬。

阿巴亥见反抗已是徒劳，与四大贝勒做了笔交易：自己赴死可以，但无论谁当大汗，都不能剥夺她三个儿子的领旗。

该条件能顺利通过，一是代善较为宽厚，搞人殉已经挑战他的良知，让他罔顾努尔哈赤的嘱托，压迫幼弟，他干不出来（当然也为防止皇太极独大留了一手）；二是将阿巴亥的诉求引申出去，确立了“大汗不能随意剥夺他旗牛录”的原则，对大伙都有利。

阿巴亥一死，失去依怙的阿济格、多尔衮与多铎没有了共同的纽带，势力锐减。

最大的赢家无疑是皇太极，因为连德因泽都被阿巴亥拉着一起给努尔哈赤陪葬了，代善将永远不知道是谁暗算了自己。

当然，即使有代善父子的支持，汗位也不那么容易到手。阿敏就曾带头发难，遣人知会皇太极，说推你为君倒也可以，但你须容我出境谋生。

意即要带着他的正蓝旗自立门户。

皇太极后来回顾这次危机时说：

> 吾若许其出境，则两红旗、两白旗、正蓝旗亦可越境出外谋

生。如此国将不国，我为谁君？吾若从其请，则国家分崩矣。[1]

最后还是代善提出的折中方案说服了所有人：皇太极继承汗位，比他年轻的宗族成员都要向他宣誓效忠。作为回报，皇太极则要向比他大的三位兄长（代善、阿敏、莽古尔泰）当众下拜。在正式场合，四人并排同座。

然而，平衡是脆弱的，共治是不可能的。

因为连投资人都懂得一个基本的原则，即不去投四个合伙人各占25%股份的公司。

1. ［美］魏斐德著：《洪业：清朝开国史》，江苏人民出版社2003年版，第46—47页。

四十八、渴不饮盗泉水，热不息恶木荫

莽古尔泰为其鲁莽付出了惨痛的代价，先被囚，后暴死。

但这都是后话，皇太极彼时还顾不上清理门户，因为明军的援兵已到，统帅是吴三桂的父亲——总兵吴襄。

按说另一路援军也该到了，但领军的总兵宋伟以“所部乃步兵”为由替其行军缓慢开脱，气得丘禾嘉上疏弹劾宋伟“观望不前”。

如果说宋伟是观望不前，丘禾嘉就是左右徘徊。

筑城大凌河，朝廷最初是支持的，但随着兵部尚书梁廷栋下台，非议日盛，最后“大凌荒远，不当筑城”的观点占据上风，丘禾嘉顶不住压力遵旨撤了一部分兵回山海关（“观察家”们认为防守重点应放到蓟州一线）。

眼见工期必误，孙承宗提出把军粮散了，让大凌河守军全部回防锦州，以免资敌，可丘禾嘉又不同意。

这种似战非战、似守非守的态度传染了吴襄，使他在等到宋伟后拒绝出战，说大凌河城的两万人马既然不能突围而出，锦州这两万援兵想必也是无法杀入重围的。

崇祯气不打一处来，严令孙承宗与丘禾嘉速解大凌河之围。

于是孙承宗手捧尚方剑，带着崇祯遵其所请命太仆寺调拨的良马两千匹，抱病从山海关驰赴锦州，同时动身的还有由太仆寺少卿张春统领的一万多援军。

吴襄和宋伟似乎有了信心，遣师东进。

皇太极已做好围城打援的准备，分兵设伏，两次击退明军，活捉游击一员，获马二百余匹。

祖大寿也没有作壁上观，见后金的注意力转移，立刻遣军出城，企图夺回被金兵占领的台堡。

虽未得逞，但也干掉后金多员猛将。

不久，吴襄、宋伟亲率七千人马再次增援，皇太极也主动出击，剑指锦州，想一举将丘禾嘉打怕，不敢再袭扰金军。

中途，皇太极命各部暂驻，自己与多铎率二百骑兵至前线察看地形，在小凌河对岸发现明军。

兴奋的皇太极全身披挂，手持长枪，带领这股亲随飞马渡河，直冲敌营，将35倍于己的明兵杀得大乱，使他们狼狈逃回锦州。

当然，混战中，后来大杀四方的多铎也马失前蹄，差点被擒。

震慑住丘禾嘉后，皇太极腾出手来对付祖大寿。见其缩头不出，乃设计引诱。

他派一队佯兵穿戴汉装，暗中朝锦州方向移动，走到半途便即折返，然后发炮树帜，骤马扬尘，使祖大寿误以为援军又至，乃点齐兵马出城，想趁势收复台堡。

皇太极已事先携精锐伏于山中，见祖大寿中计，立刻腾跃而下。

明军大败而归，从此闭门不出。

抵达锦州的孙承宗见丘禾嘉督战不力且已被皇太极吓破胆，而自己又年迈不能上阵，遂命张春为监军，同吴襄、宋伟合兵后共计四万人马，与金军一决雌雄。

出战前，吴襄又生幺蛾子，对左右说自己替祖大寿算了一卦，算出他近日有难，故必须推迟出兵，等“难星”离开其命宫，否则师出不利。

吴襄是祖大寿的妹夫，不知道他水深火热的大舅子听到这番话后是何心情，反正到营中催战的孙承宗怒了，挥舞着尚方剑要砍人，吴襄这才发兵。

明金两军在距大凌河城15里处的长山对阵。

火箭呼啸，矢下如雨。重炮轰鸣，声震天地。吴襄支撑不住，率先逃奔，其部遂溃散。宋伟独木难支，也败下阵来。

溃军逃往锦州，被埋伏在要道上的金兵歼灭。

尚可一战的唯余张春。他稳扎稳打，摆出防御阵型，将大炮四面排列。

皇太极令骑兵分两翼正面突击，但因炮火猛烈，未能破阵。于是又命佟养性把炮队开到明军东侧。一时间弹丸如雹，张春部伤亡剧增。

这时，西风骤起，张春以为天公开眼，立命士兵纵火，烈火朝佟养性的炮兵阵地席卷而去。

可惜，张春还没来得及额手相庆，风向便突然逆转，火舌反扑明兵。

皇太极乘势率骑兵冲击，明军全线崩溃，张春与三十多位将领遭俘。

这些人被押到皇太极面前，依次叩拜，唯独张春坚决不跪。

皇太极大怒，从护卫手中夺过弓箭，欲将其射死。经代善劝解，他渐渐消气，还用珍馐款待张春。

奈何张春不为所动道："忠臣不事二君，礼也。我若贪生，亦安用我？"

然后绝食求死。

三天后，皇太极探访，亲赐张春酒食，终于将其感动。尽管如此，张春仍拒绝按习俗剃发，遂被皇太极关进一座喇嘛庙，至死也没屈服。

援兵既绝，大凌河城也弹尽粮绝，已至"杀人相食"的地步。

皇太极命归降的汉官前去招降，被祖大寿以"不必再来，宁死不降"打发。

这已是皇太极第五次劝降失败。

为打消祖大寿的疑虑，他耐心回应其关于后金杀降且屠戮辽东汉人的指责，说："夫我国用兵，宜诛者诛之，宜宥者宥之，酌用恩威，岂能悉以告尔？至辽东人被杀，是诚有之，然心亦甚悔。其宽宥者悉加恩养，想尔等亦已闻之矣。"

同时，皇太极还在信中举出不少满族贵胄因违反禁令擅杀汉俘而遭惩处的例子，并软硬兼施道：

> 今大凌河孤城被困，我非不能攻取，不能久驻，而出此言。但思山海关以东，智勇之士，尽在此城。或者，荷天眷佑，俾众将军助我乎？若杀尔等，于我何益，何如与众将军共图大业？故

以肝膈之言，屡屡相劝。意者尔等不愿与我共事，故出此文饰之言耶？[1]

将完祖大寿一军后，皇太极又建议他遣使至后金营中缔盟，后金也遣使至城中缔盟。

皇太极如此煞费苦心，固有惜才的因素，但更重要的原因是粮草逐渐不支而附近又没有可供抢掠的村镇，无法就地筹饷，故指望大凌河城早竖白旗。

而祖大寿似乎早已洞悉后金弱点，铁了心要跟皇太极比一比谁更扛饿，故久无回音。

于是，台堡中最大的一座——鱼子嶂台遭到猛攻。

连轰三日后，台中守军死伤惨重，参将王景率众出降。

攻克鱼子嶂台不仅让后金缴获了可供一月之用的粮草，更使其余各台的守将闻风丧胆，或降或走。

与之相对，大凌河城已成炼狱，战马只剩三十四，士兵从杀夫役为食到杀商贾为食再到杀羸弱的同袍为食。

皇太极得知此情，发动第七次招降，系书于矢，射入城内，告谕明兵：

或因误听尔官长诳言，以为降我亦必被杀。夫既降我，即我之臣民，何忍加以诛戮！况诱杀已降，我岂不畏天耶？[2]

皇太极大可不必呼天喊地，因为力竭技穷的祖大寿降志已决，命人将亲笔信射出，要求金军派使。

后金使团来到大凌河城下，提出明方须交一人质，金使方才入城。

为表诚意，祖大寿的义子祖可法由城上缒下，随使团回营，受到岳讬的礼遇。

1.《清实录》第2册《太宗文皇帝实录》卷十，中华书局1985年版，第137—138页。

2.《清实录》第2册《太宗文皇帝实录》卷十，中华书局1985年版，第139页。

金使再赴大凌河城，却没见到祖大寿。原来，明军高层此时吵得正欢，以何可纲为首的反对派拒绝投降，理由很充分：

> 汗非成大事之人，得永平先回，又屠永平人民。我等若降，纵不杀，亦必回军，我等安归？[1]

何可纲的质疑很现实：他们这些人的家眷都在锦州，纵使皇太极真心招降，下一步呢？抛妻弃子随他去沈阳吗？

几番试探后，皇太极终于明白：祖大寿归降的前提是后金要继续攻打锦州，让大凌河城里举棋不定的将领心安。

问题是后金给养有限，一旦纳降又要平添几千张吃饭的嘴，根本无力攻打锦州。皇太极想来想去也只能把皮球踢回给祖大寿，派人传话道：

> 我既招降尔等，复攻锦州，恐我兵过劳，难图前进。尔等降后，锦州或以力攻，或以计取，任尔等为之。[2]

祖大寿立即复书皇太极，拿出方案：

> 我欲令一人，潜入锦州，侦吾弟消息，倘被执讯，诘出虚实，为之奈何？或我亲率兵，诈作逃走之状何如？[3]

这是试探皇太极敢不敢放他回锦州，赚开城门。

皇太极当然心里没底，但祖大寿在出降之日给他吃了颗定心丸——把誓死不降的何可纲推出，于后金营前斩首。

搞这么一出，诚意瞬间拉满。毕竟大凌河城自祖大寿以下，副将衔

1.《清实录》第 2 册《太宗文皇帝实录》卷十，中华书局 1985 年版，第 140 页。

2.《清实录》第 2 册《太宗文皇帝实录》卷十，中华书局 1985 年版，第 141 页。

3. 同上。

的高官虽还有孙定辽与张存仁等人，但论资论功，均不如何可纲。

毕竟，袁崇焕曾说：

可纲仁而有勇，廉而能勤，事至善谋，其才不在臣下。[1]

这就涉及一个聚讼不休的历史谜团：祖大寿究竟是与何可纲联手，包羞忍辱地演了出苦肉计以便诈降，还是牺牲同僚、谄事后金的败类？

两者都很有戏剧性，可惜均非真相。

此时的降是真降，因为已战至山穷水尽；后来的叛也是真叛，因为形势比人强。

何可纲死后，孙定辽和张存仁携一众军官代表祖大寿出城，与皇太极对天盟誓，内容无非后金不得杀降，降者不得叛逃。

对祖大寿的礼遇则史无前例。

当晚，众贝勒出营一里，隆重接引。

汗帐前张灯列炬，皇太极出幄相迎，与祖大寿行抱见之礼。入内后，皇太极让祖大寿坐到自己身边，亲自为他金杯盛酒，又赏其御用之狐帽、貂裘和白马。

开宴入席时，祖大寿的座次仅居代善之下。

皇太极赞同祖大寿计取锦州的方案，并命多尔衮率四千金兵，扮成明军的模样随其一起混入城内。

行动当晚，大凌河城大放空炮，锦州方面听见隆隆巨响，以为祖大寿突围成功。

祖大寿与三百名亲随佯装溃奔，可那假扮汉人的四千金兵却因大雾弥漫而失散，袭取锦州的计划失败。

翌日，返回大凌河的祖大寿又出一计：他带少许人徒步赴锦州，诈称溃围而出。待入城后设计除掉丘禾嘉，开门献城。

---

1. ［清］张廷玉等：《明史》卷二百七十一《列传第一百五十九 · 何可纲》，中华书局 1974 年版，第 6965 页。

站在皇太极的立场，祖大寿一旦鱼入大海，叛变易如反掌。

不过他并不担心。

在跟诸贝勒私下商议时，皇太极认为此事一本万利，值得冒险，因为祖大寿的长子祖泽润、次子祖泽溥、侄儿祖泽洪和养子祖可法全在后金营中，祖大寿去而不返的代价很大。

于是双方约定：若皇太极听到信炮声，说明祖大寿已顺利入城；两日后若再听到信炮声，说明大功告成。

可惜，祖大寿携二十多人奔还锦州后，皇太极只听到第一声炮响，第二声再也没有响起过。

也许就在看见丘禾嘉的那一刻，祖大寿改变了心意——以祖家在宁远殷实的家业和祖大寿的名望，变节谈何容易。

很快，皇太极迎来一个替祖大寿传话的：

> 我前日仓卒起行，携带人少。锦州兵甚众，未及举事，将从容图之。[1]

五天后，又一个使者替祖大寿递话，说相约之事，难以骤举，因为敌众我寡；另外，丘禾嘉已起疑（这倒是实话），只能先潜伏下来。

由于信使有被捕的风险，祖大寿建议先断联一年，并期望：

> 皇上悯恤归顺士卒，善加抚养，众心既服，大事易成。至我子侄等，尤望皇上垂盼。俟来年相会，再图此事。[2]

来年相会客套矣，再见已是十年后。

皇太极明知祖大寿毁约，还是恭敬地回信说粮草匮竭，难以久留，只能暂归沈阳，牧养马匹，整饬器械，以候将军信息。

1.《清实录》第 2 册《太宗文皇帝实录》卷十，中华书局 1985 年版，第 143 页。

2.《清实录》第 2 册《太宗文皇帝实录》卷十，中华书局 1985 年版，第 144 页。

至于计策成与不成，已不重要，只要你“速与回音”。而你的子弟，“我自爱养，不必忧虑”。

拳拳之心，殷殷之情，祖大寿却不再回复。皇太极遂下令将大凌河城摧毁，携缴获的大小火炮三千多门班师回朝。

此役，后金最大的收获并非战利品，而是孙定辽、张存仁等一批经验丰富的战将。从此，辽东的战事演变为汉人打汉人，后金以彼之道，还施彼身。

四十九、昙花一现的“赛先生”

孙承宗的不败神话破灭，连疏求退。

崇祯为平息朝议，准其归籍。

丘禾嘉亦于次年被罢，虽然他将祖大寿曾投后金之事如实上奏，但崇祯难得理性了一回，仍命祖大寿把守锦州，替大明守门。

辽东战火方熄，一海之隔的山东半岛又祸起萧墙。说到底还是连锁反应。

大凌河城被围时，登莱巡抚孙元化派参将孔有德率八百骑兵北上救援（本来命其渡海上岸，抄后金后路，奈何遭台风吹回），结果途经山东与河北交界处的杂技之乡吴桥（今河北吴桥县）时爆发兵变。

孔有德祖籍山东，铁岭矿工出身，当过海盗，后投皮岛总兵毛文龙，与义兄耿仲明、辽东军户尚可喜一道，被毛收为养孙。

皮岛位于辽东半岛的东侧，靠近朝鲜西海岸，北上登陆即可袭扰后金后方，是皇太极的心腹大患，用东林党人姜曰广的话说，二者的关系好比人与跳蚤，“撮之则无处着手，听之则吮肤不宁”。

毛文龙自恃牵制后金功莫大焉（事实也的确如此），跟他的徒子徒孙不免有些张狂（在袁崇焕看来就是尾大不掉的军阀）。宁完我曾蔑称孔有德、耿仲明与尚可喜为“三矿徒”，认为他们不过是一伙缺乏军事才能的强盗。

但强盗也是讲感情的。

毛文龙被袁崇焕诱杀后，副总兵陈继盛执掌皮岛。陈继盛虽是毛文龙的心腹，但袁崇焕离岛前已在军中安插自己的眼线，以分其权。

孔有德、耿仲明认为毛文龙死得太冤，心怀怨恨，率部出走，投靠刚接到任命的登莱巡抚孙元化，随他南下去了登州。

站在孙元化的立场，此行正是用人之际，而孔、耿二人熟悉水战，还操作过佛郎机（嘉靖初年被明军缴获并成功仿制的葡萄牙速射炮，口径小但射速高），是不可多得的良将。

对孔有德和耿仲明来说，投孙也是最好的选择，因为以皮岛为治所的东江镇（下辖皮岛及其周遭诸岛，故“皮岛总兵”只是俗称，准确的说法是“东江镇总兵”）归登莱巡抚节制。

天启初年，为支援辽东和孤悬海外的皮岛，山东的登州与莱州地区被划出来单设巡抚，驻地在与辽东半岛隔海相望的登州府。

袁崇焕督师蓟辽后，登莱巡抚被裁，东江军的物资从此通过宁远转运，皮岛的给养掐到了蓟辽督师手中。

袁崇焕下狱后，被《明史》评为“凶狡好乱”的皮岛参将刘兴治发动叛乱，杀了陈继盛，准备投后金。

刘兴治与他副将衔的哥哥刘兴祚就是袁崇焕在皮岛打下的“锲子”，用以制衡陈继盛。

刘兴祚在“己巳之变”中奉命驰援永平，利用自己懂满语的优势率部假扮金兵，突袭金军营地，大获成功。

皇太极暴怒，调集大军连夜追击，杀死刘兴祚并活捉其弟刘兴贤。

对这样一个妥妥的抗金烈士，陈继盛在上奏中极力抹黑，说自己接到谍报，刘兴祚已“诈死从贼”。

毁掉其朝廷恩恤后，陈继盛又检举说刘兴贤给他哥刘兴治来信，帮皇太极实施策反。

这倒是实情，且刘氏兄弟原本就是从后金那边叛逃过来的（刘兴祚原名“刘爱塔”，乃努尔哈赤爱将），再叛一次亦非难事。

鉴于“刘兴治已向皇太极约降”和“朝廷即将对刘兴治动手”的传言日甚一日，刘兴治索性借给刘兴祚治丧之机，将前来吊唁的陈继盛等高层杀害并立即联络皇太极。

刘兴治的问题在于，他虽控制了皮岛，但命人攻打东江镇其余诸岛时屡屡失利。为稳住明廷，他不得不派人赴京请罪，控诉陈继盛。

崇祯采纳兵部尚书梁廷栋的建议，承认既定事实，授予刘兴治副将之职，并颁赐东江将士饷银。暗中则调兵遣将，恢复登莱巡抚的编制，命孙元化率数千辽军赴登州上任，训练水师，加强海防。

威逼利诱下，实力不济的刘兴治只好面对现实，接受朝廷钦差的宣慰，等待新任的东江镇总兵抵达。私下则继续与后金通款。

就这么眉来眼去了大半年，皇太极失去耐心，质问刘兴治为何要脚踩两只船？

刘兴治诉苦说自己不能完全服众，且需朝廷粮饷养活岛众。

为有个交代（毕竟刘母和弟侄均在后金），刘兴治与同伙策划叛逃，杀害不从的将校，包括参将沈世魁一家。

沈世魁是毛文龙的岳父，幸免于难后找到副将张焘，组织反扑，将刘兴治及其党羽反杀。海峡对面的铁山，拨船接应的佟养性部被明军发现，战败而逃。

皇太极见计划落空，下令将刘氏一家幼子尽诛杀，妇女为奴，赦免了他们的老母，使其终养天年（以免再次复叛）。同时，东江新乱，人心不定，皇太极认为正是趁火打劫的好时机，乃发动皮岛之战。

此时的东江镇总兵是新上任的黄龙，他命张焘为主帅，痛击不谙海战的后金。

是日也，战舰蔽海，硝烟四塞，一后金将领两腮中弹，用头巾裹着被打烂的脸颊，刚载到陆上就死了。

战后，举目四望，只见扶伤盈路，死尸累累，杵橹俱漂，草木浑腥。

张焘乘胜追击，炮轰后金沿海防线，葡萄牙的火器顾问公沙·的西劳亲自指挥发炮。

金军溃而复合，合而复溃，死伤近千，畏缩到八十里外，不敢复近海岸。

崇祯元年（1628年），澳门军官公沙·的西劳带着30多人（其中葡人十名，余者或为在澳的中国籍翻译、修士，或为来自殖民地的印度人、非洲人），携10门大炮和30多条鸟铳，启程赴京。

由于红夷大炮的优异表现，“购西铳，募炮师”的战略在天启年间加快了进程。

兵部在京营挑选健卒，跟南来的葡兵学习炮术，学成即分派至关外据点，组建炮营。一门杀敌最多的大炮获封“安国全军平辽靖虏大将军”，一时间风头无两。

公沙·的西劳即在此背景下北上。

行至山东，恰逢“己巳之变”。闻变疾驰的公沙部在京师附近撞上金军，退守涿州，结果十门大炮和三十来人竟把一路如入无人之境的后金铁骑轰得掉头北窜。

京城之围解除后，公沙部抵京赴命，名声大噪，随行的葡人里一个年届七旬的传教士陆若汉乘势提出一项更庞大的计划：招募葡兵，自成一军，出关收复辽土。

崇祯见葡人有心报效，成本也可以接受，便愉快地答应了。

次年，公沙率一支四百多人的炮队从澳门登船出发，一部比《阿拉伯的劳伦斯》还像史诗的“冲奥”大片眼看就要上演。

结果朝廷幡然变计，下旨停召葡兵，已经发下去的工资也不要了。

原来，自徐光启呼吁购炮募兵以来，反对的声音就没断过。除“夷心叵测”之类的陈词滥调外，还夹杂着地方官的利益纠葛——澳门事务向由广东全权处理，而葡兵同北京直接联系后粤省就失去了这一垄断地位，官员侵渔中饱的机会也随之消失。

正因如此，广东籍的京官攻徐光启尤为卖力。

歧说纷呈中，多疑的崇祯变卦，公沙部就地解散，公沙·的西劳与陆若汉等葡人被登莱巡抚孙元化收编，驻防登州，并随明朝水师参加了皮岛海战。

海战的失败让皇太极切实感受到热兵器的威力，一个月后的大凌河围城战中，佟养性的炮兵发挥重要作用。

相比于张焘，佟养性对火器的认知水平只有小学程度。

因为张焘的老师是与徐光启齐名的科学家李之藻。

李之藻曾同利玛窦合刊《坤舆万国全图》，与徐光启、汤若望修历、译书（包括《几何原本》），他还是《大秦景教流行中国碑》（世界考古发现史上的“四大名碑”之一，介绍基督教在唐朝的传播情况）出土后首个撰文力陈其价值的学者。

明政府的第一批红夷大炮，正是李之藻受徐光启委托，派张焘去澳门押运回北京的。

平心而论，张焘虽写过一本《西洋火攻图说》，但跟孙元化比起来，他对火器的理解也只有中学程度。

举人出身的孙元化早年从徐光启学西学，加入天主教，是明代首屈一指的火炮专家，著有介绍西洋火器的《西法神机》。

而徐光启，则是晚明的袁隆平。

有一年他丁忧离京，返沪后听说东南沿海从南洋引进了一种耐旱耐瘠、充饥管饱的作物，名曰“甘薯”，于是托一位福建客商带来种子，在上海试种。

经过几轮试验，徐光启终获成功，并发现甘薯的单位面积产量很高，遂向全国推广。

从此，老少边穷地区的贫民有了救荒的口粮，中国人口也从明末的四五千万跃升至乾隆年间的两三个亿。

作为孙元化的数学老师，徐光启传授的不单单是算法和公式，而是古代中国几乎不可寻的数学思维。

事实上，《周髀算经》和《九章算术》古已有之，但它们都是重“术”而轻“道”的运算工具，并没有透过现象去总结经验事实内在的数学原理。

徐光启的贡献不只是翻译并诠释了点、线、面、体、锐角、直角和钝角等术语，还将数学作为丈量万物的尺度，提出与伽利略的“（宇宙）这部著作是用数学语言写成的”相呼应的观点：

盖凡物有形有质，莫不资于度数故耳。[1]

运用数学这套定量分析的客观方法，徐光启对田赋、人口和宗禄问题的判断比同时代的文科生精准百倍，还写出《农政全书》这种实证研究的杰作，提出“精准灌溉不仅可以抗旱，还能改变地区小气候，增加降水量”的洞见，充满“一切用数据说话”的科学精神。

受其影响，务实的孙元化在辽东协助孙承宗和袁崇焕筑城制炮，把后金骑兵轰得天旋地转，还把努尔哈赤炸了个重伤不治。

巡抚登莱后，孙元化重用以公沙·的西劳为首的葡萄牙炮兵队。

这些洋顾问带来了“铳规”与“铳尺”，使炮兵的射击更精确。此外，他们还替明朝培养了包括孔有德、耿仲明在内的最后一批火炮专家。

孙元化喜欢收留辽人，任用辽将，但这并不符合当时的主流舆论。

由于偏见，回到关内的辽人经常遭到排挤，地方官民认为他们与辽东叛将有旧，身份暧昧。

随孔有德入鲁的东江兵就饱受此等非议，同山东兵严重不和，给“吴桥兵变”埋下伏笔。

至于导火索，还是跟歧视有关——孔有德奉命增援大凌河时因遇大雪，停驻吴桥，粮草告罄。欲补充给养，没想到当地人却故意闭门罢市，结果一个饥卒跑到某大户人家抢鸡吃，被家丁告到军营。

该大户名叫王象春，乃钱谦益的同年，还是那一届的榜眼，官至南京吏部郎中，是《东林点将录》里的“天损星浪里白条张顺”，也是清初诗坛领袖王士禛的叔祖。

王象春因被阉党削职回籍，抑郁多年，已到垂死之际。

饶是如此，孔有德也开罪不起，不得不大张声势地捆打该卒，将其贯耳（古代刑罚，以箭穿耳）游街。

结果此人羞愤不已，潜入王家把告他的仆人给杀了。

1.［明］徐光启著:《徐光启集》，上海古籍出版社 1984 年版，第 338 页。

王象春的儿子大怒，要求严惩凶手。孔有德无奈，不得不将之正法。

士兵本就愤愤不平，见战友求一果腹而不可得，最后还人头落地，纷纷气炸。

恰巧一个叫李九成的毛文龙旧部，奉孙元化之命出塞买马，花光了公款却没买够约定之数，恐遭军法处置，南归途中遇上这么一出，干脆煽动军队哗变。

孔有德见压不下去，只好遵从李九成的胁迫，举起反旗，领着叛军杀回山东半岛，并连陷数城。

孙元化与山东巡抚余大成震怖不已，合计后决定大事化小，息事宁人。

于是，孙元化去信给孔有德，让他率部回登州，一切好商量。同时，命沿途州县不得出兵，还一再制止急欲发兵征剿的登莱总兵张可大。

孔有德看上去有听孙元化的话，因为他虽一路抢掠不断，但始终在朝着登州方向直线运动。

途中，他一度进入官军的伏击圈，却因"不准拦截"的命令，又大摇大摆地脱逃。

路过莱州时，曾经交厚的知府朱万年紧闭城门，严防死守，可见他已识破孔有德的伪装。

由于严禁山东军民同孔有德作战，袁崇焕的头号粉丝余大成（曾为袁崇焕免遭三族被夷而奔走，后又写了本《剖肝录》替偶像翻案）荣获"白莲督院"的称号。

其实，孙、余二人也有难处。

一是承平日久的山东兵不是孔有德从东江带来的虎狼之师的对手；二是朝廷杀了袁崇焕却一直不给被袁冤杀的毛文龙一个说法，官府理亏而叛军师出有名。

兵临城下日，图穷匕见时。孙元化如梦方醒，命张可大和一个老熟人迎战孔有德。

老熟人叫张焘，时任登莱副总兵。

孙元化信赖张焘并不奇怪，其师徐光启就曾推荐张焘之师李之藻任工部都水司郎中。可惜珠联璧合的佳话没能续写，因为张焘的部队里充斥着东江兵，跟孔有德有千丝万缕的联系，斗志堪忧。

果然，张可大败下阵来，而张焘的部属纷纷投靠孔有德。

孔有德让这些降卒混入登州，以为内应。

孙元化不察敌情，不顾张可大的反对，让已经从叛的散卒进城，结果耿仲明配合这帮人开门献城，使孔有德轻而易举地拿下登州。

耿仲明虽是孔有德的义兄，却也服膺孙元化，之所以义无反顾地当了带路党，盖因黄龙。

东江镇总兵黄龙素来贪黩，驭下苛急，不仅侵吞军饷，还逼饥肠辘辘的士兵上山挖参，导致他们屡遭金兵杀害，终于酿成哗变。

在都司耿仲裕的带领下，皮岛官兵把黄龙绑到演武场，割耳削鼻，并推沈世魁代之。

若非分守他岛的尚可喜率军赶回，镇压兵变，黄龙小命难保。

事后，耿仲裕被杀，其兄耿仲明被参，尚可喜则被黄龙提拔为游击。

黄龙参耿仲明（说他主使了耿仲裕之乱），针对的其实是孙元化，目的则是报仇（皮岛方乱时，孙元化弹劾黄龙“克扣军饷，以致兵哗”）。

他以为打击耿仲明可以殃及孙元化（孙收留并重用了耿），没想到耿仲明见崇祯听信黄龙的一面之词，派人来查自己，索性开门揖盗，把登州送给了义弟孔有德。

五十、欲买桂花同载酒，终不似，少年游

登州失陷后，张焘拒降自缢，顾宪成的学生张可大也杀妾自尽。

孙元化自刎未遂（天主教禁止自杀），被孔有德俘虏，在其逼迫下致书余大成，告以叛军要求和谈。余大成见事情闹大，只好上疏朝廷。

崇祯暴怒，将孙元化和余大成解职。

孔有德顾念旧情，放孙元化一条生路。

事实上放不放都一样，因为崇祯不可能放过孙元化。最后的结果是余大成充军，孙元化弃市（公开处斩，尸体示众）。

由于孙元化走过周延儒的门路，故周延儒为求自保，与徐光启一道上书救孙。可惜，崇祯非要杀，也不看看火炮的科技树已经断了（登州失陷时公沙·的西劳力战不退，除陆若汉率几个葡兵跳城墙逃脱外，葡萄牙炮兵队全灭）。

占领登州这个辽东前线的后勤基地后，孔有德一口吃成了大胖子（缴获大小西洋炮三百门），立即宣布成立军政府，推年长的李九成为元帅，自居副元帅，耿仲明则排第三。

此外，还有令人惊喜的收获，即登州城中的黄龙老母及幼子。

孔有德逼黄母以金簪招降黄龙，黄龙见簪后拜而不从；孔有德又设酒席诱降其十二岁之子，该子“即席大骂”，当场被杀。黄母也旋即遇害。

梁子越结越深，站队势不可免。很快，东江镇副总兵毛承禄（毛文龙义子）便率七千人马从海上登陆，投靠孔有德。

叛军攻克黄县，莱州知府朱万年抓紧备战，将城外的驻军和粮草悉数调入城内，清街设岗，加固城墙，等候新任的山东巡抚徐从治与新任的登莱巡抚谢琏。

按最初的安排，谢琏驻莱州，指挥作战；徐从治驻青州，供应粮草。

但徐从治觉得自己远离前线，不足以镇抚人心，故主动要求移镇莱州。

结果就是两个巡抚被困在同一座城里，以至于抵达青州的援军由于群龙无首而纷纷观望，拼死驰援的只有通州总兵杨御蕃。

杨御蕃在新城县跟叛军打了两日，败下阵来，突围至莱州，与徐从治、谢琏和朱万年分守东西南北四座城门。

叛军在炮火的掩护下挖地道，守军的对策则是在城墙附近埋设大缸，让盲人从中听出地道的方向后，派人在相应位置打洞，往道中灌水，淹死敌兵。

然而叛军并没有因此放弃挖地道，只是挖到城墙根便停手，把装满火药的棺材塞进去引爆，炸出几丈宽的缺口。

眼见敌兵蜂拥而入，守军倾倒沸油，再扔下火把，一时间烈焰冲天，惨叫连连，徐从治赶紧命人投下沙袋，堵住断墙。

入夜，徐从治遣敢死队摸出城去，捣毁叛军多座火炮。

还没来得及庆祝，朝廷钦差到了，宣布招抚政策，不许军民出战。

原来，兵部尚书熊明遇掐指一算，认为招抚尚有余地，便说服了崇祯。

熊明遇是上了《东林点将录》的人，曾同左光斗争佥都御史一职并败下阵来。此事加深了江西籍官员对赵南星、左光斗和魏大中的不满，导致傅櫆受章允儒指使参劾汪文言。

如果说孙元化的教训是“慈不掌兵”，那熊明遇的故事则告诉我们：何止不能掌兵，谈兵都危险。

徐从治三次上疏，力陈抚局无望，结果等来兵部侍郎刘宇烈。

作为钦命的平乱总指挥，刘宇烈抵达山东后整合了各路援军共计两万五千人，对孔有德展开——招降。

没错，刘宇烈也是鸽派。

孔有德借谈判之机，派人绕到明军后方焚烧辎重。刘宇烈闻讯大惊，拔营撤退，被叛军掩杀，一溃千里。

不久，徐从治也在守城战中被轰成了肉泥，可不明战况的崇祯居然还在幻想招抚，直至一个与耿仲明旧交甚好的辽将遭到杀害。

原来，该将写信劝降耿仲明，耿遂将计就计，献上假的孔有德人头，与其约降。该将携水军从天津（彼时只是一个军事据点，准确说法叫“天津卫”）奔赴登州，一上岸就被耿仲明斩杀，战船悉遭缴获。

然后孔有德故伎重演，向莱州城内喊话，说只要几位文武大员亲自出城宣诏，他们就投降。

对这种毫无技术含量的骗术，谢琏的反应是出城宣诏。

不是他脑子被炮弹震坏了，而是叛军实在势大，不仅从海上击退了黄龙的进剿，还在陆上攻克了招远县城。

再围下去，莱州就又要上演人吃人的传统剧目了，故谢琏死马当成活马医，怀揣一线希望，开门纳降。

谢琏与朱万年甫一出城，孔有德便影帝附体，跪在地上连道“死罪”。接着，他提出次日受降仪式时请杨御蕃一道出席。

杨御蕃也是行伍出身，久经沙场，自然不会上孔有德的当。于是翌日谢琏和朱万年再次出城，双双被捕。

叛军把朱万年押到阵前，令其喊降。

朱万年见身畔皆叛军精锐，乃客串明朝版《英雄儿女》，命城上士兵“向我开炮”，并高呼：“吾死矣，汝等宜固守！”

杨御蕃果断下令，炮声震天彻地。

叛军死伤累累，朱万年以身殉国，谢琏被押回登州囚禁。

消息传回北京，举朝恚愤。招抚的幻梦彻底破灭，熊明遇被撤职，刘宇烈也下了诏狱。

替崇祯终结噩梦的是一个叫朱大典的东林党。

此人长年担任闽官，屡挫荷兰人的侵扰，战斗经验丰富。

朱大典接任山东巡抚后，率两万多人的大军前去平叛。孔有德根本不怕——刘宇烈部有两万五千人，还不是被他耍成了二百五？朱大典算个屁。

孔有德可以藐视朱大典，但他不知道这两万人里有近五千个从关外调回来的辽东兵，身经百战。而指挥他们的悍将，也个个能征善战，比如祖宽（祖大寿家仆）、祖大弼（祖大寿之弟，因作战时喜欢大呼小叫，人称“祖二疯子”）、刘良佐（后为南明“四藩镇”之一，因常骑一匹杂色马，人称“花马刘”）和吴三桂。

叛军迅速败北，撤围而去，退守登州。

援军开至莱州城下，被骗怕了的守军竟不敢开门，以为又是孔有德的诡计。

幸亏监军太监高起潜派手下宦官入城宣诏，方才取信于杨御蕃——万事可造假，宦官假不了。裤子一脱，即见分晓。

几日后，援军在黄县斩敌上万，一举扭转山东半岛的局势。

登州者，始皇求仙之所也。三面环山，一面临海，城北与一座水城相连。

只要打开水城的城门，叛军便可泛海而走辽东。

说到底，登州固若金汤，还是孙元化的功劳。但讽刺的是，他呕心沥血营建的军港没能用来对抗后金，反倒成为孔有德的老巢。

面对退回登州凭险固守的叛军，朱大典颇感棘手。孰料，贼首李九成主动送人头——先是气呼呼地斩了谢琏，然后在城头督战，结果被祖宽一箭射死。

孔有德和耿仲明负隅顽抗，指挥炮兵与官军对轰，胶着了几个月，终因粮草不济，人心浮动。

当祖宽部攻克了水城的外围护墙时，担心海路被断的孔、耿二人如惊弓之鸟，连夜出逃。

他们带着叛兵及家属共计一万余人，乘坐百艘大船，冒着官军拦截的炮火突围而去，另留数千人断后。

登州旋即克复，残兵退入水城。

游击刘良佐命人潜入永福寺挖地道，一直挖到水城的城墙下，再用炸药把墙炸塌。

见水城易手，叛军最后的余部龟缩于海边丹崖山上的蓬莱阁。

朱大典的文人情怀发作，不忍破坏这座始建于北宋年间的名胜。

经他耐心劝降，叛兵被俘者千余人，投海死者四五千人。

五十一、一失足成千古风流人物

摊开地图，不难得出一个直观的结论：孔有德北遁，最有可能在辽东半岛伸入渤海的南端旅顺登陆，投奔后金。

自天启初年以来，旅顺反复易手，是明、金争夺的焦点。

孔有德败走时，旅顺属于东江镇，是明朝在辽东半岛仅存的堡垒。

黄龙已然在此恭候，重兵把守。

其实，孔有德最初也有在渤海内外找座大岛做武装割据的打算，可惜黄龙没给他这个机会。

面对血仇，黄龙一边用岸炮封锁近海，一边命尚可喜带兵追剿，导致孔有德无法在任何岛屿站稳脚跟。

水陆夹击下，叛军疲于奔命，连春节都是在海上过的，结果毛承禄被官军俘获，李九成之子李应元战死。

此时，西有黄龙追兵，东有朝鲜守军，北有皮岛劲旅，而为防走投无路的孔有德南逃，明廷甚至还调动了江淮（泛指淮河以南到长江中下游段以北的地区）水师。

四面楚歌的孔有德不得不放弃自立为王的野望，命心腹不辞辛苦地绕到辽东半岛西北部的盖州，悄悄登岸，与后金取得联系，请求归附。

皇太极接报，喜上眉梢，确认无诈后令阿济格与济尔哈朗率大军赴镇江（今辽宁丹东）接应。

镇江在辽东半岛的东北角，与朝鲜隔江相望。朝方接到明廷指令，发兵至鸭绿江，协助明军阻拦孔有德上岸。

然而当朝军和追歼孔有德的明军赶到时，才发现兵力对比过于悬殊，未发一矢便自行撤去。

派那么多人去接，足见皇太极重视。这也难怪，佟养性不久前去世，

S 级的火炮人才断档，而孔有德和耿仲明都受过孙元化与葡萄牙人的系统训练，还熟悉后金最不擅长的水战。

这样的人携一堆大炮、战船和精兵来投，换谁都兴高采烈。

山东之乱平定后，朱大典晋升兵部侍郎，诸将俱有赏赐。毛承禄被押解至京，寸磔而死。

胜是胜了，却没什么值得庆祝的，因为作为后勤与练兵基地的登莱地区被打了个稀巴烂，文武官员损失惨重，两个首犯也没落网，还给敌方输送了一批技术骨干。

反观后金，孔有德和耿仲明带来的不仅是坚船利炮，还有新的战略思维。从此，攻明从单一的陆战发展为水陆并进。而为了夺取制海权以及替孔、耿报仇，拿下旅顺便成为皇太极的又一个小目标。

崇祯六年（1633 年）的旅顺之战打得极为惨烈，明军战至“火药矢石俱尽”。

腐败官员黄龙总算大节不亏，三次组织反攻，见大势已去后写下遗诗“生前不爱五尺躯，死后惟有三尺剑”，把东江镇总兵的官印交给一部将，命其送往登州，并嘱咐道：“不能赴，即投诸海可也。”

部将离去后，黄龙身披重铠，与诸将迎接巷战，终因寡不敌众，在金兵的包围下自刎。

为攻克旅顺，后金付出了惨重的代价，但从此皮岛与山东的联系被切断，陆地支援唯余东邻朝鲜。

李朝（李氏朝鲜）立国只比明朝晚二十几年，前者一直对后者称臣纳贡。万历年间的“壬辰倭乱”中，明朝调集大军助朝鲜击退日本侵略者，进一步深化了双方的关系，可谓“恩同父子，义则君臣”。

努尔哈赤不信邪，居然幻想拉拢朝鲜，萨尔浒之战前曾多次致书其国君李珲。然而，李珲根本看不起“女真蛮夷”，还对其戒备重重，经常派人北上侦察后金动向。

不过，考虑到朝鲜历经战乱与党争，国力疲弱，两边都得罪不起，再加上一些私人恩怨（倭乱期间，李珲因其父王走避中国而留守摄政，主持大局，不仅万民仰赖，还建立了自己的班底。但他非嫡非长，王位一直不为明朝认可，很晚才得到册封），故自萨尔浒之战后，李珲一直保持中立。

暧昧的态度引起朝臣的不满，终于在1623年爆发政变，史称“仁祖反正”。

仁祖叫李倧，乃李珲之侄。

李倧即位后，李珲因“幽母杀弟”和“背叛明朝”等罪名被流放，朝鲜从此一心一意帮助宗主国，鼎力支持毛文龙开辟敌后根据地。

天聪元年（1627年），受“小冰期”影响，草原生态环境恶化（气候寒冷，湿度降低，牧草枯萎，土地沙化），后金爆发严重的粮食危机。

皇太极早就对李倧不爽，此刻又平添断粮的烦恼，于是怒而兴兵，一路势如破竹，连克义州、定州。

李倧在安州组织了近三万人殊死抵抗，仍不敌。金军打到平壤，百姓听说安州被屠城的消息，纷纷逃窜。

首都汉阳（今首尔）也人心惶惶，王室打算将江华岛作为避难地。

最终，在金军进至平山时，朝鲜主动请和，与后金约为兄弟之国，缴纳岁币，史称“丁卯胡乱”。

金军一撤，李倧立即上奏明廷，称与后金定约实属迫于无奈的权宜之计。

果然，朝鲜一面以边地残破为由拖延开启边境，一面千方百计地缩减对后金的岁贡。

与此同时，对皮岛的援助也没断（即使因毛文龙频繁索饷和抗金乏力，朝鲜内部对其颇多不满），只是为免激怒后金全部暗中进行。

及至毛文龙身死，东江镇日复一日的内讧、仇杀和由损公肥私导致的兵变终于让朝鲜对家门口的这帮明军日益厌烦。

同样烦躁的还有崇祯君臣。

崇祯固然痛恨擅杀毛文龙的袁崇焕，但他对毛文龙的评价也很负面：“悬军海上，开镇有年，动以牵制为名，全无事实。”

观感这么差，难怪崇祯上台后屡次遣人视察，将毛文龙虚报的十五万东江镇兵额硬砍八成，定编为两万八千人。

旅顺的陷落令皮岛军民大为恐慌，不是在逃跑就是在准备逃跑，东江镇副总兵沈世魁也与诸将讨论“弃岛西还”的方案，直至接到“升任总兵，坚守皮岛”的圣旨。

原来，尽管朝中主张放弃皮岛的声音不小，但崇祯权衡利弊后还是决意保留。

有意思的是，后金内部就是否一鼓作气攻取皮岛也形成对立的两派。

岳讬和德格类刚刚打下旅顺，自然主张顺势而下，一举扫平东江诸岛；而以宁完我为代表的汉族文官则认为后金的战略目标是山海关，切不可分心东顾，浪费时间。毕竟，皮岛只剩羸马弱兵和朽甲钝戈，地不可耕，人不可用，得之无益。

皇太极与宁完我不谋而合，但他还有更深一层的考虑，那就是订立了“兄弟之盟”的朝鲜。

当然，这种城下之盟非常脆弱，皇太极也清楚李倧一直小动作不断。但他仍旧试图稳住朝鲜，避免公开决裂，以便集中力量伐明。

因此，在给李倧的信中，皇太极告诉他自己不对皮岛用兵的原因：不想惊扰贵国边民，致误农业。

接着，又写信劝降沈世魁，一副不忍兵灾降临的腔调。

在皇太极看来，皮岛的明军既已陷入绝境，投降还不是指日可待？

但沈世魁显然不这么想。

同黄龙一样，沈世魁这人也很复杂（私德欠缺，大节无亏）。辽东商贾出身的他目不知书，只因生了个美若天仙的女儿，见宠于毛文龙，故在皮岛横行无忌，以至于给朝鲜使臣留下“状貌狞恶，言语凶悖”的印象。

黄龙死后，沈世魁成了东江镇的“土皇帝”，日益骄恣，基本不接见将官，成天驱使士兵破岩凿崖，给他盖官署。

但诡异的是，虽然三天两头就有官兵投奔后金，可无论皇太极如何诱之以利，沈世魁坚决不降。

当然你会说：这有啥奇怪的？去后金当个富贵闲人哪有占岛为王爽？

其实，日薄西山的皮岛还真没什么可爽的。

首先，粮饷全靠朝鲜接济，狼多肉少，日常饥荒；其次，沈世魁看上去作威作福，实则色厉内荏，因为阖岛上下有的是想割了他脑袋献给皇太极的叛徒；最后，由于私怨，东江镇仅存的骁将尚可喜也已被沈世魁给逼反。

尚可喜本来是最不可能反的，因为后金攻陷旅顺时其妻儿老小不是被杀就是自杀（尚可喜彼时驻防海上），标准的国仇家恨集于一身。

再往前翻还能发现，尚可喜之父尚学礼长年追随毛文龙，战功显著，后在跟金军交战时殉国，被明廷追赠“游击”衔。

毛文龙将尚学礼生前统率之兵交给尚可喜带，使其成长为胸藏韬略的智将。

尚可喜的智慧体现在大局观上，比如那场由耿仲裕牵头的兵变，若非他及时赶回，稳定军心，黄龙断无活路。

而在此之前，黄龙曾经窘辱尚可喜，两人颇有嫌隙。

风波平息后，尚可喜将黄龙迎回帅府，黄龙感慨道：“公大度，非人所能，且驭变定乱，济世才也。”

然而，得到某样的东西的同时必定会失去另一样东西，人生自古如此。

尚可喜稳住了皮岛的局势，却开罪了沈世魁。

原来，耿仲裕兵变的幕后主使不是别人，正是沈世魁。

黄龙兵败旅顺后，如愿当上岛帅的沈世魁着手反攻倒算，调已升副将并驻广鹿岛的尚可喜回皮岛，图谋杀之。

广鹿岛与皮岛相距甚远，尚可喜得令后立即动身，行至长山岛时大风骤起，被迫停下休整。

沈世魁急了，发檄催促，皮岛各营的军官也去信表示欢迎。

这么一搞，弄巧成拙，因为尚可喜注意到凡是跟他关系好的将领都没写信。

为刺探隐情，他秘密遣人先赴皮岛，获悉了沈世魁的阴谋。

事实上，尚可喜的忍耐力在武将里实属罕见。之前他奉命到登州助剿孔有德，不意遭遇飓风，船毁人亡，尚可喜跟部下漂流到赵家滩，被祖大弼的兵俘虏，险些当成叛军错杀。

换个人肯定毛发倒竖，尚可喜却并没有因此怪罪任何人。

直到沈世魁把他逼上梁山。

得知皮岛已布下天罗地网，尚可喜的心情堪比风雪山神庙里的林冲。他悲愤难抑，拊膺长叹道：

> 我束发行间，海上立功，血战十余年，父母兄弟妻子先后丧亡，出万死一生，计不过为朝廷追亡逐叛，而媢功嫉能之人，乃出力而挤之死地，今权归世魁，欲杀一营将，如疾风卷箨，特易易耳。大丈夫将扫除天下，宁肯以七尺之躯，俯首就戮乎？[1]

于是返回广鹿岛，遣人赴盛京（沈阳）请降。

皇太极大喜，先后派范文程与多尔衮千里相迎，自己也出城十里恭候。

同孔有德和耿仲明一样，尚可喜获准继续统领自己带去的两千将士，被皇太极赐名“天助兵”（孔、耿的部队叫“天佑兵”），荣宠备至。

自此，东江镇距全面崩盘只差一步之遥。

1. 孙文良、李治亭著:《明清战争史略》，江苏教育出版社 2005 年版，第 305—306 页。

五十二、人心似海，世事如烟

就在尚可喜决心叛明的同时，首辅周延儒被次辅温体仁搞下岗了。

两个心机 boy 在战胜共同的敌人后开始相互倾轧，首次公开决裂源于周延儒不顾温体仁的反对，强行出任崇祯四年（1631 年）的会试主考，违反了约定俗成的惯例。

会试主考一般由内阁次辅充任，因为首辅日理万机，无暇顾及。

当然这只是冠冕堂皇的说辞，真实原因无非政治平衡，防止一人之下的“宰相”桃李满朝，成为众多文官的座师。

而周延儒之所以不惜挑战规则，在于一股新兴势力已崭露头角。为稳固自己的基本盘，他势在必夺。

崇祯二年（1629 年），应社（代表人物为“开读之变”的运动领袖杨廷枢、顾炎武的族兄顾梦麟以及有“娄东二张”之称的张溥和张采）、南社（代表人物为“江上二沈”沈寿民和沈士柱）、匡社（代表人物为周钟和吴应箕）、几社（代表人物为陈子龙和夏允彝）等十几个文学社团在苏州召开“尹山大会”，宣布成立联盟“复社”，推“明朝版康有为”张溥为盟主，总部设在其老家太仓（苏州下辖县级市，又称“娄东”）。

复社以“东林后继”自任，鼎盛时社员数千，不是文坛健将就是宦海清流，其“遥执朝柄”的能量不亚于昔日的东林书院。

但据此认为复社就是作协、社科联与民主党派的综合体，也不准确，因为它最核心的定位其实是“科举重考小组”。

很多“做题家”加入复社既不是为了“兴复古学”（张溥的梦想），也不是为了“处士横议”，甚至不是为了“寻师觅友”，而是由于复社作为“公考补习班”升学率惊人。

理解了这一点，就理解了盟主为何是张溥。

诚然，张溥人望高，曾领导昆山人民驱逐保释回乡的前阉党骨干顾秉谦；张溥实力强，在尹山集会前已代表应社“控股”了南社和匡社。

但更重要的原因在于张溥能给莘莘学子带来实惠。

张溥有个大哥叫周钟，幼时号称“读破万卷”，写得一手锦绣文章，长大后同时是应社与匡社的核心。

《五人墓碑记》能入选《古文观止》，张溥必须感谢周钟的悉心指导。

事实上，周钟的本职是“时文大师”，即金牌公考讲师。

在他之前，江湖上有所谓的“陈艾章罗”，也就是公考培训市场上的四大名师陈际泰、艾南英、章世纯和罗万藻。

周钟一出，四人的追随者纷纷改换门庭。

讽刺的是，那些得周钟八股真传的人往往早登龙门，而周钟自己却一直奋斗到明朝灭亡的前一年才中进士。

当然，士子们已然见怪不惊——陈际泰一介秀才，不也从未影响他辅导举人考进士吗？

科举在明末已发展成一门玄学，连一个叫陈启新的武举人（明朝武举主要考骑马、射箭和臂力，笔试就默写《武经七书》，基本等于半文盲）都能跨界点评，直陈其弊：

> 据其文章，孝悌与尧、舜同辙，仁义与孔、孟争衡，及考政事，则恣其贪，任其酷，前所言者皆纸上空谈。盖其幼学之时，父师所教，则皆谓读书可致富致贵，故进步止知荣身荣亲，谁更思行其致君、泽民之道哉？[1]

陈启新看似忧国忧民，为教育问题操碎了心，其实不过是见崇祯痛恨士大夫好发空论，乃瞅准机会，以自己“武人”的身份上疏抨击科举，果然“上嘉异之”，被破例授以吏科给事中之职。

1.［清］计六奇著，任道斌、魏得良点校：《明季北略》卷十二《陈启新疏三大病根》，中华书局 1984 年版，第 193 页。

一个骂科举骂得如此到位之人，其目的竟也是博取功名，可见此题无解。

事实上，即使所有人都知道八股文既不能“丰稼穑”，也无法“保邦民”，那一张张写满套话的纸除了用来糊墙，毫无价值，可真敢等闲视之者，又凤毛麟角，因为它决定了每个人的前途与生计。

拿起八股文便一副为天地立心的道貌岸然状，搁下八股文又流露出放纵恣肆的名士习气。晚明文人奔突于两极之间，人格分裂者不在少数，比如一边痛骂八股一边编时文教材的归有光。

当然，换个角度看，八股也有好处，用清初思想家廖燕的话说就是：“明太祖以‘制义’（八股文）取士，与秦焚书之术无异。”

意即在科举的指挥棒下，士子除了“四书”（其中的《孟子》还是朱元璋删节版的）不会再重视其他书，于是“天下之书不焚而自焚”。

廖燕所言，无非统治者之愚民术耳。但只要他多活些时日，不难发现就思想自由而言，明朝还有很大的下降空间，也不再会有张溥之流逆袭的机会。

张溥他爸学历止于监生，有十个儿子，张溥排行第八，还是婢妾所生。

张家唯一的荣光是张溥的叔叔张辅之，此人官至工部尚书，却因不会治家导致两个恶仆把持族务，欺压良善。

张溥之父恶仆尚不放在眼里，遑论婢出之子张溥？

惨遭二者虐待的张溥一度愤怒到咬破手指，血书“不报仇奴，非人子也”于壁（发迹后的张溥说到做到，给崇明知县施压，将二奴毙之狱中）。

有此经历，张溥做梦都想出人头地，发奋到右手握笔处“指掌成茧”。回报则是诗文敏捷，名高一时。

但他还是被卡在乡试这一关，屡战屡败。

崇祯元年（1628 年），为庆贺建元，朝廷下旨从各府、州、县的公办学校里选拔优秀生员到国子监深造，俗称“恩贡”。

在太仓州学混迹多年的张溥抓住这一机会，登上京城的舞台。

随着阉党被彻底清算，万象更新，自由的空气重回北京。借着这股东风，张溥流连于各种宴会，与酒友评骘彼此的作品，很快便名满京师，求索其字其诗者络绎不绝。

张溥也不摆谱，只是不打草稿，往往对客挥毫，俄顷立就。

崇祯三年（1630年）乃乡试之年，主持南京乡试的是东林党人姜曰广。由于张溥为文的路子恰好对其胃口，复社斩获颇丰，张溥、吴伟业（张溥弟子，后以“恸哭六军皆缟素，冲冠一怒为红颜”的《圆圆曲》闻名）、陈子龙等人纷纷中举，“开读之变”中引人注目的杨廷枢更是拿下解元。

张溥的路数既非心学，也非理学，而是清代考据学的滥觞，顾炎武和王夫之都深受其影响。

这一派学者认为孔孟经典被宋儒玩坏了，明儒因为陆王心学的发展更是走上“六经注我”的歧途，比如王阳明就曾在贬谪龙场、手头无书的情况下凭记忆写了本《五经臆说》，充满了个人的想象和发挥。

因此，黄宗羲总结说：“明人讲学，袭语录之糟粕，不以《六经》为根底，束书而从事于游谈。”

致力于古学复兴的复社对此现象极其不满，号召大伙读古书，作古文，回归原典。为此，张溥特意编了本《四书注疏大全合纂》，专收宋代以前的四书注解，态度鲜明。

南京乡试的胜利让张溥春风得意，复社顺势举办了金陵大会，名震八方。

如果只是威震学界倒也罢了，复社的可怕之处在于其如臂使指的动员能力。

这是一个把支部下沉到县一级的半宗教组织，各县的支社长要承担传递文书的任务，寒暑无间。也就是说即便崇祯把全天下的驿站都撤了，复社自建的邮路也丝毫不受影响。

利用星罗棋布的情报网，复社既可因掌握全国范围内的商业信息而大发其财，也能通过操纵舆论掀起声势，裹挟不明真相的吃瓜群众给当局或当事人施压，乃至“士子不入社，必不得进身；有司不入社，必不得安位”，比鼎盛时期的“饭圈”还恐怖。

这哪是明末的文学社团，分明是香港电影里的“社团”。

张溥把自己运作成了大V，以孔子自拟，将门生比作“四配十二哲”（指颜回、曾参、孔伋和孟轲等孔门弟子），而复社的社规“毋巧言乱政，毋干进（谋官）辱身”也越看越像一个笑话。

但周延儒显然不这么认为。

南京乡试的次年（1631年）是“辛未会试”，周延儒不惜与温体仁公然决裂，也要逾矩出任主考官，就是想将复社精英网罗殆尽，收入门下。

于是，发榜之日众人发现，荣登进士者，复社成员占比近五分之一。

当然，会试之后还有殿试，不再刷人，只是给这帮进士排个名次（“一甲”“二甲”和“三甲”）。结果，温体仁愤怒地发现，周延儒的连襟陈于泰拔得状元，周延儒的好友之子、复社俊杰吴伟业拿下榜眼。

张溥也榜上有名，分到翰林院当庶吉士。

周延儒亦知便宜不可占尽，故作坦荡地请崇祯下命：所有考官对未及第的考卷复审，以防漏选人才。

陈子龙的试卷受到以倪元璐为首的一众考官的好评，但由于他是复社中人，周延儒为免贻人口实，故意不取，使这位日后的民族英雄沦为政治斗争的牺牲品。

当然，兹事体大，温体仁岂肯轻易放过周延儒？他命兵科都给事中薛国观四处煽风，说周延儒舞弊。

众目睽睽，公然舞弊肯定不敢，周延儒又不傻。但复社考生的拟古文风很鲜明也很统一，照顾与倾斜一下，并非难事。

薛国观是温体仁的亲信，曾依附魏忠贤。虽说劣迹并不昭著，可还是被人揭发。

时逢崇祯二年（1629年）的“枚卜之争”，就钱谦益能否入阁一事，温体仁与东林党掐得昏天黑地。为免被打入“阉党逆案”，薛国观以攻为守，说推举钱谦益是沈惟炳、许誉卿和瞿式耜一手操纵的，堪称“东林主盟，结党乱政”，成功扰乱了崇祯的视线。

贼咬一口，入骨三分。温体仁既然派出了薛国观，周延儒未敢轻敌，抢先一步把吴伟业的卷子交崇祯御览。

幸好实力摆在那儿，崇祯看过后非常满意，批了个“正大博雅，足式诡靡”，意思是跟那些华而不实的文字相比，这才叫好文章。

物议遂平。

同年，山东爆发孔有德之乱，舆论纷纷谴责登莱巡抚孙元化姑息养奸。

温体仁乐不可支，因为孙元化为获提拔，曾向周延儒行贿。以此为由，他掀起排山倒海的弹劾，逼得周延儒连上辞呈。

虽然崇祯温言挽留，但圣眷到底还是衰落了。

既被言官骂为“元凶巨恶”，周延儒自要让他们领教一下大boss的威力，就像宫崎英高令手残玩家做噩梦一样。

反击由其心腹华允诚发起。

兵部员外郎华允诚在上疏中耸人听闻地指出：

> 庙堂不以人心为忧，政府不以人才为重。四海渐成土崩瓦解之形，诸臣但有角户分门之念。[1]

然后笔锋一转，指责温体仁手伸得太长，帮同乡闵洪学牟取王永光腾出来的吏部尚书一职。

温体仁一直以来的人设都是“孤忠无党”，华允诚的指控可谓啪啪打脸，打得这位梨园戏骨目眦欲裂。

温党四处出击，孜孜不倦地抹黑周延儒，其中最劲爆的一条材料是说周延儒曾对阁臣李标大言不惭道：“余有回天之力，看来今上是羲皇上人。”

“羲皇”就是伏羲。如果夸皇帝是伏羲，相当于说他是神，没毛病。可“羲皇上人”不同，指伏羲出现前那些无忧无虑的原始人。

1.［清］张廷玉等著：《明史》卷二百五十八《列传第一百四十六·华允诚》，中华书局1974年版，第6649页。

因此，周延儒这话的意思等同于“我的能力实在太强，以至于皇上都垂拱而治，成了安逸闲适的远古部落首领”。

自尊心很强的崇祯，自我定位是“一代明君”，可想而知听到此话是何心情。再加上揭露此事者举出几个证人，证明周延儒确有此论——危若朝露的周延儒终于怕了，放下面子向温体仁求饶，求他替自己美言几句。

但换来的只是温体仁的落井下石。

两人的倾轧以崇祯六年（1633年）周延儒的去职而告终，温体仁如愿当上首辅。

五十三、良马单槽

1633年的农民军以“三十六营”为主，合计二十余万人，在山西所向披靡。

直至遇到他们最大的噩梦——曹文诏。

曹文诏年轻时从军辽东，先后追随熊廷弼与孙承宗，又蒙袁崇焕提拔，是祖大寿手下的游击。

辗转至陕西剿匪后，曹文诏在战场上好比热刀子切豆腐——势不可挡。

一般而言，被明军俘获的农民军，只要不是为首的那几个，都能幸存。但若落到曹文诏手上，就一条活口都没有了。

很快，“军中有一曹，西贼闻之心胆摇”的民谣开始在关中口耳相传。

而随着洪承畴接替杨鹤任三边总督，农民军遭到疯狂的围剿，纷纷出陕入晋。

山西不归三边总督管，但洪承畴显然并不满足于荡平陕西。在与陕西巡抚练国事和延绥巡抚陈奇瑜商议之后，他派曹文诏到山西助剿。

曹文诏作为一个总兵，只带了3 500人赴晋，不过没关系，因为都是“逐一挑选，屡经战阵”的马步精兵。

何况他的高光时刻已然到来。

先是跟上天龙、钻天鹞打，斩杀二者，使其一万多人全灭；再跟混世王打，斩杀其人，两万贼兵溃逃；最后到太原附近跟“三十六营”的盟主紫金梁打，杀敌六万，把紫金梁赶出山西，重伤不治而死。

紫金梁一咽气，部众多投李自成。

这倒不是因为主角光环，而是李自成早在半年前就颇有先见之明地南窜到河南北部，在晋豫交界地区打游击，把配合曹文诏南北夹剿农民军的昌平总兵左良玉搞得焦头烂额。

由于北面的曹文诏打得太狠，农民军都往南跑，加入李自成。

当然，也有几支心比天高的农民军向东挺进，跑到北直隶地区的真定府（今河北正定），把京城里的统治集团吓个半死，因为真定到北京一马平川，坐高铁只要一个多小时。

幸亏直隶按察使卢象升“力战却贼”，挡住了群寇北上的步伐。

此时，“三十六营”陷入各自为战的局面，本是各个击破的大好时机，谁知朝廷竟认为曹文诏“怙势而骄”，将其调往晋北的大同。

之所以有这么一出，盖因河南巡按御史刘令誉弹劾曹文诏“虚报战况”“不援友军”。原来曹文诏早年在洪洞与乡居的刘令誉结怨，刘令誉趁机挟私报复。

兵无常势，水无常形。由于战局莫测，将在外不得不打破常规，随机应变。因此，只要存心挖坑，任何指挥官都能挑出一堆毛病，实在挑不出来也可安上一个万能的罪名：作战不力。

曹文诏的问题在于能力很强却不懂得经营人际关系，跟自己的顶头上司洪承畴闹得很僵，故被踢到大同时没人帮他说话，反而都觉得曹文诏作为大同人去大同御边挺合适。

更悲催的是，曹文诏赴任大同总兵未久便遇皇太极御驾犯边，没挡住后金攻势的他丢了多座要塞，若非时任山西巡抚的吴甡力保，下场便与直接领导他的宣大总督张宗衡一样，撤职充军了。

跟五年前的“己巳之变”一样，这次的“入口之战”皇太极也未强攻固若磐石的山海关。

之所以改变在关外作战的策略，选择“入口”，皆因大凌河之战结束后，后金高层复盘时发现，胜是胜了，也得到不少武器和人才，但性价比不高。

降祖大寿吧，祖大寿降而复叛；得大凌河城吧，大凌河是座空城；收了一万多降人吧，这么多人还要管他们吃饭，让后金本就严峻的缺粮问题雪上加霜。

所以，阿济格等人抱怨说，手下的将士“一无所获，皆以为徒劳”。

故此，皇太极把掳掠的目标锁定为中原。

选择宣府、大同两镇作为突破点，一来因两镇门户长期遭蒙古骑兵破坏并被抽调兵马援辽，已不堪一击；二来山西流寇遍地，明军自顾不暇，正是浑水摸鱼的大好时机；三来可顺道完成一项政治任务：沿途收纳林丹汗残部。

林丹汗与皇太极同岁，是蒙古察哈尔部的首领、黄金家族的成员（成吉思汗的第二十二世孙），也是蒙古的末代大汗。

在他任上，察哈尔部牧地辽阔，兵强马壮，大漠称雄，诸部宾服。

飘飘然的林丹汗放言道：“南朝止一大明皇帝，北边止我一人”。

对此，明廷的立场是“以西虏制东夷”，即联蒙抗金。

而林丹汗自恃察哈尔部的战略地位，也提出“助明朝，邀封赏”的方案，每年从明政府拿走 4 000 两银子的“援助”，后又逐步攀升至 14 万两。

坐地起价倒不全是因为贪得无厌，也跟林丹汗对后金的态度由轻慢转为畏惧有关。

最初（1619 年），林丹汗遣使后金，在照会里狂妄道：“统四十万众蒙古国巴图鲁（英勇的）成吉思汗（林丹自号），问水滨三万人女真国主。”成功激怒一干贝勒。

这帮人建议将来使一半斩杀，另一半割掉耳鼻后放归。

努尔哈赤认为使者无罪，只将他们扣留下来，并派使臣带着自己的信函去察哈尔，嗾使林丹汗与自己结盟，一起攻明。

结果林丹汗这个铁憨憨（明朝蔑称其“虎墩兔憨”）依样画瓢，也把后金使者给扣了，还一声不吭

努尔哈赤等了半年，只等到一则传言，以为林丹汗把后金使臣给杀了，于是怒斩察哈尔的使者。

其实后金使臣根本无恙，买通看守后逃了回去。

林丹汗很生气，宋康王（战国时宋国的末代君主）附体，开启穷兵

黩武模式，频频欺负各部，毫无宗主风度，导致这些部落纷纷依附后金，比如被努尔哈赤打服的喀尔喀部和大玉儿的娘家科尔沁部。

皇太极继位后，持续扫击蒙古，林丹汗一路西迁，跑到宣府、大同的塞外。

这下明廷不乐意了——以前你在蒙古东部，对后金有牵制之用；现在跑到宣府、大同北部，反倒成了我的威胁。

于是没过多久，抚赏中断，林丹汗成了风中之烛。

崇祯元年（1628 年），皇太极首次以盟主的身份对臣服的蒙古诸部发令，征讨察哈尔部，把林丹汗赶到了河套地区；崇祯六年（1633 年），皇太极再次会同蒙古诸部举兵，林丹汗闻警大惊，撒腿就跑，结果金军无功而返，还差点因炎熇难耐，缺水断粮而全军覆灭。

经过两轮冲击，林丹汗食尽马乏，众叛亲离，愿随其继续西遁青海者屈指可数，想方设法离队并东投后金者倒多如过江之鲫。

所以，“入口之战”也可理解为搂草打兔子——以接收察哈尔部众为主，顺便在宣府、大同打个劫。

没想到畏敌如虎的明军让皇太极满载而归。

众所周知，后金长于野战而短于攻城，皇太极为刺激明军出城甚至写信挑衅张宗衡、曹文诏说：“若尔出兵一万，予止以千人应之；出兵一千，予止以百人应之。”

因此，通过坚壁清野打持久战磨其士气，耗其粮草，倒也不失为一种战术。

但这同“鸵鸟心态”显然是两码事，可明军恰恰以此为由理直气壮地当起缩头乌龟，以至于“（敌军）四路纷来，至墙下（长城脚下）而始觉”。

金兵骚扰宣府、大同近俩月，所到之处“禾稼尽蹂躏，庐舍尽焚毁”，掠走无数百姓与牲畜。其间，一支两千骑的金军押着一千多汉人经过代州，城楼上的亲属望着他们的子女啼哭不止，然守军竟不发一矢，任其离去。

崇祯闻知此事，顿足叹息。

当然，也不是所有人都一无是处，比如随宁远总兵吴襄（因大凌河之败下狱，后起复）奉旨驰援宣府、大同的祖宽就曾杀敌三十余骑，解了大同之围。

祖宽曾在平定山东之乱中表现亮眼（射死叛军首领李九成），擢升宁远副总兵，没想到时隔不到两年就再立奇功，可谓能征惯战。

但他的问题在于军纪涣散，纵容士兵刈（割）禾牧马，骚扰地方，乃至“民甚苦之”。

民不堪命的不只山西，还有河南。

农民军被曹文诏赶到豫北，身后便是黄河，退无可退。

幸亏曹文诏被人暗算，北上大同，使农民军获得了宝贵的喘息之机。而一个智障的出场，更是帮农民军的革命事业翻开了崭新的篇章。

潞王朱常淓是崇祯的堂叔，封地在卫辉府。

朱常淓见农民军蝗虫般涌入河南，上疏告急，要求朝廷重视豫北局势，“早行翦灭，毋轻视贼”。

崇祯确实重视了，可惜任用非人，派出了京营总兵王朴。

京营又叫三大营，指皇帝直辖的北京卫戍部队，分五军营（步兵）、三千营（骑兵）和神机营（火器兵），装备优良，士饱马腾。但没什么实战经验。

王朴率京营昼夜兼程地赶到河南，与左良玉会剿农民军。

随着冬季来临，天寒地冻，破衣烂衫的农民军腹背受敌，苦不堪言，不得不重操旧业，招摇撞骗。

王朴的家丁里有不少关中人，通过这层老乡关系，农民军首领施以重贿，表示愿意投降。

换作曹文诏，答复必定是否定的。可王朴没跟这帮老江湖打过交道，不知他们在陕西动辄诈降的“光辉历史”，故在跟监军太监卢九德商量后，同意受降。

招安仪式在彰德府举行，高迎祥、张献忠和李自成等几十个寇首全部表示归顺，王朴上报朝廷后停止了军事行动。

五十四、陈奇瑜之败

京营对农民军全无防备，一些官兵甚至把军靴和棉衣卖给对方。农民军之所以收购这两样物资，是在为渡河暗做打算。

往年此时（11 月底），河南境内的黄河本不会结冰，但因受小冰期影响，1633 年偏就冻上了。

于是，震惊天下的“渑池渡”爆发——农民军趁官军不备，携门板在黄河河床最窄处突然渡河，并打下南岸的渑池县城。

这一神来之笔堪称《重生之中原大乱》，农民军如水银泻地般漫延到灾情严重、人心思变的河南全境，局面一发而不可收拾。

崇祯气得肝疼，因为处罚京营统帅和监军太监相当于老罗买星巴克——自我打脸。他只能下旨命众将截剿，威胁说：“如再疏泄误事，必不轻贷！”

左良玉追得很卖力，数战数捷，与十年后拥兵自保的表现大相径庭。

京营也在刘令誉的督战下于泌阳打了胜仗，斩首千人。

但这带来一个新的问题，即农民军从“一团火”演变为“满天星”，四散逃逸到湖广、陕西甚至四川，分而不合，东奔西窜，打起“敌进我退，敌退我追”的运动战。

流寇之所以难剿，就在于其流动作战的特点——无论归附的饥民还是以马代步的妇女，都要随营流动，永远在路上。

事实上，农民军里老弱病残占大头，能打的是少数。但这对官军而言绝非一条好消息，因为能打意味着能跑，战斗不利时，被官军冲散或俘杀的往往是老人和妇孺，生力军早就闻风远遁，此即官方屡报大捷而农民军精锐不减的根本原因。

鉴于局部战争已升级为全面战争，狼烟遍地，剿不胜剿，而各省封疆又多持观望心态，只扫自家门前雪，不管他人瓦上霜，崇祯乃从众臣之请，任命延绥巡抚陈奇瑜为五省总督，统摄陕西、山西、河南、湖广和四川的兵权，专事剿贼。

当然你会问，洪承畴作为三边总督是陈奇瑜的上司，又是令农民军肝胆俱裂之人，何不让他当这个舵主？

因为洪承畴是崇祯在西北的王牌，要抵御来自长城以北的敌人，未易轻动。另外，彼时西宁发生兵变，洪承畴前往弹压，分身乏术。

陈奇瑜出身知县，当过礼科给事中，杨涟劾魏忠贤时曾上疏附议，言辞猛烈。外放陕西后一路升任按察使、布政使，直至延绥巡抚。

农民军之所以弃陕图晋，除因洪承畴杀贼不眨眼（有“贼闻其至，辄他徙”之称）外，一个重要原因便是陈奇瑜搜剿得力，绝不放过一支赖着不走的农民军，哪怕起得比鸡早，睡得比狗晚，也乐在其中，物我两忘。

当农民军陆续东奔后，陈奇瑜出奇兵消灭了占据永宁关（陕、晋之间的重要渡口）的钻天哨和开山斧，使入晋之贼不敢狼顾，名噪一时。

履新五省总督后，陈奇瑜开始织网：命陕西巡抚练国事驻守商洛（今陕西省商洛市），遏贼军之西北；命河南巡抚玄默驻守卢氏（今三门峡市卢氏县），遏贼军之东北；命湖广巡抚唐晖驻守南漳（今襄阳市南漳县），遏贼军之东南。

包围圈既定，陈奇瑜率已调任郧阳巡抚（郧阳地区乃四川、河南和湖广三省交界处的山区，莽林无边，地形复杂，历来为不法之徒所喜，流民麇集）的卢象升从西面出击，连战连胜，把三万六千之众的农民军主力逼进了陕西安康的车厢峡，李自成和张献忠均在其中。

车厢峡长约20公里，两山夹峙，猿猴难攀。明军把贼兵堵在峡谷之中，投石飞击，杀了个不亦乐乎。

加之淫雨霏霏，旬月不止，浑身湿透的农民军人饥马乏，士气低迷——只要陈奇瑜一声令下，即可全歼叛贼，建再造之功。

《韩诗外传》有云：兽穷则啮，鸟穷则啄，人穷则诈。无路可走的李自成把劫掠的财宝聚集到一起，贿赂陈奇瑜的左右，再次乞降。

与其说这是侮辱陈奇瑜的人格，倒不如说是侮辱他的智商。

结果却令人大跌眼镜——陈奇瑜答应了。

原因很简单：天下苦战，杀伐不休，陈奇瑜想早日结束兵劫，要么接受李自成的投降，要么当场屠杀三万六千人。

毕竟是读儒家经典长大的，陈奇瑜内心深处有“民为邦本”的思想钢印，曾上疏力陈年馑惨况，促使崇祯下诏免除延安、庆阳的田租。

对这种相信“善战者，无赫赫之功”的儒将，你很难指望他像白起一样搞个灭绝人性的“万人坑”出来。

再加上农民军这回确属死路一条，没得选了，故其卑微乞怜之状也不全是演的。因此，陈奇瑜寄望于他们爱惜生命，重新做人。

农民军被收降后，每百人编为一队，每队由一名安抚官登记、监督。于是，不久前还你死我活的官兵与叛贼竟聚众酣饮、易马而乘起来，其乐融融。

吃过饱饭，换上新衣，农民军整齐划一地走出栈道，然后立即翻脸，杀了安抚官，重树反旗。

之所以如此嚣张，盖因当时宣府、大同烽燧（皇太极发动“入口之战”），洪承畴率陕军前往增援，尚未归来。

陈奇瑜后悔不迭，诿罪于陕西的地方官，参他们“杀降激变”。

故事是这么讲的：一支受抚的农民军被遣送到凤翔城下，准备安置于城中。然凤翔官民疑心这帮亡命徒只是在设计赚城，故死活不肯开门。后双方议定，将少量农民军用绳索拉上城头，若确认无误，便开城门。结果先上去的三十六人全部遇害，尸体被扔下城墙。农民军傻眼，退走宝鸡。可宝鸡知县也不接纳，将他们武力驱逐，于是复叛。

实情倒也没差太远，但陈奇瑜故意隐瞒了关键细节，即农民军是先反叛，再到的凤翔。凤翔人也不是半信半疑而是将计就计，打算把农民军一波一波地拉上城墙全砍了。

崇祯被陈奇瑜误导，下旨逮捕涉事的基层官绅，最后连陕西巡抚练国事都身陷缧绁。

农民军则如野马脱缰，迅速反扑，把人称“贺疯子”的贺人龙围困在陇州（今宝鸡市陇县）。

贺人龙居官虽只参将，但已属头角峥嵘的名将。由于也是米脂人，想打同乡牌的李自成曾派部下高杰（后位列南明“四藩镇”）写信劝降，被贺人龙拒绝。

坚持了两个月，贺人龙终于熬到洪承畴回师。总兵左光先（左光斗之弟）奉命驰援，陇州之围遂解。

五十五、得势易，处势难

崇祯闭目塞听，温体仁功不可没。

民谣有云："内阁翻成妓馆，乌归（谐音"乌龟"，指乌程人温体仁。乌程县与归安县同城而治，均是湖州府的"附郭县"，类似唐代的长安城由万年县和长安县组成）、王巴（指阁臣王应熊，四川巴县人）、篾片（形容次辅吴宗达毫无原则，任意弯曲，在温体仁面前乖顺似猫），总是遭瘟。"

温体仁在崇祯面前主打两张牌：一不贪污，二不结党。

他非常清楚，自己得罪了东林党又身居高位，但凡有丝毫经济问题，立马会被喷死。因此，在钱的事情上温体仁廉谨自律，如临如履，跟龙袍都要打补丁的崇祯上下呼应。

至于崇祯尤为忌讳的结党问题，温体仁更是变本加厉地奉行"不以同道众为幸，而以仇人多为乐"，甘当"箭垛"。

两大特征结合起来，简直就是完美的"奸相"设定。

如果只是洁身自好，那演到最后便有同君主争名之嫌。毕竟贪污贪污，贪而自污也。授柄于君王，以安其心。不授，你是想当王莽吗？

在崇祯这种疑心病重的神经质手下干事，你最好天天被人骂而又挑不出任何毛病，时间一久你就会被龙床上的独夫引为知己。

只要你跟皇帝成了病友，哪怕碌碌无为甚至以无能为荣，也是小事一桩。

比如有一回，温体仁没完成崇祯交给他的筹饷任务，辩解说：

> 臣夙以文章待罪禁林，上不知其驽下，擢至此位。盗贼日益众，诚万死不足塞责。顾臣愚无知，但票拟勿欺耳。兵食之事，

惟圣明裁决。[1]

标准的揣着明白装糊涂。

温体仁思维敏捷，过目不忘，对千头万绪的刑名钱粮如数家珍，同僚莫不钦服。时人杨士聪在评价崇祯朝的几十位阁臣时曾说，其中并非没有贤能的，但要说能够提纲挈领，则只有周延儒和温体仁。

可惜，温体仁存心过刻（刻薄），伏机甚深，把精力都用到坑人上去了，崇祯竟然还觉得他“朴忠”，信赖有加。

1634 年底，农民军为避洪承畴兵威，再次东出陕西，形势严峻，可温体仁居然对心急火燎的山西巡抚吴甡说：“流贼，癣疥疾，不足忧也。”

当然不忧，因为他只关心权力，心无旁骛。

几个月前，崇祯在平台（建极殿北侧的高台）召见群臣，命他们提名吏部尚书和左都御史的人选。

此前，复社为替南京户部尚书郑三俊（《东林点将录》里的地明星铁笛仙马麟）谋冢宰的位子，已游说多日，搞得温体仁大为恼火。

其时张溥已不在北京，事实上他作为实习生在翰林院没待多久便请假归乡，比周延儒下台还早一年。

同当在野党领袖相比，体制内的论资排辈实在太无趣了。

1633 年，一场规模空前的集会在苏州虎丘山的云岩寺举办，与会者达数千之众，大雄宝殿早就容纳不下，“生公台”与“千人石”也座无虚席。

此景为有明一代所无，史称“虎丘大会”。

会前，复社的性质还是“文学与艺术界联合会”，应社、南社、匡社和几社等社团依然存在，就像美术家协会、书法家协会、戏剧家协会与文艺评论家协会都是“文联”的组成单位一样。

会后，其他团体不复保留，复社从一个联盟变成一家社团，声名远扬。

当时，许多文人雅士的私家船舶上悬挂的灯笼都写有“复社”字样。

1.［清］张廷玉等著：《明史》卷三百八《列传一百九十六 · 奸臣 · 温体仁》，中华书局 1974 年版，第 7935 页。

一家首创，多家模仿，很快蔚然成风。

对“娄东二张”，也不敢直呼其名了。张溥要叫“西张”，张采要叫“南张”。若是他们的弟子，则要尊称“西张先生”和“南张先生”。

更有甚者，把张溥的家乡称作“阙里”，与孔子故里相提并论。

拍马屁的回报是张溥的推荐信，有公荐、转荐、独荐等各种花样——诸生以为在张溥和复社的加持下，科考十拿九稳。

社团搞大了总会引起有关部门的注意，电影《黑社会 2：以和为贵》就是例子。复社想干预国考录取工作甚至高层人事任免，温体仁当然不会坐视不理。

平台会议中，百官退入偏室，各自书写天官（吏部尚书）和总宪的名单，阁臣王应熊站在署理部事的吏部侍郎（相当于常务副部长）张捷身边，目不转睛地盯着他，引起众人的好奇，乃问其所推何人。

张捷朗声道：“吕纯如！”

众臣相顾失色。

原来，吕纯如名列《钦定逆案》，虽只在“交结近侍又次等”这一梯队里，最多算个敲边鼓的，但毕竟是崇祯圈定的坏人，张捷明知故推，是脑子坏掉了吗？

当然不是，他是在王应熊的监督下执行温体仁的命令。

那温体仁这么做又图啥？替阉党翻案？

他没那么大抱负。

政治即人事，单打独斗是不可能的。纵使“君子不党”的口号喊得再响，温体仁也得暗中培植势力。一开始他甚至想效仿周延儒，拉拢复社。为此，其弟温育仁在虎丘大会召开期间曾赶赴现场，表达渴望加入之意，却遭到张溥的拒绝。

温育仁气急败坏，雇人写了部讽刺复社的《绿牡丹传奇》，极尽嬉笑怒骂之能事。在浙江各地公演后，复社成员深以为恨，纷纷要求张溥采取果断措施。

于是张溥亲赴浙省，向担任浙江提学（相当于省教育厅厅长）的好友黎元宽求援。

黎元宽下令查禁书肆，销毁刊本，追究作者责任。当然，温相的面子必须要给，因此没有直接处理温育仁，而是抓了他的仆人做替罪羊。

饶是如此，温体仁也勃然大怒，以“挽回士习”“振兴学政”之名请崇祯处分黎元宽。

黎元宽被革职查办，复社立马集中火力，动员所有资源弹劾温体仁。

温体仁则派亲信到苏州一带任官，搜集一切对张溥不利的证据。很快，攻击复社的奏章也摆到崇祯的案头，说该“非法组织”僭拟天王、妄称先圣、煽聚朋党、妨贤树权、召集匪人、伤风败俗、谤讪横议、污坏品行、窃位失节、召寇致灾……

总之一句话：下乱群情，上摇国是。

由于罪名捏造得过于离奇，崇祯并未全信。加之南直隶提学倪元珙的同情和保护，复社安然无恙。

于是温体仁发现，小丑还是他自己——庙堂有宿仇东林党，江湖有水火不容之复社，即便是两不相帮的同僚，对他也多持敬而远之的态度。

因为大伙都知道他跟蛇一样毒，宁可得罪十个周延儒，也不愿跟一个温体仁有任何瓜葛。

比如，周延儒下台时心里不服，曾唆使一些官员上疏，建议崇祯召回资历更老的何如宠。

可何如宠不愿跟温体仁共事，坚辞不就，这才让温体仁坐上首揆的位子。

失道寡助，群众基础不好的温体仁只能从歇菜的阉党余孽中挑选走狗，而吕纯如就是他试探崇祯态度的突破口——若其能复出，则被打倒的逆案中人便都有望为他所用。同时，这帮人对东林党心怀宿怨，用起来也顺手。

此即张捷推吕纯如的背景。

当日，张捷见同僚荐郑三俊和唐世济（南京都察院右都御史）者居多，乃放言说：“总宪世济可，冢宰非纯如不可！”

回到御前，张捷抢先提交名单，说臣已推举两人，但此二人举朝都不想用。

崇祯见科道官员无人上交名单，问他们何故。

吏科都给事中卢兆龙回答说，科道官保荐吏部和都察院的主官于制不合（按例当由六部九卿会推，但崇祯担心会推被一两个人把持，不如“民主评议”），因此悉听皇上裁决。若点用不当，臣等再行纠参。

事实上，以卢兆龙为首的言官之所以不荐人，皆因察觉到了张捷的反常，故意与这次公推保持距离，准备开喷。

崇祯看了眼名单，也发现问题，责问张捷为何要推《钦定逆案》里的人。

张捷说吕纯如有才品，而他所谓“颂美逆贤”的罪名详查其历年奏本不难发现，实无一字涉及魏忠贤，岂可坐以“颂美”？

崇祯不悦，说你提的这茬儿吕纯如也曾申辩过，但不可由此开启推翻“逆案”的先例。语毕，把目光投向言官，垂询意见。

卢兆龙代表台谏表态，说张捷举吕纯如，他们正拟纠参。但皇上既有明鉴，便不敢再争执什么了。

张捷拒不改口，称吕纯如“清执可用”却弃之草野，实在可惜。

御史张三模反驳道：

> 廷推冢臣，所关甚重，即使事非钦案，亦须昭雪。吕纯如生平贤否，姑且勿论，业已身负重累，何以服人？况钦案久定，此端一开，渐何可长？[1]

张捷继续声辩，引来一片反对之声，崇祯于是命其退下。

目送张捷离开后，崇祯想起默默无语的温体仁，问他看法。

温体仁平静道：“谢升可（以）。”谢升是南京吏部尚书。

---

1. ［明］文秉著：《烈皇小识》卷三，上海书店 1982 年版，第 88 页。

温体仁见举朝反对，不得不见风使舵，放弃从吕纯如身上打开“逆案”缺口的方案——张捷被自己人坑了。

最后，谢升当上吏部尚书，唐世济当上左都御史，而张捷却在言官的群攻下被崇祯责令写检讨。

时人总结温体仁的套路时说，如果他想推荐某人，必嘱咐旁人先出头提名，自己再追随其后，暗中使劲，以示中正无私；而如果他要陷害某人，则会故意袒护其过失，让著名的“不高兴”皇帝崇祯发怒，最终加重对此人的惩罚，他自己还落得一个人情。

然而，靠弄权就能治国的话，“凤阳之变”便不会爆发了。

五十六、天意即民心

1634 年底，在陕西官员的不断申诉下，谎言破产的陈奇瑜被撤办，之后兵部尚书张凤翼把“五省总督”的帽子交给洪承畴戴。

此举争议不小，反对者认为洪承畴势难兼顾，主张另派一人。张凤翼拿不定主意，崇祯则打算走一步看一步。

于是，三边总督洪承畴被赐予尚方剑，兼五省总督，继而奉旨东出潼关，督左良玉、曹文诏以及从辽东调来的祖宽等各路兵马，围剿逸出陕西、涌至河南的农民军。

崇祯对这轮攻势寄予厚望，破例大发粮饷，甚至不惜血本地掏出二十万两内帑（加上户部和地方的备饷，合计 100 多万两），要求洪承畴必须在六个月内肃清农民军。

洪承畴不敢打包票，因为农民军已发育成熟，二次入豫的声势可谓“波压云涌”，时人以“惟闻马嘶之声，自朝至夜，连营数十里”形容之。

虽如此，农民军还是不愿同官军硬碰硬，毕竟曹文诏来了。

农民军把河南的上下左右看了一圈，发现东南方兵力较弱，于是由此跑入南直隶。

南直隶是个地理概念，由凤阳巡抚的辖区和苏松巡抚（应天巡抚）的辖区组成。凤阳巡抚一般兼任漕运总督，故其官署并不在凤阳府城，而在京杭大运河的重要节点淮安府。

但这并不意味着明廷不重视凤阳。

作为明朝的龙兴之地，朱元璋得天下后在凤阳替父母大盖皇陵，扩建年轻时出家的皇觉寺，并比照南京的规格把凤阳城翻修一新，定为“中都”。

抛开政治因素，凤阳的战略位置也异常重要（南京的北大门）。因此，凤阳驻军常年保持在六千以上，并不算少。只可惜承平日久，已无多少战斗力。

此外，凤阳本来享有特殊的政治待遇，赋税极低。可到了“地主家也没余粮”的明末，这些优惠统统消失，百姓负重如牛，日子快要过不下去了。

崇祯四年（1631 年），时任南京礼部侍郎的钱士升奉命祭告皇陵后，在向朝廷汇报凤阳凋敝的景象时，说凤阳号称帝乡，但一入其境，只见土地多荒，庐舍寥落，一望萧然。究其原因，乃凤阳本就土地贫瘠，在江北（江淮地区）属下下之郡。一遇灾荒，百姓往往外逃，其原应承担的赋役就落到留下之人的头上。如此恶性循环，自然是户口愈少而荒地愈多。

钱士升建议朝廷减免凤阳的苛捐杂税，崇祯看过后批示不痛不痒，什么问题都没解决。

因为他怕口子一开，各地群起效尤，财政紧张的中央就更收不上来钱了。

1633 年冬，“渑池渡”发生后，南京兵部尚书吕维祺上疏朝廷，要求加强凤阳防务，凤阳巡抚杨一鹏也主动提出由淮安移镇凤阳。

张凤翼深表赞同，可他的后台温体仁认为没这个必要，于是不再坚持。

1635 年初，农民军杀入凤阳府境，连下霍邱和颍州。

霍邱城破时，县丞、教谕和训导（相当于教育局副局长）全部不屈而死；颍州城破时，知州尹梦鳌亲持大刀，杀贼十余人，最后投水殉节，其弟、侄七人亦随之自杀。

打下颍州，农民军还捉到一条大鱼——原兵部尚书张鹤鸣。

天启初年，与熊廷弼不合的张鹤鸣在对金战略上支持浪战的王化贞，导致广宁惨败。惧罪的张鹤鸣自请经略辽东，不久便以病告老。

天启六年（1626 年），魏忠贤起用张鹤鸣为南京工部尚书，后改任兵部尚书，主持对“奢安之乱”的平叛工作。

功未就而崇祯嗣位，在瞿式耜等人的参劾下，张鹤鸣去官回乡。

农民军抓住张鹤鸣后，将之倒挂于树。张鹤鸣骂声不绝，与其弟张鹤腾（原户部郎中）一道被杀。

当日，颍州遇难士民多达150余人，与几天后凤阳的景象判若霄壤。

凤阳已危在旦夕，可镇守太监杨泽却贪赃枉法，搅得当地鸡犬不宁。并且，当百姓求告巡按御史吴振缨时，他却不敢为民做主。

既如此，大伙只好自己做主，烧了镇守太监的衙署，开门迎盗。

农民军进城后，一点面子都没给崇祯留，在皇陵、皇觉寺和各个衙门疯狂纵火，砍伐陵木，还捣毁朱元璋立的石碑，掘了老朱家的祖茔。

跟这些壮举相比，杀凤阳知府和守陵宦官简直不值一提。

此外，张献忠还打出“古元真龙皇帝”的旗号，公开叫板崇祯。

当然，此举没太照顾其他农民军首领的心情。而且，当李自成听说张献忠收罗了一些能拉会吹的宦官而向他讨要时，张献忠却拒绝分享。

两人就此结怨，分道扬镳。

凤阳失陷的消息传到北京，崇祯急火攻心。当日原应开讲经筵，他传旨免行，身穿素服赶往太庙，祭告祖宗，并命百官修省。

捅了这么大娄子，没人掉脑袋肯定说不过去。

杨泽已畏罪自杀，杨一鹏斩首弃市，吴振缨充军戍边。

张凤翼也被交章猛劾，不得不引罪乞罢，然而上意却让他“戴罪视事”，显然温体仁有在背后使力。

崇祯令朱大典总督漕运、巡抚凤阳，协助洪承畴剿贼。

农民军则已见好就收，撤离凤阳，兵分三路返回河南。其中，张献忠的一路甚为凶猛，南下庐州、安庆两府，屠戮诸县，经应天巡抚张国维拼死抵抗，才掉头西去，取道湖广，北上河南。

洪承畴费尽心机地布置，想将农民军聚歼于河南。

可农民军岂会束手就擒？他们行色匆匆，步履不停，再次窜回三秦大地。

忙活了半天的洪承畴不得不调整战略，命尤世威、左良玉等总兵分守各处关隘，切断农民军的出陕通道。同时，召在随州杀贼的曹文诏入陕，自己也携贺人龙回陕，一起瓮中捉鳖。

曹文诏不远千里，迂回包抄，奇袭农民军在商州的老窝，并在追击时冲进营区，将贼军家属杀了个血流成河，一时间“但闻妇女儿稚号泣，声震山谷”。

农民军被曹文诏压得一路向北，直至凤翔（今属宝鸡市）。

高迎祥、李自成与张献忠等几路部队在此会合，兵力瞬间高达20万。

相比之下，洪承畴因分兵固守的战略麾下只有几千人。纵然如此，他仍紧追不舍，只因“六月廓清”的上谕不是闹着玩的。

结果连遭败绩，副总兵艾万年和柳国镇还中了埋伏，双双毙命。

五十七、维子之故，使我不能餐兮

前线败报接踵而至，无兵可调的洪承畴急得原地打转。

此时，曹文诏赶到，拔剑砍地，誓要与农民军一较高下，报仇雪恨。

洪承畴望着这个与自己合不来的下属，喜出望外道："非将军不足灭此贼！"

曹文诏率三千孤军长驱直入，在真宁（今甘肃省正宁县）与农民军相遇。他以侄儿曹变蛟为前锋，自己殿后，与敌决战。

曹变蛟一马当先，斩敌五百，并急追三十里，曹文诏带步卒紧随其后。

然而，农民军再次设伏，突然杀出，把曹文诏叔侄团团围住，箭如飞蝗。

对素喜穷追猛打，没少遭遇伏击的曹文诏来说，这种情况纯属家常便饭。比它规模更大的伏兵他都不放在眼里，还举着长矛来回冲锋，最后伏击者往往被士气大振的明军反杀，落个暴尸荒野的下场。

但这回有所不同，因为一个被俘士兵情急之下喊了声"将军救我"，引起农民军的注意。某追随过曹文诏的叛卒认出他来，高声道："此曹总兵也！"

吃尽苦头的农民军闻言，无不眼冒绿光，不惜一切代价追杀。曹文诏势孤力穷，且战且逃，在自知难以脱身后举刀自刎。

死讯传出，农民军载歌载舞，洪承畴追悔莫及。

在他看来，这世上大概还没有曹文诏打不赢的仗。正是这种自信，让他做出任其孤军深入的轻率决定，白白损失一员忠勇无双的良将。

想到曹文诏生前屡建奇功，自己作为上司却经常贪为己功，良心发现的洪承畴不禁仰天痛哭。

崇祯接报后也深感痛惜，下诏厚葬，令有司建祠，并许曹文诏子孙世袭锦衣卫指挥佥事。

农民军反客为主，李自成打下咸阳。

洪承畴不再奢望一举荡寇，一面上疏诉苦一面坚守西安，只求省城不丢。

而农民军反倒看不上陕西了，因为关中连年打仗，迭遭灾荒，粮食供应很成问题。

图谋东出的农民军想由蓝田突入河南，遭尤世威拦截，躲进秦岭南麓的山区。

尤世威手下参将徐来朝率兵追击，部队却因不愿入山发生哗变，被农民军趁势击溃。

此时，尤世威部在豫陕边境的荒郊露营“守门”已久，水土不服，暴发瘟疫，战斗力大减。农民军携新胜之威，一举突破防线，第三次杀入河南。

大队东行，尘埃蔽天。一百多里长的队伍，老弱居中，精骑在外，其顾盼自雄之势把善战的祖宽和左良玉都吓得不敢出击。

崇祯算是看明白了：官军入豫，农民军就回陕；官军回陕，农民军就入豫。

总之流动作案，东奔西顾。

对此，他采纳张凤翼的方案，在五省总督之外添设“五省总理”，统摄河南、山东、四川、湖广和江北（江淮地区，主要指凤阳巡抚的辖区）之军务，以湖广巡抚卢象升兼任此职，亦赐尚方剑。

五省总督和五省总理的辖区有重合（河南、四川、湖广），但这不重要。崇祯的目标很明确，即洪承畴督剿西北，卢象升督剿东南。农民军入陕，则卢象升入关（潼关）与洪承畴协同征剿；农民军出陕，则洪承畴出关与卢象升合图扫荡。

再加上顺天府丞（相当于北京市副市长）孙传庭主动请缨，就任陕西巡抚，崇祯集齐一支“剿匪梦之队”。

江苏人卢象升二十岁出头即中进士，为官勤勉，清正廉洁，却出人意料地走上“出将”而非“入相”的人生之路。

《明史》说卢象升“负殊力”“娴将略”“能治军”，临阵必身先士卒，失马则持刀步战，故农民军称其“卢阎王”，并以“遇即死，不可犯”的六字箴言相互提醒。

自律的卢象升个人生活其实很无趣，不打仗时便练箭，五十步外百发百中。唯一的爱好是蓄养骏马，坐骑唤作“五明骥”，曾载着主人飞越数丈宽的大河，摆脱追兵。

孙传庭则是个身材魁梧的山西大汉，沉毅多谋。

从知县干起的他当上稽勋司郎中后因不满魏忠贤专政而借口侍奉寡母，弃官回乡，直到崇祯八年（1635 年）才又回到吏部，任验封司郎中。

已是“奔五”之年，神州沧海横流，素有澄清天下之志的孙传庭每闻前线战况，无不扼腕叹息。

彼时的陕西巡抚甘学阔是个白痴，在城楼上观战时竟吓得不敢睁眼，传为笑谈。

甘学阔被罢后，“秦之士大夫哗于朝”，纷纷推荐孙传庭，于是他带着崇祯从牙缝里挤出来的六万两饷银抵达群僚视如畏途的陕西。

与多谋善断的洪承畴相比，孙传庭和卢象升的军事才能主要体现在练兵上。

孙传庭的部队叫“秦兵”，专募威猛彪悍的关中汉子；卢象升的部队叫“天雄军”，以“打虎亲兄弟，上阵父子兵”为特色，士卒之间即使没有血缘关系，也多属同乡，故能一人战死，全体发飙。

洪、卢、孙齐心协力，农民军顿失好运。

先是李自成的干将高杰送了他顶绿帽子，跟其妻邢氏私通。邢氏眉扫春山，肤如凝脂，不仅人长得漂亮，还有勇有谋，替李自成掌管物资。

春心大动的高杰一不做二不休，拐跑邢氏，投靠官军。

这不是李自成第一次遭遇“寝取”——他的前妻韩金儿是米脂的“县花”，曾与一个叫盖虎的渣男通奸，被李自成捉奸在床，愤而杀之。

李自成情场失利，张献忠战场失算。进犯汝州（今河南省县级市）

时他被祖宽击败，损失惨重，仓皇而逃。

高迎祥更难，因为他被明廷视作“锐不可当”“悍不可当”和“狡不可当”的“渠魁”（大头目），一直都是重点清剿对象。

1635年底，卢象升在确山（今驻马店市下辖县）大胜高迎祥，然后追着他满世界跑。

每次战前，卢象升都慷慨陈词，鼓动将士，说到动情处往往涕泪满襟。有一回军中断粮三日，他带头不吃不喝，结果军心不但没有动摇，反而更加牢固。

此外，坚信“哪有胜利可言，挺住意味着一切”的卢象升即使屡战屡捷，也从不自喜，奏疏的内容不是大叹苦经（以便降低崇祯的心理预期），就是呼吁“朝廷上下不惜经费，有关部门不怕苦难，地方缙绅不要妄议”，总之一句话：放弃幻想，继续战斗。

遇上这么一个死磕的主，高迎祥被打得抱头鼠窜，连败于祖宽、祖大乐与刘泽清（后与黄得功、刘良佐和高杰并称“南明四藩镇”），窜回陕南。

此时洪承畴正在陕北对付李自成，迎战高迎祥的重任落到孙传庭头上。

高迎祥面对的问题与诸葛亮北伐时一样，即从几条古道中选一条翻越秦岭。

他把宝押到了子午谷上。

子午谷路途最远，路况最险，可只要杀出就能直扑西安，属于“高风险，高回报”的选择。

诸葛亮生性谨慎，自然不考虑子午谷。但对高迎祥而言，造反本就是一项激进的投资，要么赢到手软，要么一败涂地，作为一个无产者，除了身上的锁链他已没有什么可失去的了。

高迎祥走了子午谷，结果在黑水峪中了孙传庭的埋伏。

时逢大雨，兵粮断绝的农民军已是人困马乏。经过四天的殊死搏斗，终于溃不成军。

病倒的高迎祥在一座山洞被俘，以最快速度被押解至北京，凌迟处死。

农民军震撼不已，斗志瓦解，蝎子块等部纷纷投降，余者亦不敢再踏足陕西半步，孙传庭的威名一时间与洪承畴不相上下。

历史就此迎来一个重要的转折点，而崇祯做出的选择令许多“事后诸葛亮”捶胸顿足。

第四章　舆图换稿兮

五十八、士有不忍之辱，国有不避之难

1636年春，当高迎祥准备由子午谷奇袭西安时，皇太极在沈阳称帝了。

其实他早已是“帝”，因为蒙古语中的“可汗”翻译成汉文就是“皇帝”。

但他必须改，不仅称号要改，年号要改（改“天聪”为“崇德”），国号也要改——皇太极以“清”代“金”，不再强调自己是历史上那个建立金朝的女真人的后裔，而称本族为“满洲”。

这也不难理解，毕竟原先的八旗之外，蒙古八旗和汉军八旗也日益壮大，皇太极早就不再只是满族的“大汗”，而是满、蒙、汉的“共主”。

登基，改元，建清。皇太极一通操作下来，为问鼎中原、一统天下凝聚了共识，夯实了基础。

当然，野心膨胀到这种程度也是需要契机的。

两年前，被皇太极一路撵到青海的林丹汗得天花死了，其子额哲降金，献上传国玉玺，由成吉思汗建立的大蒙古国在其故土宣告覆灭。

据说传国玉玺即先秦时的和氏璧，“卞和献玉”与“完璧归赵”的典故都与之有关。

秦灭六国后，秦相李斯奉命将和氏璧监制为传国玉玺，并亲撰“受命于天，既寿永昌”八个篆字。自此，玉玺成为正统天子的信物，无玺而登大位者会被讥为“白板皇帝”，合法性不足。

然而，当后唐末帝李从珂登楼自焚后，由其携带的传国玉玺即已下落不明，北宋那个所谓农夫耕田时挖出来的玉玺其实是假的。

但这并不重要，因为传国玉玺已从物象升华为意象，即使后来又消失，再重现，真假难辨，其所指代的意义却丝毫不变。

皇太极天命所归，明朝则越发可悲——失却蒙古屏障，清军入塞掳掠简直胜似闲庭信步。

于是，1636年夏，皇太极第三次南下牧马，派出十万大军，由阿济格指挥。

清军兵分三路，在延庆会师后进逼居庸关。

崇祯闻讯大惊，急令北京戒严，遣一个兵部侍郎和一个司礼监秉笔分别镇守昌平与天寿山。

天寿山位于昌平北部，葬着崇祯的列祖列宗（今之“十三陵”），故司礼监秉笔不敢耽误，当即动身。

相比之下，兵部侍郎的表现则显得没心没肺，把崇祯气得对几个阁臣冷嘲热讽道：“内臣即日就道，侍郎三日未出，何怪朕之用内臣耶！”

侍郎虽不给力，但赶赴昌平救急的大同总兵王朴却表现亮眼（也是他庸懦的一生中仅有的高光时刻），斩杀清兵千余人。

三年前，王朴还是京营总兵时曾被派到河南与左良玉夹剿农民军，结果被对方诈降，酿成惊天动地的“渑池渡”。

此番大胜，也算知耻而后勇。但还是没能阻挡清军的铁蹄。

昌平沦陷，德陵（天启陵墓）被焚，兵部尚书张凤翼被言官喷成了筛子——去年凤阳皇陵遭殃，今年熹宗陵寝遭殃，换个人已经死两回了。

张凤翼知道自己罪无可逭，在崇祯平台召对大臣并提出让各镇总兵出师勤王时自请担任督师，勉强做出个姿态来。

问题是孙承宗早就上疏斥责过张凤翼，说他“才鄙而怯，识暗而狡，工于趋利，巧于避患”，根本靠不住。

果然，即使从四面八方赶来驰援的都是祖大寿、祖大乐和刘泽清这样的名将，但因张凤翼胆小如鼠，畏缩不前，致使阿济格横扫京畿地区，连克十余城，最后押着俘获的十七万人畜从长城冷口关（蓟州镇关隘，位于今河北省县级市迁安）从容北归，还一边奏乐一边砍塞上木片书写“各官免送”的大字，掷于道上，以示羞辱。

想到因“己巳之变”而掉脑袋的兵部尚书王洽，张凤翼自知不免一死，乃日服大黄，慢性自杀。

当然你会问，求死还不容易，一剂鹤顶红就完事，何苦折磨自己？

因为仰药自尽虽然痛快，却属于畏罪自杀，会牵连家人。吃大黄则不然，将有一个沉疴不起的过程，可以营造操劳过度，因公殉职的假象。

清军退出长城后不久，张凤翼毒发身亡。

见“嗑大黄”虽可耻但有效，宣大总督梁廷栋也照着演了一遍，追随张凤翼于地下。

六年前，袁崇焕因“己巳之变”下狱论罪，力主严惩的除了温体仁就是时任兵部尚书的梁廷栋。

职方司主事余大成是头号袁粉，也是办案官员之一。他劝梁廷栋不要对袁崇焕痛下死手，毕竟谁能保证疆场无事？

梁廷栋心领神会——作为兵部尚书，一旦后金再次破关，就轮到自己接受问责了。因此，把“袁案”搞得太血腥对后来者一点好处都没有。

最终，袁崇焕的妻小被保全，梁廷栋却在六年后步其后尘，死于渎职。归根结底，还是官瘾太大给害的。

袁崇焕伏法后不久，梁廷栋便图谋扳倒王永光，以取代他吏部尚书的位子，好远离职业风险太高的兵曹。

一番激斗后，王永光虽去职，黑料不遑多让的梁廷栋却也遭到弹劾，被迫辞官。

时局纷乱，回家含饴弄孙有啥不好？可梁廷栋闲不住，忍了四年便应朝廷之召复出，担任宣大总督。

没想到次年就遭遇阿济格这只“黑天鹅”，而由于天寿山陵区在宣大总督的管辖范围内，脱不了干系的梁廷栋只能戴罪入援。

结果还不如不援，因为他跟张凤翼一样怯战，只知一路尾随清军，大气都不敢出一口。

当然，同被崇祯夸上天的“内臣”相比，梁廷栋和张凤翼的表现已堪称“不功不过”。

以监军太监高起潜为例，此人在孔有德叛乱时也算立下微功，在宦官中亦有“知兵”之名。然而，当清军由冷口北返，冷口关守将请高起潜帮忙堵截时，高起潜却扬言“等他们出关一半后再进攻”，最后实则纵虎归山。

更恶劣的是，清兵走后高起潜开始忙活起来，派人割下死难百姓的首级冒功。

真正把“家国”当回事的，反而是离开官场这套功利系统的退休人员，比如鹿善继。

天启年间，在山海关给蓟辽督师孙承宗当参谋的鹿善继曾与其父鹿正先后营救“六君子”和“后七君子”，虽因阉党势大而失败，但其不畏强暴的义举已遍传天下。

崇祯即位后，鹿善继在太常寺少卿任上告老还乡，闲居定兴（今保定市下辖县）乡间。

阿济格的部队蹂躏京畿时，鹿善继从乡下来到县城，率众保卫家园。

清军用了七个昼夜才打下定兴，此前游刃有余的畅快感一扫而空，故恼羞成怒地威胁鹿善继投降。

鹿善继大骂道：“天朝鹿太常衣，肯覆羯狗奴耶！”

清兵大怒，连砍三刀，再射一箭，终于把这个62岁的老头折磨致死。

鹿善继的慷慨赴死被计六奇形容为“捧一篑以塞溃川，挽杯水以浇烈焰”，看上去似乎很傻。然而，正是这些不妥协和不屈从彰显了人之异于禽兽的价值，在无涯的时间和无垠的宇宙中点亮微光，写下意义，为“减熵”贡献一己之力。

五十九、南汉山城

事后看来，把卢象升调去当宣大总督兼山西总督属于严重失策。

问题是崇祯又无法预知李自成将来会打到北京，而皇太极动不动就入关，让人时刻生活在亡国灭种的恐惧之中——换作是你，你也会认可温体仁的提议，让能打的卢象升去御边（温体仁恨卢象升不为己用，故明知其不习边事却力推他守边，以便找碴儿治其罪）。

何况高迎祥已死，李自成虽继承“闯王”的名号，但已无力东渡戒备森严的黄河，只好去打貌似空虚的汉中，没想到料敌机先的曹变蛟早已悄悄入汉，厉兵秣马，正等着他自投罗网。

李自成大败而逃，南下四川，终于在蜀中威风起来，连破三十八座州县，击毙四川总兵侯良柱，一路杀到成都郊外。

四川巡抚王维章心惊胆寒，向朝廷求救。

崇祯大为光火，将其革职，代之以傅宗龙。

洪承畴派左光先、曹变蛟与贺人龙等入蜀追击，结果李自成又跑回了陕西。

孙传庭本以为四川就是李自成的埋骨地了，已做好退休回家、奉养老母的准备，没想到他犹能“扳命”，只好配合洪承畴继续追剿。

而在江淮地区，张献忠虽仍左冲右突，四处活跃，但其势已大不如前。

由此可见，崇祯浪费了整整两年宝贵的战略机遇期（从调离卢象升到皇太极发动第四次南侵）。如果不妄动卢象升，令其与洪承畴、孙传庭联手扑灭农民军，日后又岂会左支右绌？

当然你会问，皇太极为何要消停两年？

因为他去解决东线问题了。

皇太极称帝前曾派人通知被迫与他订立“兄弟之盟”的朝鲜，可朝鲜国王李倧却拒不接见其使团。随后的登基大典上，被逼参加的朝鲜使者更是拒不下拜。

忍耐李倧很久的皇太极在1636年底以朝鲜背盟为由，率十万大军亲征之。

相比于“丁卯胡乱”，清军的此次攻势更为迅猛，定州、安州等城望风而降。

寒冬时节，临津江结冰，清兵纵马驰骋，攻占汉阳。

李倧遣人护送妻妾至江华岛避难，自己则率文武百官据守南汉山城（位于首尔东南50里处一座400多米高的山上），等待各地军民驰援，并派主和派大臣吏曹判书（相当于吏部尚书）崔鸣吉（“仁祖反正”的主谋和功臣之一）赴清军大营谈判，以拖延时日。

然而，即使等到了全罗道和忠清道等地的援军，但在绝对的实力差距面前，败局根本无法扭转。

与此同时，江华岛也被多尔衮攻破，76名宗室和朝臣被俘。

李倧见大势已去，只好接受皇太极的条件，于1637年正月出城投降，史称“丁丑下城”。

这场导致国都被端的战争在朝鲜被称作“丙子胡乱”，2017年韩国导演根据同名畅销小说拍摄了影片《南汉山城》。

战后，朝鲜依约断绝与明朝的宗属关系，沦为清的藩属国，定期纳贡。

同时，它失去了在境内修建大型防御工事的权利，却不得不屈辱地立一座“大清皇帝功德碑”，并让两名世子随清军赴沈阳做人质。

班师回朝的途中，皇太极派孔有德、耿仲明和尚可喜攻打皮岛，并命朝鲜出战船五十艘助战。

朝鲜虽不情愿，但考虑到朝方人员参战可伺机向明军传递情报，故也派出两员大将。

然而，随着密议的次数越多，朝鲜君臣越担心此事一旦泄露将招来皇太极的疯狂报复，只好紧急叫停。

不过没关系，皮岛总兵沈世魁能死扛这么多年也不是吃素的。他设火炮，集舟师，奋起抵抗，清军竟一点便宜都没占着。

望洋兴叹的皇太极只好派出阿济格。

当然你会问，阿济格在陆上确有万夫莫当之勇，可其海战经验远逊于孔有德、耿仲明和尚可喜，让他攻岛不是开玩笑吗？

还真不是。

首先，阿济格是皇太极同父异母的弟弟，统治集团的核心，其战斗意志是出身皮岛的“三矿徒”所无法比拟的。

其次，长期的战争实践使阿济格这个单纯的草原少年进化成为令人头痛的老狐狸，把“明修栈道，暗度陈仓”运用于海上，分兵两路。一路以满洲八旗的精锐渡海偷袭，一路以汉八旗、“三矿徒”和朝鲜兵正面佯攻，吸引明军注意。

最后，为保证计划顺利实施，偷袭的一路甚至派出守卫宫城的护军，由毛遂自荐的鳌拜率领。

皮岛很快沦陷，拒降的沈世魁被杀，明朝在辽东沿海的防线彻底崩解，再无后顾之忧的皇太极从此可以放开手脚长驱征明了。

其实，丙子之役清军几乎倾巢出动，而驻扎在宁锦防线的十多万明军无论是趁机端了皇太极的老窝还是在鸭绿江断其归路，都能一举扭转辽东形势。

可惜明廷隔岸观火，坐视藩邦沦亡，导致资源雄厚的朝鲜成为皇太极的囊中之物。

即便如此，朝鲜也未尝变心，哪怕崇祯已吊死煤山，“尊周思明”的社会思潮亦久久不退。

1649 年，李倧之子李淏（被清军押到沈阳当人质的两名世子中的一个）即位，重用以宋时烈为代表的反清派官员，打算扩军十万，北伐复明，后因财政困难而作罢。

虽如此，李淏仍积极同南明、郑成功甚至蒙古准噶尔部等反清势力联络，策划会攻清朝。

一次，朝鲜、日本和南明联手组建军事同盟的计划被清廷察觉，顺治下诏斥责李淏，罢其主事大臣，史称“六使诘责事件”。

还有一次，清朝为抵抗沙俄侵略者征召朝鲜的火枪兵。李淏虽不乐意，但也把这当成练兵的机会。火枪兵在战场上的出色表现给清军留下深刻印象，亦令朝鲜君臣重燃北伐信心。

然而，不论朝鲜如何积极备战，面对南明政权节节败退的事实，也无法挽狂澜于既倒。

1659 年，40 岁的李淏在垂亡之际命宋时烈书写遗诏，悲叹道：“日暮途远，至痛在心。”

1662 年，永历帝在昆明被吴三桂用弓弦勒死，南明宣告灭亡，朝鲜终于死心。

1683 年，施琅打下台湾，南明最后的余脉也随风而逝，宋时烈等反清派官员在朝鲜政坛日益边缘化。

与此同时，康熙一改顺治的强硬态度，对朝鲜采取安抚和分化的策略，终于使其不再阳奉阴违，尊清朝为正朔。

六十、春山可望杨嗣昌

卢象升调赴边关后，五省总理之职落到了兵部侍郎王家桢头上。

王家桢身材伟岸，口齿伶俐，从小爱读兵法，被乡人称作“王铁嘴”。

可惜战场不是《三国演义》的片场，靠摇唇鼓舌并不能骂死王司徒。

王家桢一到河南就“病”了，连上辞呈。崇祯知道他指望不上，准其卸任总理，只保留河南巡抚的兼差。

张凤翼死后，与梁廷栋一起被崇祯追论其罪（只因已死，免于实施）。

崇祯恨透了那些把心眼都花在文过饰非以及同自己斗智斗勇上的文官，决心找一个既晓畅军机又高瞻远瞩的旷世之才来当兵部尚书。

于是，“杨嗣昌”三个字毫无悬念地蹦了出来。

作为罪臣之子，杨嗣昌曾三次上奏，要求代父（杨鹤）受罚。崇祯虽未允准，却对他的孝心留下深刻的印象。

1634 年，久居兵备道的杨嗣昌被擢为兵部侍郎兼宣大总督。对此，他表示不敢拜受，因为发配江西的父亲还在受苦。

作为杨嗣昌的读者（《地官集》），崇祯并没有因私废公，宽恕其父，而是下旨催他启程。

别无选择的杨嗣昌只好移孝作忠，走马上任。

任期内，他六次上书，陈述边防，深谋远虑，使崇祯越发感到“异才可用”。

不久，杨鹤去世，杨嗣昌丁忧辞官，崇祯再也找不到挽留的理由，只好不情不愿地代之以梁廷栋。

幸好守制期只有 27 个月，算下来不到两年半。可问题是一年后杨嗣昌的母亲也死了，居丧时间往后顺延，崇祯坐不住了。

于是，张凤翼一死，他便绕开吏部与内阁的会推，下旨“夺情”。

三次恳辞未果后，杨嗣昌赴京面圣。

由于守孝期间读书充电，认知升级的杨嗣昌对答如流，切中时弊，把崇祯激动得直道："恨用卿晚！"

杨嗣昌的思路非常清晰，旗帜鲜明地提出三点：安内才能攘外，足食才能足兵，保民才能荡寇。

其中，第一条是核心，杨嗣昌用缜密的逻辑替崇祯剖析了攘外必先安内的原因：天下大势，譬如人身。京师是头脑，宣大、蓟辽等边防重镇是肩臂，黄河以南、长江以北的中原大地是腹心。现在的问题是边患出现在肩臂之外，乘之甚急；流贼祸乱于腹心之内，中之甚深。外患固不可缓图，内忧更不容忽视，因为它流毒于腹腔，如果听任脏腑溃烂，精血日就枯干，徒余肩臂又有何用？

至于第二条，则是为"四正六隅，十面张网"的战略服务的。

杨嗣昌这八字真诀一出，直接把崇祯震住，比"赋能""重度垂直"和"生态化反"之类的互联网黑话还唬人。

不过，事实表明，八字真诀对付农民军非常有效。

所谓"四正"，即陕西、河南、湖广和江北四个正面战场，四地的巡抚要以追剿为主，防御为辅。

所谓"六隅"，即延绥、山西、山东、江南、江西和四川六个侧面战场，六地的巡抚要以拦截为主，协剿为辅。

"四正"和"六隅"加起来是正好是十张大网。如果农民军流窜到陕西，则陕西、四川、湖广、河南、延绥与山西的巡抚必须共同张网，六面合围，五省总理也要入关配合五省总督围剿；如果农民军流窜到河南，则河南、湖广、凤阳、应天、山西和山东的巡抚必须共同张网，六面合围，五省总督也要出关配合五省总理围剿。

网撒下去，农民军的确插翅难逃。然而，织网的成本非常高，根据杨嗣昌的估算，要增兵 12 万人，增饷 280 万两。

这笔钱崇祯当然掏不出来，只能加租，即后来的"剿饷"。

具体怎么加，杨嗣昌和卢象升的立场泾渭分明。前者主张一体均输，不计贫富，后者则主张让地主和富户承担重头。

崇祯采纳杨嗣昌的建议，背上“重征”的骂名。投桃报李的杨嗣昌则推荐熊文灿出任五省总理，而此人早已简在帝心。

虽然后来证明熊文灿就是个坑货，但在当时的背景下，换个人多半也会推他。

自崇祯元年（1628 年）担任福建巡抚起，熊文灿就一直在东南剿匪。

招抚大海盗郑芝龙（郑成功之父）后，他委任其为游击，把勾结红毛（荷兰侵略者）、为祸沿海的大小海贼逐一歼灭，声名远播，以至于徐光启都忍不住向崇祯举荐他。

然而，熊文灿这人私心比较重，升任两广总督后就想永镇岭南，为此没少派人进京献宝，结纳权贵。

为摸透熊文灿，崇祯曾派亲信太监以采办药材之名到广东走访，受到熊的宴请。

席间，太监谈起流贼猖獗，哀叹朝中无人，酒酣耳热的熊文灿拍案而起道：“诸臣误国耳。若文灿往，讵令鼠辈至是哉！”

好一句“诸臣误国”，崇祯听了估计会执手相看泪眼。

心下窃喜的太监旋即亮明此行的真实目的（考察你），称自己这就回去复命（候旨吧）。

熊文灿瞬间清醒，深悔失言。担心被崇祯调去“办贼”的他连忙补救，举出“五难四不可”等客观因素，谁知太监兵来将挡，说这些事等咱家见了皇上即替你请旨解决，若皇上不吝答应，熊公也便不可推辞了。

话已至此，熊文灿只好自认倒霉，骂骂咧咧地去当五省总理。

而与此同时，杨嗣昌却成为崇祯朝最爽的兵部尚书。

因为皇帝无条件信任，无恶不作的温体仁又正好下台。

六十一、日有升沉，月有盈亏

民变蜂起，并没有耽误温体仁害人。

首当其冲的便是詹事府少詹事文震孟。

当年，文震孟猎得状元没多久便以翰林院修撰的身份弹劾魏忠贤，挨了板子后丢官。

待崇祯元年（1628年）复出，文震孟又投到对吏部尚书王永光的斗争浪潮之中，败下阵后退隐田园，直至崇祯五年（1632年）蒙召回朝，供职于詹事府，给皇帝讲解经史。

文震孟授课喜欢联系时事，借古讽今。

对此，崇祯虽然不爽，指责他“任情牵诋”，但也深知其很多规谏不无道理，比如要求修正被阉党篡改的《光宗实录》。

1634年的会试，温体仁向周延儒学习，以首辅之身强行出任主考（明制主考当由次辅担任，但周延儒在1631年的会试中坏了这条规矩）。

文震孟作为考官，发现一张试卷在篇末痛斥时弊，抨击政坛上的“不恭不敬之害”，颇为欣赏，毅然录取。

这倒不奇，奇的是把关的温体仁居然给这道考卷开了绿灯。

当然，以其锱铢必较的性格肯定不会就此罢休。

没多久，温体仁便在内阁放出风声，讲：外人说我当主考是想进考场收几个门生。其实，以我今日之地位也用不着靠门生了，况且考场中就有人骂我。

曾撰《四箴》以献崇祯（劝其“宽以御众，简以临下，虚以宅心，平以出政”）的阁臣钱士升不解其意，问道：“场屋（考场）中如何骂得？”

温体仁道：有个考生在文章里说“不恭之臣”如何，“不敬之臣”如何，岂不是骂我“不恭”“不敬”？

钱士升道，老先生如何打发他？

温体仁冷冷道，他的本房考官（指文震孟）已在卷子上批了“伸眉抗手”的赞语。其人既有把握，我敢驳回吗？

确实不敢正面冲突，因为文震孟是帝师，告御状易如拾芥。

从这角度看，蒿目时艰的文震孟似乎与怙恶不悛的温体仁形成鲜明对比，但只要把时间往前拨个一年多，不难发现知人论世从来就不像看上去那么简单。

彼时，文震孟再度复出，张溥携一帮复社成员为他饯行。

席间，张溥提到一年后的会试，说文大人必为考官，而当今海内举子不愧为会元（会试第一）者，唯陈际泰与杨廷枢，请公届时留意。

陈际泰跟上届殿试的状元陈于泰没有任何关系，是个63岁才中举的公考名师；杨廷枢是上届秋闱的解元，复社领袖。

文震孟拍着胸脯说，天下读大士（陈际泰）之文（应试范文）而登第者不知凡几，唯他本人久困，我此番当收之于夹袋中（收揽人才之意）。

张溥又对与文震孟同行的詹事府官员项煜说：“然则维斗（杨廷枢）乃公责也。”项煜亦首肯。

于是甲戌会试，阅卷时文震孟找出陈际泰的卷子，开玩笑道：“昔为老社长（指其与“陈艾章罗”里的其他三位联合创办的公考辅导班“豫章社”），今作老门生。”

项煜急了，担心文震孟把陈际泰拔为第一，因为他自己也想收个会元门生。

于是，项煜赶紧出示一卷，道：“已得维斗卷矣。”

项煜的意思是：陈、杨二人跟“吾党”（指东林、复社）交情都不错，但陈际泰毕竟是江西人，而杨廷枢则属同乡（和项煜、文震孟都是苏州人）。

文震孟接过卷子，边看边道：“诚维斗焉，何得不让？脱非维斗，奈何？”

意思是，万一杨廷枢未能力压其他考生（文、项二人只负责其中一个阅卷组）怎么办？

项煜道："今场屋中谁能作此等文者？若非维斗，当抉吾眼悬之国门！"

话都说到这个份上了，文震孟遂许之。

谁料项煜操作失误，将杨廷枢和另一个考生的卷子搞混，导致桂冠落到了其他人头上，把文震孟气得大骂道："此举不惟负大士，并负张天如（张溥）矣！"

即便如此，放榜之日，同为考官的薛国观在对照《国表》（张溥编订的八股文选集，作者多为复社文人）后发现，中试者多出于复社。

由此不难想见温体仁的愤怒。

一次，因姜曰广在讲解《资治通鉴》时出现错误，本就对《资治通鉴》不感兴趣的崇祯下令改讲《春秋》，并命内阁推荐讲官。

温体仁明知文震孟是治《春秋》的专家，却故意装傻充愣，直至钱士升提名文震孟，才惺惺作态道："几失此人！"

《春秋》课一上线，崇祯立马被征服，如痴如醉到文震孟请病假都不予批准的地步，甚至有意提拔他入阁。

温体仁已然妒恨交加，谁知又逢"凤阳之变"，文震孟要求崇祯把那些误国的主事者拉出来正法。

这就不共戴天了。

当然你会问，对温体仁这种杀人不见血的毒蛇，正常人要多远躲多远，何以文震孟如此之刚？

因为温体仁对他的恨都快写在脑门上了。

文震孟升任少詹事时年已花甲，每日奔波往返，疲惫不堪，乃托人向温体仁求情，望他帮自己协调一个"享受从三品待遇"（少詹事为正四品，而三品官员才能在紫禁城乘轿）。

温体仁不但不肯通融，反而指着文渊阁的首辅座位道：不久他就坐在这儿了，何必三品！

遭此奚落，文震孟算是清楚温体仁对自己的真实态度了。

好在“凤阳之变”后崇祯颇欲“更始”，趁温体仁被言官骂到闭门“养病”之机主持了一场遴选，试图用增补阁员的方法来盘活死气沉沉的局面。

通过廷试（各授一疏，令其拟旨，考核才品），张至发等八人入围，崇祯命吏部将他们的人事档案呈上，供自己进一步甄选。

几天后，结果公布，文震孟与刑部侍郎张至发被擢为礼部侍郎，入阁办事。

这在当时被视作年度奇闻，因为一来文震孟病休在家，根本没参加廷试，却被崇祯特简；二来内阁大学士往往兼领尚书而较少兼任侍郎，崇祯这么搞显然是急了，要“不拘一格降人才”。

更急的是温体仁，他立刻声称病愈，回朝主持大局。

文震孟知道自己很难与温体仁共事，杨士聪也曾向友人指出文震孟“决非久于位者（在这个位置上不可能长久）”。

因此，文震孟上疏力辞，却不为崇祯所许，只好勉强就职。

后来，当文震孟意识到果然不该踏出这一步时，他想起同在廷试名单中，却因觉得以这种方式入阁并不光彩而坚辞不就的倪元璐，不禁感叹：倪元璐每件事都“高我一筹，早我一着”。

文震孟的个性确实不适合待在内阁。

履新后，司礼监秉笔曹化淳曾派人对他说，内阁和司礼监往来，是故事（常例）也。

换个人，根本不劳曹公公主动，早就登门拜访了，可文震孟却无视其暗示，不屑与之往来。

这就把本可引为奥援的重要力量推到了自己的对立面。

温体仁见文震孟如此天真，加紧挖坑，没多久便找到整他的突破口——许誉卿。

许誉卿是东林老人了，战过魏忠贤，斗过薛国观，还娶了名列“秦淮八艳”的王微。

“枚卜之争”时许誉卿支持钱谦益，愤而辞官，直到1634年才复出任工科都给事中，没多久便就“凤阳之变”弹劾张凤翼与温体仁。

温体仁当然要还以颜色，而且他非常清楚，只要打击许誉卿，与之交好的文震孟必会跳出来相助。

吏部尚书谢升秉承温体仁之意，以许誉卿“资深当擢京卿”为由，将他明升暗降到南京。

许誉卿迟疑未行，谢升立刻参他“为把持朝政不肯南下”。

这倒也没什么大不了，关键是温体仁接下来的操作。

他在谢升的奏疏上票拟谕旨，称“大干法纪，着降级调用”，故意刺激驭吏苛刻的崇祯。

果然，崇祯看过后怒不可遏：都大干法纪了，居然还能降级调用？他朱笔一挥，将许誉卿削籍为民。

文震孟据理力争，毫无效果，气得他当着温体仁的面讥讽道：“科道为民，极荣之事，敬谢老先生玉成！”

结果祸从口出。

许誉卿临别之际上疏揭露温体仁对他的报复，温体仁一面自辩一面牵扯文震孟，将其“言官被革为平民很光荣”的气话抖了出来，添油加醋说皇上用以鼓励天下士子的只有爵禄位号，而文某竟说出那样的话，怎堪担任股肱心腹之臣？

崇祯再次“遭瘟”，把对文震孟的眷顾之情一笔勾销，令其“冠带闲住”（保留品级，停职反省）。

百官莫不惊愕，温体仁则开启“无懈可击”模式。不论对他发起弹劾的是正臣刘宗周（工部侍郎）还是宗藩朱聿键（后来成为南明隆武帝），都纹丝不动，笑看风云。

南直隶一个叫杨光先的恩荫千户把袭职让给弟弟，以布衣之身抬棺死劾温体仁，也惨遭廷杖，发配辽东。

被胜利冲昏头脑的温体仁将“势不可使尽”的古老教言抛诸九霄云外，非要对闲居家乡已逾七载的钱谦益赶尽杀绝。

他指使常熟县衙一个叫张汉儒的师爷告御状，给常熟人钱谦益和瞿式耜罗织了五十八项罪名，从侵吞公家钱粮到勒索地方大户，从霸占百姓田产到勾结外夷走私，端的是“为非作歹，穷凶极恶”。

状子呈进宫后，温体仁立即替崇祯起草了一道圣旨，把钱谦益和瞿式耜抓进刑部大牢。

应天巡抚张国维愤愤不平，替钱谦益鸣冤叫屈。钱谦益也在狱中撰文申辩，称温体仁是此事的幕后操纵者，否则以张汉儒一介县衙师爷，怎么可能对朝廷内幕有如此深入的了解？

然而崇祯不予理睬。他早已彻底失去对文官的信任，在当年因祈雨未果而下的“罪己诏”中入木三分地骂道：

> 如张官设吏，原为治国安民，今出仕专为身谋，居官有同贸易。催钱粮先比火耗，完正额又欲羡余。甚至已经蠲免，悖旨私征。才议缮修，乘机自润。
>
> 或召买不给价值，或驿递诡名轿抬，或差派则卖富殃贫，或理谳则以直为枉。阿堵违心，则敲扑任意；囊橐既富，则解网念工。
>
> 抚按之荐劾失真，要津之毁誉倒置。又如勋戚不知厌足，纵贪横于京畿；乡官灭弃防维，肆侵凌于闾里，纳无赖为爪牙，受奸民之投献，不肖官吏畏势而曲承，积恶衙蠹生端而勾引。嗟此小民，谁能安枕？似此种种，足干天和。[1]

条分缕析，鞭辟入里，比之《官场现形记》和《道咸宦海见闻录》亦不遑多让，钱谦益还怎么玩？

死神的脚步越来越近，钱谦益一口气写了三十首杂诗，悲愤而绝望。

就这么被温体仁阴死，实在太不甘心。穷途之哭既然无用，那便放手一搏吧。

钱谦益放下文人的清高，干了件往日打死都不会干的事——托座师

1.［清］计六奇著，任道斌、魏得良点校：《明季北略》卷十三《责臣罪己》，中华书局1984年版，第219页。

孙承宗之子向曹化淳求援。

曹化淳是王安的人，而钱谦益曾替王安撰写墓志铭。凭着这层关系，曹化淳答应尽力营救，插手案件调查。

温体仁的对策是把曹化淳也拉下水，派人四处传谣，说钱谦益花了4万两白银走曹化淳的路子，企图脱罪。

曹化淳大怒，主动向崇祯提出彻查此案，得到批准后兴师动众地清查，很快便把温体仁一伙的阴谋揭了个底儿掉。

崇祯看过曹化淳呈上的审讯笔录后，喃喃自语——原来温体仁也“有党”啊……

温体仁不知面具已被拆穿，还在自鸣得意地演“引疾乞休”的老戏——风高浪急时便请病假，同党羽密谋于暗室；大局已定时便谎称痊愈，营造他和此事无关的假象。

然而这一次，当温体仁的亲信张至发把温的“乞休疏”以及他起草的挽留诏旨一并进呈御览时，崇祯毫不犹豫地抹去张至发的挽留语句，批了三个字：放他去！

太监登门宣旨时，温体仁正在湖州会馆吃晚饭。“放他去”三个字一出，温体仁骇然失色，筷子应声而落。

次年，他病死于家中，崇祯接到讣闻居然伤感起来，下旨赐其太傅，谥其“文忠”。

“遭瘟”之深，足见一斑。

六十二、不道德的道德

“四正六隅，十面张网”启动后，很快奏效。

在江淮混不下去的张献忠北窜河南，于南阳伪装成官军，企图骗开城门，没想到遭遇率部前来的左良玉，当场露馅。

双方激战，张献忠不敌，逃跑时被左良玉射中两箭，砍中一刀，多亏义子孙可望力救，才幸免于难。

张献忠走避湖广谷城，苦撑待变。

1637 年秋，信心十足的杨嗣昌向崇祯立下军令状，称“下三月苦死功夫，了十年不结之局”。

三月平贼，比袁崇焕的“五年复辽”还豪迈。虽崇祯全力支持，但杨嗣昌的计划还是遭到孙传庭的强烈反对。

孙传庭认为“连年征战，民力疲竭”，不该再用剿饷压榨百姓。

看上去有唱高调的嫌疑，可孙传庭还真有资格说这话，因为他在陕抚任上最大的政绩便是“清军清屯”。

“清军”即清理军户，彻查逃兵役的情况，扩充兵源。

“清屯”即盘点军屯（和平时期卫所士兵耕种的土地），把被土豪兼并的屯田收回来（为此不惜杀了一批劣绅），并对这帮奸徒（权贵、豪强、衙役、学劣）定性，说他们“毒犹逾于流贼，奸更甚于细作”。

孙传庭刚到任时，西安四卫凑不出 1 200 名守城士兵。而经过整顿，则实现了“以秦兵卫秦地，以秦饷养秦兵”的目标，孙传庭也得以夸下海口，说此后用兵不必惊扰皇帝，“永宽圣明西顾之虑”。

除了不认可杨嗣昌的虐民苛政，孙传庭还认为农民军“势大则四出，受困则归秦”，其“地利”明显在陕西，“十面张网”是张了个寂寞。

洪承畴与孙传庭立场一致，跟杨嗣昌产生矛盾。

作为兵部尚书，杨嗣昌位高权重，洪承畴与他不合的结果就是饱受“纵寇入川”的舆论指责。

为应对非议，洪承畴加紧围剿在川陕边境苟延残喘的李自成。与此同时，龟缩在谷城的张献忠遭到左良玉猛攻，不得不再次诈降。

这可把急于通过招抚立功的熊文灿给乐坏了。

由于郑芝龙的成功经验在前，熊文灿这个五省总理跟卢象升比简直就是和平使者。

张献忠求抚，如果换作孙传庭或洪承畴，一定先假装热情，把他稳住，再在受降仪式上将其剁成肉泥。

杨嗣昌没那么激进，接到消息时也主张让张献忠攻打李自成和“老回回”（马守应），以为考验。若他有半点犹豫，便立予剿杀。

熊文灿觉得这太没诚意，而早就领教过张献忠路数的崇祯居然默许了其所谓有诚意的抚局。

究其原因，在于农民军江河日下而皇太极久未异动，崇祯感到北方又传来令人不安的气息，故幻想收服过郑芝龙的熊文灿能再创奇迹，以便尽快“安内”而全力“攘外”。

虽然张献忠的投降是假的，但稍早一些时，随州的闯塌天（刘国能）却属真心请降。

据说，他是奉母亲之命，归顺时颇有悔罪之意，表示愿为官军尽死力。

张献忠则不同，根本不交兵权，复叛的迹象很明显。

谷城的纳降仪式举行前，左良玉和湖广巡按御史林铭球密谋，打算等张献忠一到场即将其逮捕，遭到熊文灿的极力反对。

左良玉本就不服熊文灿，从他到任起便不受节制，还纵兵与其招募的“乌蛮”（精通火器的少数民族）发生冲突。

此番，熊文灿竟把张献忠当成另一个刘国能来对待，更使左良玉产生了深深的鄙夷。

张献忠受降后，把部队分散驻扎在谷城四郊。熊文灿只发两万人的军饷，要求他遣散其余。张献忠拒不接受，坚持索要十万人的，还提出愿意保卫郧阳、襄阳和荆州三府的疆土。

然后熊文灿就答应了，按十万人发了六个月的兵饷。

同样的模式，熊文灿复制粘贴到其他农民军首领身上，态度之软弱，手法之妥协，被时人讥为“求贼”。

“求贼”是不好听，但看上去效果还挺显著。“射塌天”李万庆、“曹操”罗汝才和“过天星”惠登相等纷纷放下武器，中原之乱似乎就此平息。

另外，洪承畴指挥各路总兵对李自成穷追不舍，不断激战，持续削弱其有生力量。

李自成被打到只剩一千多人，遁入汉中的深山密林。

他已无棋可走，忽闻尚未投降的“革里眼”（贺一龙）和“老回回”（马守应）等部在河南活动，乃欲由潼关入豫，与之会合。

洪承畴掌握这一动向后，一面命孙传庭在潼关布置伏兵，一面派曹变蛟尾随追击。

孙传庭在潼关的南原设伏，从丘陵到高地再到森林，每五十里都有一营士兵把守。

李自成突围至此，以为胜利在望，没想到喊杀之声四起，到处都是官兵。

一番激斗后，李自成逃进一片树林。自以为安全的他正要下命埋锅造饭，不料伏兵又起。

农民军阵脚大乱，自相践踏。李自成浴血杀出一条生路，却与妻女失散，被迫携刘宗敏、田见秀等十八人逃往商洛山中，蛰伏下来。

表面看，除一些星星点点的死灰，“十年不结之局”已经了结。

然而，上天好像专门跟崇祯过不去，不许他有片刻之欢愉——就在李自成败走潼关前不久，皇太极发动了第四次入关之战。

在《致明国皇帝书》中，皇太极公然自称“朕”，并像哲学家一样质问崇祯道：“自古天下，非一姓所常有。天运循环，几人帝，几人王……岂有帝之裔常为帝，王之裔常为王者哉？”

开战几个月前，也就是1638年4月，一个叫周元忠的算命瞎子在六人的陪同下抵达沈阳，执行一项绝密任务——受辽东巡抚方一藻和镇守太监高起潜之托，试探皇太极对议和的态度。

不久，周元忠回到宁远，呈上皇太极写给高起潜的一封信。

信中，皇太极表示同意和谈，但提出一些条件，并恫吓说，如果不能达成协议，“夏秋必有举动”（意即兵戎相见）。

方一藻在给杨嗣昌的私人信函中力主“和议消祸”，而一向反对两线作战的杨嗣昌在向崇祯汇报时指出：当初卢象升在中原战场已有胜算，因边防紧急而撤至长城沿线，遗憾至今。假如有人用计使满洲铁骑三年不来，那内乱早就平定了。

言外之意很明确：用谈判争取三年辽东无战事，然后把自家屋子打扫干净。

杨嗣昌的方案如能贯彻，将李自成和张献忠连根拔起，则历史必将改写。

崇祯虽然无法预见后事，但也清楚农民军“势穷则降，趁乱又起”的秉性，故即使一时压制下去，也需要时间巩固战果，毕竟“平定”的目的不单单是“止乱”，人心安定和休养生息才是终极目标。

另外，杨嗣昌对清军的判断也很客观，即无论皇太极的调门起得多高，其南侵的目的还是打劫。因此，只要拿出实实在在的利益，是可以让他热爱和平的。

可惜，“华夷之辨”是如此根深蒂固，以至于自古凡是跟北方草原民族媾和的君臣，哪怕只是权宜之策，也会被骂到怀疑人生。

因此，即便崇祯再认同杨嗣昌，也不敢公开支持其主张，只能含蓄地命方一藻和高起潜“细酌”。

而杨嗣昌则认为，这么大的事岂可用轻飘飘的“细细斟酌”应付过去？必须“圣鉴允行”（表示同意），边防大臣才敢放手去谈。

但崇祯就是不表态，直至皇太极屯兵大青山（位于今朝阳市），才派人催促方一藻和谈。方一藻建议朝廷援引隆庆五年（1571 年）的“俺答模式”（明廷同蒙古鞑靼部首领俺答达成的封贡与互市协议），与清谈判。

朝臣获悉此事的主谋是杨嗣昌后，群情大哗。

兵部职方司郎中赵光抃连上两疏，抨击自己的大领导，极力主战。崇祯置之不理，反而借会推之机提名杨嗣昌入阁，等于表露了自己的倾向。

结果激起更猛烈的反对，冲在最前面的是詹事府少詹事黄道周。

黄道周来了个言之凿凿的“三段论”：不可议和，议和不可能成功，成功了也无法持久。

崇祯见既已闹得沸沸扬扬，索性在平台召开御前会议，命杨嗣昌与黄道周辩论。

黄道周一开口就大谈天理人欲，被崇祯当场打断。崇祯以其人之道（道德绑架）还治其人之身，指责黄道周连上三道奏疏的动机不纯。

原来，会推时崇祯不仅提了杨嗣昌的名，还把名单上的黄道周给划掉了，因为顾虑其学问虽好但性情偏执。

黄道周见崇祯暗示自己挟私报复，辩解说上奏只是因为反对议和，并谴责杨嗣昌忠孝两亏（指其先被夺情当了兵部尚书，现在守孝期没过居然还要入阁）。

杨嗣昌同黄道周激辩，黄道周站在道德制高点上疯狂输出。越听越气的崇祯叱其退下，候旨发落。

黄道周高声道：“臣今日不尽言，臣负陛下；陛下今日杀臣，陛下负臣！”

崇祯挖苦道：“尔一生学问，止成佞耳！”

黄道周跪下抗辩道：“臣敢将忠佞二字剖析言之。夫人在君父前，独立敢言为佞，岂在君父面前谗谄面谀为忠耶？忠佞不别，邪正淆矣，何以致治？”

崇祯血怒，再次喝令黄道周退下，最后将其连降六级，对弹劾杨嗣昌的官员也俱有处罚。

可即便如此，崇祯仍未对和议做出明确指示。

六十三、法治不诛心，诛心非法治

一个皇帝，明明看到一条正确的路却不能走，只因某些大臣如丧考妣地反对。然后这帮人还博得"诤臣"的名声。换谁谁都火大。

崇祯深恨黄道周，降职外调根本无法平抑其怒。之所以没有加重处罚，无非"惮其名高"。但他可以迁怒于黄道周在意的人，比如郑鄤。

郑鄤与文震孟是同年，文震孟当年因弹劾魏忠贤而挨打，并遭黜，上疏声援的郑鄤也以"党护同乡"之罪被贬，回籍候补。

几年后，杨涟、左光斗等人在诏狱里遇害，狱中长出六朵黄芝。郑鄤听说后，悲愤地写下《黄芝歌》，直斥阉党暴行。

后来，郑鄤替杨涟的遗稿写序，彻底激怒魏忠贤，被削职为民，名列《东林点将录》。

为免遭迫害，他浪迹天涯，在广东结识了徐霞客。

可惜郑鄤不是徐霞客，无法舍弃庙堂之忧。毕竟，其父郑振先早年在礼部当主事时就写过《直发古今第一权奸疏》抨击内阁大学士，关心政治是他们郑家的传统。

1635年，见言官对温体仁和周延儒的弹劾风起云涌，幼稚病发作的郑鄤凭感觉扬言："周延儒不可用，温体仁可大用，应当区别对待。"

阁臣钱士升有意提携郑鄤（二者均出自钱龙锡门下），便以此为由向温体仁推荐自己这个傻师弟。

郑鄤接到钱士升让他迅速北上的信后，向文震孟去函征求意见。

文震孟深知温体仁的为人，但不便把话挑明，便在回信中劝郑鄤不要来京。

郑鄤踌躇满志，根本不听，结果还没抵京就被自己的堂舅吴宗达给坑了。

吴宗达刚从次辅的位子上退下来，尚未离京。因家族宿怨，他在温体仁面前大肆诋毁郑鄤。

而文震孟虽说反对郑鄤上京，但见老友心意已决，还是拜托温体仁多多关照，给他一个比庶吉士（郑鄤被天启谪黜时即翰林院庶吉士）更高的官职。

但温体仁只肯将其起复故官，即使文震孟放下身段请求，还是一味用“从容再议”敷衍。

这些情况郑鄤全然不知，一到北京就立刻拜谒温体仁，表示感谢。

温体仁不动声色，问他“南方清议若何”。这是借士大夫对朝政议论的话题试探郑鄤的立场。

郑鄤毫无戒备道：“人云国家需才，而庙堂未见用才。”

温体仁引蛇出洞道：“非不用才，天下无才可用。”

天真的郑鄤继续吐槽，说用则人才出，不用则人才伏，眼下防边荡寇最急，如果能像萧何信任韩信以及宗泽赏识岳飞那样，则何患不能成功?

温体仁表面致谢，心下已反感至极，因为郑鄤的话听上去就像在讽刺他没有识人之明。

不久，文震孟受许誉卿牵连，遭到排挤。舆论沸腾，郑鄤也发表了愤激的言论，终于促使温体仁对他下手。

材料是现成的，即所谓的“杖母”。吴宗达诬陷郑鄤杖打母亲，温体仁根据其词写成奏稿，去找推荐郑鄤的钱士升，请他联署。

钱士升欣然应允，待览毕全稿，才张口结舌。

其实，温体仁根本不指望钱士升署名，只是提醒他不要替郑鄤辩护。

殴打母亲，搁现在都会被人唾弃，在当时自然导致郑鄤下狱。然而，审来审去，法司发现所谓的“杖母”不过是家庭内部的一桩恶作剧。

原来，郑母出身显赫，脾气很大，郑振先饱受河东狮吼之苦，还连累宠妾被打压，甚至当家里未成年的婢女遭妻子虐待时也无能为力，只好求助于郑鄤。

郑鄤根据其母迷信的特点，想了个‘请箕仙’（请巫师召唤神仙，卜问吉凶）的法子。

一番装神弄鬼后，“箕仙”显灵，责备郑母。

郑母跪地求饶，接受惩罚，挨了郑振先一顿板子。

事后，郑母发觉受骗，情绪激动地跑到官府报案，状告儿子“不孝杖母”。

地方官哭笑不得，让郑振先管好家人。

来龙去脉，整个一《我爱我家》。因此，无论刑部还是北镇抚司，均建议对郑鄤从轻发落。

可崇祯寸步不让，即使温体仁都罢官而去，郑鄤的案子依旧悬而未决，不知道的还以为他刨了老朱家的祖坟。

在崇祯的压力下，锦衣卫从郑鄤的常州老家抓来各种所谓的“知情人”做证，又搞出一堆诸如“奸妹”的黑料来。

郑鄤在诏狱里备受毒刑，会审的三法司和锦衣卫见毫无转圜的余地，只好判了个“大辟”（斩首），想让他尽早解脱。

没想到崇祯这都不许，直接赐郑鄤凌迟，且规定必须刮足 3 600 刀，比袁崇焕还多五十来刀。

郑鄤的悲剧始于温体仁的构陷，可当他入狱后温体仁感到威胁消除，也就没再进一步迫害。

真正非要他死的其实是崇祯，动机是报复黄道周。

郑鄤下狱后，刘宗周和黄道周不遗余力地替他喊冤，前者因此被免（当然冰冻三尺非一日之寒，刘宗周此前上过措辞激烈的《痛恨时艰疏》），后者则铁齿论断，称自己不如郑鄤。

崇祯指责黄道周颠倒是非，居然对郑鄤这种蔑视人伦的垃圾自叹不如，诘问道：你是什么心肠？

黄道周回话说：臣与郑鄤同为庶吉士时，文震孟弹劾魏忠贤，郑鄤立即响应，把官位置之度外。我当时有所胆怯，自愧不如。现在写文章遇有不明之处，就会想到郑鄤。说不如他是想以此自贬，也以此自勉。

郑鄤被脔割后，京城百姓争购其肉，以做药料。看到这一幕的计六奇大为感慨，说郑鄤二十年的文章气节与显赫功名，竟被当作“参术甘皮”之类的药材用来治疗皮肤病。

曾特意到常州调查真相的黄宗羲发现这是一桩千古奇冤后，也在给郑鄤写的墓表中感叹道：“从来缙绅受祸之惨，未有如公者也。”

黄道周回过味来：自己越想解救好友，反倒越令其速死。因为崇祯就是要拿郑鄤做典型，把东林党这帮“道德帝”批倒批臭，谁让他们动辄指责自己“求治太急，用法太严，布令太烦”（刘宗周），谁让他们破坏议和大计（黄道周）。

尤其是黄道周，天天拿杨嗣昌“不孝”（接受夺情）说事，激起崇祯的逆反，把郑鄤屈打成史上最不孝之人。

彼时，追随黄道周骂杨嗣昌不孝的还有四位官员，时人称作“长安五谏”。

五谏里有个叫赵士春（赵士锦之兄）的翰林编修最为特殊，因其祖父赵用贤当年也曾与邹元标等四人反对夺情，只不过那次的目标是张居正。

张居正对五人施以廷杖，赵用贤作为一个胖子，被打下来的败肉最多。然后惊悚的一幕就上演了：赵妻将赵用贤腿上的腐肉做成腊肉，收藏起来，当作家宝，传与子孙。

这一生动的思想教育无疑是成功的，因为赵士春抗辩杨嗣昌夺情时就说：“臣敢背家学，负明主，坐视纲常扫地哉？”

与赵用贤同时被打的还有吴中行，是五人中最惨的一个，差点气绝。虽然抢救了过来，但被大夫剐掉的烂肉多达数十块，大的跟手掌差不多，一条腿几成白骨。

而这个同赵用贤“直声震天下”，并称“吴、赵”的吴中行，有一个侄儿名叫吴宗达，有一个侄女正是郑鄤的母亲。

其实，如果继续深究，不难发现郑鄤是冤，但也不算太冤，《三垣笔记》的作者李清就记载了他罕为人知的一面。

郑鄤下狱时，李清曾与御史王章谈论其案。

王章跟郑鄤是同乡，却对他颇为鄙夷，李清不解道：孙尚书（指天启年间的礼部尚书孙慎行）算你们家乡的正人君子了，何以他老人家那么欣赏郑鄤?

王章叹了口气，说孙大人手不释卷，身边人多被郑鄤收买，随时飞报其在览之书。因此，郑鄤每谒孙大人，谈及近日所读，总能倒背如流，令孙大人心悦诚服。

作为清流代表的孙慎行，看个书都导致“左右数人无不饱鄤贿”，明末政坛确实很难再找到一块净土。

郑鄤被剐时，清军的第四次饱掠已经结束。若非明廷内部议论未定，早签和约，这场损失惨重的兵祸本可避免。

毕竟，此轮征明前，皇太极曾明白无误地宣称：

> 征伐非朕所乐为也。朕常欲和，而明不从，是以兴师耳。[1]

1.［清］永瑢、纪昀等编:《四库全书》史部一六九《太宗文皇帝圣训》卷五，上海古籍出版社 1987 年版，第 411–83 页。

六十四、名秽我身，位累我躬

1638年夏末，皇太极命岳讬率西路军由墙子岭（蓟州镇关隘，位于今北京市密云区）入边，命多尔衮率东路军由青山口（蓟州镇关隘，位于今河北省迁西县）入边，两军在通州会师后南下中原腹地。

为牵制祖大寿，阻其入援关内，皇太极还自领一军，袭扰锦州。

墙子岭关城坚固，驻有重兵，守将乃总兵吴国俊。

清军突破的方式是攀登关城两侧的峭壁，凶险至极，因为士兵蚁附而上时基本就是明军的活靶子。

奈何岳讬兵临墙子岭时，吴国俊并不在场，而是同蓟辽总督吴阿衡给总监军邓希诏贺寿，喝得醉意盎然。

接到军报后，吴国俊仓促赶回，却因调御失措而败走密云。

酒尚未醒的吴阿衡也提兵应援，见清军已然破关，便退入墙子岭的堡内据守，终因不敌，当场毙命。

与此同时，青山口亦失守，京师再次戒严，崇祯再令各地出兵勤王，赐宣大总督兼山西总督卢象升尚方剑，加兵部尚书衔（非实授，兵部尚书仍由内阁大学士杨嗣昌兼任），命其在高起潜的监军下总督四方援兵，拱卫北京。

卢象升时逢父丧，本欲卸职守孝，却遭崇祯夺情。

此事在卢象升看来必是杨嗣昌的主意，因其被夺情入阁时除遭到黄道周的公开谴责外，卢象升也写信挖苦了他。

因此，从杨嗣昌的角度出发，让卢象升被夺情一来可给自己拉个陪衬，二来也可令他尝尝打脸是什么滋味。

由此可见，卢、杨二人已不是政见不同（卢象升对清主战，杨嗣昌对清主和）的问题，而是冰炭不容。

职是之故，卢象升再三请辞，以他和杨嗣昌、高起潜都在守孝期内，不太吉利为由，请求崇祯另择贤能。

崇祯坚决不允。

于是，卢象升只好身穿麻衣草履，赴京参加在武英殿举行的御前会议。崇祯想听他的御敌方略，可卢象升只抛出掷地有声的四个字：臣意主战。

这就有些尴尬了，毕竟杨嗣昌、高起潜的议和活动都是崇祯知情且默许的。

对此，他不得不表态说朝廷并不欲和，主和只是外间的议论罢了。

卢象升这才简要汇报了方案，崇祯激励几句后便让他同杨嗣昌具体商议。

俩人矛盾重重，能议出个啥？自然是不欢而散。

卢象升率三万兵马扼守昌平，崇祯派人给他送去赏银三万两、御马一百匹以及太仆寺良驹一千匹，成功将其迷惑。卢象升长叹道，和议果然是外面的意思，皇上锐意主战。

士气大增的卢象升决定主动出击，命各路总兵挑选尖兵，对逼近通州的清军实施劫营。

行动时间定于三天后（当月十五）的半夜，卢象升与敢死队相约：刃必见血，人必带伤，马必喘汗，违令者斩！

高起潜不以为然，讽刺道：只听说过“雪夜下蔡州”的典故，从未听说有月夜偷袭之事。意即纵使要搞夜袭，也不该挑月半的日子，因为一举一动都会暴露在皎洁的月光下。

高起潜不支持卢象升也就罢了，问题是他还暗中拆台，将参与当晚奇袭的一路人马提前调走，导致先头部队已初战告捷却因接应不上而功亏一篑。

卢象升怒不可当，向崇祯提议分兵——自己驻昌平，高起潜进驻通州。

崇祯同意后，杨嗣昌以宣府、大同和山西之兵归卢象升，以山海关、宁远诸路援军归高起潜。这样一来，卢象升实际能调度的兵马已不足两万。

即便如此，卢象升仍在巩华城（今昌平区内）誓师，决心与清军殊死一搏。

不料崇祯又变卦了，命他赶往通州，与高起潜联合作战。

卢象升认为这是杨嗣昌在背后捣鬼，目的是让高起潜牵制自己。

这倒冤枉了杨嗣昌。

杨嗣昌为澄清误会，一边建议崇祯维持分兵，一边找卢象升当面解释。结果被骂了个理屈词穷。

卢象升说：公等决意言抚，独不闻城下之盟，《春秋》之耻乎？且卢某领受尚方剑，京城人言可畏，倘依尔等去议和，则袁崇焕之祸立至！纵不畏祸，也该念及你我以披麻戴孝之身，若不能移孝作忠，奋身报国，则忠孝两亏，还有何颜面立足于天地之间？

杨嗣昌色变，高声道：阁下的尚方剑是想拿我开刀吗？

卢象升回敬道：尚方剑须先从我的脖子上过！如不能杀敌，不会轻易加诸他人。但若有人舍战言抚，养祸辱身，那就不好说了！

杨嗣昌否认自己搞秘密外交，卢象升则直接搬出周元忠，说他虽受方一藻和高起潜指派，但幕后的总策划就是你。

悻悻而归的杨嗣昌跟卢象升结下死仇。

平心而论，杨嗣昌虽人品堪忧，但拒绝两面作战的思路并没有错。而且，清军是来抢劫的，你往死里抵抗，把命弄丢（国都沦陷）了怎么办？

另外，此前谋求和议，不过是想争取时间扫清流寇，并无任何私心。只可惜崇祯私下支持却不公开表态，拖到皇太极失去耐心下令发兵后又不承担责任，让杨嗣昌戴上“主款误国”的帽子，被群臣围攻。很多人甚至认为，清军此番南下，就是“试探议和”导致的结果。

岳讬的西路军与多尔衮的东路军很快在通州会师，而后沿京城北部迂回至涿州，再兵分八路，扬鞭驰突。

崇祯心惊肉跳，急召陕军，于是洪承畴与孙传庭携左光先、贺人龙以及降将白广恩等十六万大军东出潼关。

不久，高阳（今属河北保定）被围，知县闻警先逃。高阳住着一个大人物，好友曾劝他到南方避避，他说，我都一把年纪了，没什么可怕的。如果能有机会战死疆场，也算死得其所。

他就是退休多年的孙承宗。

孙承宗已无守土之责，却率阖家老幼和全县百姓登城御敌。大伙拆房梁作滚木，搬石阶作礌石，整整坚持了三天才败下阵来。

多尔衮听说抓到了孙承宗，兴奋不已，亲自劝降。

然而孙承宗只回了他一句：

> 我天朝大臣，城亡与亡，死耳，无多言！[1]

说罢，坐到一张椅子上，命两个清兵用白绫将自己勒死，享年76岁。

战后，除在外地做官的长子和躲于草丛的六龄孙，孙承宗全家数十口全部罹难。

消息传出，朝野震惊，崇祯令有司优恤。

攻克高阳后，清军又连破十几座州县，把崇祯急得团团转。内阁首辅刘宇亮见状，自请到前线督察军情，为国分忧。

崇祯大喜，立即要将卢象升革职，代之以刘宇亮。

这可把毫不知兵的刘宇亮给吓坏了——他只是想下去看看，做个调研，没想到崇祯会命他指挥打仗。杨嗣昌赶紧出来打圆场，提议让卢象升将功赎罪。

这绝不是为他好，恰恰相反，认定清军不可战胜的杨嗣昌就是要把卢象升架在火上烤，直至其身败名裂。

然而崇祯并不同意，非要罢免卢象升。杨嗣昌只好反复陈述“临敌易帅，兵将不熟”会误大事的道理，使之勉强收回成命。

最后，崇祯剥夺了卢象升的兵部尚书衔，命其以侍郎衔继续督师，戴罪自效。

---

1. 阎崇年著：《明亡清兴六十年》，中华书局2007年版，第174页。

六十五、极心无二虑，尽公不顾私

面对分三路南下的清军，卢象升也想主动出击。

然因杨嗣昌从中作梗，不但军中缺粮，麾下的大同总兵王朴及其所部还被借故调走。

考虑到已在御前放言主战，若现在以粮饷为借口而不敢进兵，势必被指沽名钓誉。因此，卢象升决定进据保定，拼死一战。

此时，号称总督天下援兵的卢象升手下只剩宣府总兵杨国柱和山西总兵虎大威，以及五千疲卒。

卢象升先是在庆都（今保定市望都县）大败清军，斩敌一百余，随后进至巨鹿（今邢台市下辖县），食尽力穷，不得不派在军中任赞画（参谋）的兵部主事杨廷麟携自己的亲笔信去向高起潜求援。

高起潜就在五十里外的鸡泽县，兵精粮足，可他非但不救，还领着军队往山东方向移动，彻底陷卢象升于孤立。

其实，遣杨廷麟送信，已有修好之意，因为此人本为翰林院编修，由于看不惯杨嗣昌刁难卢象升而上奏说：“南仲在内，李纲无功；潜善秉成，宗泽殒恨。国有若人，非封疆福。”他把卢象升比作主战忠臣李纲、宗泽，把杨嗣昌和高起潜比作主和奸臣耿南仲、黄潜善，结果被杨嗣昌踢去前线。

很明显，杨廷麟的请兵之行，是带有向高起潜认错服软之意的。

然而高起潜见死不救，使卢象升的部队沦落到靠吃冰雪充饥的境地。

即使如此，也无一人叛逃。

眼见这些袍泽兄弟随自己空腹而驰，辗转千里，到头来却窝窝囊囊，遭人轻视，卢象升心如刀绞。

他晨起出帐，向四面将士跪拜道：“吾与尔辈并受国恩，患不得死，勿患不得生。”

全军饮泣，莫敢仰视，誓与清军一战。

1638年底，卢象升率所部在贾庄与数万清军决战，从早打到晚，声动天地，炮尽矢绝。

虎大威挽其马，欲令卢象升突围而出。

卢象升大声道：“虎将军，今吾效命之秋也！”

言毕，引刀奋战，在身中四矢三刃并格杀清兵数十人后，落马阵亡，年仅39岁。

卢象升死后，其下属杨陆凯担心清军毁尸，伏身于其遗体之上，被乱箭射死。天雄军全军覆没，虎大威和杨国柱溃围脱逃。

此时，“督察军情”的刘宇亮刚刚抵达保定，听说卢象升战死的消息后，吓得退避晋州（今河北县级市）。

高起潜因心中有鬼，对卢象升的死讯隐瞒不报。杨嗣昌更狠，直接污蔑卢象升举动失宜，战败潜逃。

幸好还有杨廷麟。

战前被派去求援的杨廷麟躲过一劫，他见杨嗣昌诬陷卢象升失踪，立即带人到战场上寻其尸骸。

卢象升早已萌生死意，但为免自己过早战死而致本军大溃，他一身士兵制服的同时将印绶缚于肘后以便战后认尸。

杨廷麟确认卢象升的遗体一是凭印绶，二是见其号衣之内还穿着孝服。

然而，杨嗣昌硬说卢象升没死，崇祯只好命与卢象升相熟的士卒前去验尸，结果士兵们一看到尸身便号啕大哭道：“此吾卢公也！”

附近百姓闻声而至，亦哭得死去活来。

顺德（今邢台）知府于颖检视后上报说卢象升确已殉国，杨嗣昌仍不死心，故作谨慎地又派三人往视。

按理说杨嗣昌安排的这三人都会照着他的意思来，可没想到其中一位叫俞振龙的去了现场居然义愤填膺，一口咬定卢象升已马革裹尸。

杨嗣昌大怒，把俞振龙抓起来严刑拷打。

俞振龙横眉怒目，高呼："天道神明，无枉忠臣！"随后便被活活打死。

还有一个叫杨国栋的，是卢象升生前手下的千总，写塘报（军事情报）呈送兵部，反映事实。

杨嗣昌让他改写，诬蔑卢象升畏敌逗留，以致兵败身死。杨国栋一个字都不肯改，结果被杨嗣昌构陷，处以极刑。

经此一闹，卢象升整整暴尸八十天才被收殓，杨陆凯泉下有知一定觉得无比讽刺——让卢督师不能入土为安的竟不是清兵，而是自己人。

次年，卢象升的遗孀向朝廷请求抚恤，崇祯不许；又次年，卢象升的两个弟弟（卢象观和卢象晋。前者在南明起兵抗清，事败被杀；后者拒不剃发，出家为僧）再次请恤，仍不许。

直到杨嗣昌死后，经廷臣多方请求，崇祯才追赠卢象升为太子少师和兵部尚书，世荫锦衣卫千户。

而其谥号"忠烈"，则一直要到南明风雨飘摇之际，才被弘光君臣确定下来，用以激发将士天良。

对此，计六奇的评价是：

> 杀象升之身于一时者，嗣昌也；成象升之名于千载者，亦嗣昌也。[1]

卢象升虽死，但战争并未结束。

1639 年正月，横扫畿南的清军突然转战山东，杨嗣昌以为对方必经德州，乃命山东巡抚颜继祖由济南移师于彼。

然而清军根本没理德州，直接从临清渡过大运河，闪击济南。

清兵猝至而守卫空虚，接到求救信息的祖宽又观望不救（战后议罪判死），导致济南只坚持了一天便告沦陷。

1.［清］计六奇著，任道斌、魏得良点校：《明季北略》卷十四《卢象升战死》，中华书局 1984 年版，第 247 页。

转瞬之间，13 万具尸体堆满济南城内外，包括布政使在内的数十位山东主官丧命，德王朱由枢被活捉，押往沈阳。

当然，清军也有损失，比如岳讬就死了。但他并非阵亡，死因是战后驻扎济南时感染天花。或云杀戮过多，惨遭天谴。

岳讬之死让多尔衮有了鸣金之意。

彼时清军最远已攻到兖州（今济宁市兖州区），再往南就是安庆巡抚史可法驻屯的徐州，未易轻犯。

于是多尔衮率军北返，至天津时正逢运河涨水，辎重难渡，然明将王朴、曹变蛟却相顾不敢妄动，任其离去，由青山口出关。

此次南犯，清军陷城七十余座，劫银近百万两，俘虏 46 多万人畜，还杀死两名总督及守备衔以上军官百余人，可谓“遍蹂畿内，民多残破”，“旌旗所指，无不如意”。

而且，省城沦陷是久已罕见的大事，何况丢的还是齐鲁之地，圣人之乡。孔子最担心的“披发左衽”震撼来袭。

因此，崇祯一口气将吴国俊、邓希诏和颜继祖等三十多名失事官员悉数诛杀，毫不留情。

不过，连一路“护送”清军却未敢出击的首辅刘宇亮都被削籍，负有直接领导责任的杨嗣昌却毫发无伤，恩宠不减。

但为平息物议，杨嗣昌还是自请辞去兵部尚书，并推荐四川巡抚傅宗龙接替其职。

六十六、知耻近乎勇，不知耻近乎神勇

就在清军扫荡中原之际，一帮无聊的复社文人用一篇征集到广泛签名的大字报，让政治生涯已经结束的阮大铖彻底社会性死亡。

此即《留都防乱揭帖》。

留都就是南京，揭帖就是公告。这篇声讨阮大铖行贿受贿、敲诈勒索、操纵官府、寻花问柳的文字不乏夸大之词，只因被攻击的对象名列《钦定逆案》而联署的一百四十多人又都是诸如黄宗羲、杨廷枢、陈贞慧（明末四公子之一，东林大佬陈于廷之子）、吴应箕（执笔人）和顾杲（顾宪成侄子）这样的名士，故阮大铖百口莫辩。

阮大铖这人虽狭隘、恋权、爱耍小聪明，但也不是什么十恶不赦之徒。

“争吏垣”事件是东林党失信于先，且阮大铖当上吏科都给事中后也没去害谁，无非赌气辞职，把位子又让给魏大中，向赵南星等人示威罢了。

崇祯上台后，阮大铖交给杨维垣两道奏疏，一道专攻阉党，一道既骂阉党也骂东林，说二者是一丘之貉。

归根结底，无非两边下注，让杨维垣根据政治风向拿出相应的那封。

谁料杨维垣从自身立场出发直接上了后一封，导致东林诸公从此“切齿大铖倍于诸阉”。

要说切齿，阮大铖牙都能咬碎，因为东林党炮制的“叩马献策”早就把他的名字钉死在阉党的耻辱柱上。

仕途既已无望，不若寄情诗文。闲居桐城的阮大铖组建了“中江社”，受到不少皖中文人的响应，包括钱秉镫这样的复社晚辈（后被方以智劝出）。

1635 年，因农民军犯境，阮大铖避居南京。他编演新戏，广结善缘，很快便靠才气打开社交圈，受到张岱、范景文乃至史可法的认可。

而冒襄、陈贞慧和侯方域（《桃花扇》男主角）这三位复社新秀在发现阮大铖的戏风靡金陵后，也“漫召之”（傲慢地召唤阮大铖的私人戏班），想看看观众的审美是否已无可救药。

阮大铖不但没生几个后辈的气，反而极其珍惜这次演出机会，让戏班唱了自己的作品《燕子笺》。陈寅恪对《燕子笺》的评价是“痛陈错认，情辞可悯”。可见，阮大铖哀求告饶之意已溢于言表。

然而冒襄、陈贞慧和侯方域并不领情。他们虽肯定了阮家班的歌舞、词曲之妙，却借着酒劲当众辱骂阮大铖是“珰（魏忠贤）儿媪（客氏）子”，骂完便拊掌狂笑，达旦不休。

魏忠贤乱政时，陈贞慧才 20 岁上下，侯方域更只是个黄口小儿。阮大铖是忠是奸，他们也是听父辈讲的，根本没有独立的判断。

阮大铖曾自署“无子一身轻，有官万事足”的门联，还重贿回籍的前首辅周延儒，得其“倘得再出，必起君”的保证。但对秦淮河上的这帮风流才子而言，“驱阮”与其说是匡扶正义，防止“隆冬之蛇，假死不僵”，倒不如诚实一些，大大方方地承认自己就是嫉妒阮大铖风头太健，人气太旺。

陈贞慧等人酝酿揭帖时，听到风声的阮大铖赶紧找比自己小 32 岁的侯方域（其父侯恂与阮大铖旧谊尚存）说情。

为笼络侯方域，阮大铖出钱请“画中九友”里的杨文聪（《桃花扇》中替“秦淮八艳”之一的李香君作画的杨龙友）天天邀侯方域和李香君出游，撮合二者。

结果两人的感情倒是越来越深，可帮阮大铖斡旋之事侯方域却始终不肯。

及至揭帖印成，阮大铖又想花重金将之全部买下，失败后只好灰溜溜地躲进南门外的牛首山，不复入城。

这就是 1638 年的吊诡画面：中国北部战火纷飞，生灵涂炭，而放眼长江以南，士子们却忙着跟阮大铖争雄于勾栏瓦肆之间，并终于使其彻底黑化，成为南明弘光朝的一颗巨雷。

其实说到底，这和身处南方还是北方，关系不大。

比如与陈子龙、宋征舆并称“云间三子”（明末清初的重要诗词流派“云间派”）的李雯当时即在北京，其父还刚从前线回来，可他却对战事漠不关心，只一味写诗倾诉自己对南国家乡的怀恋之情：

> 京室非我宅，燕云非我乡。
> 冠盖非我俦，趋谒非我长。
> 良朋隔远道，夙昔梦仪光。
> 芙蓉发清池，玄蝉鸣路傍。

清军北归后，崇祯内心的天平彻底倾向“攘外”。洪承畴成为新任的蓟辽总督，率从陕西带来的精锐之师御边。

孙传庭认为这是胡来，给杨嗣昌去信力争，说陕军必须撤回，否则流寇残余分分钟复起。而且，陕兵的家眷和财产都在关中，你让他们驻守辽东，时间一长不是哗变就是逃亡，整个一农民军的预备役。

这话要是换个人对杨嗣昌说，他应该能听，但出自孙传庭之口，对的也成了错，因为孙传庭曾多次公开反对“四正六隅，十面张网”，在生擒高迎祥后还一度膨胀到有些目无兵部。

孙传庭的信不仅没起到作用，很快他自己也接到调令，调任保定总督。

保定总督是个新设的官，从蓟辽总督的辖区里析出保定巡抚管的那一块，再下辖天津巡抚、山东巡抚和登莱巡抚，负责京师南面的警卫重任。

孙传庭拒绝接受，理由是耳朵聋了，无法胜任。崇祯很不高兴，严斥孙传庭，让他按时赴任，不许延误。

孙传庭提出面圣的请求，还写了道奏疏派人送给杨嗣昌，请他转交。杨嗣昌以为孙传庭要在御前弹劾自己，拒绝帮忙。

见其不顾大局，孙传庭索性以失聪为由乞退。杨嗣昌立马搬弄是非，在崇祯面前说他“托疾”。

崇祯大怒，命御史核实，结果回报说孙传庭确已耳聋。

压根不信的崇祯，认为该御史和孙传庭串通造假。两人旋即被革，押送北京，孙传庭自此吃了三年牢饭。

张献忠暗中观察，面露微笑。

不久前，李自成悄悄跑到谷城，张献忠设宴款待。

酒过三巡，他拍了拍李自成的背，戏言道："何不随我而降，还仆仆奔走做甚？"

李自成仰面大笑，连道"不可"。

两人看似打哑谜，其实再明白不过——李自成要不是料定张献忠乃诈降，又岂敢以身犯险，到谷城见他？

当然，张献忠也知道李自成绝不会降，跟他开个玩笑而已。待其临走，还送他一批战马和武器，鼓励他重整旗鼓，日后遥相声援。

谷城士绅看在眼里，皆骂熊文灿无能。

熊文灿的问题在于骑虎难下，一方面因为这一轮招安是他力主并一手操办的，如果张献忠再反，十个脑袋都不够他掉。

另一方面，张献忠对各级官员疯狂行贿，熊文灿听到的都是关于他的好话，自然越发优容。

当然，揭发其反迹的也不是没有，比如左良玉和湖广巡抚余应桂。然而，他们"先下手为强"的主张都被熊文灿压了下来，张献忠还倒打余应桂一耙，使之以"破坏抚局"的罪名被逮（余应桂曾纠劾杨鹤，杨嗣昌因此怂恿崇祯重治其罪）。

沾沾自喜的张献忠愈加肆无忌惮，不仅任命秀才潘独鳌为军师，替自己讲授兵法，还日夜打造三眼铳，搞得傻子都知道他想干啥。

谷城知县阮之钿五内俱焚，不断上书示警，可根本没人理他。

无奈之下，他只好苦口婆心地晓以大义，劝张献忠向真心归降的刘国能学习，不要自寻死路。结果被张献忠大骂一通。

阮之钿忧愤交加，从此蜗居不出，还在自家壁上题诗一首，预言张献忠将反。

1639 年夏，张献忠果然又反，阮之钿已写好遗书，准备服药自尽。

农民军抢先一步，逼他交印，阮之钿拒绝后被杀。

憋了一年的张献忠终于扬眉吐气，反过来招降官员，巡按御史林铭球不屈而死。

走完“抢劫仓库”和“释放囚犯”的造反常规流程后，张献忠派人到处张贴告示，上面写满了官员的姓名以及他们受贿的日期和数目。

此外，张献忠还宣称自己是让熊文灿给逼反的，因为他欲壑难填，索贿数以万计。

做完这一切，张献忠向房县（今属湖北十堰）进发，与罗汝才会合。

六十七、盐梅上将，督师中原

熊文灿在等待自己的末日审判。

兵科都给事中张缙彦把他参了个明明白白：张献忠包藏祸心，尽人皆知，可熊文灿却受其愚弄，为他请官请赏，替他遮掩罪行，乃至将明显的叛迹说成是“反形未露”。

懊恼的崇祯把熊文灿的官职革了个干干净净，勒令他立功以赎其罪。

熊文灿接到圣旨后，强令左良玉出兵。

左良玉肺都快气炸了——之前他要发兵，摇摆不定的熊文灿故意走漏消息，还假装为左良玉饯行，拖延时间，使张献忠得以从容地将兵器和粮食运往房县山中。

可眼下他又不能赌气，而必须遵命发兵，否则熊文灿就会给他安一个“逗留纵寇”的罪名。

左良玉怀着悲愤的心情攻打房县，结果因冒进而中伏，上万官兵被歼，军符印信尽失。

为减轻罪，左良玉把熊文灿的劣迹和盘托出，于是崇祯下旨捕熊并将左良玉降级。

熊文灿虽是崇祯点的将，但名义上却是杨嗣昌推荐的。言官紧抓这一点不放，大做文章，而崇祯也觉得杨嗣昌该露一手以塞悠悠众口了。

杨嗣昌觉察到这层意思，主动请缨。

崇祯大喜，写下“速荡妖氛，救民水火”的谕旨，命他以内阁大学士的身份督师，总督、巡抚皆从其令，副将以下听凭其手中尚方剑处置。

几天后，应杨嗣昌之请，崇祯召集内阁首辅薛国观、吏部尚书谢升和兵部尚书傅宗龙等开会，确定了粮饷和军队的调度事宜，并按杨嗣昌的建议进封左良玉为“平贼将军”（给杨嗣昌当副帅，可节制其他总兵）。

会后，崇祯单独与杨嗣昌密谈，向他交底：张献忠惊扰祖陵，罪不可赦，余者可剿抚互用。

1639 年秋，荣获各种赏赐和五十万两饷银的杨嗣昌进宫辞行。

崇祯特令光禄寺在平台设宴，亲自为杨嗣昌斟酒壮行，还命左右大臣向他敬酒。

紧接着，在音乐的伴奏下，崇祯从太监手里取过亲笔撰写的七言绝句，交予杨嗣昌道："辅臣督师，事不常有，今写数字赐卿。"

杨嗣昌跪下接诗，朗诵道：

盐梅今暂作干城，上将威严细柳营。
一扫寇氛从此靖，还期教养遂民生。

"盐梅"语出《尚书》，用来赞美为国效力的宰相；"细柳营"典出汉文帝时的大将周亚夫，比喻军纪严明。

杨嗣昌心潮起伏，边哭边拜。

不久，他抵达襄阳，入驻熊文灿的行辕，在誓师典礼上传达圣旨，立下诺言：身受国恩，担当灭贼，诛赏必行。

杨嗣昌说到做到，该罚的罚，该斩的斩，还把熊文灿解送北京（次年弃市）。

然后广造舆论，颁布"三准抚"政策，即"能捉住张献忠者""能为良民自耕自食者"和"能解散胁从各回原籍者"皆准招抚。

换言之，除张献忠外，所有人均可就抚。

为调动人民群众检举和抓贼的积极性，杨嗣昌亲自填了首《西江月》，附在画有张献忠头像的通缉令上，以通俗易懂的语言说明情况，公布赏格：一万金与封侯爵。

据说，张献忠看到榜文后，轻蔑道："营中有获嗣昌者，赏银三钱！"

玩哏归玩哏，但张献忠心知肚明：杨嗣昌这回是要跟他玩命了。

有鉴于此，他抛下罗汝才，率部西进，抵达川、陕交界的山区。

左良玉提兵猛追，在玛瑙山（位于今四川县级市万源）截住张献忠的主力。经过一场恶战，农民军3 500人被灭，其中包括扫地王等重要头目，张献忠的妻妾和军师潘独鳌悉数被俘。

崇祯接报，立刻拨白银五万两和锦帛一千匹犒赏三军，并赐左良玉太子少保。此外，他还专门从内帑中拿出一万两白银，与两套鞍马及一袭斗牛服一起，赏给杨嗣昌。一并送去的，还有他向杨嗣昌大表思念之情的手谕：

> 卿自昨年九月初六日辞朝至今，半载有余矣！无日不悬朕念，与行间将士劳苦倍尝，而须发尽白，深轸朕怀。又闻卿调度周密，赏罚严明，深慰朕平寇安民之意。[1]

中原战场上，洪承畴和卢象升此前也屡屡奏捷，但从未令崇祯说过如此肉麻的话。

杨嗣昌感动不已，决心为剿匪事业赴汤蹈火。结果，玛瑙山大捷后，他再也没打过像样的胜仗。

究其原因，还是内斗。

张献忠之所以能活着逃出玛瑙山，在于向死咬不放的左良玉派去一个说客。

说客献上厚礼，离间道：

> 献忠在，故公见重。公所部多杀掠，而阁部猜且专。无献忠，即公灭不久矣。[2]

如此拙劣的说辞，能说服左良玉网开一面，纵敌遁去，盖因杨嗣昌

1. 樊树志著:《崇祯传》，人民出版社1997年版，第390—391页。
2. ［清］张廷玉等著:《明史》卷二百七十三《列传第一百六十一 · 左良玉》，中华书局1980年版，第6993页。

不能容人。左良玉自从变成“左少保”，便居功自傲起来，令杨嗣昌感到难以控制，不得不把目光投向贺人龙。

贺人龙是陕西的总兵，配合左良玉在玛瑙山击败张献忠，骁勇善战。杨嗣昌与接替傅宗龙任兵部尚书的陈新甲商量后，决定让贺人龙当“平贼将军”。

然而，崇祯刚刚批准，杨嗣昌却反悔了，认为贺人龙的战绩毕竟无法同左良玉相比，且临阵易将又属兵家大忌。

杨嗣昌请崇祯收回成命，结果同时开罪左良玉与贺人龙。

左良玉因“平贼将军”印被夺而衔恨，贺人龙因“平贼将军”印得而复失深感不满。两人从此消极观望，致使张献忠与罗汝才胜利会师，攻入四川。

杨嗣昌移营入川，指挥作战，却发现四川巡抚邵捷春是个草包，一问三不知。协剿的三边总督郑崇俭也毫无斗志，踟蹰不前，最后索性装病，携贺人龙返回陕西。

队友带不动，杨嗣昌只好亲率官军追击，吃尽苦头（张献忠还编打油诗嘲讽说“好个杨阁部，离我三天路”），却未能阻止张、罗大军把四川搅个天翻地覆，气得他斩了一个临阵脱逃的副将，痛劾邵捷春与郑崇俭。

邵、郑二人被革，但无补于事。

张献忠把“以走致敌”（在运动中消灭敌人）发挥到极致，搞得“全蜀大震”，也成功将明军主力吸引到四川。

然而，其“调虎离山，趁机突入防守空虚之湖广”的意图已被杨嗣昌识破。

由于贺人龙已不听调，左良玉更是“九檄不至”，杨嗣昌只好派总兵猛如虎（蒙古降将，与虎大威合称“猛虎二将”）前往拦截，结果在开县（今重庆东北部的开州区）大败亏输。

张、罗大军突破夔门，进入湖广。

张献忠一路焚烧驿站，屠杀塘卒，致使杨嗣昌对川东战况无法及时知晓，更不要说湖广方面的音讯了。

有音讯其实也没用，因为杨嗣昌已心灰意懒，唯知向崇祯诉苦，锐气全无。

一方面，他声称对手业已养成“至精至悍，必死不降”的作风，“无生之路，有死之心”；另一方面，他又埋怨蜀兵脆弱，蜀将无能，只有他一个人在苦苦操持。

很明显他不想操持了，每日与幕僚饮酒作诗，流连名胜，甚至拿《法华经》当宝，说它可以遏制旱灾，让地方官认真对待。

就在杨嗣昌大搞封建迷信之际，一个惊天噩耗传来。

六十八、郴江幸自绕郴山，为谁流下潇湘去

张献忠谷城起兵时，李自成也复出了。

一开始，他想去湖广跟张献忠、罗汝才会合，但途经重兵云集的郧阳地区时受到重创，被迫移师河南。

事实上，正是进河南这步棋，盘活了李自成的局面。因为一来入川的张、罗大军吸引了官军主力，李自成逆向而行正好避其锋芒；二来1640年正好爆发千年之旱，河南作为重灾区赤地千里，人心思乱，李自成的到来可谓“大旱之望云霓”。

在不到一个月的时间里，李自成部由一千人激增到数万人，并连克多县，收服两个重要谋士：牛金星与宋献策。

牛金星中过举，后因故被革。与寻常文士不同，他慷慨不羁，通天文地理，初见李自成时即称：“若终欲为贼，则无所事我。若有大志，当从我言。”

其言无非三条，曰：“停止劫掠，争取民心，控制中原。”

李自成用牛金星为丞相后逐渐超越泥腿子的格局，告示中也开始出现“杀一人如杀我父，淫一人如淫我母”这样的金句。

宋献策是个以占卦为生的江湖艺人，初见李自成时献上“十八子主神器”的谶语，意即“李”姓之人能得天下。此语流传很广，宋献策无非借花献佛。可李自成依旧大喜，尊其为军师，遇事不决时便让他算上一卦。

牛、宋二人的加入让李自成摆脱了滥杀无辜的低级趣味，与张献忠走上一条完全不同的道路。

1641年正月，已扫清周边据点的李自成对洛阳发起攻势。

洛阳是中原重镇，更是十三朝古都。农民军之前屡次过境河南，却

无一人动过洛阳的念头。李自成此番打算吃下洛阳，不仅因为他拥有这个实力，还跟在牛金星的指点下已具备争天下的意识有关。

过程无须详表，只一个细节便知李自成稳操胜券。

当时，一支明军奉命渡洛河增援洛阳，军中忽然有人大喊：“王府金银百万，而令吾辈枵腹（饿着肚子）死贼手！”

洛阳沦陷后，福王朱常洵带着儿子朱由崧逃出王宫，躲入迎恩寺。朱常洵是个大胖子，据说有三百斤，故终因行动不便而被捕。朱由崧倒是伺机逃脱，但也受尽污辱，一身华服被扒了个精光，亡命裸奔。也亏他走得及时，否则便没有日后的弘光帝了。

闯军向李自成献俘时，朱常洵在人群中看见吕维祺。原南京兵部尚书吕维祺是书画家王铎的亲家，也是桃李芬芳的思想家。

朱常洵像捡到救命稻草一般，高呼道：吕先生救我！

吕维祺告诉朱常洵，他自己也危在顷刻。同时，他提醒朱常洵不要忘了身份，屈膝于贼。然而，从小娇生惯养的朱常洵哪见过这种场面？故其一见李自成便跪求饶命，丑态百出。

结果是先挨四十大板，再斩首示众。反观吕维祺，则不辱大节，引颈就死。

李自成惊喜地发现，此前攻占的城镇跟洛阳这样的大都会相比，完全不值一哂。

他没收了福王府的巨额财产，将其中一部分转移到山区，另一部分用于募兵和城防。同时，开仓济贫，笼络人心，很快便“远近欣附”。

消息传到北京，崇祯辍朝三日，以示哀悼。

待心绪稍平，他在东暖阁召见群臣，沉痛道：朕御极十四年，国家多事，又遭灾荒，到处人吃人，深感怜悯悲哀。近日流寇攻陷洛阳，福王被害，朕连自己的亲叔都保不住，此失德所致，惭愧至死。

见崇祯声泪俱下，大臣们赶紧主动揽责，甚至把这一切归罪于气数。崇祯否认道：也不能全怪气数。就是气数，也当有人事补救。这几年来，何曾补救得几个？

于是话题自然而然地牵扯到杨嗣昌，礼科给事中李焻批评他督师不力，自从玛瑙山大捷后就未有胜绩，威信日挫，建议派能员前往协助。

崇祯难得客观了一次，说杨嗣昌离河南几千里，鞭长莫及，哪里照管得到？还教育大臣也要设身处地为杨嗣昌着想，一味凭爱憎发表意见，就不对了。

说完不过几天，便被光速打脸。

福王之死不免让崇祯忧心起其他藩王的命运来，除了襄王。襄王府在襄阳，是杨嗣昌的督师衙门所在之地，重兵把守，万无一失。

谁能料到，最安全的地方竟成为最危险的绝境。

一日，崇祯想起离洛阳不远的开封还有个周王，乃向左右打听其近况。这时，宗人府官员送来襄王次子朱常澄的紧急报告。

崇祯意识到不妙，打开一看，方知就在李自成占领洛阳后不久，张献忠攻下襄阳，杀死襄王朱翊铭。

悲痛之余，崇祯百思不得其解：发生了这么大的事，杨嗣昌那边为何一点音信也没有？

因为他已身患绝症，行将就木。

张献忠在湖广攻克兴山、进逼当阳时探知襄阳空虚，决定长途奔袭。他留下罗汝才与官军周旋，截断郧阳和襄阳之间的联络，自己则率小股精锐直插襄阳。

途中，运气好到爆的张献忠居然撞上杨嗣昌的信使，缴获兵符。有此信物，他派出养子李定国，携二十几名扮作官差的轻骑赚开襄阳城门。

李定国等人被安排到寺院住下，与之前潜入襄阳的卧底（张献忠陆续派遣乔装成商人的部下，用车将武器运进城里）配合，在夜间放火为号，攻打官署，搅得全城大乱。

待到天明，张献忠兵至，城中内应放下吊桥，襄阳陷落。

年逾七旬的朱翊铭被押至西门城楼，跪倒在张献忠面前连连告饶。

张献忠一脸嘲讽的表情，称要借他脑袋一用。

朱翊铭面无人色，说王府的奇珍异宝任您搬用。

张献忠不屑道："你有何法禁我不搬哩？只一件事，你不给我头，那杨嗣昌不得死。"

语罢，朱翊铭与四十多位王室成员被杀。

打下襄阳，对张献忠而言可谓一举三得。因为他不仅救出潘独鳌和自己的妻妾，还靠发放王府库银 15 万两赢得了民心，更通过"陷藩"的弥天大罪置杨嗣昌于死地。

除此之外还有意外收获，那便是与襄阳一水之隔的樊城。

当时，左良玉部一众将领的家属均住樊城。见襄阳破防，樊城守军立即切断汉水上的浮桥，以求自保。

然而，为以牙还牙，报俘虏妻妾之仇，张献忠直接提兵渡江，打下樊城。

想当初左良玉因与杨嗣昌赌气，坐视张献忠出川，此际也算报应不爽。

洛阳和襄阳的败报传来时，杨嗣昌方抵夷陵（今宜昌）。他本想由水路沿江而下，赶在张献忠的前面阻截。

现在可好，万事皆休。

杨嗣昌大哭了一场，自此不再进食，并给湖广巡抚宋一鹤写信道："天降奇祸，突中襄藩。仆呕血伤心，束身俟死，无他说矣。"

行至沙市（今荆州市沙市区），杨嗣昌卧床不起，把一切军务都交给监军万元吉打理，并派人催家属前来诀别。

万元吉擅诗文，经杨嗣昌推荐被朝廷擢为大理寺评事，到部队监察军纪，实为杨之助手。

见杨嗣昌槁木死灰，油尽灯枯，万元吉不禁问道，为何不报告皇上？

杨嗣昌只吐出两个字：

不敢！

六十九、开封之围

接到万元吉发来的讣闻时，崇祯对左右叹息道："督师功虽不成，志亦堪悯，宜用辅臣礼归葬。"

这也就是杨嗣昌，换个人必被挫骨扬灰。

葬礼是隆重的，崇祯亲自撰写祭文，对杨嗣昌出师未捷身先死的感人事迹流露出深深的哀怜和惋惜，日后回想时仍喟叹道："自杨嗣昌歿，无复有能督师平贼者。"

然而，如果连"陷藩"这么严重的失职都不予追究，王法威严何在？崇祯以后还怎么带团队？因此，法司仍奉命对杨嗣昌定罪。

是个人都知道崇祯有意袒护，且杨嗣昌父子均可算"鞠躬尽瘁，死而后已"了，故议罪的结果是"功过相抵，不予追究"。

台谏再次喧嚣，崇祯一概不睬，反而顶着压力追赠杨嗣昌太子太保。其顾惜之情，纵观其17年执政生涯可谓独此一份。

杨嗣昌死后，继任者是极为勉强的丁启睿。

丁启睿五年前还只是个布政使，后来因孙传庭触怒崇祯而丢官，他才接任其陕西巡抚一职。之前，他的顶头上司郑崇俭因协剿张献忠不力，纵兵擅还，被杨嗣昌弹劾后免官（后弃市），于是三边总督的职位又落到了丁启睿头上。

可见，丁启睿一路走来纯属"蜀中无大将，廖化作先锋"。若非崇祯实在找不到合适人选，也不会仓促间对他委以重任。

再加上丁启睿名为督师，实无多少兵力（左良玉部加贺人龙部，拢共不过四万人），故压根儿没有与李自成拼杀的胆量，只敢去湖广找实力较弱的张献忠。

搞笑的是，湖广方面并不欢迎丁启睿，直言"荆襄业已息警，贼寇主力在豫”。为阻止他渡江，湖广巡抚还派人把汉水沿岸的舟船藏匿起来。

无奈之下，丁启睿只好转向邓州（今河南县级市），谁知邓州城门紧闭，不让他进城。于是又赴内乡（今南阳市内乡县），结果内乡惧其骚扰地方，竟严禁县民卖粮给城外官军。

丁启睿叫苦不迭，一度要靠杀战马充饥。

彼时李自成正在攻打开封，丁启睿得知后不敢去救，直到听说张献忠窜至河南，才长吁了口气，对诸将道：“上命我剿豫贼，此亦豫贼。”

丁启睿急令左良玉追剿，张献忠却玩起了捉迷藏，在河南与湖广之间跳来跳去，直至同罗汝才产生矛盾。罗汝才负气出走，投奔李自成，势单力薄的张献忠终于在信阳被左良玉截住。

襄阳失陷，左良玉落了个“削职戴罪”；樊城被破，左部眷属惨遭屠戮。在“左家军”看来，张献忠已是“扎克伯格的公司——非死不可”。

此番好不容易咬住，将士们疯了一样，三下五除二便将敌军杀得尸横遍野。张献忠损失数万人马，自己也身负重伤，率残部逃到郧阳。

左良玉猛追不舍，沿途官兵也异常珍惜这一破鼓万人捶的机会，使张献忠陷入处处挨打的被动境地，不得不再次跑回河南。

但只要甩不掉左良玉，就是跑到荷兰都没用。

最终，让张献忠逃出生天的决定是东进安徽（明朝并无安徽省，所谓的“安徽”泛指安庆、徽州二府及其周边地区），因为此地有仅次于他和李自成的第三股势力“革左五营”（“革里眼”贺一龙、“左金王”贺锦、“老回回”马守应、“乱世王”蔺养成、“争世王”刘希尧）。

自天启七年（1627 年）农民起义在陕西澄城拉开帷幕，十几年间，各营首领死的死，降的降，能活到崇祯十五年（1642 年）的都不是省油的灯。

当然，除“革左五营”的帮助外，张献忠能在安徽立足并复振，一个重要因素是李自成与官军在中原展开大战，替他吸引了火力。

攻下洛阳后，李自成并没有久占。他儿戏般任命了一些官员，随即率部退出。很快，河南巡抚李仙风闻警赶来（之前在黄河以北剿寇），开始清算守城不力的官员，将总兵王绍禹（因独吞福王犒军的银子，导致手下两员副将率众投靠李自成，并致士兵哗变，开门献城）解送京师（旋即弃市）。

李仙风这边忙着秋后算账，李自成那边已兵临开封。

开封是河南首府，主要有两支部队。一支被李仙风带走，另一支被副将陈永福带走（救援洛阳），故其就是座空城。开封的地位远非洛阳可比，朱元璋当年规划“两京”时曾将其定为“北京”，只因担心黄河漫灌（河道海拔高于城区）方才作罢。

在明初，开封的规模仅次于南京。到了明末，更是坐拥百万居民，城墙高达五丈。

可惜没兵。

李仙风不在，开封权力最大的官就是河南巡按御史（品级虽不如布政使和按察使，但代表天子）高名衡了。

高名衡紧急动员，责任落实到人。他下令将所有城门以沙袋堵死，坚守待援。祥符（开封府治所在）知县王燮则一面召集士绅开会，组建民兵，一面单骑驰入周王府，对周王朱恭枵道：

> 城破旦夕，王多积藏，万一失守，恐非王有。乘此人心未危，兵民可鼓，重赏犒之，或可救急！[1]

朱恭枵的格局显然比朱常洵大，他慷慨地拿出五十万两白银奖励杀贼。此外，还出资购米，支锅做饭，派人送上城头，并命八百王府卫士参战。

与此同时，官府的赏格也很可观（出城斩敌一人赏五十两，射杀一人赏三十两）。开封军民士气大涨，一时间“百姓挈（带）弓矢、刀槊登城者，纷纷恐后”。

1.［明］白愚著，刘益安校注:《汴围湿襟录校注》，中州书画社 1982 年版，第 16—17 页。

攻城方案，李自成的首选是驱赶手持铁锹的乡民到城墙根凿洞。

洞的作用有三：一是打通城墙作为入口；二是藏匿兵员以备攀城；三是填埋炸药爆破毁城。

重赏之下（挖一块砖，赏一两银子），闯军的进展颇为神速，只一天时间便在西门的墙体上抠出六个大洞。贼兵隐匿其中，城上无论射箭、火攻皆不能及，危害极大。

对此，官军的破解之策是“悬楼式”，即以巨木制成栅格式吊楼，可探出城外并升降，说白了就是能容纳十人的活动掩体。

很快，五十座“悬楼式”被赶制出来，投入战场。官兵从里面发矢、投石、扔火罐，攻击洞内之敌。闯军的行动严重受阻，死伤甚众。李自成大怒，用整整一天的时间表演万箭齐发，使得“箭插城垣如猬”。

“悬楼”战略破产，洞中所存之敌仍在挖掘，王燮遂向高名衡献计——照着敌人打洞的位置，自城上下挖，将其凿穿。众人均觉太过弄险，担心搞不好反倒帮敌军破墙。王燮说古有成功之例，坚决选了一处来试。

开封城有三层楼高，打了一天终于贯穿一洞，井口粗细。贼兵见状，不待官兵抛掷火药，已“哄然遁出”。

于是“各口效之，皆得固守”。

围城第四天，闯军改用云梯强行登城。云梯多达百余架，最大的需四十八人共抬。但对守军而言，云梯其实要比挖墙脚好对付——距离远的炮轰，迫近则扔“万人敌”（燃烧弹）。

结果，闯军的云梯纵队无一得手，不死于炮击即葬身火海。

尽管如此，闯军却并无退志。高名衡分析后得出结论：李自成认准开封内虚，不肯轻罢。为此，高名衡故布疑兵，把竹厂的数万竹竿悉数买下，发与百姓，让他们登城游行，呼喊口号，一副随时全员出城，同归于尽的架势。

李自成摸不着头脑，下意识地将大营后移。

第五天，转机到来，前去救洛的陈永福得知闯军攻汴，星夜回援。

由于其手下兵将多为开封本地人，“闻贼寇城，顾家心急”，故能飞速赶回，还在半夜突袭闯营，斩敌若干后撕开一条口子，直抵城下。

高名衡犹恐有诈，命陈永福之子登楼认父，确证后方才开门。正规军的回归让开封民心大定，底气大增。

次日，闯军又来攻城，紧闭多日的城门居然开启，陈永福率部主动出击，又从容回城。当天，李自成乔装成普通士兵到前线察看形势，结果被城头的陈永福一箭射中左眼。

此时，左良玉将至的消息传来，李自成被迫撤围，半点便宜也没捞着，还加入了残疾人的队伍。唯一让他挽回些尊严的是击退李仙风的追兵。

不过，李仙风本就是个脓包，回援开封姗姗来迟，把周王气得下命不许给他开门，这才被迫尾随闯军。

不久，李仙风也没逃过追责，被崇祯下令逮捕，畏罪自杀，河南巡抚由高名衡接任。

七十、开封二围

虽然成为独眼龙，但李自成收获了前来与他合营的罗汝才。

罗部有士卒五万，吴伟业在《绥寇纪略》中称："自成之兵长于攻（攻城），汝才之兵强于战（野战）。"

二者正好互补，开始大闹豫西。

"畏闯如虎"的丁启睿指望不上，崇祯只好命三边总督傅宗龙东出潼关，督贺人龙等将剿匪。

傅宗龙资历极老，天启年间巡按贵州时就曾平定水西土司安邦彦的叛乱，被朝廷擢为太仆寺少卿，其后回家丁忧。

崇祯三年（1630 年），傅宗龙官复原职，旋经孙承宗推荐任顺天巡抚，不久又转任蓟辽总督。

他虽有兴邦大才，却不拘细行，快人快语，故很快便因一件小事而被免官，直到李自成大举入蜀而川抚王维章应对不力。

经杨嗣昌力荐，傅宗龙复出并收拾四川残局。两年后，他奉诏入京，接了杨嗣昌的兼职兵部尚书。

按理说傅宗龙该感谢并支持杨嗣昌，可他不但没有，反而一见崇祯便要求朝廷顾惜民力，停止加饷。

杨嗣昌去前线督师后，傅宗龙对其军饷经常迟发、少发，矛盾逐渐激化。

两人开始互劾，杨嗣昌说傅宗龙不称职，傅宗龙说杨嗣昌虚耗国帑。

崇祯自然站杨嗣昌，抓住傅宗龙工作中的疏忽将其解职逮捕，让举人出身的宣大总督陈新甲去当兵部尚书。

自弘治初年以来，举人做尚书从无先例。只因当时军情紧急而又无人出头，才轮到陈新甲。

及至杨嗣昌死，丁启睿就任督师，三边总督出缺，无人可用的崇祯才在陈新甲的建议下勉强起用傅宗龙。

然而，几起几落的傅宗龙已部曲离散，心气耗散，且面临无兵可带的局面——洪承畴、孙传庭和丁启睿先后提兵，关中已为之一空。

朝廷的解决方案是把在豫作战的贺人龙交傅宗龙指挥，又命保定总督杨文岳携虎大威到河南助阵。

东出潼关前，傅宗龙与为他送行的陕西巡抚汪乔年执手对泣，宛如永诀。

傅、杨大军在新蔡会师，合计四万人马，北上项城，追击李、罗大军。

李自成和罗汝才心生一计：一面出偏师佯攻汝宁，一面将主力埋伏于官军必经之道旁的树林。

傅宗龙果然中计，以为敌军大部队已西去汝宁，故放心大胆地安营休息，讵料伏兵四出，喊杀震天。

官兵仓促应战，贺人龙与虎大威居然扔下两个总督不管，率部撤出战场。

夜间，杨文岳突围成功，只剩傅宗龙率部苦战。

傅宗龙派人送信，命贺人龙救援，没想到贺人龙竟借故回绝。

粮弹俱尽的傅宗龙部沦落到吃死尸的地步，最后所余之六千人浴血杀出重围，往项城方向狂奔。

眼看就要抵达，谁知被农民军撵上，集体当了俘虏。

李自成想骗开项城，命人押着傅宗龙至城下喊话：“我秦督官军也，请启门纳秦督。”

然而傅宗龙已置生死于度外，高呼道：“我秦督也，不幸堕贼手。左右皆贼耳，毋为所绐（欺骗）。”

言未毕，便被砍倒在地，割去耳鼻，死状极惨。

守军看到这一幕，当即开炮，轰得农民军四散逃命。

获知傅宗龙的死讯，崇祯颇有悔意，追赠其太子少保，命礼部厚葬之。

李、罗大军虽未拿下项城，但毕竟俘获了不少官兵和甲胄，声威大震，连克开封府的许州（今许昌市）、长葛等州县，并围攻南阳府的叶县。

镇守叶县的是原农民军首领“闯塌天”，现朝廷副将刘国能。李自成与罗汝才恨刘国能背叛，猛攻叶县七日，势在必得。

刘国能见难以支撑，缒城而下，只身去会李、罗。

见面后，刘国能道：叶县防守，皆我一人所为，与百姓无关。目下我已尽力，不愿见破城之灾，故特来请死！

李自成要他投降，刘国能拒绝道：我奉母命归国，母虽已死，又岂能违背？

最后，他以“官是天子亲授，合当以死相报”为由，拔剑自刎。

不久，李、罗大军攻下南阳府城，守将猛如虎与唐王朱聿镆（南明隆武帝朱聿键的弟弟）被杀。

随后，新野、泌阳、汝州、陈留和新郑等城接连得手，自信心爆棚的李自成再次挥师开封，展开第二轮围攻。

与前次的奇袭不同，李自成这回大军未到即已先派骑兵将布告贴到开封北门外的栅栏上，挑明开战时间和主攻方向。

究其原因，首先，开封枕戈待旦，李自成清楚偷袭无益；其次，有罗汝才助阵，此番拥兵五十万之众，跟“一围”的“精兵不过三千，胁从之众不过三万”不可同日而语；最后，以雷霆之势荡平汴梁，报眇目之仇，固李自成之所愿也。

李、罗大军开到开封，发现丁启睿率兵三千来援，在北门外立营。

这么点人，兵刃未接即告崩溃，败卒夺命狂奔，涌入北门月城（内城与瓮城之外的半月形城中城，起掩护和陷敌之用）。

李闯的骑兵紧咬不放，随之而入。

月城中，官兵“哀号求入”，已先入城的丁启睿在城头见状，要求守卫开门，令其部下入内。

王燮严词拒绝道：“此何光景，尚敢启门！”

的确，贼兵已开始徒手攀缘，月城外的闯军也源源不断地拥入，炮击不退。

见丁启睿和高名衡面面相觑，王燮被迫站出来当恶人，提出“火攻下击”的冷血建议，意即不分敌我，一律烧死。

丁启睿尚在沉吟，王燮已下令投火。一时间，月城里的哭嚎此起彼伏，空气中都是烤肉的味道，惨绝人寰。

虽如此，兵部在事后的评估报告中还是客观地指出：“若非知县王燮付之一炬，则汴城不可问矣！”

北门危机解除后，李自成又当起了包工头——胁迫大量乡民，不计代价地挖墙脚。

虽然“民工敢死队”都背负“版扉”（门板），但这玩意儿只在接近城墙时有用（防御城上乱箭），而大部分人半道上便已死于炮火。

有鉴于此，李自成规定：只要敲下来一块砖，其人即得豁免，终生不再参与攻城。求生欲加上人多势众，只一天时间城墙上便被掘出三十多个窟窿，每窟可容数十人。

守军仍用王燮之策，从城头往下打洞，打通后便扔入点着的柴火，再不断投以新柴，把洞中贼兵烧得鬼哭狼嚎。为此，官府买了些蜀柴，但大头还是周王府用骡车昼夜载运，保证供给的苇柴。

闯兵被驱出洞外，又纷纷死于城上箭石。

李自成大怒，命人推出从洛阳等地缴获的百余门大炮，齐射开封。

守军亦发炮还击，现场“飞铁镕铅，四面如织，空中作响，如鸷鸟之凌劲风”。

由于地势关系，炮位不佳，官军的火炮后坐力太强，准头很差。见不少闯兵已趁势登城，新晋总兵陈永福毅然骑于炮管之上，对左右道：“速点，速点，忠臣不怕死！”

在陈永福的激励下，守军火力重占上风。

闯军稍却，城上赶紧对城墙缺口大量倾水。时值隆冬，水很快结冰，敌军再攻时已无法由此突入。

不过没关系，李自成的爆破队正在东城脚下连日施工，贴墙壁挖出一条十余丈长的坑道，塞满填有炸药的麻袋，再装上两根十来米长的引线。

万事俱备后，“马贼千余俱勒马濠（护城河）边，步贼无数”，只待一声巨响，便冲进城去。

谁能料到，饶是城墙已被刨得厚仅尺许，可爆炸后竟安然无恙，反倒是闯兵被炸了个七荤八素。方圆二里之内，人、马皆成齑粉。

原来，炸药引爆后，能量全部由敞口释放，闯兵又很不明智地围在坑边等候，遂罹惨祸。

然而，科学知识的匮乏让农民军不明就里，以为“此真天意，非人力也”。

七十一、民瘼

开封在战火中迎来1642年的春节。

李自成认为过年期间，守军不免懈怠，故在正月初一这天发动总攻。

是日也，闯军前驱乡民，继之以锐士数万，在炮火的掩护下前赴后继，蚁附而上。

高名衡与陈永福亲临火线，指挥将士奋死力敌，疯狂地向城下倾泻火药、砖石和“万人敌”，毙敌无数。

开封军民，武德充沛，连闯军之前在城墙上凿出的三十多处洞窟都不放过，每窟驻兵五十人，严阵以待。

李自成陷入绝望，不仅因城池难啃，还因粮饷已尽。更可怕的是，去各乡搜粮的闯兵回报说看见一支明军已渡过黄河，正长驱而至。

李自成虽不知那是杨文岳部，但已萌生退意。

元宵节这天，其总队先行撤去，而攻城之兵未动，显然是怕城内追击。其实，守军筋疲力尽，已无追杀之余力。

在确认无诈后，官兵出城察看，只见尸体枕藉，断发满地。掩埋工作，十日未毕。

陈永福部从战场上收集到被闯军遗弃的三万余头牛，均是此前由乡民手中征调或抢夺而来，用以运输物资的。

官府本欲按市价的一半卖与农民做耕牛，但请兽医检查后发现，这些牛闯兵顾不上喂，“唯食草根泥水，腹有宿泥，不出十日必死”，只好作罢。

农业时代，牛作为最重要的生产资料，一战即损三万，惨烈程度可算是明朝版的“索姆河战役”了。

援汴的军队除杨文岳部，还有左良玉部。

左良玉没有直奔开封，而是玩起了“围魏救赵”，打下被李自成占领的临颍（今漯河市下辖县），尽屠闯军。

李、罗闻讯，从开封撤围后迅即扑来。

左良玉退守郾城（今漯河市郾城区），陷入围困，望穿秋水地等汪乔年提兵来救。

傅宗龙殉职后，曾长叹“傅公死，讨贼无人矣”的陕西巡抚汪乔年被朝廷拔为三边总督。他明知出关剿寇无异于以身饲虎，但仍率七拼八凑而来的三万羸卒进入河南。

汪乔年的生机比傅宗龙还渺茫，因为他不久前才命米脂知县边大绶刨了李自成的祖坟，将骸骨“聚火烧化”。

据说，掘墓之人还捉到一条小蛇，汪乔年得知后喜从中来，认为这是即将化龙的灵物，故于出关前煞有介事地设坛誓师，当众斩蛇。

汪乔年助左良玉脱困的办法也是围魏救赵，去打距郾城六十公里的襄城（今许昌市下辖县，李、罗大军的老营在其附近）。

襄城士绅开门献城，汪乔年随即布防：自领一军据守城外，贺人龙和另外两个总兵各领一军，驻扎于襄城与郾城之间。

李自成听说后，抛下左良玉，直扑襄城而来。

贺人龙等三总兵不战而逃，跑回陕西；左良玉也没有西援襄城，反倒率部东走。汪乔年成了光杆司令，入城固守，亲自督战。

身中数箭的他眼见城破，率左右与敌巷战。在斩杀三人后，望着不断涌入的闯兵，汪乔年准备自尽，却未遂被俘，惨遭虐杀。

李、罗大军携新胜之威，横扫除开封外的河南诸府、州、县，崇祯却一点办法也没有，因为他正陷入顾此失彼的困境——关外，洪承畴同皇太极展开的“松锦决战”已步入尾声，且败局已定。

之所以叫“决战”，在于其标志性意义，标志着明廷在辽东满盘皆输，也标志着“明亡清兴”的倒计时开始计数。

因此，乾隆后来总结说：“太祖一战（萨尔浒大战）而王基开，太宗一战（松锦决战）而帝业定。”

第四次入关之战结束后，皇太极开始反思这种强盗式的打法，毕竟明朝的右臂朝鲜已被压服，明朝的左臂蒙古也被切断，该拿出些有技术含量的总体战略了。

此时，一个叫张文衡的官员上了道名疏，把明廷黑了个底朝天：

> 彼文武大小官员俱是钱买的，文的无谋，武的无勇。管军马者克军钱；造器械者减官钱，军民日不聊生，器械不堪实用，兵何心用命？每出征时，反趁勤王，一味抢掠。俗语常云：鞑子流贼是梳子，自家兵马胜如篦子。兵马如此，虽多何益？况太监专权，好财喜谀，赏罚失人心，在事的好官，也作不的事；未任事的好人，又不肯出头。上下里外，通同扯谎，事事俱坏极了。[1]

降官张存仁则拍马屁道："今我国铁骑如云，加以蒙古军士，即取天下亦有余力！"

一时间清廷上下空前膨胀，激进者主张从长城沿线破墙而入，突袭北京；想象力丰富者建议渡海，先取登莱。

海战非清军所长，故后一种方案先被否决。

至于前一种，"己巳之变"时尝试过，结果是北京没拿下，只打下滦州、迁安、永平和遵化四城，留阿敏驻守，作为日后再犯京师的前哨。然而，四城旋即被明军夺回，阿敏逃归沈阳。皇太极终于意识到无论清军从长城的哪个隘口突入，也不论清军攻占了京畿多少城池，都因山海关的存在而后路被断，声势不接，无法做长远之打算。

反之，一旦攻陷山海关这道捍卫北京的藩篱，清军铁骑不到三日便能驰抵京城，神仙也难救。

但若想打山海关的主意，就必须把辽西走廊上的锦州和宁远依次拔掉，没有捷径可走。

---

1. 孙文良、李治亭著：《明清战争史略》，江苏教育出版社 2005 年版，第 338 页。

事实上皇太极正是这么想的，认为“取燕京如伐大树，须先从两旁斫削，则大树自扑”。

领会上意的张存仁和祖可法制定了一项徐图渐进的计划：派兵屯驻广宁，围困锦州，使明军“耕种自废，难以图存”，不得不撤回宁远，再退回山海关。

皇太极然其说，只不过把屯兵的地点改为离锦州更近的义州（今锦州市义县）。

义州位于大凌河畔，地势开阔，无险可依，本不足以防御，却是锦州的重要门户。

辽东巡抚方一藻曾上书朝廷，建议尽速修复义州，以“制奴西窥”，但未引起重视。

由于长年战争，义州人烟稀少，然土质肥沃，适于耕种。清军驻此，可以垦荒屯田，自给自足，解决长途运输的困难，跟锦州守军耗个天荒地老。

大凌河之战后，锦州成为明朝据清的最前线，由祖大寿把守。锦州正南方 18 里是松山城，锦州西南方 40 里是杏山城，锦州西南方 60 里则是塔山城。

如果说三城乃锦州之羽翼，那雄镇宁远便是锦州的坚强后盾，在其西南约 120 里处。

皇太极看得很明白：“欲取（山海）关，非先取关外四城不可。”同时，整个“宁锦防线”的关键就是锦州，锦州一破，松、杏、塔三城俱下，届时宁远孤立，大局可定。

因此，清军开始紧锣密鼓地赶造红衣大炮，招募善云梯者，把战备物资源源不断地调往义州，举全国之力在此筑城，垦田，以及偷割明朝军民的庄稼。

七十二、松锦之战

北京。

崇祯向群臣展示自己亲笔书写的条幅“灭寇雪耻”，就锦州之围问计。

百官已被崇祯遇事甩锅的毛病搞怕，集体沉默，只有迂腐的礼部侍郎蒋德璟站出来高谈阔论。

他反复强调练兵的重要性，还向大伙推荐戚继光的《练兵实纪》。

崇祯让他不要跑题，结果还不如跑题，因为蒋德璟言归正传后的发言谬以千里，认为皇太极占领义州是想取道蒙古，一路向西，击破边墙后侵犯京师。

朝堂之上，没有一个人准确判断出皇太极的战略目标，直至清军开始炮轰锦州周边的明军哨所。

大炮不便远涉，围锦的意图已很明显，蓟辽总督洪承畴在接到让他“密陈方略”的诏旨后指出“奴屯锦、义之间，将为持久之计”，并提出“今日筹辽非徒言守，必守而兼战，然后可以成其守；而战又非浪战，必正而出之以奇，然后可以守其战”的方略以及具体的军事部署。

对此，崇祯深表赞同，针对洪承畴的两大担忧（一者锦州“兵民降夷杂居，仓中米豆甚少”，二者“出关兵数多，关外粮草难以供应”）更是立命拨粮，运往关外。

其实，洪承畴的策略很明确，即与擅长“飞骑冲击”的清军拼资源，而避免陷入对方的“围锦打援”之中。因此，明军的任务是“建立饷道，边战边进，步步为营，解围锦州”。

所见略同的祖大寿虽已被困数月，却非常理解洪承畴的用心。怕朝廷摇摆，他专门派人出城传话，说锦州之粮足支半年，请援军切勿轻战。

当然，不轻战不代表不战。从昌平领兵出关后，谨小慎微的洪承畴虽移师缓慢，但仍不时派兵袭扰，疲敌之余也保障了宁、锦之间的交通线。

洪承畴吸取萨尔浒之战“分兵”的教训（当时主帅杨镐将全军分为东西南北四路，分进合击，结果被努尔哈赤集中优势兵力各个击破），命麾下八路总兵（王朴、马科、唐通、白广恩、杨国柱、曹变蛟、王廷臣和吴三桂）合计 13 万大军紧紧抱成一团，使清军莫之敢撄。

与此同时，因明军的骚扰，无论杜度、多尔衮部还是多铎、济尔哈朗部（为免将士长久围城，心生懈怠，皇太极采取定期轮换的办法），对锦州的封锁都漏洞百出（锦州人“出城田猎，车牛挽运军粮，任意往来”），以至于清军虽四面掘壕，架设大炮，忙得热火朝天，驻守锦州外城的蒙古兵却满不在乎地向巡逻的清兵叫喊，说你们围困有什么用？我城中积粟够吃两三年！

巡逻兵回道：不管两三年，就算四年吧，到第五年，你们还吃什么？

蒙古兵心理建设没跟上，见清军志在必得，便恐慌起来。

蒙古将领吴巴什暗中遣人前往清营，同济尔哈朗约降。

行动当夜，侦知此事的祖大寿整兵以待，打算在外城的城门实施诱捕。吴巴什察觉后，率蒙古兵迎战，呐喊之声传出城外，济尔哈朗迅速挥军，到城下策应。清兵顺着城头扔下的绳子攀缘而上，与蒙古兵夹击明军。

外城失陷，蒙古官兵及其家眷六千多人降清。

捷音传回沈阳，皇太极亢奋不已，立命全城八门，一齐击鼓，告诉盛京军民这一喜讯。

同时，他接连派出孔有德、尚可喜等部，加紧对锦州的攻势。

兵部尚书陈新甲接报，上了道题为“十可忧十可虑”的奏疏，促使崇祯派兵部职方司郎中张若麒到宁远监军，与洪承畴会商战略。

彼时李自成在河南闹得正凶，陈新甲就像急需一场大捷似的，不待张若麒回复便向崇祯提出一个速战速决的方案：兵分四路，对清军展开全面攻击。

洪承畴断然拒绝，理由是清朝经济落后，财用不足，当以“持久之策”

将清军拖住，使之欲战不能，欲罢不能，待其师老财匮，锐气渐无之际再给予重创。

当然，还有一个原因他没说，即其统领的八镇兵马原本互不隶属，尚需时间整合，因为这种临时拼凑的部队只能打“顺风仗”，一旦战事不利就很容易争相溃逃。

然而，陈新甲固执己见，张若麒又遥相呼应，崇祯逐渐相信锦州之围顷刻可解，命洪承畴“刻期进兵”。

为防止洪承畴虚与委蛇，陈新甲致函恫吓道：近接军报，清军将越长城而犯中原。你用师年余，费饷数十万，而锦围未解，内地又困，何以谢圣明而副中朝文武之望？

威胁完洪承畴，陈新甲又把一个叫马绍愉的知县提为职方司主事，出关赞画军务。说白了，就是和张若麒一起催战。

在此背景下，不想躁进的洪承畴被迫“灭此朝食”，把粮草分贮宁远、杏山以及海中的笔架山后，携六万兵马与三日口粮先行，余军后继，在松山集结。

松山乃宁、锦咽喉，一旦落入敌手，则不独锦州失去犄角，全局都会动摇。

事实上，皇太极早就意识到松山的重要性，两年半前便曾携三万大军奋力攻打，结果被明军副将金国凤率领的三千守军硬生生扛了四十天，最后罢兵而归。

此番用兵锦州，即有明方人士指出皇太极“势虽困锦，实乃伺松”。

洪承畴的大军进抵松山后，立即赶走驻扎在乳峰山（位于锦州以南六里）东侧的清兵，抢占了这一松、锦之间的制高点。

一时间，乳峰山上下营寨林立，旌旗翻飞。入夜后，点点灯火汇成光的海洋，万籁俱寂中不时传来梆子的声响。

大战拉开帷幕，双方搏命厮杀。杀红眼的明兵一度不顾战场上还有未撤之友军，用红夷大炮一顿猛轰。清兵被炸得血肉横飞，多尔衮也被气浪推下坐骑，摔得不省人事。

祖大寿从锦州提兵杀出，想趁势闯围，与援军会合，被清军拼死逐回。

是役也，宣府总兵杨国柱阵亡，清方则损失大小将官二十余人。多尔衮被救回军营后心摇胆战，“师退六十里”，遣使赴沈阳告急，连称“敌兵实众”。

皇太极的身体当时已经很差，得悉战况后“忧愤呕血”。

他清楚，成败在此一举，故决定御驾亲征，“空国以往”，且外调蒙古诸部，胁迫朝鲜参战，总计投入兵力不下十万。

出发前，皇太极鼻腔出血，迁延了三天仍未止住，乃力疾就道。

阿济格劝他缓行，皇太极焦急道：

> 行军制胜，利在神速，朕如有翼可飞，当即飞去，何以徐行也！[1]

于是用碗接着鼻血，马不停蹄地赶到松山。

在一座山坡上，登高远望的皇太极见明军布阵严整，感叹说，人言洪承畴善用兵，果然名不虚传。

然而，观望良久后，他猛然醒悟：“此阵有前权而无后守，可破也！”

“有前权，无后守”意即部队的主要兵力都集中在前锋，而后队薄弱。生怕重蹈杨镐覆辙的洪承畴始终牢记“不分兵”的原则，却犯了“虎头蛇尾”的错误——队首正面交战，固然承压较重，但指挥此等规模的重大战役，前军、后军、左军、右军和中军都必须有相应的安排。

看穿洪承畴的皇太极开始谋篇布局。

首先，主力部署在松山和杏山之间。从锦州至海岸，挖三条深八尺、宽丈余的长壕，切断松、杏之间的联系。

其次，命围锦部队把打击重点转移到援锦明军上来。如此，原本锦州、松山之明军对清军的包围便转变成清军对明军的反包围。洪承畴的

1. 孙文良、李治亭著：《明清战争史略》，江苏教育出版社 2005 年版，第 365 页。

13万大军被困在松山一带，同锦州、宁远彼此孤立，无法互援。

最后，在杏山、塔山和沿海的要道上埋伏精兵，特别是在明军退往宁远的必经之路高桥设伏，收拾残兵。

只一天工夫，三条壕沟便即掘成。其间，清军还抵挡住了明军各镇总兵的进攻，阿济格部甚至跑到海上，把笔架山的明方储粮抢夺一空。

粮道被大壕阻断，身边又只有三天军粮，洪承畴急了，向清军展开全面进攻。

皇太极手持长枪，亲自上阵。清兵顽强阻击，矢飞炮鸣。

洪承畴闯壕失败，只好退守松山。

松山状如大锅，长宽各三百余米的方城建在锅底的台地上，宛如一块放置锅中的蛋糕。

地形已然不佳，还因系旧城，城矮墙薄。

明军将士，一片恐慌，洪承畴召集诸总兵开会，提出“明日与敌决战解围”。

然诸将多不欲战，只想趁夜回宁远就食。

在这个节骨眼上，催战狂魔张若麒又出来坏事了。

作为监军，他表态支持回宁远就饷，使官兵们的意志进一步涣散。一时间，要求缓战的，主张今晚即战的，坚持回宁远取粮后再战的，各种意见，纷纷冒头。

洪承畴当即定夺，坚持次日突围，并命各部明告吏卒：守亦死，不战亦死，若战或可幸万一。可惜，有的人不想赌那个“万一”，比如王朴。他听完洪承畴的部署，回营没多久便率部逃遁。

彼时，洪承畴的学生吴三桂正指挥所部摸黑填壕，以便大部队天明时闯围。王朴军冲乱了吴军的阵型，也惊动了清军，顿时“矢如雨下”。

吴三桂没辙，只好跟着跑，其余总兵亦争相驰逃。

在这种情况下，洪承畴只好留三分之一兵马守城，余者全部“决围冲阵”。

然而，皇太极早就算准了明军诸将皆欲逃遁，命清军处处设防，前堵后追。

明兵惨遭掩杀，死伤不可计数。王朴和吴三桂一路南下，跑到海边，还是未能摆脱追兵。时逢涨潮，无数官兵被海水淹死。王、吴二人率残部拼死闯过清军的层层阻截，溃入杏山城。

张若麒趁乱逃出重围，从小凌河口乘船泛海，回到广宁（战后虽被劾论罪，但终究未死，入清后官至通政使）。

脱围的马科、唐通和白广恩三位总兵后俱受惩处。

七十三、经目之事，犹恐未真；背后之言，岂能尽信？

杏山并不安全，周遭全是清军。王朴和吴三桂稍事休整，收拾亡卒后即出城继续南逃。结果在高桥被多铎的伏军杀了个片甲不留，王、吴仅以身免，跑回宁远。

王朴战后下狱被杀，而由吴三桂镇守的宁远则成为明军在关外的最后一座堡垒。

短短四日，明朝最能打的五万精兵悉数殒命。杏山到塔山之间的海岸线上，明军所弃军马战甲，数以万计，海中浮尸漂荡，多如雁鹜。

松山。

洪承畴和辽东巡抚丘民仰以及曹变蛟、王廷臣两位总兵率一万多残卒守城待援。然而，洪承畴已是锦州的援军，更有何人能援洪承畴？

军心已散，智勇难施，饶是崇祯急得大骂“围城望救甚切，已有屡旨剿援，乃至今未发一兵，未通一信，抚镇道将，料理何事”，也不得不直面“欲战无术，欲守无资”的现实。

毕竟，连心向大明的朝鲜国王李倧都遗憾地承认：“中朝（明朝）之运，亦已衰矣。”

秋风萧瑟，暮霭沉沉，颇具其叔风采的曹变蛟给松锦之战带来最后一抹亮色。

他挑选精壮，发动了一场出敌不意的突袭，人挡杀人，佛挡杀佛，直至冲进皇太极的御营，惊动三军。侍卫作为保护皇太极的最后一道防线，拼死迎战，却被曹变蛟和明兵砍杀殆尽。内大臣（从一品的亲军统领，领侍卫内大臣的副手）遏必隆急了，命营门处的射手放箭。

曹变蛟被射成重伤，几近晕厥。见清兵持续不断地涌来，杀入御帐已然无望，只好极不情愿地退回松山。

事后，皇太极怒罚了一众将领，命人绕着松山掘壕。

壕上有桩，桩上有绳，绳上有铃，铃边有犬——这是要把松山围得像铁桶一样严丝合缝，连只苍蝇也飞不出来。

五个月后，阖城食尽。洪承畴率兵六千，夜闯清军大营，结果被斩四百余人后败退回城。

松山已无粒米寸薪，到了杀马果腹，人皆相食的地步，再战下去毫无意义。

其实，皇太极也不容易，因为入冬后辽东大地千里冰封，补给不易，而清军倾国而出，人吃马喂之下，粮尽在即。

此外，撤兵也不现实，毕竟到手的鸭子谁也不想还回去，何况还有被明军尾随追击之忧。

于是，皇太极通过宁前道石凤台投石问路，释放讲和之意。

宁前道即宁前兵备道，负责从山海关到宁远这一辽西走廊狭长地带的练兵、作战和后勤事宜，是个正四品的文官，袁崇焕和孙元化都曾担任此职。

由于“辽东”并非一个省而只是区域概念（类似“登莱”“延绥”），故在松、锦被围而洪承畴、丘民仰遭困的情况下，宁前道成为辽东级别最高的行政长官。

石凤台在确认了皇太极的诚意后，立即上报。陈新甲以手加额，有绝处逢生之感。

然而，“灭寇雪耻”的口号犹且余音绕梁，崇祯又怎么好意思“秒㞞”？

结果，石凤台因“私自议和，有损国威”被逮入狱。

问题是松山崩溃在即，而前后两任代理蓟辽总督杨绳武与范志完根本没有能力和胆量出关同清军交锋。

与此同时，李自成还耀兵河南，二围开封。

崇祯终于后悔把手上的好牌都压到辽东，将卢象升、洪承畴和孙传庭调离中原，只留二线部队对付农民军。

的确，“重外轻内”实属方向性的错误。

首先，一个崛起的汉人政权对崇祯帝位的威胁要远大于皇太极，因为有“夷夏大防”的共识在，清军再凶残，明兵再缺饷，抱着“保家卫国”的决心亦可拼死一战。而面对闯军，缴械投降是没有当汉奸的心理负担的。

其次，朱元璋是农民，李自成也是。前者既然可以建立明朝，后者当然也能高呼“王侯将相，宁有种乎”。

最后，明廷频频加赋，李自成却庄严承诺“不纳粮”，久之自然出现“小民惑于不征粮、不杀人、不淫掠之伪示，日盼贼来”的景象。

事实上，十几年来，皇太极一直坚持不懈地呼吁明朝举行和谈，奈何发出的信件全部杳无回音。

虽说他这么做并非为了拿诺贝尔和平奖，而只是给自己整顿内政、巩固统治争取时间，但客观来讲，明廷其实更需要停战，以便恢复元气，平息内乱。

这个道理，崇祯君臣不是不懂，只是没人敢站出来拆穿。

直到最后一刻，内阁大学士谢升坐不住了，向同僚挑明：石凤台主和的建议是正确的。众人立即附和，于是决定由陈新甲出面，大伙帮腔，敦促崇祯启动和谈。

1642年的正月初一，接受完百官朝贺后，崇祯召见核心重臣，陈新甲委婉道，松、锦二城，被困已久，又派不出援军，为今之计只有“用间”了。

用间不是指用离间计，而是“款建虏”的婉转表达。

“款”带有恩赐之意，“建虏”更是对建州女真的蔑称——明明是处于下风的和谈，朝廷的体面却一丝也不能丢。

陈新甲小心翼翼，没想到崇祯反倒把话说开，城池被围，已有半年，丝毫无法接济，还有什么可乘之“间”？接着，他一锤定音道：

> 可款则款，不妨便宜行事。[1]

---

1. 樊树志著:《崇祯传》，人民出版社1997年版，第419页。

此言一出，谢升等人都松了口气，纷纷赞同。为防舆论干扰，议和严格保密，只有顶层的几位国家领导人知悉。

陈新甲具体操办，推荐马绍愉为谈判使节。于是，马绍愉被崇祯擢为职方司郎中，高配二品衔，携几名随员赶赴宁远。

同济尔哈朗取得联系并表明来意后，马绍愉被告知需提供皇帝敕书，以证明其全权代表的身份和此行的目的。

结果，就在他等敕书的过程中，松山副将夏承德遣人密约降清，接应清兵登城。

松山陷落，洪承畴被擒。

彼时，因宸妃（孝庄的亲姐姐海兰珠）病重，皇太极已提前返回沈阳。接到捷报后，他立即做出指示：把洪承畴和祖氏三兄弟（总兵祖大乐以及游击祖大名、祖大成）押回盛京，余者除妇孺外，包括丘民仰、曹变蛟和王廷臣在内，所有官兵，一律处死。

此外，将松山夷为平地，以免明军重返据守。

不杀洪承畴，当然是为了劝降。自努尔哈赤起兵以来，还从未有挂兵部尚书衔的蓟辽总督被俘，如其投清，则将对日后招降纳叛和广罗人才方面的工作起到无与伦比的示范作用。

为此，皇太极特派文官之首范文程前去谕降。

范文程在皇太极心目中的位置，只三件事便一览无余。

一是讨论军国大事时，若他不在场，皇太极总会问左右“范文程是否知晓此事”；二是议事不决时，皇太极总会问众人“为什么咱们不去跟范文程商量一下”；三是皇太极有一回宴请范文程，见他盯着一桌美食停箸不动，料其思念家中老父，故立即派人把那一席好菜打包送到范府。

当然，范文程作为最早一批投靠后金的汉人，学历还不低（举人），遭到洪承畴的鄙薄也在意料之中。

因此，见洪之后，他任凭其谩骂，绝不动怒，也不劝降，只淡然与之谈古论今，并暗中观察。

下来后，范文程回禀皇太极，说洪承畴不想死，因为他注意到一个细节：

梁间尘偶落，著承畴衣，承畴拂去之。[1]

衣服尚且爱惜，况性命乎？

受到鼓舞的皇太极嘘寒问暖，解衣推食，终于成功感化洪承畴，没想到却引起一帮亲贵的不爽。

针对他们的质疑，皇太极反问道：我们辛劳这么多年，为了什么？

众人道："欲得中原耳！"

皇太极笑称，咱们这些人，入中原就像瞎子走路。今得一引路者，安得不乐？

几家欢乐几家愁。

就在沈阳为庆祝洪承畴归附而举办盛宴时，北京也在为其"殉难"举行国葬。

松山之败，陈新甲和张若麒要负重大责任，故时议对不能自主的洪承畴寄予了深刻的同情，皆以为他在城破时被清军杀死，兵部的塘报甚至援引"目击者"的话活灵活现道："洪总督临砍时，只求速死。"

崇祯看过后，在塘报上批了"节烈弥笃"四个字，要求"速与优旌，以慰幽忠"。

不久，洪家人从乱军中逃回北京，称洪承畴被俘时义不受辱，惟向西叩头，说"臣力已竭，愿为厉鬼杀贼"。

崇祯越发哀伤，下旨设坛赐祭，还时不时望着窗外流泪道："我不曾救得承畴！"

明制，大臣身故，一品官赐祭九坛，而洪承畴却享受了十六坛的殊荣（右副都御史衔的丘民仰则只给了六坛）。

崇祯写好催泪的悼文，命人一坛一坛地祭奠。至第九坛时，洪承畴降清的消息传来，追悼活动戛然而止，已经在建的祠堂也尴尬停工……

---

1. ［清］赵尔巽等著：《清史稿》卷二百三十七《列传二十四 · 洪承畴》，中华书局 1977 年版，第 9467 页。

锦州。

祖大寿粮尽援绝，战守计穷，在祖氏三兄弟的劝说下放弃抵抗，开门献城。

虽说十年前曾被祖大寿欺骗，但皇太极对这个“孤军抗敌，累次大捷”的对手依旧满怀敬意。

崇政殿中，他扶起下跪的祖大寿，和颜悦色道：

> 尔背我为尔主，为尔妻子宗族耳。朕尝语内院诸臣，谓祖大寿必不能死，后且复降，然朕决不加诛。往事已毕，自后能竭力事朕则善矣。[1]

其实，除了惜才，皇太极器重祖大寿还与吴三桂有关。

祖大寿早年无子，一直把吴三桂当亲儿子看待，授之以兵事。

1634年，皇太极发动“入口之战”，围困大同。奉旨救援的吴襄陷入包围，二十岁出头的吴三桂带着二十名家丁冲进四万多人的八旗军阵中，斩杀后金王子一位，将父亲和五百明兵救出。

这是吴三桂传奇人生的起点，夸张得就像《明清演义》。战后，他“孝闻九边”，夷夏震慑，皇太极亦艳羡道：“若得此人，何忧天下！”

松锦之战后，宁远成为明朝在辽东最后一座军事重镇，吴三桂及其部队也成为关外仅存的抗清力量。

皇太极先是亲自写信，劝吴三桂归顺，又发动祖大乐、祖可法和张存仁等亲属或故旧一起写，大打感情牌。

吴三桂接书，俱不报。

直至接到祖大寿的亲笔信，才回了一封，但对其“天运人心，悉归新主。及早投诚，分茅裂土”的劝言仍不为所动。

崇德八年（1643年）八月，积劳成疾且过于肥胖的皇太极在夜里“端坐而崩”，他再也看不到吴三桂同大清日后的恩怨情仇了。

1.［清］赵尔巽等著：《清史稿》卷二百三十四《列传二十一 · 祖大寿》，中华书局1977年版，第9427页。

七十四、陈新甲之死

当马绍愉在宁远等待崇祯的敕书时，沈阳爆发了一场激烈的争论。

以张存仁与祖可法为首的汉官，认为明廷求和不过是其救困无术后的缓兵之计，为的是给征调援军争取时间，并借谈判的停火期从宁远往塔山运粮。

这些隐忧皇太极并非没有考虑过，但他真心想和，在给朝鲜国王的信中坦陈道："朕想今日我之藩服不为不多，疆域不为不广。彼既请和，朕意欲成和事，共享太平之福。诸王、贝勒或谓明朝时势已衰，正宜乘此机会，攻取北京，安用和为？但念征战不已，死伤必重，固有所不忍。纵蒙天眷，得或一统，世岂有长生之人，子子孙孙宁有世守不绝之理！昔大金曾亦一统，今安在哉？"

虽然所谓的"但念征战不已，死伤必重，固有所不忍"很假，不过皇太极确实没有入主中原的念头。

爱新觉罗氏得天下后，在粉饰其太祖、太宗时说他们早就有囊括四海的雄才大略，压根是胡扯。

皇太极虽然也曾与人探讨"取燕京"的话题，但其真实胃口无非统一关外。

在他看来，拥有这样一片广阔天地已足可为国，而一旦入关，则满人势必被儒家思想同化，其历史和传统都终将湮没。

因此，即便当皇太极临终前发现神州陆沉，中原板荡，明朝行将败亡，他也依旧认为守好辽土比盲目进取更重要。

锦州。

马绍愉一行抵达这座已不属于明朝的边城，递交敕书，阿济格立刻派人将之送往沈阳。

由于崇祯根本不想以平等的姿态同皇太极对话，故敕书是以“谕兵部尚书陈新甲”的口吻写的，说听闻辽沈有休兵息民之意，但朝中一直没有轻信，因为督抚各官未曾从实奏明。现在你既累次代陈，力保其出于真心，则本朝开诚怀远，似亦不难听从，以体现上天好生之仁，以复还祖宗恩义联络之旧。

皇太极览毕，怀疑此书系边境官员伪造，因为它明明是皇帝给大臣的谕旨，该盖“敕命之宝”印，谁知却用了明廷给外藩属国的文书上才会出现的“皇帝之宝”印，驴唇不对马嘴。

然而，经洪承畴仔细鉴别，排除了造假的可能，确认其就是一份以谕旨的形式包装的外交文件，里面的话都是说给皇太极听的。

仗打到这步田地，居然还装腔作势，无话可说的皇太极只好模仿崇祯的腔调也写了道敕谕，看上去在训示阿济格，其实是答复明朝。

谕中，皇太极历数近年来所取得的成就，批评崇祯口出大言，目中无人，一味战争，不愿修好，导致亿万生民死于涂炭。可即便如此，为了百姓安居本业，共享太平，他还是乐见双方和好。

阿济格奉命将敕谕传示明方使臣，马绍愉看过后回塔山待命，向北京请示下一步的行动。

此时，清军正进围塔山，马绍愉请求暂缓攻城，多尔衮与济尔哈朗不予理睬，只是派了支小队护送其回宁远。

连日苦战，塔山守军被打得只剩一千多人，却无一叛明。最后，这支孤军决定鱼死网破，乃诈称投降。

清军入城受降，不知城中房屋均已布满火药，必经要道皆已埋设地雷。只听一声巨响，主客双方全部化为灰烬。

九年后，朝鲜王子麟坪大君（李倧之子，李淏之弟）使清，途经塔山时面对废墟赋诗道：

万古惊心此地事，满城屠戮一无余。男儿一死何须恨，凛凛英名竹帛书。

塔山覆灭后，杏山守军在清军的猛攻下请降。

与此同时，奉崇祯密令，陈新甲批准马绍愉赴沈阳议和，还给他配了一个百人使团。

虽然此行马绍愉没见到皇太极，但受到了隆重的款待。

皇太极不仅命诸臣至城外二十里恭迎，还停止对宁远用兵，且当使团离沈时赐予厚赏。

马绍愉带回皇太极写给崇祯的长信，内容一是辨析明清开战以来的是非曲直，二是申明大清国运正隆却仍愿修睦的立场，三是开列具体条件。

条件也分三块：

一、举行盟誓，互通使节，使两国国君能随时掌握彼此的真实想法；

二、每年明馈清黄金万两、白银百万两，清馈明人参千斤、貂皮千张；

三、两国划定疆界，明之边界在宁远以东，清之边界在塔山，中间地带为边民的贸易场所。

钱是给得有点多，但崇祯已决意破财，以便“姑缓北兵，专力平寇”。毕竟，再打下去关外的军费和损失也是笔天文数字。

然而，马绍愉离开后，皇太极却再未收到明方的任何回复。

原来，崇祯君臣没做好保密工作，和谈之事曝光，被迫终止。

先是谢升说漏了嘴，在会见一帮言官时不经意道：“上意主和，诸君幸勿多言。”谢升的本意是给这些小喇叭打个预防针，免得他们日后说三道四。结果根本不用等到日后，言官立马喧腾，纷纷道：“堂堂天朝，何至讲款！”

还有人指责谢升假传圣旨。崇祯无法，只好罢谢升以平朝论。

谢升只是多了句嘴，言官也不过听风是雨，并无真凭实据，直到陈新甲主动奉上实锤。

马绍愉还京后，曾交陈新甲一封信函，事关议和。

陈新甲阅后即留之于书桌，被其家僮误以为普通塘报给发了出去。

于是，朝廷的最高机密就这样堂而皇之地刊登在邸报上，大白于天下。

崇祯气得差点吐血，因为他给陈新甲写过数十道和谈手诏，每回都再三叮嘱其切勿外泄，没想到怕啥来啥。

朝野大哗，“擅主议和”的陈新甲成了丧权辱国的民族罪人，国人皆曰可杀。而曾授意其“可款则款，不妨便宜行事”的崇祯并不打算保他。

见在劫难逃，有“羽书狎至（紧急军报接连而至），裁答如流，案无留牍”之称（《国榷》评语）的聪明人陈新甲居然头脑发热，写了篇洋洋洒洒的申辩书，把谈判始末原原本本地抖出，说自己是奉旨办事，而非自行其是。

诿过要看对象，崇祯这样的甩锅小能手怎么可能替你背锅？

况且，此事说到底还是由于陈新甲的疏忽，如果他不声不响地把骂名担了，下场无非落职为民。可他非要把责任往崇祯身上推，这就跟自杀没啥区别了。

被崇祯下命扔进监狱后，陈新甲幡然醒悟，一面上书告饶，一面让家人四处疏通。

奈何为时已晚。

署理部务的刑部侍郎徐石麒知道此事牵涉崇祯，不牺牲陈新甲便翻不了篇，于是给他安了个“专擅议款”的罪名。

心虚的崇祯知道这一判决经不起历史检验，要求复拟。

徐石麒会意，把陈新甲主持兵部期间关内外所打之败仗全部罗列出来，判了个“失误军机”之罪。陈新甲因此被斩。

临刑前，倒也有个重量级的人物替他求情，还搬出“敌兵不薄城，不杀大司马（兵部尚书）”的国法。

他就是内心赞同议和却从不发声支持，以便“成则分功，败不及祸”的内阁首辅周延儒。

七十五、世事一场大梦，人生几度秋凉

温体仁去位后，首辅先后由张至发和刘宇亮担任。

张至发贪鄙，动辄挨翰林院编修吴伟业等人的骂；刘宇亮懦弱，督师与清军交战时全程陪跑。

说白了，这俩人属于能力有限到作恶都很勉强的庸才。

直到“小温体仁”薛国观上台，内阁才又有了政治中枢该有的一点模样。

薛国观是老牌阉党，虽不在魏忠贤的核心圈内，但也没少攻击熊明遇等东林党人。

崇祯初年清查逆案时，被人揭发的薛国观为转移视线，诽谤沈惟炳、许誉卿和瞿式耜操控枚卜，在配合温体仁打击钱谦益之余让自己成功漏网。

温体仁被罢官时，崇祯的心情很复杂，就像一个发现对象出轨的人——虽愤而分手，犹爱恨交加。

因此，对温体仁推荐的薛国观，崇祯委以重用，不仅命其入阁，还在刘宇亮被免后让他当首辅。

薛国观在任上推行没有温体仁的温体仁主义，用《明史》的话说就是“一踵体仁所为，导帝以深刻（施政严苛）”。

然而，他毕竟不如温体仁善于伪装，很快便成为众矢之的，引起崇祯的怀疑，并因“借助”一事彻底失宠。

“借助”就是逼捐。前线打仗，天天烧钱，薛国观又不是印钞机，只好鼓动崇祯对贵族和显宦开刀，说外廷包在我身上，内廷还需陛下亲自出马。

所谓的显宦，梳理其社会关系不难发现，背后多有江南财阀的影子，类似美国国会议员的华尔街金主。想让这帮人掏钱，温体仁办不到，薛国观更没戏。

果然，利益集团大造舆论，说捐钱不是不可以，但天子需表率群伦，先向外戚征收。崇祯无可奈何，只好拿孝定太后（万历的亲妈）的侄孙武清侯李国瑞试刀，下旨让他捐献白银 40 万两。

李国瑞不敢抗旨，只好装穷，把自家房屋拆了，将家具摆到大街上叫卖，传为奇谈。对这种不顾皇家体面的行为，崇祯大为恼怒，下令剥夺李国瑞的爵禄，没想到竟把他给吓死了。

于是，反对“借助”的皇族子弟不干了，造谣说孝定太后在天上指责皇帝对亲戚太过刻薄，要遭天谴，而且会报应到他的孩子身上。

灵异的是，没过多久皇五子朱慈焕竟然夭折。

崇祯悲痛欲绝，不由得迷信起来，不仅退还李家上缴的金银，还让李国瑞的儿子袭爵。

经此剧变，原本对薛国观寄予厚望的崇祯开始找机会换掉他。行人司行人吴昌时正好提供了一个由头。

吴昌时是复社骨干，按理说不会与“素仇东林”的薛国观产生任何交集，但渴望“进步”的他想往实权部门挪一挪，故趁考察换届的当口儿托人献上重贿。

薛国观敷衍说可提为吏科给事中，最后却只给了个礼部主事。

其实已经很够意思，毕竟走后门的太多，吏科给事中这样的肥缺怎么可能轮到跟薛国观不对付的复社中人头上？

然而吴昌时的气量比阮大铖还小，他联合时任东厂百户的密友，揭发在家丁忧的前刑部侍郎蔡奕琛向薛国观行贿。

崇祯立命法司审查，薛国观被勒令致仕。

这个处罚在崇祯看来只能算差强人意（觉得轻了），可薛国观不知哪里来的自信，认为皇帝还对他眷顾有加，以至于离京时一副衣锦还乡的派头，光金银财宝就装了几大车，招摇过市。

东厂得知后，立即逮捕薛国观的亲信，挖出其更多贪腐罪证。

之所以这么积极，除了吴昌时东厂密友的因素，还因薛国观之前同崇祯讨论“政以贿成”的话题时曾道，假使厂、卫监督得力，官员岂敢如此贪婪？

说这话时，东厂提督也在场。

薛国观被捕下狱，以为崇祯会念及温体仁的旧情，饶自己一命，殊不知朝政日隳，藩王被杀，天子正想拿他的人头泄愤，以正朝纲。

监刑官来提人时，薛国观还在酣睡。直到睁眼后发现来者皆穿红色号衣，方知大事不妙，自言自语道：“吾死矣！”

仓皇间，没找到帽子的薛国观戴上奴仆的小帽，伏地接旨。

听完赐死的圣旨，他喃喃道：“吴昌时杀我！”

随即上吊。

“吴昌时杀我”并非信口开河。

首先，吴昌时向薛国观行贿这事就很蹊跷；其次，早在温体仁下台之初，吴昌时就给张溥写信，让他怂恿其座师周延儒（“辛未会试”中，周延儒为延揽复社，录取了包括张溥和吴伟业在内的59位成员）复出；最后，家境富裕的吴昌时还拿出10万两银子上下打点，巴结太监，为周延儒谋复相位。

因此，薛国观怎么看怎么像被吴昌时给算计了。

1641年初，在张溥和吴昌时的奔走下，思旧的崇祯降诏起用周延儒。

据说，在家接旨的当晚，周延儒梦见死去十年的发妻吴氏，劝他不要出山。

见周延儒迟疑不决，吴氏说如若不信，可随我一观。

于是周延儒跟她前往，看见一吊死的老和尚，悚然惊醒……

北上经过山东时，周延儒的门生杨士聪上船拜谒。

周延儒意味深长地对他道：“自知再来必祸，而不敢不来！”

与其说“不敢”，倒不如说“不舍”。只要看看张溥的结局，就明白权力会把人异化到什么程度。

张溥死得非常突然，死在所有人都觉得他和他的复社即将大展宏图的前夜。

周延儒动身前，张溥一面跟复社同仁研究“刷新政治，与民更始”的方案，一面将这些建议提供给周延儒，并得其“必锐意执行，以谢诸公”的允诺。

结果，还没等周延儒抵京，张溥就暴毙了。

黄道周在给张溥写墓志铭并挥泪题诗时曾流露出对其死因的怀疑，计六奇则在《明季北略》中直言是吴昌时下毒害死了他。

吴昌时确有作案动机，因为周延儒重新掌权，立下“定策之功”的就是他和张溥。

张溥乃周延儒的门生，无人不晓的复社掌门，其影响力和社会动员能力岂是区区一个礼部主事吴昌时能比？但话说回来，没有吴昌时的动议和使力，周延儒也未必能在这么短的时间内顺利返朝。

因此，吴昌时果断铲除了自己的竞争对手张溥，很快便成为周延儒的独苗心腹，骤升文选司郎中。

七十六、朱仙镇之战

入京后的首次觐见，周延儒胸有成竹地陈述施政纲领，如减免民间积欠的赋税，召还因言获罪的官员。

崇祯一一批准，赐宴洗尘，且在周延儒告退后喜不自禁道：“还是他做！”

周延儒做了一回权力空前的首辅，不仅兼任吏部尚书，还啥事没干就获封少师。

当然，他也不负所托，对国防、民生、用人和理财真刀实枪地改革，以至于“天下仰望风采”，赖其挽救时世。

在“救时宰相”周延儒的建议下，一帮雅负时望的名臣被召回朝廷，如范景文（掌工部）、刘宗周（掌都察院）和张国维（掌兵部），已故的文震孟也给恢复名誉，一时间“中外翕然称贤”。

不过，也有人持悲观态度，比如原国子监祭酒倪元璐。

周延儒想请倪元璐出任兵部侍郎，被他婉拒。具体原因，分“事”和“人”两个方面。

论事，倪元璐在对比周延儒复出和司马光重回相位后认为，二者的共同点是“皇帝怀念旧臣，国家希求治平”。然而，司马光再相，革故鼎新，一举手便招来欢呼，可周延儒面对的挑战是要把熄灭的炉火重新点燃，手头的柴薪还捉襟见肘。

论人，倪元璐对周延儒的人品始终存疑，在给他的信中委婉道：“在天下所求于老先生者，不必皆甚难；在老先生所自处者，不必皆甚易。”

也就是说：处理政务的能力，你绰绰有余。但因个人操守的缺陷，你在立身方面会遇到很多麻烦。

倪元璐此论切中要害，周延儒最大的问题就是贪。

想当初他收了阮大铖一万两黄金的贿赂，承诺“倘得再出，必起君”，现在要践诺了，却发现一堆东林老将和复社新秀杵在那儿，阻力实在太大，只好提出曲线救国的方案：阮大铖推一个信得过的至交出来，周延儒助其当上督抚。此人再以“边才”转荐阮大铖，周延儒“相机图之”。

阮大铖选中了自己的同年马士英。

马士英是个贪污犯，东窗事发被遣戍，后流寓南京，与阮大铖相交甚欢。

作为棋子，他当上了凤阳巡抚，结果还没来得及带阮大铖一起飞，周延儒就倒台了。不过没关系，马士英后来成为弘光朝的头号权臣，直接起阮大铖为兵部侍郎。

倪元璐是别人请他当兵部侍郎，他不乐意，但在听说清军再次越过长城（因议和没有下文，皇太极发动了第五次也是最后一次南侵），威逼京师后，立即上任，共度时艰——这么一比，高下立判。

1642 年的正月初一，崇祯在皇极殿接受大臣朝贺。

结束后，他单独召见阁臣，说古来明君皆尊师重道，尔等皆朕之师，请受师席之礼。

言讫，向几名大学士作了个长揖，郑重道：“朕以天下听先生。”

在场的先生，除周延儒外还有谢升、陈演与贺逢圣等五位。计六奇不懂其中奥妙，说皇帝向大臣作揖是“礼非其人，徒自贬损耳”，如果一定要拜“先生”，这些人里只有贺逢圣的道德文章无愧此名。

其实，贺逢圣等人都是陪衬，崇祯真正要拜的唯有周延儒。

可惜，生怕担责的周延儒又让他失望了。

当天的会见即陈新甲提出“用间”的那场。在对清议和这样的重大事件上，周延儒作为首辅本应站出来表态，可他全程装哑，而且一直“哑”到陈新甲当了替罪羊，被判死刑。

常言道：有人辞官归故里，有人星夜赶科场。就在陈新甲被打入大牢时，孙传庭出狱了。

孙传庭之所以出狱，是因为他“杀贼自效”的请求和周延儒的推荐。

同时，对崇祯而言，别说总揽全局的“督师”，便是“总督”一级的帅才，都已求之不得，实在是浪费不起孙传庭这么宝贵的人力资源了。

召对时，崇祯问其“剿贼安民”之策，以及需兵多少。吃了三年牢饭的孙传庭与世隔绝，不知农民军一日千里，已今非昔比，故豪气地宣称只要五千精兵。

崇祯大喜，重赏孙传庭，让他以兵部侍郎的身份率京营官兵赴豫援汴（彼时李自成正二围开封）。

孙传庭来到河南，见李、罗大军旌旗蔽日，尘土遮天，方后知后觉，赶紧厚着脸皮上疏认错，说根据当前形势，非练兵两万，发饷百万不可。

崇祯没上过前线，不了解实情。就算了解，短时间内也变不出一百万两白银来。因此只能将言而无信的渣男孙传庭臭骂一顿。

此时，放弃开封的李自成转攻襄城，杀了三边总督汪乔年，崇祯遂命孙传庭接替其职，到陕西练兵整军，并赐密旨一道：斩杀贺人龙。

贺人龙虽是一员悍将，但屡不听调，不战而走，坑死傅宗龙和汪乔年两任总督，以至于崇祯怀疑他跟同乡李自成已暗中勾结。

孙传庭领兵出关前，大会诸将于西安，历数贺人龙之罪，将其当众斩首。

消息传到农民军中，群贼酌酒相庆道：“贺疯子死，取关中如拾芥矣！”

此次出关，依然为救开封。

三围开封，李自成彻底改变战术，选在麦熟时节，围而不打，只派兵“分头刈麦”，把汴城四周的田地收割殆尽。

当然，守军也会派人出城抢割，闯军见之即走，绝不交战。

围困的意图已非常明显，却并未引起开封军民的重视，因为朝廷正调集重兵来豫。

这支大军由两部分组成，一是丁启睿督率的左良玉部，二是在虎大威协助下的杨文岳部，总兵力多达 18 万，号称 40 万，目的就是与李自成决一死战，堪称中原版的“松锦之战”。

兵多将广，貌似唬人，实则有两大隐忧。

一是将帅不和。左良玉连杨嗣昌的账都不买，能服丁启睿？

二是后勤供应。18 万人长途行军，吃饭问题显然不能光靠手推车，得就地征粮。然河南迭经战乱和李自成的洗劫，已是蓬蒿满路，鸡犬无音，榨不出多余的粮食了。

可见，官军利在速战。经讨论，水草丰茂的朱仙镇（开封西南 45 里）被选为决战地。

然而，李自成已看穿一切，开始了他的表演。

首先，派三千精骑阻截官军的先头部队，抢占朱仙镇的有利地形，使丁、杨大军抵达后只能栖身于东南方地势较低的水坡集。

其次，由于居高临下，李自成命人修建炮台和防御工事，还把流向水坡集的河给截断了，使数量庞大的官兵在炎炎夏日无水可饮。

然后，遣一支部队秘密行动，在当地群众的支持下于官军后撤的要道上开凿宽、广均三丈的堑壕，环绕百里，断其退路。

最后，为避免陈永福率军出城，同援军夹攻己方，李自成故布了两道疑阵。一是撤离开封时让士兵留下大量财物，造成“仓皇而逃”的假象，使守军以为无需再战；二是命人假扮左良玉部士兵，伪造令箭，遥呼城下曰：“贼旦夕成擒矣，但恐潜遁入城，汴兵无多，当坚守，不可轻出。”

做完这一切，丁、杨大军内部先崩，军事会议开了几次也没讨论出个结果，毕竟此役崇祯把棺材本都押上了，一旦打输，做决断的那个人下场不会比袁崇焕好到哪去。

问题是作为一把手，丁启睿又必须表态，可当他刚一提出进攻，左良玉便以闯军势大为由表示反对。

这边“丁既懦而不知兵，左犹骄而不用命”，那边闯军的炮弹已上膛，俯射官军。杨文岳部开炮还击，奈何弹药很快消耗殆尽。明军死伤无数，“愈无斗志”。

夜半时分，随着左良玉率先脚底抹油，官军纷纷溃逃。早已料定的李自成并未立刻追击，而是让对方自相混乱一段时间后，再令骑兵杀出。

此时的闯军，每个骑兵已备有三匹副马，追击时换马骑乘，明军根本没有喘息之机。朱仙镇成了屠宰场，战前挖掘的壕沟里填满了尸体，虎大威也中弹身亡。

经此一役，数万明军投降，天下之强兵劲马尽归李自成。

丁启睿和杨文岳逃回汝宁，“亲兵爱将俱尽”的左良玉则窜回襄阳。

七十七、开封三围

重文轻武是明朝的传统，传统到黄宗羲把赳赳武夫唤作“豪猪健狗”的地步。

你以为这是骂辞，殊不知是武将的自称。

在明朝从军，干到头无非总兵，可总兵别说见到督、抚，便是比他低好几级的文官，也不得不“趋入庭拜”，递上写有“走狗”字样的名片。

如此自污，仍得不到皇帝的信任。

诸镇总兵，虽辖有重兵，调遣之权却操诸督抚之手。平时，统兵权和调兵权的分离可以起到相互牵制的作用，一旦国家有事，便成了彼此掣肘。

比如贺人龙与左良玉。前者好歹是个武进士，后者干脆是个文盲，幕僚起草的文件根本看不懂，只好找了个粗通文墨的说书先生讲给他听。

然而，一俟打起仗来，原本俯首帖耳的武人发现对他们呼来喝去的督抚之中也有不少像熊文灿这样的草包，自然会日益骄横，我行我素。

意识到这个问题的崇祯在朱仙镇大败后，为使左良玉不要泄气，提兵再战，特意释放了被温体仁陷害到监狱里去的原户部尚书侯恂。

东林党人侯恂对左良玉而言，恩同再造，情同父子。

左良玉小时候是个孤儿，为生活所迫而投军，二十多岁便干到都司一级，却因犯错被一撸到底，从辽东回到昌平。

经人推荐，他投入时任兵部侍郎的侯恂帐下，成了个打杂的。

时逢“己巳之变”结束未久，昌平作为先帝陵寝之所在和京师北郊的重镇，崇祯放心不下，特命巡边的侯恂久驻。

冬至这一天，百官祭拜帝陵。宴罢，喝得大醉的左良玉弄丢了四只金杯，清醒后魂不附体。

这时，总兵尤世威夤夜造访，左良玉以为是来抓他的，吓得“走匿床下”。

谁知是来报喜的。

原来，皇太极发动大凌河之围，辽东需要增援，可尤世威肩负护陵重任，不能亲往，对能够代己者又都不满意，故求教于侯恂。

经侯恂力荐，三十出头的左良玉骤升副将，披挂出征，开启了他的名将生涯。

从辽东凯旋后，论功排第一的左良玉被提为总兵，赴中原剿匪。

临行前，侯恂为他取了个表字（昆山），从此左良玉又号“昆山将军”。

朱仙镇之战前后，左军三过侯恂故里商丘，左良玉每回都会警告部下说：“吾恩府家在此，敢有扰及草木者，斩！”

可惜，即令如此，当出狱的侯恂接替被崇祯革职的丁启睿督师，调左良玉“以兵来会”，好解开封之围时，左良玉却迁延不至，似乎已被李自成吓出心理问题。

这就涉及一个疑问：为什么跟张献忠交手时，左良玉无往不利，一度将其置于死地，可换了李自成便威风扫地，未战先怯？

明末诸将里，左良玉素以多智著称。但左部既是官军，又是土匪，军纪之坏，妇孺皆知，以至于张献忠在玛瑙山之战中为说服左良玉放自己一马，都以“公所部多杀掠”提醒他大家彼此彼此，不要斩尽杀绝。

当然你会问，为什么左良玉不管束士兵？

因为办不到。

初升总兵时，左良玉从昌平带出来的原班人马不过两千。而到了明朝灭亡前，左军已达八十万之众，成为名副其实的藩镇。

来者不拒的好处是军力倍增，但也引发两个严重的后果。

一是部队成分越来越复杂，尤其当左良玉的亲信日渐凋零后，降人不奉约束的趋势便越发明显；二是兵多食寡，粮饷奇匮，因为朝廷给左部定编的人数只有四万，其他七十六万嗷嗷待哺的士卒，一旦闹起事来，后果不堪设想。与其让他们变成洪水猛兽，不如对剽掠恶习睁一只眼闭一只眼。

左良玉想屯兵自肥，带出“遇张则胜，遇李则败”的乌合之众也就不奇怪了。毕竟，张献忠再狡黠，也只是个流寇，而李自成自商洛山再起后，重用牛金星和宋献策等谋士，打造出一支纪律严明的部队，已非不得民心的杂牌军所能抗衡。

不仅杂牌军不能，集齐“官吏干练”“周王不悭”“士绅效命”和“民众团结”四大优势的开封也不能。

朱仙镇大捷后，李自成立即掉转枪头，对付开封。

说是对付，可一连七日闯军都唯知驱民割麦，没有任何攻城迹象，以至于开封城门洞开，军民大胆出入。

最先嗅出异样的是商人。

一个几乎垄断市场的粮商暗中将麦子的价格涨了一倍，开封推官黄澍查明后将其逮捕斩首。

临刑前，这个叫李遇春的粮商提出捐粮赎命的请求，黄澍道：“不要汝麦，只要汝头。”

黄澍以为杀了李遇春就能阻止恐慌情绪的蔓延，殊不知因供求关系没变，粮价虽暂时回落，但很快便引发抢购风波，直至所有粮店都挂上“售罄”的牌子。

不过，形势尚未真正恶化。

由于祥符知县王燮已因功升职，调往北京，黄澍在这一轮保卫战中脱颖而出。

李自成二围开封时正值寒冬，一天深夜，守军出城反击，在城头督战的黄澍“浑身雪厚寸余，竟不自觉”。

此番，受其感召，四方豪杰与九州商贾（开封时为中原最大的商都）悉至，新的民团“义勇大社”迅速成立，一万多人尽皆登城，军容甚壮，陈永福“称赏不已”。

反观闯军，不仅毫无动作，还闹了出笑话。

时逢雨季，李自成的一个部将擅自做主，掘河淹城，但因不了解黄河水情（想达到水攻的效果，尚须待上游大水涌至），不仅计划落空，还注满了开封的护城河，给己方攻城造成极大障碍。

李自成斩了这个自作聪明的傻子，虽然他并不打算攻城。

黄澍和陈永福相继领兵出城，不眠不休地袭扰，杀敌无数，可闯军好像压根没把这点损失放在眼中，不动如山。

这就令人不寒而栗了。

此时，高名衡接到“援兵渡河”（山东总兵刘泽清部）的报告，振奋不已，亲自写下 18 张借条，向开封富户借款，以备劳师之资。

可惜，刘泽清此人完全靠不住，渡河后以“营中忽自惊扰”为借口拔寨而归，让开封军民陷入更大的绝望之中。

李自成化身“竖锯”，着手制造恐怖。

一守将夜间带兵劫营，被闯军抓住后砍断双手。其下属来救，闯兵也不阻拦，任其回城。黄澍见之，放声痛哭。

几天后，一支五百人的运输队偷运麦子入城，被闯军擒获，“尽去双手，驱至西门”。其中，一半人逃回城里，另一半因疼痛难忍跳护城河自尽。

李自成要的就是这种效果——可杀之人不杀，放他们回去展示血淋淋的断手，以击穿开封军民的心理防线。

其实这纯属多此一举，因为饥饿将摧毁开封的一切，从秩序到良知。

先是街头出现很多无家可归的妇女，白天坐在路口，晚上倒地不起。黄澍心下恻然，带人施粥于东岳庙。然而不到一个月，类似的救济便再也无影无踪。

与此同时，军队开始往盗寇的方向演化。

周王府。

出城摸营的士兵带回的“闯兵首级”越来越奇怪，有的被毁容，还有的没胡子，耳垂上却打了洞，明显是女性。

周王立刻调整政策：今后领赏，必须抓活的。

结果，前来献颅者锐减，方知此前确属杀良冒功。

不杀良的军人也没好到哪去，因为他们正奉命逼富民交粮，“每至欠粮家，先捉幼男女。以大针数百刺其肤，号叫冤惨”。

富人榨干后便轮到平民，黄澍发布告示，令各家各户如实申报存粮。

不如实也没关系，因为官兵会携高名衡发的“搜粮”令箭造访你家，从掘地到破柱再到拆屋，找不到粮食则“糠、秕、盐、酱、油、醴，无不搜矣”。

直到这些都没了，便去搬药铺里的药材，哪怕吃了并不顶事，反倒会全身浮肿。

偌大一个开封，一声狗吠都听不到，一只飞鸟都见不着。别说野菜和树皮了，便是旧纸、粪蛆、喂金鱼的沙虫和浸泡过的棉絮都令人趋之若鹜。

偶有骑马者经过，必引来一群人尾随，抢夺新鲜马粪，用水吞服。

最后，开封成了“家家闭户，甘心待毙”的鬼城：

> 白昼行人断绝。遇有僻巷孤行，多被在家强壮者拉而杀之，分肉而啖，亦无人觅。间有鸣官，亦不暇为理。虽出示禁拿，亦不胜其禁也。甚有夜间合伙入室，暗杀其人，窃肉以归。[1]

被吃的岂止是路人？到处都是“父食子、妻食夫、兄食弟、姻亲相食”的人伦惨剧。

1642年暮秋，开封城内白骨积山，路绝行人：

> 间有一二人，枯形垢面如鬼魅，栖墙下，敲人骨吸髓，自曹门至北门兵饿死者，日三四百人……[2]

在此背景下，高名衡只好赌一把，暗中派人掘黄河以灌闯军。

1. [明]白愚著，刘益安校注：《汴围湿襟录校注》，中州书画社1982年版，第54页。
2. [明]李光壂著，王兴亚点校：《守汴日志》，中州古籍出版社1987年版，第31页。

彼时河水暴涨，又逢连日淫雨，大水奔涌而下，城外东北方的闯兵“溺死无算”。

然而，开封城墙迭遭破坏，已经很脆，根本无力抵挡洪水。

开封顿成泽国，全城露出水面的唯钟鼓二楼、王府城墙以及相国寺寺顶等寥寥几处。

其时王燮方回开封，找来二十多条船从北门扬帆直入，接上黄澍和高名衡后直奔王府而去。

见到周王的那一刻，王燮号啕大哭。

周王府的宫眷、杂役加起来有一万多人，幸存者却不过五六百，而这一生还率只会比民间更高。

葬身鱼腹者之众，可想而知。

开封毁于一旦，枉费心机的李自成气冲冲地撤离，直到与张献忠分手的“革左五营”来河南同他合营，心情才稍好一些。

对崇祯来说，心情是再也好不起来了，因为开封不守无河南，河南不守无中原。

而中原不保，则河北（黄河以北）之咽喉断，江山立马有倒悬之危。

七十八、看破红尘补红尘，将军遥望天倾处

孙传庭其实不想出关。因为募集的新兵尚须训练，否则拉到前线也是炮灰。

然而，在崇祯的催促下，他不得不提兵来到潼关。这时，“黄河决口，开封已遭灭顶之灾”的消息传来。

换个人，救援目标都没了，正好以此为由回师或就地观望。

孙传庭却只是调整了方案，率陕军潜行于山林，悄悄接近正在豫西运动的闯军，寻机攻其不备，打它个人仰马翻。

双方在郏县（今属平顶山市）相遇，孙传庭突然出现在李自成侧后。

有利的开局并没有冲昏孙传庭的头脑，他清楚手下的新兵蛋子根本不是闯军的对手，故让高杰和另外两个总兵布下中、左、右三路埋伏，再命总兵牛成虎领兵挑衅，诱敌深入。

开战后，牛成虎佯败撤退，闯军上钩，追入包围圈。

三路大军一齐掩杀，李自成“见官军自山侧驰出，甲光如连天积雪，目不能端视”，惊恐万分。

牛成虎也回军反击，杀得闯军丢盔弃甲，争相逃命。

其实，丢盔弃甲是李自成的战术。官兵贪图物资，一路哄抢，置于马鞍之上，不仅自乱队形，还拖慢速度。

追杀持续了三十多里，直至罗汝才率军赶到。李、罗联手反攻，负重累累的官军兵败如山倒，孙传庭被迫退回关内。

此战孙传庭先胜后败，但仍歼敌千余，给李自成造成复出以来最沉重的打击，史称“柿园之役”（当时河南境内阴雨连绵，补给大受影响，冻馁的官兵一路采食道旁的青柿子果腹，故有此名）。

赶走孙传庭后，河南境内只剩驻守汝宁的保定总督杨文岳部尚可一

战（督师侯恂已因开封沦丧再次被罢）。

汝宁府是豫东南的重镇，南下可入湖广，往东直通南直隶，还住着一个藩王（崇王）。

闯军开抵汝宁时，崇王主张献城投降，遭到杨文岳的拒绝。

结果，汝宁城破时，杨文岳惨遭“炮决”（绑在树上，用炮轰死）。

崇王被俘后，李自成封其为襄阳伯，让他出面劝谕附近州县归降。崇王不从，同家属悉遭杀害。

河南尽归李自成，张献忠也在安徽搞得风生水起，不仅攻克六安、庐州（今合肥），在巢湖上操练水军，还大败总兵刘良佐与黄得功（南明“四藩镇”之一），并使得凤阳巡抚被逮治（周延儒正是趁此机会帮马士英补了该缺），威震江南。

然而，崇祯根本顾不上生气，因为清军第四次南下放牧了（也是“甲申之变”前的最后一次）。

由于和议再次流产，下不来台的皇太极派他哥阿巴泰（努尔哈赤第七子）率满、蒙、汉十万大军从长城界岭口（蓟州镇关隘，位于今秦皇岛市）破关而入，又命多铎进逼宁远，牵制吴三桂。

阿巴泰出身偏房，长期游离于权力核心之外，是个李逵式的人物。

因此，虽然他很能打，政治上也牢靠，但部队开拔前，皇太极还是反复申明军纪，禁止滥杀，并强调了两件事。

一是禁止与明议和，明若遣使求和，即以“我等奉命来征，惟君命是听，他无可言”搪塞；二是如遇农民军，当善言相待，避免冲突。对方若有书信或有使求见，当速转达或携其来京。

百足之虫，死而不僵。明朝的一线部队虽已打光，但为迎战清军，仍组织起近 40 万人马。

然而，山海关内外此时已有四个总督、六个巡抚和八个总兵，看似星罗棋布，无所不防，实则事权不一，彼此观望。

清军进抵北京前的同一时间，周延儒正在筹备他的五十大寿。

炙手可热的周延儒，连皇后都派自家兄弟帮他筹办寿宴，却突闻“北兵进口”的消息，大感扫兴，声称“边塞将佐为粮储劫司农，常套也”。

这是把当年构陷辽东官兵讹饷的说辞（称锦州哗变是假，敲朝廷竹杠是真）又拿来炒一遍冷饭。

清军才不管周延儒怎么臆想，迅速攻破蓟州，关闭各门，全城戒严。

由于没了后继消息，北京连续两日无警。周延儒以为情况被自己料中，得意扬扬，没想到清军第二天一早便发兵南下，一时间“畿辅左右，兽骇禽飞”。

京城闭门自守，计无所出的周延儒聊效杨嗣昌故智，大建道场，召集了一帮僧人齐诵《法华经》。

崇祯则恨声道：

> 边将不足恃，边抚无可依，更恨邮牒无闻，塘报不发，两抚一镇，悉逮而系之狱，诛之！[1]

崇祯君臣一通忙活，可人阿巴泰压根没理北京，径自攻掠山东去了，先后打下兖州、顺德、河间三府以及十八个州、六十七个县（还有一州五县不战而降）。

当然，清军也付出了惨重的代价。

临清。

援兵不至，城池被围数日后终告陷落。然阖城军民并未放弃，与清兵展开巷战。参将贺秉钺本在天津服役，只因护送亡父灵柩路过临清，遭逢此劫。他力战不降，矢尽后被俘遇害。

河间。

知府颜胤绍清楚守不住，先集全家老少于室中，积柴堆绕，然后只身赴城上指挥。及城破，“趋归官舍，举火焚室，衣冠北向再拜，跃入火中同死”。

1.［清］计六奇著，任道斌、魏得良点校：《明季北略》卷十九《周延儒续记》，中华书局1984年版，第344页。

馆陶。

该县摸索出一套“砍头五人组”的制敌方案：城上每一垛口都布防五人，其中两人持钩，三人持刀。当清兵爬梯登城，接近垛口时，持钩者即将其钩住，持刀者迅即挥砍，给敌方造成巨大伤亡。

当守军砍下一个头目的脑袋，将其尸身扔下城时，清军直接吓得弃城而走。

潍县。

清军穴城，城角忽陷。退休的原陕西巡抚张尔忠强撑病躯上城，冒着箭雨往来指挥，击退清军一波又一波攻势。抢修城墙时，其子不慎坠落，左右皆欲开城门搭救，被张尔忠喝止。

在其鼓舞下，百姓齐心抗敌，连瞎子和没出嫁的女孩都帮忙转运砖石、柴束。并且，当听说城上需铁，以做炮弹后，家家户户都把锅砸碎，接济前线。

于是潍县得守。

只可惜有佳句而无佳章，局部的胜利并不能掩盖整体的无能。

一方面，援军不力，密云总兵唐通全程“陪走”，蓟辽总督范志完更是一边陪走一边纵兵淫掠。

另一方面，一个兵科给事中提出“航海攻心”的策略，张口就是造船三千、发兵六万，于登、莱海岸渡辽，使清军惧而回援。

周延儒为其“妙计”点赞，崇祯也立命工、兵二部分头造船，各自承担一千五，却不提钱从哪出。

两部互相推诿，最后交一工部主事具体经办，没承想他把皮球又踢了出去，说这种船只有广东、福建能造。

等两省接到任务时，清军已然出边，正好顺势回复说“海宇澄清，不必造了”。

颟顸如此，此次人员、经济损失远超前四次（鲁王自缢，黄金万余两，白银二百多万两，被俘人畜七十余万）也就不奇怪了。

七十九、子虚乌有上林赋，攀龙附凤名利徒

1643 年初春，封闭近半年的北京终于重开城门，领了各种任务或任命而无法出城的官员已达五百多人。

崇祯过了有生以来最憋屈的一个春节——满城之人，如处瓮中，不仅元旦（正月初一）失朝（只有周延儒和一个勋臣上朝），连春闱也无人问及。

开城之日，那五百多人四散而去，并陆续有信回来，说根本没见着清军的影子，像人间蒸发了一般。

其实，清军正在好山好水的莒州休整，一边牧马于野，一边就地分赃。

彼时，清兵已人不解甲、马不卸鞍地烧杀抢掠了半年，腿脚酸软，若碰上一支敢打硬仗的生力军，必然遭遇抢劫生涯中最大的滑铁卢。

然而，明军那么多人，竟坐视清军在莒州悠然自得地疗养了一个月，养得战马重新长膘后继续北还，把崇祯气得嚷嚷道："朕欲亲征！"

阁臣们脸上挂不住了，周延儒下跪道："臣愿代皇上。"

崇祯仰面不言，侧摇其首。

周延儒只好起身，次辅陈演继之道："首辅阁务殷繁，臣可去。"

崇祯依旧沉默。

陈演起身后，又轮到大学士蒋德璟下跪："臣实可去。"

崇祯还是摇头。

周延儒终于会意，再跪请战，于是崇祯冷笑道："先生既果愿去，朕在宫中看过奇门，正在此刻，一出朝门（宫殿正门），即向东行，慎勿西转。"

奇门者，为兵事起卦也。崇祯当然不信这些怪力乱神，之所以有此一说，盖因他知道周延儒的家住在城西。

很显然，周延儒已失信于崇祯，原因主要有三：

第一，贪婪。风评差到北京人民纷传周延儒在自家门前开了间珠宝店，让幕僚居中主事，收受商人和求官者的贿赂。

第二，不扛事。前有对清议和全程装透明人，后有诬陷边将为讹户部钱粮谎报敌情，以至于崇祯在同亲信谈到周延儒时意味深长道："朕恨其太使乖！"

第三，党争又起。党争作为晚明的痼疾，甚至被降清的明臣带进顺治朝的庙堂——出身复社的陈名夏和出身阉党的冯铨率领各自的势力，搞出一个"南北党争"。与之类似，围绕周延儒和内阁大学士吴甡分别形成了"江南党"（周延儒老家在长江以南的宜兴）和"江北党"（吴甡老家在长江以北的兴化），两党互相倾轧，明争暗斗。

吴甡资历极老，是万历四十一年（1613年）的进士。

天启二年（1622年），在当了三个地方的知县后，吴甡调入都察院，随东林同志一道跟阉党作斗争，终因不敌魏忠贤而被削籍。

崇祯改元后，吴甡起复故官。他疏救任赞化，力诋王永光，直至巡按陕西，才揭开仕途的新篇章，历任大理寺丞、通政司左通政、山西巡抚和兵部侍郎。

吴甡入阁，还得感谢周延儒。

原来，周延儒能顺利复出，除吴昌时的资助外，冯铨也出钱不少。周延儒想助其复官，但冯铨是名列《钦定逆案》的人，难度很大。

于是，冯铨先做慈善，捐资赈饥，周延儒则趁势奏请对他奖掖、委用。

结果，"公议大沸，延儒患之"。

时任兵部侍郎的东林党人冯元飙和冯铨是名字写在一张族谱上的远亲，他觉得让冯铨这个中看不中用且已过期的"小鲜肉"（年届五十）回朝威胁不大，于是将其当牌一样打了出去。

打法如下：冯元飙找到周延儒，说可以把吴甡引入内阁，由他助你起复冯铨。周延儒对冯元飙深信不疑，也清楚吴甡在东林党内一言九鼎的地位，故从其议。

然而，吴甡入阁后不仅对冯铨的事充耳不闻，还在周延儒欲起张捷

（原温体仁党羽）为南京都察院右都御史时极力阻挠，让他体验了把什么叫肠子都悔青了。

由此可见，周延儒和温体仁完全是两种不同类型的奸臣。

温体仁有明确的政治立场，即同东林党和复社鏖战不休，为此不惜把自己活成海瑞，以免对手抓住把柄。

周延儒则着眼于现实——东林党坏他入阁的好事，就跟温体仁联手陷害钱谦益；温体仁对自己构成威胁，便引复社为奥援。

行人司副（司正的副手，从七品）熊开元就因不了解周延儒的 style，碰了一鼻子灰。

1629 年，“尹山大会”在苏州府吴江县召开，复社宣告成立。时任吴江知县并把张溥请入县界的，正是熊开元。

这位复社眼中的大好人官运不怎么样，虽一度荣升吏科给事中，还力促崇祯杀王化贞，但旋即被查出当县令时征税不力，经常不完成税收任务。

鉴于当时《国富论》还没出版，熊开元这么做显然不是为了“放活微观，激活市场”，故被正为军饷发愁的崇祯贬官。

周延儒复出后，熊开元见被温体仁搞下去的东林党纷纷还朝，以为凭自己和张溥的关系也能“进步”一下。

他瞅准出缺的光禄寺丞一职，结果去求周延儒时遭到彻底的无视。

其实很正常，别说张溥已经死了，就算没死，过河拆桥的周延儒也不会再买复社的账，反而要提防这帮爱跟政府作对的“公知”。

熊开元很生气，借清军破关，崇祯求策之机，踊跃报名，被召入宫中。

崇祯等着听其高见，没想到熊开元默不作声。

原来，熊开元以为这是一对一的召见，打算弹劾周延儒执政无方。熟料当天周延儒就站在崇祯身边，不好意思开口的熊开元只能泛泛地聊了些御敌之策。

半个月后，熊开元再次求见，发现周延儒等阁臣还是在场，索性挑明道：“《易》称‘君不密则失臣，臣不密则失身’，请辅臣暂退。”

周延儒请求回避，崇祯不同意，命熊开元直抒己见。

熊开元乃道："陛下求治十五年，天下日以乱，必有其故。"

崇祯道："其故安在？"

熊开元道：今所谋划，重点在于解决兵饷以及平定外患内乱。如果本末倒置，则宵衣旰食亦不可能求得天下大治。陛下登极以来，阁臣多至数十人，不过陛下曰其贤，左右曰其贤而已，封疆大吏和百姓未必曰其贤。皇上视他们为心膂股肱，结果却是庸人在高位，相继为奸，招致的灾祸迄今都没有停止的迹象。等到言官揭发其罪，皇上诛之斥之，朝政已败坏不可复救矣。

崇祯知道他话里有话，于是开启套话模式。然而，熊开元始终不说透，只是一边回奏一边斜视周延儒。

周延儒何等聪明，立即向崇祯请罪。

崇祯道：天下不治，皆朕之过，与卿等无关。

熊开元直言道：陛下令大小臣工不时面奏，可辅臣在左右，谁敢发表不同意见？

气氛瞬间尴尬起来，熊开元只好往回收了收："且昔日辅臣，繁刑厚敛，摒弃忠良，贤人君子攻之。今辅臣奉行德意，释累囚、蠲逋赋、起废籍，贤人君子皆其所引用。（微臣）偶有不平，私慨叹而已。"

如此左摇右摆，搞得崇祯很烦，他指责熊开元"有私"。

熊开元反复申辩，周延儒也在一旁帮腔，而崇祯已不想再看其拙劣的表演。

最后，熊开元被勒令将未尽之言写成书面意见呈上。

下来后，周延儒的说客吴昌时和冯元飙陆续登门，劝熊开元说，你的意见固然没错，但留得君子在此间，替朝廷做事总还有一线希望。若皇上真把辅臣都罢斥了，另用一班小人，最后朝政日非，则你必被视作始作俑者。

熊开元觉得是这么个理，决定不再与周延儒为难。

可周延儒却反戈一击，在崇祯面前抹黑熊开元。

由于熊开元迟迟不交书面意见，崇祯大为不满。再三催促之下，终于交了上来，却已被吴昌时删改大半。

连日来，清军的骚扰已让崇祯心烦意乱，再一看熊开元的奏疏，闪烁其词，毫无具体事实，崇祯不禁大怒，命锦衣卫将之逮捕。

锦衣卫指挥使骆养性不愿深究熊开元，而崇祯却坚持认为熊开元“谗谮辅弼”的目的是孤立天子，以便他们结党。因此，对轻描淡写的骆养性，崇祯斥道：熊开元必有幕后主使，不用严刑，是你不忠。

骆养性无法，只好上刑。

熊开元以为这是周延儒在作祟，索性大量揭发其隐私。崇祯被他顽抗到底的态度激怒，下命廷杖。

物伤其类的文官集团不干了。

在一场讨论御清之策的会议结束后，吏科都给事中吴麟征和户部尚书傅淑训先后为熊开元求情，遭到崇祯拒绝。

刘宗周气炸了，口无遮拦道：东厂、锦衣卫不可轻信，那是朝廷的私刑！

崇祯仰望殿梁，强压怒火道：厂卫都为朝廷执法，什么是公，什么是私？

刘宗周启动话痨模式，说朝廷对待言官是有规矩的，其进言可用则用，不可用无视便是了。即令有罪，也当由三法司据实定案。今熊开元确实狂躁无知，但说到底还不是由于皇上急切求言？其因言论而下诏狱，有损国体，恐非皇上求贤的本意。

接着，刘宗周劝崇祯多想想时局之艰，广开言路。再想想自己和黄道周的例子（刘宗周与黄道周都曾招惹笔祸，但都受到宽宥），宽恕罪责更轻的熊开元。

崇祯怒气值爆表，咆哮道：“刘宗周候旨处分！”

周延儒和兵部尚书张国维先后劝阻，崇祯非但不同意，反而语惊四座地声称，熊开元背后的主使，想来就是刘宗周！

冯元飙见皇帝已经失心疯，一面跪下哭泣，一面替刘宗周求情，直至袖子湿透。

最后，见范景文等大臣也齐刷刷跪下，崇祯烦透了，留下一句“卿等不必申救”后便让几个阁臣随他到内室计议。

八十、德薄而位尊，智小而谋大

崇祯宣布旨意：“刘宗周革职，刑部拟罪即奏。”

周延儒和蒋德璟反复恳请他收回成命，还拿唐太宗优容魏徵举例。

崇祯不耐烦，称朕不学他。

吴甡眼珠一转，说皇上当学尧舜，唐太宗不过巧于博名罢了。

众人一愣，崇祯也饶有兴趣，问如何巧于博名？

吴甡诡辩，说敢于任用直言的大臣，名归君主；惩罚直言的大臣，名归臣子。唐太宗不喜欢魏徵，却故意宽容他，无非为了成己之名。

唐太宗的虚心纳谏被吴甡的怪论给解构，崇祯听后却若有所思，提笔抹去“刑部拟罪”四个字，让刘宗周回家养老。

次日，两袖清风的刘宗周骑着毛驴，在仆人的陪伴下踏上回乡之路。

至于熊开元，由于骆养性不想制造冤案，崇祯只好将其移交刑部。

刑部尚书徐石麒秉公办理，只肯判熊开元赎徒（以钱赎徒刑）。

崇祯气坏了，将徐石麒免职，然后熊开元就一直羁押在大牢，直至明亡。

表面看，周延儒大获全胜，但稍作深究不难发现，熊开元触怒崇祯的起因是书面材料没写好，顾左右而言他。而该材料是用来揭发周延儒的。

既已见疑于崇祯，在接到“即向东行，慎勿西转”的命令后，周延儒一路向东，不敢西顾。最后，堂堂大明首辅竟在齐化门的城楼上睡了一晚哨铺，并在简陋的环境中起草了出征奏章。

清军北撤，东起天津，西至涿鹿（张家口市下辖县），车载骡驮，横亘三百多里。

明军不敢阻击，唯在远近城楼上鸣炮恫吓。

周延儒躲在通州城内，每日与随征的御史蒋拱宸，以及勤王的四总兵唐通、刘泽清、黄得功、周遇吉轮番吃酒，还把四将收为门生。

当然，周延儒并没有也不敢忘记此行的使命。虽然他清楚打不过，但还是挥动如椽大笔，每天一早一晚两封题疏，编写明军将士浴血奋战、克敌制胜的故事。情至深处，耳畔仿佛响起惊心动魄的喊杀之声……

周延儒后来被指“受贿纵敌”，这实在是冤枉了他，因其压根不知道敌军在哪儿，受无可受，纵无可纵。

倒是白广恩在怀柔跟清军打了一仗，大败后任其由墙子岭破关出边。

与此同时，周延儒也领兵“凯旋”。

崇祯亲自迎接，握手搀扶，慰劳备至。几天后，他下旨赏赐阁臣羊酒，脸上无光的陈演和蒋德璟以“贻我皇忧，方负愧”为由辞谢。

周延儒知道自己遭妒了，亦赶紧辞谢。崇祯猜出缘由，一并准了，然后命礼、吏、兵三部筹备贺宴。

开宴之日，群臣兴冲冲地赶赴平台，却始终不见崇祯露面。正狐疑间，一宦官出来传口谕：

> 首辅周延儒奸贪诈伪，大负朕躬，着议处回奏。[1]

百官傻眼，周延儒却并不意外——通州就在天子眼皮子底下，骆养性的情报人员不费吹灰之力便能打听到前线的真实情况。

崇祯命兵部和五军都督府抽调人员组成军事法庭，周延儒自知罪孽深重，为免一死，不待审理即自请戍边。出人意料的是，崇祯的回复非常温和，说周延儒“报国尽忱”，许他“荣退”，还赏了笔不菲的路费。

就在所有人都以为周延儒已经“过关”，可以优游林下时，剧情急转直下。

先是一个叫雷演祚的山东兵备道参蓟辽总督范志完纵容手下将士掠夺百姓，淫人妻女。

1.［清］计六奇著，任道斌、魏得良点校：《明季北略》卷十九《周延儒续记》，中华书局 1984 年版，第 345 页。

范志完本就是戴罪之身（因清军破关而被参渎职），又援鲁不力，雷演祚的弹劾直接导致其被捕。

崇祯把雷演祚召到北京，让他说明疏中“座主当朝，罔利曲庇”指谁。雷演祚乃向崇祯普及“你所不知道的周延儒”，听得他目瞪口呆。

崇祯决心彻查周延儒，御史蒋拱宸旋即揭发其心腹吴昌时。

吴昌时作为复社中人，人品差到连吴伟业等社友都耻与为伍的地步。

蒋拱宸主要攻他两点。一是“通内”，说吴昌时结交宦官，打听宫中机密；二是“朋比”，说吴昌时乃周延儒卖官鬻爵和科举舞弊的具体经办人，一些大字不识的文盲和充满铜臭的商人通过他夤缘登榜。

崇祯脸色阴沉地将蒋疏塞进袖子（怕左右泄密），发誓严惩吴昌时和周延儒。

奇葩的一幕就此上演。

崇祯身着素服，携二子在宫中亲自审问吴昌时，要他交代“通内”情节。

吴昌时极力否认，崇祯命蒋拱宸与之对质。蒋拱宸的奏疏写得正气浩然，可现场气氛太过肃杀，以至于他匍匐在地，浑身颤抖，吓得说不出话来。

对此，吴昌时气焰嚣张道：皇上一定要将此罪强加于臣，则臣不敢违抗圣意，只能接受。但若指望臣屈打成招，那是绝不可能的。

崇祯气疯了，下令用刑，阁臣蒋德璟和魏藻德劝道：

> 殿陛之间，无用刑之例。伏乞将昌时付法司究问。[1]

崇祯高声道：

> 此辈奸党，神通彻天，若离此三尺地，谁敢据法从公勘问者？[2]

1.［明］文秉著：《烈皇小识》卷八，北京古籍出版社 2002 年版，第 215 页。

2. 同上。

潜台词是吴昌时有周延儒罩着，出了这门就逍遥法外了。

蒋德璟和魏藻德退一步道：

殿陛用刑，实三百年未有之事！[1]

崇祯反驳道：

吴昌时这厮，亦三百年未有之人！[2]

二臣语塞，叩头而退，宦官遂对吴昌时施以酷刑。他的双腿被夹断，惨嚎之声，声振屋瓦。

很快，锦衣卫奉旨去抓周延儒，而周延儒在他们抵达前即已将储藏赃物的三层小楼给烧了，即使知道这么做意义并不大。

作为前任首辅，周延儒享受了一些特殊待遇，抵京后没有蹲牢房，而被安排到一座关帝庙住下。

崇祯还貌似尊重法制地命三法司会审。

左都御史李邦华认为，周延儒当初被天子从田间召回，一开始还能不负殷望，办了不少德政，但后来没能慎始如终，乃至潜通贿赂，滥用匪人，皇上说他“欺藐”完全正确。不过，周延儒之罪，依律在“失误封疆”的下一等，且皇上先前已有“曾居首辅，宽其拿解”的明旨，故请垂念国体，做出圣裁。

李邦华是邹元标的弟子，比周延儒年长15岁，与之非亲非故。之所以建议对他从轻发落，无非觉得接连处死首辅乃不祥之兆。

秋官的意见与李邦华类似，大理寺卿却主张从严。二比一之下，周延儒被判“发配边疆，终身充军”。

对此结果，崇祯直接驳回。他自拟了一道圣旨，勒令周延儒自裁。

1.［明］文秉著:《烈皇小识》卷八，北京古籍出版社2002年版，第215页。

2. 同上。

唯一的“仁慈”是“准其棺殓回籍”。

蒋德璟等人纷请崇祯“法外施仁”，批准三法司的判决。崇祯断然拒绝，说“勒令自裁”已属从宽发落。

1643年冬的一个深夜，五十多岁的周延儒在关帝庙中听宣。

太监读到“姑念首辅一品大臣”时故意停顿片刻，周延儒以为崇祯尚念旧情，连忙叩头谢恩。

不料后一句是“于寓处勒令自裁”。

失魂落魄的周延儒绕室疾走，一直拖到破晓才自缢，还留下一首绝命诗，悔恨道：“恩深惭报浅，主圣作臣忠。”

监刑的骆养性才不关心这是不是“人之将死，其言也善”，他只好奇周延儒气绝后为何看上去栩栩如生（因其养生有道，长期服用人参）。

为保险起见，骆养性命人用铁钉钉入周延儒的脑门后，方回宫复命。

不久，吴昌时和范志完皆遭弃市，所谓的“江南党”一夕覆灭。

而此时，“江北党”也已因吴甡获罪遣戍，成为历史名词。

八十一、同欲者相憎，同忧者相亲

李自成吃下河南后，于1642年底进入湖广，攻打襄阳。

而左良玉自朱仙镇之败逃回襄阳，经过一段时间的恢复，部众又扩张到二十万。可惜，朝廷拨饷，只认其中的两万五千人，余者要靠左良玉自筹。

所谓自筹，说白了就是剥削民间。

剥来剥去，襄阳地区的军民关系势同水火，以至于闯军压境时百姓竟放火烧了左良玉用来逃生的船只，还在两军开战后给李自成当向导。

左良玉本就战意阑珊，还被民众抛弃，溃败也是意料之中。

闯军占领樊城和襄阳后，兵指荆州。

荆州豪绅陆师贽（致仕御史）力主抵抗，却无人响应，只得自杀。阖城百姓，箪食壶浆，以迎闯王。

随后，闯军又攻承天府（今湖北县级市钟祥）。

承天府本来叫安陆州，是兴献王朱祐杬的封地。由于正德无子，朱祐杬之子朱厚熜（正德堂弟）入继大统，即后来的嘉靖。

嘉靖非要追谥其父为“兴献帝”，为此同杨廷和率领的文官集团大战三百回合，史称“大礼议”。

杨廷和败下阵来，安陆州自此升格为承天府，派驻重兵，守卫献陵（朱祐杬之墓）。

闯军抵达前，师老兵疲的左部也曾到过承天，左良玉还向驻守此地的湖广巡抚宋一鹤请饷。

湖广巡按李振声劝阻道：左兵太多，何以给之？即使有粮，也不如养承天之民以自守！宋一鹤然其说，拒绝供饷，闭门不纳。

左良玉大怒，劫掠一番后扬长而去。

1643年正月初二，闯军攻克承天府，宋一鹤自杀，李振声被俘。李振声是米脂人，与李自成同姓同乡，故颇受优待。

李自成称其为大哥，百般劝降，然李振声坚决不从，还试图投信孙传庭，密告闯军虚实，终被处死。

消息传到北京，崇祯肝胆欲裂。

他认为内乱之所以步入深渊，在于杨嗣昌之后没有人总负其责。而文武百官，思来想去，也只有当过陕、晋两省巡抚，曾长期与农民军周旋的吴甡足堪大用。

于是崇祯召见群臣，哭诉承天祖陵被毁之事，然后话锋一转，指责相关人员调遣失度，暗示将有大的人事调整。

没有人想被“调整”到前线去，包括吴甡。因此，所有人都不接话。

崇祯见吴甡不肯请命，乃于次日再召诸臣，直接点了他的名。

吴甡无法推脱，只好以大学士的身份出任督师。曾给杨嗣昌当谋士的万元吉也被崇祯提为职方司郎中，随吴出征。

然而，以吴甡之精明，自不会贸然送死。他提出的条件是精兵三万和敢战之将，理由是左良玉不肯用命，若派他孤身前往湖广，将不会有任何意义。

此外，吴甡的作战方案非常保守，称自己将先赴南京，派人挟持左良玉后再进军湖广，与孙传庭夹击李自成。

崇祯很不高兴，将其疏留中不发，直至吴甡主动求见。

不待他开口解释，崇祯劈头便是三句：第一，需兵太多，仓促间难以调集；第二，南京与湖广相隔甚远，非退守之地；第三，左良玉表现不佳，盖因地方官不为他筹饷，此劲旅实可供先生之用。

吴甡力辩道：左良玉跋扈，人人皆知。昔杨嗣昌九檄征调左兵，左竟一兵不发！臣不如杨嗣昌，而左良玉也今非昔比。

君臣就此僵持不下。一个认为南下必须带兵，否则一事无成；一个觉得左良玉的二十万大军如果处置得当，也不是不可用。

次辅陈演打圆场道：“督师出，则督、抚兵皆其兵也。”

对这种站着说话不腰疼的，吴甡当场回敬道：“次辅读书中秘（中书省和秘书省的合称，唐代的最高行政机关与最高学术机关），未谙军旅。臣之请兵正为督抚手中无兵。”

说着，举了河南和湖广的例子，陈演无言以对。

崇祯无奈，命兵部调兵。

兵部掘地三尺，也只凑足一万人马（京营官兵以及总兵唐通、马科部），其中唐通还正率部与入侵的清军作战，无法抽身。吴甡于是继续坐等。

等着等着，李自成便在襄阳建政了，自称“新顺王”。他改襄阳为“襄京”，用牛金星为丞相，让刘宗敏统领中军，田见秀提督诸营。

同时，为独揽大权，李自成还设计剪除了渐生异心的罗汝才与“革里眼”贺一龙，不久又袭杀“乱世王”蔺养成。

这导致“革左五营”的另一个首领“老回回”马守应大为震恐。

彼时，他正率军攻打澧州（今湖南澧县），听到消息后不敢回师，哪怕李自成诱之以“永辅营英武将军”的称号与一颗 48 两重的金印。

马守应于次年病故，而“革左五营”里的另两位（“左金王”贺锦和“争世王”刘希尧）则乖乖做了李自成的部下。

湖广形势不断恶化，被奚落的陈演又在崇祯面前说坏话，吴甡感到如芒在背。再加上此时周延儒为截击清军而自请督师，且朝受命而夕启行，同叽叽歪歪的吴甡形成鲜明对比，崇祯的不满可以想见。

吴甡不敢再刚，准备赴任，可就在他临行前不久，崇祯命其即刻入宫。

察觉有变的他连上两疏辞职，崇祯未予挽留，准其退休。

吴甡舒了口气，殊不知几个月后即因“延误师期，致武昌失守”的罪名被锦衣卫逮捕，发配云南。

武昌是湖广的首府，李自成回襄阳组建政权前，曾一度打下其对岸的汉阳府。可惜，农民军不习水性，长江又风急浪大，渡江失败后只能主动撤军。

结果已到嘴边的肥肉被张献忠叼走。

张献忠把安徽杀得“城社丘墟，蒿莱没人；十室无烟，磷火昼见”后，见湖广空虚，麻城又在闹民变，故提兵突入，攻下蕲州（李时珍和熊文灿的老家），将熊氏族人全部杀死。

接着，张献忠又克黄州府（今黄冈市黄州区），并迎来麻城的客人——已占领麻城县衙的乱民。

张献忠被请入麻城，瞬间有五万多人来投，他于是征调渔船，往武昌进军。

武昌城里的要员慌了，一面布阵设防，一面寄望楚王。

湖广的布政使、按察使和都指挥使一齐来到楚王府，跪在朱华奎面前，恳求他借银充饷，遭到拒绝。

致仕的大学士贺逢圣也晋见楚王，请他出饷。

朱华奎拿出一张洪武年间朱元璋赐的椅子，道：“此可佐军，（其）他无有！”

前线将士听说后，无不心凉，逃跑者众。

直到城陷前没多久，朱华奎才拿出钱来招募承天府的溃兵，交长史（王府秘书长）徐学颜统率（称“楚府兵”），然已为时太晚。

楚府兵开门献城，徐学颜战死，贺逢圣用船载着家人沉湖。

朱华奎被俘后，张献忠望着王府库藏的百万金银，嘲笑道：“有如此金钱不能设守，朱胡子真庸儿！”

最后，朱华奎被扔进长江，武昌城内的朱姓宗室也均被驱赶至江边，被迫投水。一时间鬼泣神嚎，浮尸蔽江。

张献忠住进楚王府，学李自成建政，自称“大西王”，铸币“西王之宝”，还跑到黄鹤楼题诗，命部下附和，一副热爱文化的样子。

李自成听说后，派人前往武昌，名为祝贺，实则威吓。张献忠笑脸相迎，馈赠宝物。李自成坦然接受，却未作任何回复。

这时，左良玉在朝廷的严催下从九江杀回湖广，攻克汉阳。

张献忠立刻屃了，率部离开武昌。

与此同时，李自成也离开襄阳。他可不怕左良玉，只是挥师北上，与孙传庭决战去了。彼时，闯军内部经反复讨论，已定下“先取关中，建立基业；平定三边，补充兵力；再攻山西，进军北京”的战略。

左良玉趁势占领已成空城的武昌，张献忠则南下湖南（明朝没有湖南省，指湖广南部），连克长沙、衡州（今衡阳市）、宝庆（今邵阳市）和常德。

常德是杨嗣昌的老家，张献忠颁布悬赏令，尽屠杨氏族人。

其后，他又旁掠江西，陷吉安、袁州（今宜春市）和抚州等府。

一番东征西讨后，张献忠坐镇长沙，大兴土木，任命降官，大索名士。

王夫之就曾被其征聘，最后靠自戕（刺伤脸和手腕）脱险。

以张献忠之乖戾，居然没有深究，因为没过多久他就选择了一条更稳妥的称霸之路：弃湘入蜀，割据一方。

八十二、秋风吹渭水，落叶满长安

以崇祯的脾气，竟允许与他讨价还价了两个月的吴甡辞职，盖因其押宝的对象已变成孙传庭。

“柿园之役”后，孙传庭上疏自劾，圣宠未衰。

他缮器积粟，整军经武，还打造了三万台大规模杀伤型武器：火车。

所谓“火车”，即“马拉炮车”，将车的机动性与佛郎机的攻击力结合起来，战时既可排射，又能阻拦敌军骑兵，宿营时则环布帐外，充当屏障。

当然，孙传庭干的事，可以说件件都劳民伤财，时人称“秦父老怨之至骨”。

电影《大明劫》中，孙传庭请求关中富商助饷，结果这帮人捐的钱还没有他们给孙传庭送的礼物价值高。

晚宴上，孙传庭指了指捐款，又指了指礼品，悲愤道：“这些，是你们给孙传庭的；这些，是你们给大明朝的。大明朝如果灭了，你们给我孙传庭有什么用！”

现实比这段“艺术真实”更残酷，因为豪强们为把孙传庭赶出陕西，掀起“倒孙”舆论，告他“玩寇縻饷”。

虽说崇祯并没有因此怀疑孙传庭，但在主战派“不战则贼益张，兵久易懦”的鼓动下，也要求他尽快出关，与左良玉联手剿灭李自成、张献忠。

为此，崇祯加其兵部尚书衔，佩七省督师印（仍兼三边总督），赐尚方剑。

同时，再次下“罪己诏”，并颁布赏格：擒李自成者得万金并封侯，擒张献忠者得一品官及世袭锦衣卫指挥使。

崇祯赌红了眼，兵部侍郎张凤翔却很清醒。他认为孙传庭的部队是朝廷最后的家当，不可拿去冒险。因为一旦出师不利，秦中不保，那就再无翻盘之希望了。孙传庭亦持此见，主张固守潼关，加紧训练，等李自成部缺粮时再发动攻势。

然而，君命难违，架不住崇祯“夺命连环催”的孙传庭被迫领兵出关，并仰天长叹道：

> 奈何乎！吾固知往而不返也。然大丈夫岂能再对狱吏乎！[1]

其实，孙传庭并非毫无把握，至少他收到了李自成的“兵部侍郎”丘之陶的密信。丘之陶乃礼部侍郎丘瑜之子，标准的官二代，从贼纯属迫于无奈（闯军肆虐湖广时被俘）。

李自成北上期间，留守襄阳的丘之陶以蜡丸封书，暗送孙传庭，约为内应。

二人自以为得计，殊不知信使已被李自成抓获，只不过他假装一无所知，以便相机行事。

1643年初秋，孙传庭在西安的关帝庙誓师后，携总兵白广恩、牛成虎以及副将高杰东出。

发兵的同时，还做了三项安排。

首先，令河南总兵陈永福与自己会兵洛阳；其次，让四川和甘肃总兵取道商洛，随陕西巡抚冯师孔进驻南阳，作为偏师牵制闯军；最后，让延绥总兵急赴潼关，组织预备队，以为后劲。

道高一尺，魔高一丈。

李自成在河南周密布置，把豫西的部队全部撤走，割尽庄稼，只留少量诱敌之兵。做完这一切，又在襄城与郏县之间筑造土城二十余座，用于驿递和补给。

1.［清］张廷玉等著：《明史》卷二百六十二《列传第一百五十 · 孙传庭》，中华书局1974年版，第6791页。

土城的城门旁都埋伏有大炮，用于出其不意的平射，城墙上则遣军士携带小炮据守。

此外，骑兵驻扎城内随时候命，步兵手持长矛警戒于外。

开战后，李自成根据“柿园之役”中官军的行动，判断南线将有偏师从商洛发起进攻，遂遣一支部队由内乡西出河南，主动去打商洛，阻止了冯师孔部的牵制。

接着，北线的闯军故意示弱，且战且退，诱使孙传庭“攻占”洛阳。

李自成还想引诱孙传庭继续向东南方挺进，进入他的包围圈，可孙传庭却打算重建洛阳，修复城堞，招徕流民，储备粮草。

彼时攻守之势已逆，官军在河南是“客军”。如果不建立前进据点就贸然深入，则终将陷入“攻城拔寨一时爽，粮饷不济火葬场”的绝境。

可惜，每逢决定战事走向的关键时刻，崇祯的催战诏令必会如约而至，这次也不例外。

考虑到陕兵急于回乡，不愿久留外地，孙传庭只好放弃“巩固沿途基地，一步一个脚印”的计划，遵旨进军。

好在他充分发挥了投降过来的原罗汝才部的作用，这帮人知己知彼又报仇心切，打得闯军连连败北，李自成甚至差点被擒。

官军一路奏凯，连下宝丰（今属平顶山市）、唐县（今南阳市唐河县），志得意满的孙传庭急报朝廷，向崇祯邀功道：“有自贼中逃回者，言贼闻臣名皆惊溃。臣誓清楚、豫，不以一贼遗君父忧。”

崇祯欢呼雀跃，以为李自成即将下线，竟着手安排起善后事宜来。

然群臣皆持怀疑态度，冯元飙甚至惨然不乐道：“贼素狡，多诈，示弱不可信。”果然，以郏县为界，再往前的城池一座比一座坚固，根本啃不下来。

天公亦不作美，连下六天大雨，道路泥泞，运输艰难。

为搜寻粮草，孙传庭攻入郏县，却发现县城已被闯军搬空，只得到200多头骡、羊，瞬间吃个精光。

李自成在郏县之东的襄城闭门不出，并打起了心理战——命人在道旁树立木牌，上书“约期交战”。

与此同时，刘宗敏率一万骑兵抄到官军后方，切断其粮道。

孙传庭坐困愁城，又接到丘之陶的死讯（丘之陶谎报军情，称左良玉部攻打襄阳，试图令闯军回撤，被识破他的李自成斩杀），登时惴惴不安。

军心浮动，孙传庭被迫答应部下退兵就粮的请求，可慌乱间脑子一热，竟命陕兵先走，而让陈永福率豫兵断后。

见大部队陆续撤离，不愿留在郏县当替死鬼的豫兵纷纷爬出城墙，“虽斩之而不能止”。

孙传庭的后军被冲乱，李自成趁势率大军卷地杀来。

因雨受潮，白广恩统领的火车营未能发挥任何作用，“火车”还陷入泥水，被迫丢弃满道，进一步导致撤退的队伍拥挤踩踏，乱成一团。

闯军骑兵驰逐追杀四百里，消灭官兵四万人，缴获甲仗（兵器和盔甲）数十万。

孙传庭北渡黄河，绕道山西，跑回潼关时身边只剩数千人。

他一度想跳河自杀，但被左右抱住相劝：“公一身系国家存亡，今徒死何益？不如急入关据险，收兵以图再举，天下事尚可为。”

说这话的估计自己都不信，因为此战实在败得太惨，孙传庭连帅旗都丢了，开封之围中表现出色的陈永福也投了闯军，李自成为表诚意还折箭为誓（陈永福曾挽弓射瞎其左眼）。

败报传到北京，崇祯居然谴责孙传庭“轻进寡谋”，将其职务撤的只剩一个三边总督，让他立功赎罪。

李自成进抵潼关，惶惶不可终日的高杰建议弃关，退守西安，遭到孙传庭的拒绝。

可惜，潼关守军是临时拼凑的预备队，军事素养基本为零，很快便被敌军用孙传庭的帅旗骗开关门。

潼关失守，孙传庭战死，尸骨无存。

不久，因秦王为富不仁（不肯出银子置办棉衣犒军），西安的守城副将开门献城，冯师孔与一干地方官悉数被杀。

孙传庭的妻子携两女三妾投井自杀，其八岁的幼子越城逃跑，被一老翁收养。

鉴于此前洪承畴的乌龙事件，崇祯不信孙传庭已死，不予赠荫。

不过，时间是最公允的裁判。《明史》认为“传庭死而明亡矣”，吴伟业则在长诗《雁门尚书行》中叹道：

回首潼关废垒高，知公于此葬蓬蒿。
沙沉白骨魂应在，雨洗金疮恨未消。
渭水无情自东去，残鸦落日蓝田树。
青史谁人哭藓碑，赤眉铜马知何处。

拿下西安后，为统一三秦，李自成继续征讨四方。

首先，他派田见秀南下汉中，防范来自四川的进攻。

其次，命刘宗敏和“左金王”贺锦攻取宁夏、甘肃和青海。其间，跑到固原的白广恩选择投降，而攻打西宁的贺锦则被伪降的土司诱杀。

最后，李自成亲率大军，向北追击高杰。

高杰跟白广恩一样，最初都是农民军阵营的。但与白广恩不同的是，李自成同他有夺妻之恨，抓获后必令其身首异处。

因此，高杰一路狂逃，先趁黄河结冰奔至山西，又在大顺军东征时一口气跑到南京附近。次年，他升任总兵，明亡后因拥立之功成为弘光朝的“四藩镇”之一。

虽未捉住高杰，但李自成收获了主动投诚的牛成虎和沿途各州县。

他顺道回了趟老家，重修祖茔，还将一个参与毁墓的乡绅处死，然后把米脂县更名为“天保县”，延安府更名为“天保府”。

唯一的硬骨头在陕北延绥镇。

延绥总兵惜命逃跑，卸任里居的前总兵尤世威扛起大旗，在几个副将、参将衔的退休老将的协助下率众坚守。

八十三、青囊绝迹，世无华佗

1644年正月初一，李自成在西安称帝，国号大顺，年号永昌。

西安恢复长安之旧称，秦王府被扩建为皇宫。

在追尊父、祖为帝的同时，李自成大封功臣，开科取士，还免收三年田赋。

问题是这么多兵马要养，不征钱粮，如何维持？

李自成的办法是压榨豪绅，并规定当过九卿的要捐银五万两，中丞（巡抚）三万，知县五千。

沈阳。

天还没亮，刚满六岁的顺治就被母亲（孝庄太后）给叫了起来，在宫女的伺候下梳洗更衣。

虽然顺治被拥戴为大清国的第二任皇帝已逾三个月，但这毕竟是他坐上龙椅后的第一个元旦，有十分烦琐的礼仪在等他主持。

顺治的皇位是博弈的结果，因为皇太极猝死时并未留下任何遗言。

彼时，最有实力角逐大位的是多尔衮与皇太极的长子豪格。

两人都是当打之年。32岁的多尔衮手握两白旗，有同父同母的多铎和阿济格支持，素来“攻城必克，野战必胜”；35岁的豪格继承了其父的两黄旗与正蓝旗，且与多尔衮一样，久经战阵，曾在皇太极第二次南侵和攻打林丹汗时立下大功，还是后金内部第一个提出联合农民军对抗大明之人。

于是便有了崇政殿中剑拔弩张的一幕。

当天，礼亲王代善、郑亲王济尔哈朗、睿亲王多尔衮、豫亲王多铎、英亲王阿济格以及肃亲王豪格齐集一堂，讨论继统问题。

多尔衮三兄弟一到场便感觉不妙，因为殿内外遍布正黄旗和镶黄旗的士兵，个个手握刀柄，鹰视狼顾。

为免被乱刀砍死，多尔衮进殿后一直不开腔，把多铎急得直嚷嚷，说多尔衮，如果你不愿当皇帝，那就我来当。我的名字在太祖遗诏里！

空气瞬间凝固，落针可闻。

多尔衮巧妙地予以否决，称太祖遗诏中提到之人，除了你还有豪格。

言下之意是太祖遗诏上的名字不能作为继承太宗帝位的依据，一句话便同时将死了多铎和豪格。

多铎又推举代善。

代善年纪最长，与其子岳讬坐拥两红旗，但他早无争雄之心，唯愿安度晚年，故沉默片刻后，开始左右逢源，说睿亲王若当皇帝，是我国之福。否则，当立皇子。我老矣，难当大任。

豪格见此情势，只好把全部希望都寄托于济尔哈朗。

两天前，他曾派人联系济尔哈朗，说两黄旗已定我为君，但还须跟您商量。

一句话传递了三条信息：第一，实力最强的两个旗已确定扶我上位；第二，我很尊敬你郑亲王；第三，希望你投我一票。

济尔哈朗有些犹豫，因为豪格虽然“容貌不凡，有弓马才”，但政治上并不成熟，有时候情绪还不太稳定，跟文武兼长的多尔衮相比，差距比较明显。

所以他的回复是：我支持你继位，但睿亲王尚未知晓，待我与众人商议。

也不知济尔哈朗商议出个什么结果，反正在那场决定清朝命运的会议上他全程脸色铁青，一语不发，最后把豪格逼得离席而去，只留下一句“我德薄能鲜，难以当此重任”的气话。

如此沉不住气，显然已无缘宝座。

豪格离开后，两黄旗将士纷纷叫嚣：“吾属食于帝，衣于帝，养育之恩与天同大，若不立帝子，则宁死从帝于地下而已！”

代善见状，谎称身体不适，起身离去。

阿济格也走了——再不走，估计今天就走不出这间屋子了。

眼看多尔衮即将被剁成肉酱，济尔哈朗提出一个折中方案：让福临（顺治）即位。

福临满足“先帝之子”的条件，又因年幼而对豪格与多尔衮均无威胁，是一个各方都能接受的人选。

果然，多尔衮表示赞同，并提议由自己和济尔哈朗共同辅政。

福临登台后，济尔哈朗甘居多尔衮之下，使其成为事实上的“首席摄政王”。而豪格则被多尔衮暗算，获罪后幽禁于高墙之内。

北京。

正月初一这天狂风怒吼，飞沙走石。

因元旦朝贺大典，崇祯一早便来到皇极殿，结果发现殿中只站着一个手执金吾（铜制仪仗棒）的礼官。

面对崇祯诧异的目光，礼官解释说群臣没听到钟声，以为圣驾尚未出来，所以迟到。

崇祯不悦，命其立刻鸣钟。

礼官于是退下，不一会儿钟声便响彻紫禁城。

然而，尴尬的是，崇祯左等右等也不见一个人来，最后只好对司礼监掌印王德化说先去谒太庙。

这是元旦例行之礼，可王德化到皇城外传旨时却发现銮驾出行所需的御马还在厩中，尚未备好。无奈之下，只能派人将官员下马处朝臣骑来的马驱赶至午门，暂充御马。

问题是这些马各有其主，不受羁勒，一路挣扎不止，不得不作罢。王德化硬着头皮回禀，说为皇上安全计，还是等一等吧。

钟声急促，崇祯面无表情地端坐着，终于等到逡巡而入、仓皇跪拜的百官。

户外，沙尘暴越来越大，暗无天日。

崇祯再无心情去太庙，退朝后选择接见阁臣。议及局势，众人均敦促他以内帑补充军饷。崇祯半晌无言，叹道："今日内帑，有难以告先生者。"

意即"说出来怕你们笑话"。

可惜无人相信，都以为皇帝哭穷。

是日，凤阳地震的消息传入宫中，崇祯除了乞灵于天，再无他法。

他沐浴更衣，焚香祝祷，并请人扶乩。

结果神仙降乩曰：

帝问天下事，官贪吏要钱。
八方七处乱，十灶九无烟。
黎民苦中苦，乾坤颠倒颠。
干戈从此起，休想太平年。

时人的卜筮也都不祥，不是"暴兵破城"便是"星入月中，国破君亡"。

事实上，早在孙传庭郏县之败的消息传到京城时，一些未雨绸缪的富户便开始囤粮，后来又趁官府收购军粮之机高价出售，赚了个盆满钵满。

潼关失守后，大学士黄景昉力主将吴三桂部调回关内，拱卫京师，因为北京刚刚爆发过一场瘟疫，京营衰败，兵力已不敷使用。

对此，崇祯反应冷淡。

袁崇焕早就指出：保关内必守关外，保关外必守宁远。

撤回宁远总兵吴三桂，意味着放弃明朝在山海关外的底牌。别说"弃祖宗之地"的千古骂名崇祯不想担，后果他也承受不起。

他唯一能做的就是起复曾遭张献忠诬陷、因"破坏抚局"之罪丢官的原湖广巡抚余应桂。

然而，当余应桂得知崇祯要他去当三边总督时，竟吓得哭出声来，连称："不益饷，臣虽去无益。"

"益饷"的结果就是瘦了国家，肥了囤积居奇的奸商。

接替傅淑训任户部尚书的倪元璐望着空空如也的银库，提出三项开源之策：捐纳、赎刑和扩大官盐买卖。

捐纳就是卖官，赎刑就是以钱抵罪，扩大官盐买卖则会滋生更多腐败。崇祯一样都不想干，只愿发行纸币，并准备派宦官搜山检海，收集桑树纤维，作印钞之原料。

“矿税之祸”殷鉴不远，担心蚕农会造反的倪元璐极力劝阻了崇祯。

而此时，李自成已派先头部队去打山西，并晓谕三晋官民，说百万大军，随后跟进，若敢于顽抗，兵锋所指，必玉石不分，悉数歼灭。

在这道檄文里，李自成还霸气地喊出：

> 嗟尔明朝，大数已终。[1]

甲申年的开端，随着三边总督余应桂被撤（因其行至山西便徘徊不前），崇祯只剩“躺平”一条路可走。

他决定召见一个人。

---

1. 樊树志著:《崇祯传》，人民出版社 1997 年版，第 497 页。

八十四、愚者暗于成事，智者见于未萌

提起“南迁之议”，李明睿绕不过去。

其实，首倡南迁的并非李明睿，而是周皇后。

时维清军第五次入边，动若风发，周皇后见崇祯寝食不安，遂道：“吾南中尚有一家居。”

表面看，指她娘家的故里苏州，实则暗示崇祯：迁都也不失为一条退路。

为此，崇祯找首辅周延儒密议。

周延儒遵照指示，下来后未向任何人泄露半个字，但不知为何懿安皇后（天启之后张嫣）获知了这一机密，叫来周皇后，明确反对说：“此周延儒误皇叔（指崇祯）也。宗庙陵寝在此，迁安往？”

周皇后迫不得已，将张嫣的话转告夫君。

崇祯恼羞成怒，下令追查。

然而，张嫣守口如瓶，崇祯又素来敬重这位皇嫂（连周皇后都是崇祯还在当信王时，张嫣替他从众多候选人中挑选的王妃），故就此作罢……

李明睿是天启年间的进士，在翰林院没待多久便回南昌老家了，直至被左都御史李邦华（南迁支持者）举荐为正六品的左中允（詹事府左春坊的内设官）。

抵京陛见时，李明睿即提出南迁，但崇祯没有当场表态，因为兹事体大，他还要考察此人。

考察到1644年的正月初三，崇祯终于单独召见李明睿，询问“御寇急务”。

李明睿请他屏退左右，再次抛出“南迁”论。

崇祯犹豫道："此事重（大），未可易言。"停顿片刻后，又以手指天喃喃道，"上天未知如何？"

李明睿毅然力劝，说天意难察，全在人事，人定胜天。又说值此危急存亡之秋，不能再"轻忽因循"了。当局者迷，旁观者清，皇上可"内断之圣心，外度之时势"，不可一刻迟延。

崇祯见他果决，袒露心迹：

> 此事我已久欲行，因无人赞襄，故迟至今，汝意与朕合，但外边诸臣不从，奈何？此事重大，尔且密之，切不可轻泄，泄则罪坐汝。[1]

达成共识后，崇祯询问具体步骤。

李明睿表示，最佳线路是取道山东，假装祭拜孔庙。等到了曲阜，御驾便快马南下，20 天即可抵达淮安。彼时，举国上下必群情振奋，龙虎之士必起而响应。

崇祯龙颜大悦，李明睿趁热打铁，说皇上要是留在京城不走，那社稷恐怕就难保了。

晚饭后，意犹未尽的崇祯再召李明睿，巨细无遗地讨论了南迁的经费和护卫等一系列问题。

及李明睿出宫，夜色已深。

迁都南京，在当时的情形下可谓最优选择。

首先，政治上，明朝起于南京，即使后来迁都，也保留了一套完整的班子。如果崇祯坐镇南京，而令部分官员留守北京，则无非是恢复了洪武年间的旧制。届时，无论北方战况如何，朝廷的中枢皆能安枕无忧，而以崇祯之威驱策南方明军和地方势力，将比任何人督师都更有力。

其次，经济上，北方所需物资一直有赖南方供应。北京缺饷，米价

1.［美］魏斐德著：《洪业：清朝开国史》，江苏人民出版社 2003 年版，第 77 页。

日腾，很大程度上是由于战争掐断了漕运。而江南富庶，多年无灾无害，只要崇祯南下，便再也不会为钱的事情发愁。

最后，军事上，一旦崇祯南迁，进犯京畿的大顺军就不得不与入关的清军打上一架。当然，李自成也可跟清朝结盟，但只要他这么做，将立马失去人心，还能不能约束得住部下都难讲。毕竟，李自成推翻明朝属于顾炎武笔下“易姓改号”的“亡国”，作为汉人情感上不是不能接受；可勾结异族颠覆华夏，那便是“率兽食人，人将相食”的“亡天下”了。

而天下兴亡，匹夫有责。

一个饶有意味的事实是，当大顺军进驻北京时，很多官员毫无心理障碍地投降。可当清军来时，出仕的便成了少数，大部分人都选择南渡，以至于杨士聪在书信中称“泛海诸臣，漂没者七十余艘”，而出任清朝吏部侍郎的贰臣沈惟炳也在奏折中忧虑道：“京官南去不返，似怀避地之心；高人决志林藏，似多避世之举。”

由此可见，甲申年的大明，山河虽破，但犹可收拾。

就在崇祯和李明睿促膝长谈之时，李自成的东征大军正式开拔。

这是最后的决战，农民军全员出动，只留田见秀守卫西安。

东进战略分南北两路，北线由李自成亲领，打下山西后一路向北，逐一端掉长城沿线的大同、宣府等边镇，消灭关内最后的精兵强将。这样一来，从居庸关直捣北京时，崇祯将再无勤王之师可调；南线由青年将领刘芳亮指挥，沿黄河北岸攻略，起牵制与呼应之用，对北京形成夹击之势。

正月初六，吏科都给事中吴麟征重提黄景昉之议，要求调吴三桂入卫。

崇祯未置可否。

三天后，兵部收到李自成派人送来的“约架”文书，内称两个月后大顺军将抵北京。

崇祯害怕了，让内阁和兵部讨论调吴三桂入关之事。

首辅陈演不想担责，同兵部尚书张缙彦百般反对，还大打“爱国”牌，唱起“一寸山河一寸金”的高调。

崇祯无奈，只好亮明立场：放弃宁远，退守山海关。即便如此，内阁仍迟迟不发征调吴三桂的公文，生怕日后被追责。

直到崇祯严催，拖不下去了，内阁才提出：宁远放弃后，山海关如何防守？撤退的军民如何安置？必得蓟辽总督、辽东巡抚和宁远总兵拿出具体细则，方可行动。

不久，蓟辽总督王永吉、辽东巡抚黎玉田和宁远总兵吴三桂联名上疏，称“寇氛日迫，三辅震惊”，愿“入守关门”。

有此表态，在于几个月前清军拔掉了宁远周边的几处卫所，使之沦为彻头彻尾的孤城。继续坚守只剩象征意义，已无任何战略价值。

但这跟陈演没关系，他只想平安落地，故敷衍塞责才是正确打法。

一日早朝，崇祯悲泣道：“朕非亡国之君，事事乃亡国之象。祖宗栉风沐雨之天下，一朝失之，将何面目见于地下？”

接着，开始抱怨“外无力挽狂澜之臣，内有财政枯竭之忧”，絮叨半天后宣布“朕要亲征”。

阁臣被迫争相飙戏，先是陈演表达代帝出征的意愿。崇祯不假思索地否决道：“南人不可。”

然后是次辅蒋德璟及排在其后的魏藻德、范景文和丘瑜，挨个请愿，挨个被否。

一直轮到最晚入阁的李建泰发言，说自己是山西人，了解情况，愿散家资作军饷，集兵御敌。

崇祯等的就是他这句话，于是再三嘉奖，表示要在京郊为他饯行。

李建泰曾任国子监祭酒、吏部侍郎，史称其“风骨峭拔”，常与同僚谈论家乡遭受战火之事，慷慨激昂，看上去灭贼之志不浅。

崇祯听说后，觉得李建泰乃督师之不二人选，因为他是曲沃首富，家财万贯，“树起招兵旗，自有吃粮人”。而且，为捍卫家乡，他必会拼尽全力。

出征之日，崇祯把尚方剑和手书的“代朕亲征”四个字赐予李建泰，然后一行人乘车来到正阳门城楼。

19桌筵席早已摆好，入席后乐声响起，崇祯向李建泰敬酒三杯，动情道，先生此去，如朕亲往，凡事皆可便宜行事。

宴罢，宦官为李建泰戴上红花，披上斗篷。在一片鼓乐声中，崇祯凭栏目送这支1500多人的队伍（包括京营官兵、一兵部主事以及传教士汤若望）远去。

山西已乱作一团，到处都是弃城而走的逃兵。可李建泰就跟事不关己似的，拿古代兵法当借口，每日行军不过三十里。

更尴尬的是，由于无饷，李建泰不得不边走边筹，而沿途州县根本不欢迎他，使其沦落到为骗老乡们顿饭不得不诈称是大顺军的地步，正应了御史卫祯固此前的判断：

> 一兵一饷专倚本地，何以居重驭轻？[1]

有鉴于此，卫祯固提醒崇祯道：

> 辅臣不足恃，国事不可诿。[2]

确实不足恃，不可诿，因为李建泰在听说曲沃已陷后，便不肯再往前一步。在听说刘芳亮即将打来后，更是吓得慌忙北撤。途径顺德府的广宗县时，还因不被接纳而攻打县城，城破后杀绅衿、抢米粟。

李建泰如此懦夫，在真定沦陷后，崇祯居然以为他为国捐躯了，忙召张缙彦核实。

张缙彦道：不曾听说。

崇祯怒道：朕都已经知道了，你为何还要隐瞒！

张缙彦道：没看到塘报。

崇祯说真定已经陷落，当然不可能传出塘报，兵部怎么不派人去

---

1. 樊树志著:《大明王朝的最后十七年》，中华书局2007年版，第254页。
2. 同上。

求证?

张缙彦的回答匪夷所思：派人侦查，需要钱粮，兵部负担不起这笔开支。

崇祯气得推案而起，结果没过几天便发现张缙彦替他省了笔钱，因为李建泰建议他派太子南下的奏疏送到，“捐躯”之说被证伪。

后来，刘芳亮兵围保定，命人用箭射入劝降信，告知躲在城里的李建泰‘京城已陷，崇祯已死’。李建泰做了个自刎的样子，没死成后即降。保定知府邵宗元誓死不降，携印跳城，被大顺军擒获，终罹难。

不久，李建泰复降清朝。

八十五、无情未必真豪杰

当太原失陷的消息传到北京时，驸马巩永固（崇祯亲妹妹乐安公主的丈夫）接旨陛见。

崇祯征询对策，巩永固力促他南迁。不久，李明睿公开上疏，全面论证南迁的可行性。

首先，京营可以护驾，沿途还能募兵；其次，山东的一些王府与凤阳中都皆可驻跸，南京的史可法则堪当大任；最后，太子留京，在阁臣的辅佐下保护宗庙。

崇祯将奏疏交内阁讨论，遭到陈演和魏藻德的激烈反对。

对陈演来说，崇祯的离开意味着作为首辅的他要对北京的安危承担千钧之责；对通州人魏藻德而言，家业都在京畿，自然希望“天子守国门”。

在陈演的安排下，兵科给事中光时亨跳出来谴责李明睿的“邪说”，杀气腾腾道：“不斩（李）明睿，不足以安人心。”

崇祯觉得他说得没错，前提是把“李明睿”三个字替换为“光时亨”。

李明睿极力申辩，援引宋室“南迁”后国祚延续一百五十年的先例，说舍此再无中兴之望。

光时亨被严旨申斥，但反对南迁的声浪依旧很大——至少北方籍的官员都不想崇祯一走了之，而宁愿他“君主死社稷”。

在此压力下，李邦华提出一个妥协方案：太子南下，皇帝留守。

按理说这不失为一条名实兼顾、两全其美的办法，廷议时大部分官员也都支持，可光时亨作为一个南方人（桐城），入戏太深，反对到底，最后竟叫嚣道：

奉太子往南，诸臣意欲何为！将欲为唐肃宗灵武故事乎？[1]

这就把天聊死了，因其所引之典暗藏杀机。

安史之乱时，唐玄宗逃往成都，太子李亨为宦官所拥，在灵武称帝（后来的唐肃宗）。玄宗被迫成为“太上皇”，北返后形同软禁，晚景凄凉。

光时亨的话，近乎指着李明睿和李邦华的鼻子骂他们想谋反，这谁还敢吱声？

至于崇祯，如果他是朱厚照，则可无视道德压力，说走就走；如果他是朱厚熜，亦可使绊子，打板子，发动文官斗文官，直至把群臣折腾到求他南迁。

可惜他是一个被程朱理学规训得很好的皇帝，上朝时仪表端庄，平日里惕厉自省。

一次，崇祯因劳累过度，在谒见刘太妃（万历的妃子）时竟坐着睡着了。一觉醒来，深感有失体统的他致歉说连着两天批阅奏章，未尝合眼，还因烦闷没怎么吃东西，以至于失态。

刘太妃心疼抹泪，崇祯也眼眶湿润，宫女们都不敢抬头。

还有一次，偶感微恙的崇祯临时通知暂停早朝，遭到阁臣的批评。幡然悔悟的他用工笔小楷写下手谕，嘉奖辅臣“忠纯体国，念笃爱君”“言同药石，朕心忻悦”，鼓励他们日后多多批评自己的过失。

崇祯末年的刑科都给事中孙承泽后来在回忆录中记载了这份手谕，曾目睹其刻成碑铭之全过程的他评论说，先帝的书法模仿唐太宗，写得清秀遒劲。

除了自我约束，崇祯对家人的要求也无比严格，哪怕是同他伉俪情深的周皇后。

周奎家有个学问极好的清客叫陈锡仁，周皇后小时候蒙他教过《资治通鉴》。

陈锡仁后来进士及第，排名第三，周皇后陪崇祯看名录时指着他的

1.［清］谷应泰著:《明史纪事本末》卷七十九《甲申之变》，中华书局 1977 年版，第 1375 页。

名字道，这是我家探花。

崇祯不快，回敬道，既是你家翰林，莫想当阁老！

可见，崇祯对外戚干政非常警觉。

有一回，他见周皇后宫里摆了一只红色锦缎制成的花篮，遂问之。

原来，这是周皇后老家的婚俗——周奎家与某翰林学士联姻，正在举办仪式。

崇祯得知后，呵斥说皇家不宜与翰林通婚。

次年，他特意借京察之机，将该翰林贬官。

对“白月光”周皇后如此，对“朱砂痣”田贵妃亦如此。

田贵妃原籍陕西，流寓扬州。其父田弘遇是下级军官，其母吴氏本为倡优。

这么低微的出身，按理说不会进入皇家，但她自幼聪慧过人，随吴氏学乐器，随画师习水墨，乃至琴棋书画无所不精，被吴伟业赞道：

> 雅步纤腰初召入，钿合金钗定情日。
> 丰容盛鬋固无双，蹴鞠弹棋复第一。

论棋，她每与崇祯对弈，往往会故意输上一二子。

论画，工写生的她尝作《群芳图》进呈，崇祯留之御几，时时展玩。

论书，幼师钟、王的她进宫后得以临摹禁本，日臻完善。凡书画卷轴，崇祯均命其鉴题。

论乐，每当风月清美之际，她都会笛奏一曲。崇祯闻之，曾欣喜道：“裂石穿云，当非虚语。”

然而，这样一位灵感的缪斯却并不能让崇祯徇私枉法。

田弘遇横行霸道，遭人控告，御史主张严惩。田贵妃向崇祯求情，只换来一句“祖宗之法不可私”，然后被罚到别宫思过。

即使如此，田弘遇还是屡教不改，把崇祯气得对田贵妃道，祖宗家法，你难道不知？再这样下去，必将连累到你。

田贵妃意识到问题的严重性，告诫娘家人说，你们在外面犯事，皇上已经知道了。如果他再次追问，我只有自杀了。

田弘遇这才有所收敛……

光时亨上蹿下跳，正常人“男默女泪”（周皇后一直主张南迁，对朝中缺乏有力者支持感到非常失望）。崇祯煎熬了一宿后，召见百官，宣布道：

> 祖宗辛苦百战，定鼎此土，贼至而去，何以责乡绅士民之城守者！何以谢失事诸臣之得罪者！且朕一人独去，如宗庙社稷何！如十二陵寝何！如京师百万生灵何！逆贼虽披猖，朕以天地祖宗之灵，诸先生夹辅之力，或者不至此。如事不可知，国君死社稷，义之正也，朕志决矣！[1]

崇祯被绑上道德的战车，也不再遣太子去南京。

北京城破后，光时亨带头迎降，长跪不起。对此，计六奇痛骂道：

> 假令时亨骂贼而死，虽不足以赎陷君之罪，尚可稍白始志之靡他，而竟躬先从贼，虽寸磔亦何以谢帝于地下乎？是守国之说，乃欲借孤注以邀名，而非所以忠君也。[2]

与此形成强烈反差的，是因力主南迁而被诬为“胆小鬼”的大臣纷纷在亡国之际殉节，比如投缳的李邦华、投井的范景文以及在墙上写下“世受国恩，身不可辱”后带领全家自焚的巩永固。

南迁未遂的后果，汉学家魏斐德总结得很到位：一是清朝比较完整地接管了北京政府，投降的汉官为顺治坐稳天下并征服南方厥功至伟；二是太子未行，后来下落不明，导致南明因继统人选的分歧而内耗不断；三是反清阵营因此少了一批立志恢复失地、收复家园的北方人。

---

1. ［清］徐鼒著，王崇武点校：《小腆纪传附考（上册）》卷三，中华书局2006年版，第70页。
2. ［清］计六奇著：《明季北略》卷二十《附记南迁得失》，中华书局1984年版，第434页。

八十六、释疆场之忧，救堂奥之急

大顺军在山西连战连克，或曰“不战连克”。

直至遭遇山西总兵周遇吉。

锦州人周遇吉早年在关外抵御后金，因军功被征入京营，开启同农民军作战的生涯。

李自成拿下太原后，北上大同，在代州与周遇吉展开激战。

杀敌万余后，周遇吉率四千残兵退守宁武关（今宁武县）。

其实他不该南下宁武，使自己成为无所依傍的孤军，而应直趋大同，与姜瓖部会合。

没想到李自成的操作也很迷——全军掉头，去打宁武。

对大顺军而言，上策可以不理周遇吉，直扑大同；中策可以留一支偏师看守周遇吉，大部队则继续北进。

可李自成偏偏选择下策，去与那四千死士纠缠。这么做毫无意义，因为就算你全歼了周遇吉部，也不过是耽误东进计划，让北京赢得喘息之机而已。

一旦宁武久攻不下，大同和宣府的明军又赶来助战，三面夹击之下，胜负或未易量。

宁武之战，无关大局，大顺军付出的代价却是数万伤亡。

城破后，周遇吉力战不休，受伤遭俘，被大顺军缚于长竿之上，乱箭射死。周妻带几十名女眷据守公署，奋勇反击，也被全部烧死。

恼恨的李自成下令屠城，宁武军民，老少无遗。

此举严重损害了大顺政权来之不易的声誉，但也从一个侧面反映出周遇吉的刚猛。

宁武破关后，后怕的李自成召集众将，打退堂鼓道：

宁武虽破，吾将士死伤多。自此达京师，历大同、阳和、宣府、居庸，皆有重兵。倘尽如宁武，吾部下宁有孑遗哉！不如还秦休息，图后举。[1]

直到后来打下北京，他仍感叹道：

他镇复有一周总兵，吾安得至此。[2]

然而，历史的诡谲之处于斯显现。

就在大顺军决计退兵的当晚，李自成收到两封降书，一封来自大同总兵姜瓖，一封来自宣府总兵王承胤。

李自成大喜若狂，立刻打消前念。

姜、王二人的怯懦与误判改写了历史，因为只要大顺军回陕，崇祯就有足够的时间布武。别的不说，光把吴三桂调回关内，就够李自成喝上一壶。

也许正因如此，内心有愧的姜瓖在顺治六年（1649年）于大同起兵反清，尊南明永历帝为正朔。

而那个庸懦的李建泰，那时似也良心发现，积极响应。兵败后，他逐一询问自己的五十位小妾，看有没有人愿意跟他一起殉明。惨遭无视后，一个人孤零零地赴死……

大顺军继续东进，不想任“弃地”之咎的陈演则继续对内调吴三桂推三阻四。

形势日趋恶化，崇祯不再磨叽，轰走了误国误民的陈演。

其实，陈演是主动辞职的，天天跟皇帝唱反调的他非常清楚，再不

1.［清］张廷玉等著：《明史》卷二百六十八《列传第一百五十六 · 周遇吉》，中华书局1974年版，第6900页。

2.［清］张廷玉等著：《明史》卷二百六十八《列传第一百五十六 · 周遇吉》，中华书局1974年版，第6901页。

走就走不掉了。

当然，很多人不想他走，而要给他定罪。

陈演诚惶诚恐，自称判断失当，罪当死。

崇祯甚至懒得杀他，只命其立刻从自己面前消失。

陈演走后，首辅之职按例当由次辅蒋德璟接替，但他尚未履职便因追论“三饷”（辽饷、剿饷和练饷）之害与崇祯发生口角，引罪而去，于是“首相”落到了魏藻德头上。

魏藻德最大的特点是不说话，对崇祯大搞冷暴力。

崇祯也不指望他，绕开内阁直接宣布：封吴三桂为平西伯，封左良玉为宁南伯，封蓟镇总兵唐通为定西伯，封凤（阳）、庐（州）总兵黄得功为靖南伯。

同时，高杰、马科、刘泽清、刘良佐和杨御藩等将俱有升赏。

两天后，崇祯发布谕旨：放弃宁远，唐通、刘泽清、吴三桂和王永吉即刻启程，率兵保卫北京。

山东总兵刘泽清近在咫尺，接旨后谎称自己坠马负伤，不能行动，骗了朝廷四十两银子的医药费后领兵南下。

唐通倒是带着八千士卒赶往北京，崇祯也赐宴并且赏银，一派君唱臣和的和谐景象。

可惜，崇祯为控制这支部队，派宦官杜之秩监军，惹恼了唐通，使其留下一句“我不敌一奴才也”的气话后，便以“到居庸关设险以待”为借口离京。

至于蓟辽总督王永吉，则出关指挥吴三桂和辽抚黎玉田撤军去了。

一个常见的误解是吴三桂故意磨蹭，以至于撤到山海关时居庸关已失（杜之秩开关投降，使出关迎战的唐通腹背受敌，不得不降）。

其实，崇祯给吴三桂的诏书里除了要他领军入卫，还要求其“弃地不弃民”。清军靠掳掠人口为奴搞生产，弃民不仅有违王道，还白白把先进的生产力拱手送人。

然而，光宁远城内的辽民就有八万，再加上从觉华岛和周边卫所跑回的官兵和家眷，史载‘号五十万’。

这么多人，从动员到动身只用了四天。

路上则日行四十多里，属于正常速度，如果考虑到扶老携幼和吴三桂紧迫感不强（因其掌握的信息还停留在太原陷落阶段，以为大顺军距北京尚有千里之遥）两项客观因素，甚至可以称得上是快马加鞭。

到达山海关后，吴三桂与王永吉、黎玉田花了两天时间安置这几十万军民，浑然不知抵关前一天居庸关已失。

可见，明朝的情报系统已彻底瘫痪。

就在吴三桂提兵从山海关出发，急趋京城时，北京的外城被大顺军攻破。

所谓外城，即在内城以南增筑的一圈“外郭”，最南是永定门、左安门和右安门，北接内城的正阳门、崇文门和宣武门，东、西分别是广渠门与广安门。

所谓内城，即今之二环以内，有正阳门、崇文门、宣武门、朝阳门、阜成门、东直门、西直门、安定门和德胜门“九门”。

再往里是皇城，有承天门（天安门）、地安门（景山以北，鼓楼以南）、东安门（位于今王府井一线）和西安门（位于今中南海以西）四座城门。

最内则是宫城，即紫禁城。

吴三桂急行军两日，到永平时方知一切皆已枉然。

可叹的是，只要朝中少扯皮几日，吴三桂早启程几天，历史的走向或许是另一番模样。

八十七、景山的晚风

赵士锦是万历名臣赵用贤的孙子，甲申之变前经范景文推荐，奉调入京，补工部营缮司员外郎一职。

城破前夕，他接管工部金库节慎库，清点时发现库存白银仅余三千多两，其中一千多两还已预拨给巩永固，作为其替亡妻（乐安公主不久前去世）造坟之用。

崇祯也曾下旨劝文臣、勋贵和绅衿助饷，但所有人都跟王之心一样抠，甚或不如。

王之心是东厂提督，受贿大户，捐饷时只出白银万两。后大顺军占领北京，对其用刑，生生敲出15万两现银以及与此价值相当的金银器玩。

仗义每多屠狗辈，倒是一些无名氏不计回报地伸出援手。

城陷前一天，赵士锦便经手了这样的捐款：

> 厚载门外，有小民捐三百金。又一人，久住彰义门外，今避难城中，年六十余，一生所积，仅四百金，痛哭输之户部。[1]

杯水车薪，于事无补，已断粮五月的京营饥疲不堪，京营总督襄城伯李国桢完全使唤不动。

望着横七竖八的老弱残兵，守卫正阳门的兵部尚书张缙彦和守卫齐化门的成国公朱纯臣（朱棣爱将朱能之后）也只能干瞪眼。

下令总攻前，李自成派投诚的原尚膳监掌印太监杜勋进城谈判。

见到崇祯后，杜勋道，贼众强盛，锋不可当，皇上可自为计。说着，

1.［清］赵士锦等著：《甲申纪事》，中华书局1959年版，第8页。

呈上两样道具（琴弦和绫绢），暗示他自尽。

崇祯艴然离去。

搞这么一出，是为了给崇祯施压。打完心理战后，神算子宋献策夜观天象，对李自成说若明日下雨，则此城必破。

三月十八日这天，李自成起床后发现帐外烟雨朦胧。没过多久，黄沙障天，蒙蒙细雨变成凄风苦雨，还夹杂着冰雹，一齐洒向这末路王朝。

攻城全面展开。

崇祯亲手撞钟，却不见一官前来。

他恓恓惶惶地起草了“亲征诏书”，反省了十七年来的过错，痴人说梦般宣布只追究李自成一人之罪，余者皆可获赦。

同时，崇祯扬言自己将统兵御敌，国事全权委托给太子。并且，他号召臣民，说如有能奋发忠勇或捐助军饷者，一概选拔到军前任用，待消灭叛逆后，必予重赏，决不食言。

显然，除了表明宁为玉碎的决心，这些话已毫无意义。

诏旨颁布后，崇祯召见巩永固，要他率私人武装护送太子南下。

巩永固为难道：

> 法令素严，臣等何敢私蓄家丁？即率家人数百，何足以当贼锋？[1]

崇祯想了想，觉得在情在理。

巩永固退下后，崇祯又召魏藻德言事，自然也没讨论出个所以然。

傍晚，外城陷落的消息传入大内，崇祯“徘徊殿庭”。

有传言说曹化淳开了广安门迎贼，被史家证伪——其时曹化淳已乡居六载，不在北京。

于是又有各种说法，有说朱纯臣开了齐化门的，有说张缙彦开了正

1.［清］钱士馨等著：《甲申传信录（外四种）》卷一《睿谟留憾》，北京古籍出版社 2002 年版，第 18 页。

阳门的，还有的说司礼监掌印王德化开了德胜门。

其实都不重要，因为大顺军同时攻打几处城门，个别人开或不开，都不影响战局的走向。

夜幕降临后，宦官报告说内城已破，崇祯遂问："大营兵（京营）安在？李国桢安在？"

得到的回答是李国桢已自顾逃命，大营兵也作鸟兽散。

崇祯闻言，携司礼监秉笔王承恩登上景山。放眼望去，火光烛天，并逐渐向皇城蔓延。

踟蹰了一个时辰后，崇祯回到乾清宫，起草平生最后一道谕旨：命成国公朱纯臣提督内外诸军事，夹辅东宫。

该旨能否送达，要打一个大大的问号。崇祯一边叹息"苦我满城百姓"，一边安排起后事来。

他召来太子朱慈烺、定王朱慈炯、永王朱慈炤以及周皇后和袁贵妃。

之所以没有田贵妃，在于一年多以前，她已因三个孩子连续夭折，悲伤过度而逝。

见子女仍着宫服，崇祯叹道，都什么时候了，还穿这种衣裳？

乃令宫女找来平民旧服，亲手替他们穿上。

崇祯叮嘱说：一旦出宫，尔等从此就是小民。将来在外，遇上有身份的人，年长者呼作"老爷"，年轻的唤人家一声"相公"；对寻常百姓，年纪大的要叫"老爹"，年龄相仿的要叫"兄长"；对读书人以"先生"相称，对军人则尊称"长官"。

言罢，命人将三位皇子分送到他们的外公周奎和田弘遇家。

望着三子远去的背影，崇祯大放悲声：奈何不幸，生于我家！

周皇后与袁贵妃一边对泣，一边陪崇祯饮酒。

痛饮数杯后，崇祯似乎狠下心来，对周皇后道："大事去矣，尔宜死！"

往事如昨，回忆如幻灯片般在眼前次第浮现。

朱由检方入宫时，张嫣担心魏忠贤通过御膳房下毒，提醒他不要吃宫中食物。于是，朱由检每天都带着老婆（周皇后）的"爱心便当"进宫。

除了会洗衣烧饭，纺纱织布，周皇后还致力于在后宫扫盲。

坤宁宫有个姓秦的小宦官，年仅11岁。一次，周皇后问他是否识字，答以“不识”。

周皇后乃教他认字，少顷考问，结果小秦一个都没记住，被罚跪于阶下。

崇祯看见后，对周皇后笑道，朕请先生宽恕他，如何？

周皇后佯嗔道，坏了学规。

机灵的小秦赶紧谢恩起身。

田贵妃入主承乾宫后，恃宠而骄，周皇后决定敲打她一下。

某年的大年初一，田贵妃依礼到坤宁宫朝贺，结果在走廊等了很久周皇后才现身接见，礼毕即转身回室，冷若冰霜。

反观谦恭的袁贵妃，同一个时间，同一个地点，周皇后与她相谈甚欢，依依不舍。

田贵妃心下怨恨，向崇祯哭诉。崇祯为田贵妃讨公道，同周皇后发生口角。情急之下，他一把将妻子推倒在地。

周皇后哪受过这样的家暴，愤然绝食。崇祯后悔不迭，先派宦官送去貂皮夹衣，继而亲自前往，探问起居。帝后终于和好如初。

难能可贵的是，周皇后并未因此记恨田贵妃，还在她因犯错而被罚闭门思过时向崇祯求情。当时，夫妻俩正在御花园赏花，崇祯按理说心情不错，却没有答应周皇后的请求。周皇后也不多言，直接让人把田贵妃接来，化解了她跟崇祯的芥蒂。

世间好物不坚牢，彩云易散琉璃脆。

那些情深意笃的画面如果能永远定格该有多好。

周皇后默默起身，留下一句“妾事陛下十有八年，卒不听一语，至有今日”后，回宫自缢。

袁贵妃亦回翊坤宫上吊，却因绳索断裂，坠地复苏。崇祯发现后拔剑乱砍了几下，手栗而止。袁贵妃晕死在血泊之中，崇祯则匆匆离去。

大顺军入城后，袁贵妃被救活，但终因身心俱损，没过多久便死了。

当晚，崇祯来到寿宁宫，望着年方十五的长平公主，痛苦道：“胡为生我家！”

见女儿啼哭不止，崇祯长叹一声，左袖遮面，右手挥剑砍去。长平举手抵挡，左臂断落，昏倒在地。崇祯欲补刀，却因周身颤抖而止。

在那个年代，皇家名节不容玷污，崇祯被迫逼死自己生命中最重要的女人，其痛楚可谓万箭穿心。

宫女奉命动员张嫣自尽，其实她死意已决，虽两次悬梁失败，但仍从容投缳。

崇祯来到坤宁宫，见周皇后已死，喃喃道：“好，好，好。”

午夜，崇祯携王承恩出宫，赴其宅邸，换上便服。

尔后，据吴伟业的弟子钱士馨在《甲申传信录（外四种）》中记载：

> 手持三眼枪，随太监数百，走齐化、崇文二门，欲出不能。走正阳门，将夺门出，守城军疑为奸细，弓矢下射，守门太监施炮向内。急答曰：“皇上也！”炮亦无子，弗害。上怆惧还宫，易袍履与承恩走万寿山，至巾帽局，自缢。[1]

崇祯享年三十四岁。

突围不成，便即自杀，充分体现了崇祯内心的不服。

去他的“天命攸归”，去他的“知天易，逆天难”，去他的“观天之道，执天之行”。我不认可命定的结局，哪怕去死，也要亲手裁决自己的命运。

1. ［清］钱士馨等著：《甲申传信录（外四种）》卷一《睿谟留憾》，北京古籍出版社 2002 年版，第 19 页。

八十八、时穷节乃见

阴雨闭天，飞雪满城。

新的一天开始了。

大学士丘瑜和几位官员入宫时见长安门（皇城正门）仅一人守着，前进到午门处，更是阒然无人。

于是知道出事了，赶紧退出。

观察家赵士锦记录下大顺军入城（内城）前后的见闻：

> 予在寓，闻宫人四出，亟诣同乡诸大老所问讯。诸公谓：“吴兵昨夜已至城外，今始可保无虞。”予答云：“恐未必。”
>
> 予作别出门。
>
> 予骑已为一内相策之而去。长班有一驴，予乘之，由刑部街又至一大老所。大老尚冠带接属官，雍雍揖逊。予亟入言外事如此。大老亦如“三桂始至”之言，予亟别之。
>
> 是辰巳时候，灰烟布天。见内相策骑如飞，衔尾而来。
>
> 男妇纷纷，有挈子女者，有携包袱者，有瞽目跛足相倚而走者。
>
> 至焦家桥，炮声忽寂。见城上守兵疾走如飞，乱滚至城下。予下驴站立，有二三百男妇，自西来，云：“已进城矣。”少顷，又有二三百人来，云：“好了，好了，不杀人了！速粘‘顺民’二字于门首！”
>
> 百姓有觅得黄纸者，有得红纸者，俱书“顺民”二字粘于门。少顷，复设香案，粘黄纸一条，书“大顺永昌皇帝万岁，万万岁”。
>
> 贼兵俱白帽青衣，御甲负箭，衔枚贯走。百姓门俱闭，有行

走者，避于道旁，亦不相诘。寂然无声，惟闻甲马之音。[1]

大顺军初入城时，一派王者之师的风范。

此前，李自成曾按宋献策“先安民，乃可入”的建议，与全军约定：“军兵入城，有取伤一人者，斩！”

因此，时人的观感相当不错，留下“军容甚肃”“有二贼掠绢肆，磔于市。民闻，大喜传告，安堵如故”等记载。

李自成来到承天门，指着门榜上的“承天之门”四个字对左右笑道：“我能为天下主，则一矢中四字中心。”

结果脱靶，射到了“天”字下方。李自成大为扫兴，直到牛金星解围说天字之下，岂非“天下”，方才转喜。

没人知道崇祯去哪儿了，其尸首三天后才被找到。

在这段“生死未卜”的时期，已有包括吴麟征在内的诸多文官选择死节。

倪元璐平静地穿戴好朝服，向北跪拜皇宫，忏悔道：“臣为大臣，不能报国，臣之罪也！”又换上便服，向南跪拜身居故乡的母亲。最后，在案头题字“南都尚可为。死吾分（本分）也，勿以衣衾敛。暴我尸，聊志吾痛”后，取白绸一袭，于厅前缢死。

都察院右副都御史施邦曜是王阳明的同乡，曾辑评偶像的文字，出版《阳明先生集要》。

自尽前，他写下一副对子：

愧无半策匡时难，
惟有捐躯报主恩。

施邦曜的上吊并不成功，因为被家人救了下来。但当他苏醒后，立

1.［清］赵士锦等著：《甲申纪事》，中华书局1959年版，第8—9页。

即吞砒霜自杀。

与之相比，复社文人陈名夏就没那么坚决了。陈名夏是崇祯朝最后一届探花，城破前任兵科给事中的他曾建议召山东义勇救援京师。和施邦曜一样，陈名夏的投缳也被亲属打断。

求死未果的他开始东躲西藏，后在周围人的劝说下逐渐转变观念，先后归附大顺与大清，官至吏部侍郎。

当然，更多的人选择主动投降。他们按照布告的指示身着青衣，头戴小帽，前往会极门（午门之北的皇极门之东庑）集合，自报家门，等候录用。

这些平日威风凛凛的官僚与不拘小节的名士此刻皆缩首低眉，像霜打的茄子一样，任凭大顺兵戏弄辱骂，不敢还口。

其中，还有削发成僧的，帕首装病的，种种丑态，不一而足。

从某种意义上讲，李自成和朱由检都是反叛天命的“逆子”。因此，对崇祯颇有惺惺相惜之感的李自成特别鄙视这帮墙头草，认为“文武百官最无情”，一入城就把随陈演带头劝进（李自成虽已称帝，但时人默认他仍须在北京正式登基）的朱纯臣给宰了（当然也跟崇祯命朱纯臣辅助太子有关）。

陈演作为退休老干部，本来有机会走脱。奈何他资产太多，处理起来大费周章，不得不滞留北京，结果被刘宗敏抓到私设的刑堂追赃。

刘宗敏已用夹棍逼国丈周奎和襄城伯李国桢等权贵交出天量家产，李国桢一开始还在李自成面前逞英雄，一副要杀要剐悉听尊便的样子（有人指出他是在演戏，假装“义士”），等落到刘宗敏手上受过几次刑后，实在熬不下去，自我了断。

前车之鉴摆在那儿，陈演不待上夹棍便自觉交出 4 万两白银。

刘宗敏很满意，本不打算用刑。谁知陈演的一个家仆怀着深刻的阶级仇恨举报主人，说他还有一笔巨款埋在院中。

搜查之下，果真如此，陈演还是没能免刑，后在李自成离京去战吴三桂前被斩。

至于魏藻德，言行更猥琐，被李自成问及“何不殉死”时答以“方求效用，哪敢死”。及至被拘，又扒着窗户喊话说如要用我，什么官都行，锁闭于此算什么？

不过，直到被刘宗敏拷打到脑裂而死，魏藻德也只掏出一万多两银子，可见不算太贪。

刘宗敏不信前朝首辅只有这么点钱，复逮其子追征。

魏子悲道：

> 家已罄尽。父在，犹可丐诸门生故旧。今已死，复何所贷？[1]

刘宗敏闻言，挥刃杀之。

一个令人唏嘘的事实是：大顺军入京不到一个月，即从京官、国戚和富贾手中卷走白银 7 000 万两，远超崇祯历年来加派“三饷”之所得。

其实，什么品级罚多少钱，李自成是定了标准的。刘宗敏在执行过程中恣意妄为，欺男霸女（虐死官民千人，强占公侯之妻），引起宋献策的不满。

在其三催四促下，李自成造访刘宗敏的寓所，发现三进的院落竟有几百人同时受刑，惨号连连。

李自成很不高兴，问刘宗敏得银几何？

告以实数后，李自成道：“天象不吉，宋军师言应省刑，此辈宜放之。”

话说的一点也不硬气，盖因李自成在下属面前从无架子，不仅伙食同普通士兵一样，着装也跟其他将领别无二致（头戴宽沿斗笠，身穿天蓝战袍），甚至经常挽着刘宗敏等人的手散步。

不刻意立威，结果就是得不到应有的尊重。

比如，作为登基的热身活动，刘宗敏得知自己也需要“劝进”时，大发牢骚道：“我与他同做响马，何故拜他？”

1.［清］张廷玉等著：《明史》卷二百五十三《列传一百四十一 · 魏藻德》，中华书局 1974 年版，第 6549 页。

再比如，当李自成召集众将，发出灵魂拷问“何不助孤作好皇帝”时，众人回答道：“皇帝之权归汝，拷掠之威归我，无烦言也。”

上行下效，入城后的大顺军，军纪只维持了一天。

据赵士锦记载：

> 日间，百姓尚不知苦。至夜，则以防奸细为名，将马兵拦截街坊出路。兵丁斩门而入，掠金银，淫妇女。民始苦之。[1]

《明季北略》亦称：

> 贼兵初入人家，曰借锅灶。少焉，曰借床眠。顷之，曰借汝妻女姊妹作伴。[2]

最后，“妇女淫污死者，井洿（水塘）梁屋皆满”，以至于宋献策叹道：“我主马上天子！”

甲申年的春天，把镜头拉远不难发现，有人忙着去生，有人忙着去死。

崇祯的尸身找到了，与周皇后一起收殓，安放于东华门外的一间小庵内。

李自成允许明朝旧臣前去告别，据在场之人观察，“诸臣哭拜者三十人，拜而不哭者六十人，余皆睥睨过之”。

不久，李自成下令殡葬，给崇祯夫妇换上龙袍和凤袍，将其柳木棺材刷上红漆与黑漆，并亲往祭拜。

新任的顺天府尹奉命赶到昌平，督造陵寝。墓穴建好前，帝后灵柩将暂存于田贵妃之墓。

下葬之日，冷冷清清，除被大顺军俘获的太子及其两个弟弟在东华

1.［清］赵士锦等著：《甲申纪事》，中华书局 1959 年版，第 9 页。

2.［清］计六奇著，任道斌、魏得良点校：《明季北略》卷二十《奸淫》，中华书局 1984 年版，第 480 页。

门送行，前朝大臣，无一到场。因为他们已成功跳槽，正忙着劝进。

闹得最欢的，当属魏大中的遗孤魏学濂（魏学洢之弟）和张溥的大哥周钟（崇祯朝最后一届进士）。

周钟作为复社的代表人物，按牛金星的意思写了篇《士见危致命论》，把他们这些背弃旧主的变节派说成是识时务的俊杰。

牛金星对此文赞誉有加，周钟因此欣然自得，又作《劝进表》一道，称：

> 独夫授首，四海归心。比尧、舜而多武功，迈汤武而无惭德。[1]

如果说之前周钟与魏学濂联名提议尽快安葬崇祯，让人觉得他还算良知未泯，此际为阿谀李自成不惜骂先帝为“独夫”，则暴露了其寡廉鲜耻的本性。

对此，魏学濂不以为耻，反欲抢功，逢人便说“比尧、舜而多武功”等话是他的创意。

沈阳。

听说大顺军暴行的范文程感到喜从天降，对多尔衮道：

> 自闯寇猖狂，中原涂炭，近且倾覆京师，戕厥君后。此必讨之贼也。虽拥众百万，横行无惮，揆其败道有三：逼殒其主，天怒矣；刑辱缙绅，拷劫财货，士忿矣；掠民赀，淫人妇，火人庐舍，民恨矣。备此三败，行之以骄。可以一战破也。我国家上下同心，兵甲选练，诚声罪以临之，恤其士夫，拯厥黎庶，兵以义动，何功不成？[2]

1.［清］徐鼒著，王崇武点校：《小腆纪传附考（上册）》卷四，中华书局 2006 年版，第 135 页。

2.［清］余金著：《熙朝新语》卷一，上海古籍出版社 1983 年版，第 2—3 页。

于是多尔衮以“诛戮叛匪，救民水火”为名，兴兵南下。

与此同时，本已接受李自成画的大饼（父子封侯）和四万两犒赏的吴三桂在答应归顺后，却从京城来人口中得知大顺军打家劫舍、杀人放火的暴行，大顺军不仅抄了他的家，还刑掠其父吴襄。

为“报君父之仇”，吴三桂决定“借夷破贼”，求助于清，并打出复辟明朝的旗号：

> 请观今日之域中，仍是朱家之天下！[1]

放眼全球，欧洲大陆亦风云莫测。

三十年战争进入尾声，法国开始取代西班牙称霸欧陆。

英国的内战方兴未艾，还将持续四十多年，直至催生推翻君主专制、颁布《权利法案》的“光荣革命”。

1.［清］抱阳生著:《甲申朝事小纪（上册)》卷二，书目文献出版社 1987 年版，第 42 页。

后记

本书旨在探讨王朝兴替的密码，提出历史在自由周期和公平周期之间循环的假说。

造成明亡的因素很多，但从人心的角度看，核心悲剧在于明末的知识阶层开始觉醒，追求自由，可普罗大众恰恰呼唤的是公平。

由于作者的观点无法在书中全部呈现，欢迎感兴趣的读者关注微信公众号“吕峥”进一步交流，发送消息“明代官制”或“明末形势图”可索阅相关资料。

最后，我想感谢樊树志、李洁非和秦晖等专家学者，他们的研究成果对我创作此书颇具启发。同时，我还要感谢中信出版社的曹雪萍、程利盼与赵仁博三位老师，他们的不懈努力为这本书增色不少，也令我获益良多。